人民法院民商事
指导案例与类案裁判依据丛书

劳动纠纷
指导案例与类案裁判依据

中国法制出版社
CHINA LEGAL PUBLISHING HOUSE

图书在版编目（CIP）数据

劳动纠纷指导案例与类案裁判依据 / 中国法制出版社编．—北京：中国法制出版社，2023.8
（人民法院民商事指导案例与类案裁判依据丛书）
ISBN 978-7-5216-3635-2

Ⅰ.①劳… Ⅱ.①中… Ⅲ.①劳动争议-案例-中国 Ⅳ.①D922.591.5

中国国家版本馆 CIP 数据核字（2023）第 108249 号

责任编辑：成知博　　封面设计：周黎明

劳动纠纷指导案例与类案裁判依据
LAODONG JIUFEN ZHIDAO ANLI YU LEI'AN CAIPAN YIJU

编者/中国法制出版社
经销/新华书店
印刷/保定市中画美凯印刷有限公司
开本/710 毫米×1000 毫米　16 开　　印张/29　字数/351 千
版次/2023 年 8 月第 1 版　　2023 年 8 月第 1 次印刷

中国法制出版社出版
书号 ISBN 978-7-5216-3635-2　　定价：88.00 元

北京市西城区西便门西里甲 16 号西便门办公区
邮政编码：100053　　传真：010-63141600
网址：http://www.zgfzs.com　　编辑部电话：010-63141809
市场营销部电话：010-63141612　　印务部电话：010-63141606

（如有印装质量问题，请与本社印务部联系。）

编写说明

Preface

2022年1月13日，最高人民法院召开全国法院案例指导工作推进会。会议强调，案例指导制度是中国特色社会主义司法制度的重要组成部分。做好案例指导工作，是深入贯彻习近平法治思想，加快建设公正高效权威的社会主义司法制度，更好发挥人民法院审判职能作用的必然要求，对于确保裁判尺度统一，促进法律正确实施，提高审判质效和司法公信力具有重要作用。会议还强调，要健全完善案例指导工作机制，确保裁判尺度统一，促进法律正确实施，努力让人民群众在每一个司法案件中感受到公平正义。要加强指导性案例应用，法官审判执行案件进行类案检索，应先行检索现行有效指导性案例，对指导性案例应当参照作出裁判。

为更好地发挥指导性案例在统一法律适用标准、规范司法行为、维护司法公正、提高审判质量等方面的重大作用，并通过典型案例引领，使当事人和社会公众对类似案件的裁判结果具有固定预期和明确参照，我们出版了“人民法院民商事指导案例与类案裁判依据丛书”。本丛书梳理并精心筛选了相关领域最高人民法院发布的指导案例、公报案例及典型案例以及部分地方人民法院发布的典型案例。“一个案例胜过一打文件”，相较于抽象的条文规定，这些案例是理论与实践相结合的重要载体，是法官审判经验和司法智慧的结晶，对于提高审判人员的司法能力，提升律师的执业水平，促进公民尊法学法用法、维护自身的合法权益具有重要意义，也可以为案例教学和运用法学研究提供鲜活样本和实务资源。

本丛书在内容和体例上具有以下特点：

第一，章节设置合理，内容全面。本丛书以《民事案件案由规定》为基础，结合实际情况，对类案进行合理划分、收录和编排，充分考虑了读者的实际需求和阅读习惯，力求做到条线清晰、重点突出。

第二，案例覆盖广泛，严格拣选。本丛书的案例分为三个层级，第一层级为最高人民法院指导案例；第二层级为最高人民法院公报案例及典型案例；第三层级为地方法院典型案例。通过汇总和分析前述经典案例，凝练裁判要点，帮助读者更好地把握法律精神、理解法律规定、适用裁判规则。

第三，裁判依据准确，检索便捷。本丛书精选类案处理的相关法律规定，收录了法律法规、部门规章、司法解释等规范性文件，这些规范性文件是当事人起诉、应诉和人民法院裁判的重要依据。

另需说明的是，为方便读者阅读，在确保内容准确的基础上，本书进行了必要的体例统一和编辑加工处理。

希望本丛书能在实现个案公正处理、提升公众法治素养、以合法理性的方式表达利益诉求、推动法律发展和完善等方面发挥积极影响，为推进案例指导工作高质量发展贡献力量。

由于编者水平有限，本丛书内容难免有疏漏之处和不妥之处，敬请广大读者批评指正。

中国法制出版社

目　录

Contents

第一编　劳动合同纠纷

一、确认劳动关系纠纷

（一）最高人民法院指导案例 …………………………………… 003

001. 劳动关系认定标准 ……………………………………………… 003

（二）最高人民法院公报案例及典型案例 ………………………… 006

002. 网络主播与合作公司之间劳动关系的认定 …………………… 006

003. 劳动者与用人单位存在劳动关系的认定 ……………………… 012

004. 对因未订立书面劳动合同而要求二倍工资的诉讼请求的认定 … 017

005. 大专院校在校学生与用人单位之间劳动关系的认定 ………… 025

006. 事实劳动关系的认定 …………………………………………… 030

007. 如何认定网约货车司机与平台企业之间是否存在劳动关系 …… 035

008. 如何认定网约配送员与平台企业之间是否存在劳动关系 ……… 038

009. 外卖平台用工合作企业通过劳务公司招用网约配送员，如何认定劳动关系 …………………………………………… 040

010. 劳动者注册个体工商户与平台企业或其用工合作企业订立合作协议，能否认定劳动关系 …………………… 043
011. 如何认定网络主播与文化传播公司之间是否存在劳动关系 …… 045
012. 如何认定网约家政服务人员与家政公司之间是否存在劳动关系 …………………… 048
013. 未成年运动员劳动关系的认定 …………………… 051

（三）地方法院典型案例 …………………… 052

014. 超过法定退休年龄人员劳动关系确认 …………………… 052
015. 外卖快递员非自愿注册为个体工商户，劳动关系如何认定 …… 053
016. 超市促销员与超市之间劳动关系的认定 …………………… 055
017. 季节性就业劳动关系的认定 …………………… 057
018. 车辆挂靠中的劳动关系的认定 …………………… 059
019. 家政服务领域劳动关系的认定 …………………… 060
020. 不符合劳动关系项下人格从属性、经济从属性以及管理与被管理等法律特征的，不构成劳动关系 …………………… 061

（四）裁判依据 …………………… 062

二、集体合同纠纷

（一）地方法院典型案例 …………………… 066

021. 加班工资的计算基数在劳动合同没有约定的情况下，可以按照集体合同约定执行 …………………… 066

（二）裁判依据 …………………… 067

三、劳务派遣合同纠纷

（一）地方法院典型案例…………………………………………… 070

022. 劳务派遣双方是否应签订无固定期限劳动合同 ……………… 070
023. 用工单位不得借“劳务外包”之名行“劳务派遣”之实 …… 071
024. 用人单位不得通过逆向派遣规避法定责任 …………………… 073
025. 用人单位不得以劳务派遣协议期满为由解除劳动合同 ……… 074
026. 用人单位不得以虚假劳务派遣规避主体责任 ………………… 075

（二）裁判依据 ……………………………………………………… 076

四、非全日制用工纠纷

（一）地方法院典型案例…………………………………………… 084

027. 用人单位假借非全日制用工之名，行全日制用工之实的，应履行全日制用工主体责任 …………………………… 084
028. 用人单位与员工是否建立非全日制用工关系，应综合实际工作时间、工资发放形式等条件进行判断 ………………… 086
029. 用人单位未按小时计算劳动者薪酬是否影响非全日制用工的认定 ……………………………………………………… 087

（二）裁判依据 ……………………………………………………… 088

五、追索劳动报酬纠纷

（一）最高人民法院指导案例 …… 092

030. 年终奖发放前离职的劳动者能否向原用人单位主张支付年终奖 …… 092

031. 符合奖励条件的劳动者主张获奖条件成就，用人单位应当按照规定发放奖金 …… 095

（二）最高人民法院公报案例及典型案例 …… 098

032. 用人单位可否依据末位淘汰制对排名靠后的员工采取调岗调薪措施 …… 098

033. 如何认定“劳动者非因本人原因从原用人单位被安排到新用人单位工作” …… 104

034. 劳动者与用人单位订立放弃加班费协议，能否主张加班费 …… 112

035. 用人单位未按规章制度履行加班审批手续，能否认定劳动者加班事实 …… 114

036. 用人单位与劳动者约定实行包薪制，是否需要依法支付加班费 …… 115

037. 处理加班费争议，如何分配举证责任 …… 117

038. 用人单位以规章制度形式否认劳动者加班事实是否有效 …… 119

039. 劳动者在离职文件上签字确认加班费已结清，是否有权请求支付欠付的加班费 …… 121

040. 加班费的仲裁时效应当如何认定 …… 123

041. 劳动者有权拒绝用人单位以虚拟货币支付工资 …… 125

（三）地方法院典型案例 …… 126

042. 用人单位单方降低劳动报酬，员工未提异议不应视为默认 …… 126

043. 农民工劳动报酬权益受法律保障 …… 127

（四）裁判依据 …… 128

六、经济补偿金纠纷

（一）地方法院典型案例 …… 141

044. 孕产期女职工的经济补偿 …… 141

045. 用人单位长时间对员工进行不必要培训、未按约定提供劳动条件、迫使员工离职的，用人单位应向劳动者支付经济补偿 …… 142

046. 用人单位与员工进行离职结算时利用优势地位签订显失公平《薪酬结算单》的，应予撤销 …… 144

047. 劳动者主张推定解雇经济补偿金应以用人单位存在主观过错为前提 …… 145

048. 劳动者非因本人原因从原用人单位被安排到新用人单位工作，在与新用人单位解除劳动合同，计算支付经济补偿或赔偿金的工作年限时，应与在原用人单位的工作年限合并计算 …… 148

049. 用人单位因劳动者违反公司规定造成经济损失而解除劳动合同的，无需支付经济补偿金 …… 149

（二）裁判依据 …… 150

七、竞业限制纠纷

（一）最高人民法院指导案例 …… 153

050. 不能仅凭经营范围重合就认定劳动者违反竞业限制协议 …… 153

051. 因履行竞业限制条款发生争议申请仲裁和提起诉讼的期间不计入竞业限制期限的劳动合同条款无效 …… 158

（二）最高人民法院公报案例及典型案例 …… 161

052. 劳动者与用人单位签订竞业限制协议，但该单位给予劳动者的经济补偿低于法律法规规定的，劳动者是否应履行竞业限制义务 …… 161

053. 高级管理人员的行为违反了《离职后义务协议》关于竞业限制和保密义务的约定，用人单位可否要求返还经济补偿 …… 167

（三）地方法院典型案例 …… 179

054. 入职名称相似、行业不同的新公司，是否构成违反竞业限制义务 …… 179

055. 负有竞业限制义务的劳动者入职与原单位存在竞争关系的同类企业，应如何处理 …… 182

056. 掌握企业技术秘密的工作人员离职后违反竞业限制义务的，应当承担违约责任 …… 183

（四）裁判依据 …… 184

八、解除劳动合同纠纷

（一）最高人民法院指导案例 …… 186

057. 管理人员未采取合理措施或者存在纵容性骚扰行为、干扰对性骚扰行为调查等情形，用人单位可否解除劳动合同 …… 186

058. 人民法院在判断用人单位单方解除劳动合同行为的合法性时，应当以用人单位向劳动者发出的解除通知的内容为认定依据 …… 190

059. 用人单位能否依据“末位淘汰”单方解除劳动合同 …… 193

（二）最高人民法院公报案例及典型案例 …… 195

060. 用人单位行使管理权应当合理且善意 …… 195

061. 因用人单位整体搬迁导致劳动合同无法履行的认定 …… 201

062. 用人单位应依据法律规定，在解除劳动合同时出具解除证明 …… 204

063. 用人单位未与人事主管订立书面劳动合同，人事主管可否要求二倍工资赔偿 …… 210

064. 从事接触职业病危害的作业的劳动者未进行离岗前职业健康检查的，用人单位不得解除或终止与其订立的劳动合同 …… 215

065. 用人单位依据超出企业内部劳动管理范畴的规章制度单方解除劳动合同的，是否符合法律规定 …… 219

066. 患有癌症、精神病等难以治疗的特殊疾病的劳动者，用人单位解除劳动合同的认定 …… 223

067. 应聘者在应聘时提供虚假学历证明的，用人单位是否可以解除劳动合同 …… 229
068. 劳动者身体缺陷未达到严重缺陷程度，用人单位主张解除合同的不予支持 …… 240
069. 劳动者拒绝违法超时加班安排，用人单位能否解除劳动合同 …… 243
070. 用人单位未与劳动者协商一致增加工作任务，劳动者是否有权拒绝 …… 245
071. 劳动者请假照看病危父亲，用人单位应给予适当善意和包容 …… 247

（三）地方法院典型案例 …… 248

072. 用人单位可否单方调整劳动者工作岗位 …… 248
073. 保障劳动者权益的同时如何处理“小伤大养”及“休工无期限”问题 …… 249

（四）裁判依据 …… 251

九、其他类型案例

（一）地方法院典型案例 …… 258

074. 用人单位对年度考核不合格的员工做出待岗培训、复岗考试的安排是否合法 …… 258
075. 女职工产假期间劳动合同期满终止，公司能否与其解除劳动合同 …… 259
076. 劳动者的请求事项超出劳动仲裁申请时效的处理 …… 261

077. 用人单位单方调岗是否符合法律规定 …………………… 262

（二）裁判依据 ………………………………………………… 264

第二编　社会保险纠纷

一、养老保险待遇纠纷

（一）地方法院典型案例………………………………………… 267

078. 用人单位未为劳动者办理社会保险手续，且社会保险机构不能补办的，用人单位应赔偿其养老保险待遇损失 ………… 267

（二）裁判依据 ………………………………………………… 268

二、工伤保险待遇纠纷

（一）最高人民法院公报案例及典型案例 ………………………… 270

079. 用人单位可否以侵权人已向劳动者赔偿误工费为由，主张不支付停工留薪期间的工资 …………………………… 270

080. 用人单位为职工购买商业性人身意外伤害保险的，不因此免除其为职工购买工伤保险的法定义务 ……………… 275

081. 一次性伤残就业补助金的支付认定 ………………………… 280

082. 在劳动合同中双方约定有工伤免责条款，劳动者受伤的，用人单位是否承担责任 ………………………………… 286

083. 劳动者超时加班发生工伤，用工单位、劳务派遣单位是否承担连带赔偿责任 …… 290

（二）地方法院典型案例 …… 293

084. 可享受工伤保险待遇的劳动者因工死亡，其遗腹子可作为死者亲属获得因工死亡职工供养亲属抚恤金 …… 293
085. 劳动者可请求撤销显失公平的工伤待遇和解协议 …… 295

附：工伤相关行政案件

（一）最高人民法院指导案例 …… 297

086. 职工见义勇为，为制止违法犯罪行为而受到伤害的，应当视同工伤 …… 297
087. 工伤认定时限中止通知是否属于可诉行政行为 …… 299
088. 如何把握工伤认定中的“工作原因”和“工作场所” …… 303

（二）最高人民法院公报案例及典型案例 …… 307

089. 女职工未请假回家喂奶途中出车祸是否为工伤 …… 307
090. 个人挂靠其他单位经营，其聘用的人员因工伤亡，工伤保险责任如何认定 …… 313
091. 工伤认定中有关“上下班途中”的裁判规则 …… 320
092. 工伤认定是否因职工工作单位的变动而改变 …… 329
093. 认定工伤并不以用人单位是否缴纳工伤保险费为前提 …… 337
094. 停工留薪期最长期限的计算方式 …… 341
095. 如何理解“48 小时之内经抢救无效死亡”的工伤认定 …… 351
096. “收尾性工作”的认定 …… 356

097. 职工上班时“串岗”，是否影响工伤认定 …… 362
098. 如何理解《工伤保险条例》中“上下班途中”的规定 …… 367
099. 工伤认定申请时效如何计算 …… 379
100. 调查核实是否为每个工伤认定程序中必经的程序 …… 389
101. 工伤认定中，用人单位无正当理由拒不向行政机关提供证据，事后在行政诉讼程序中向人民法院提供的，人民法院可不予采纳 …… 400
102. 工作时间内，劳动者在工作场所的卫生设施内发生伤亡，是否属于工伤 …… 410

（三）地方法院典型案例 …… 417

103. 因某平台企业与闪送员之间不存在劳动关系，闪送员配送任务结束后途中意外死亡的，不构成工伤（亡） …… 417

（四）裁判依据 …… 418

三、医疗保险待遇纠纷

（一）地方法院典型案例 …… 430

104. 未给职工缴社保导致医疗待遇受损，由用人单位承担相应责任 …… 430
105. 劳动者参加新型农村合作医疗，不免除用人单位缴纳职工基本医疗保险的法定义务 …… 431
106. 员工与他人打架，公司不赔偿医疗费 …… 432

（二）裁判依据 …… 434

四、生育保险待遇纠纷

（一）地方法院典型案例 …… 435

107. 用人单位不得截留职工的生育津贴 …… 435
108. 用人单位不得在职工休产假期间降低工资待遇 …… 436

（二）裁判依据 …… 437

五、失业保险待遇纠纷

（一）地方法院典型案例 …… 439

109. 用人单位未及时办理社会保险转移手续应承担失业保险损失 …… 439

（二）裁判依据 …… 440

六、福利待遇纠纷

（一）地方法院典型案例 …… 442

110. 患有特殊疾病劳动者医疗期受法律特别保护 …… 442
111. 年休假天数应按累计工作年限确定 …… 444

（二）裁判依据 …… 445

第一编　劳动合同纠纷

一、确认劳动关系纠纷

（一）最高人民法院指导案例

001. 劳动关系认定标准[①]

聂美兰诉北京林氏兄弟文化有限公司确认劳动关系案

关键词：民事/确认劳动关系/合作经营/书面劳动合同

裁判摘要

1. 劳动关系适格主体以“合作经营”等为名订立协议，但协议约定的双方权利义务内容、实际履行情况等符合劳动关系认定标准，劳动者主张与用人单位存在劳动关系的，人民法院应予支持。

2. 用人单位与劳动者签订的书面协议中包含工作内容、劳动报酬、劳动合同期限等符合《中华人民共和国劳动合同法》第十七条规定的劳动合同条款，劳动者以用人单位未订立书面劳动合同为由要求支付第二倍工资的，人民法院不予支持。

相关法条

《中华人民共和国劳动合同法》第十条、第十七条、第八十二条

① 最高人民法院指导案例179号。

基本案情：2016年4月8日，聂美兰与北京林氏兄弟文化有限公司（以下简称林氏兄弟公司）签订了《合作设立茶叶经营项目的协议》，内容为："第一条：双方约定，甲方出资进行茶叶项目投资，聘任乙方为茶叶经营项目经理，乙方负责公司的管理与经营。第二条：待项目启动后，双方相继共同设立公司，乙方可享有管理股份。第三条：利益分配：在公司设立之前，乙方按基本工资加业绩方式取酬。公司设立之后，按双方的持股比例进行分配。乙方负责管理和经营，取酬方式：基本工资+业绩、奖励+股份分红。第四条：双方在运营过程中，未尽事宜由双方友好协商解决。第五条：本合同正本一式两份，公司股东各执一份。"

协议签订后，聂美兰到该项目上工作，工作内容为负责《中国书画》艺术茶社的经营管理，主要负责接待、茶叶销售等工作。林氏兄弟公司的法定代表人林德汤按照每月基本工资10000元的标准，每月15日通过银行转账向聂美兰发放上一自然月工资。聂美兰请假需经林德汤批准，且实际出勤天数影响工资的实发数额。2017年5月6日林氏兄弟公司通知聂美兰终止合作协议。聂美兰实际工作至2017年5月8日。

聂美兰申请劳动仲裁，认为双方系劳动关系并要求林氏兄弟公司支付未签订书面劳动合同二倍工资差额，林氏兄弟公司主张双方系合作关系。北京市海淀区劳动人事争议仲裁委员会作出京海劳人仲字（2017）第9691号裁决：驳回聂美兰的全部仲裁请求。聂美兰不服仲裁裁决，于法定期限内向北京市海淀区人民法院提起诉讼。

裁判结果：北京市海淀区人民法院于2018年4月17日作出（2017）京0108民初45496号民事判决：一、确认林氏兄弟公司与聂美兰于2016年4月8日至2017年5月8日期间存在劳动关系；二、林氏兄弟公司于判决生效后七日内支付聂美兰2017年3月1日至2017年5月8日期间工资22758.62元；三、林氏兄弟公司于判决生效后七日内支付聂美兰2016年5月8日至2017年4月7日期间未签订劳动合同二倍工资差额103144.9元；四、林氏兄弟公司于判决生效后七日内支付聂美兰违法解除劳动关系赔偿金 27711.51 元；五、驳回聂美兰的其他诉讼请求。林氏兄弟公司不服一审判决，提出上诉。北京市第一中级人民法院于 2018 年 9 月 26 日作出（2018）京 01 民终 5911 号民事判决：一、维持北京市海淀区人民法院（2017）京 0108 民初 45496 号民事判决第一项、第二项、第四项；二、撤销北京市海淀区人民法院（2017）京 0108 民初 45496 号民事判决第三项、第五项；三、驳回聂美兰的其他诉讼请求。林氏兄弟公司不服二审判决，向北京市高级人民法院申请再审。北京市高级人民法院于 2019 年 4 月 30 日作出（2019）京民申 986 号民事裁定：驳回林氏兄弟公司的再审申请。

裁判理由：法院生效裁判认为：申请人林氏兄弟公司与被申请人聂美兰签订的《合作设立茶叶经营项目的协议》系自愿签订的，不违反强制性法律、法规规定，属有效合同。对于合同性质的认定，应当根据合同内容所涉及的法律关系，即合同双方所设立的权利义务来进行认定。双方签订的协议第一条明确约定聘任聂美兰为茶叶经营项目经理，“聘任”一词一般表明当事人有雇佣劳动者为其提供劳动之意；协议第三条约定了聂美兰的取酬方式，无论在双方设定的目标公司成立之前还是之后，聂美兰均可获得“基本工资”“业绩”等报酬，与合作经营中的收益分配明显不符。合作经营合同的典型特征是共同出资，共担风险，本案合同中既未约定聂美兰出资比例，也未约定共担风险，与合作经营合同不符。从本案相关证据上看，聂美兰接受林氏兄弟公司的管理，按月汇报员工的考勤、款项分配、开支、销售、工作计划、备用金的申请等情况，且所发工资与出勤天数密切相关。双方在履行合同过程中形成的关系，符合劳动合同中人格从属性和经济从属性的双重特征。故原判认定申请人与被申请人之间存在劳动关系并无不当。双方签订的合作协议还可视为书面劳动合同，虽缺少一些必备条款，但并不影响已约定的条款及效力，仍可起到固定双方劳动关系、权利义务的作用，二审法院据此依法改判是正确的。林氏兄弟公司于 2017 年 5 月 6 日向聂美兰出具了《终止合作协议通知》，告知聂美兰终止双方的合作，具有解除双方之间劳动关系的意思表示，根据《最高人民法院关于民事诉讼证据的若干规定》第六条①，在劳动争议纠纷案件中，因用人单位作出的开除、除名、辞退、解除劳动合同等决定而发生的劳动争议，由用人单位负举证责任，林氏兄弟公司未能提供解除劳动关系原因的相关证据，应当承担不利后果。二审法院根据本案具体情况和相关证据所作的判决，并无不当。

（二）最高人民法院公报案例及典型案例

002. 网络主播与合作公司之间劳动关系的认定②

李林霞诉重庆漫咖文化传播有限公司劳动合同纠纷案

裁判摘要

网络主播与合作公司签订艺人独家合作协议，通过合作公司包装推荐，自行在第三方直播平台上注册，从事网络直播活动，并按合作协议获取直播收入。因合作公司没有对网络主播实施具有人身隶属性的劳动管理行为，网络主播从事的直播活动并非合作公司的业务组成部分，其基于合作协议获得的直播收入亦不是劳动法意义上的具有经济从属性的劳动报酬。因此，二者不符合劳动关系的法律特征，网络主播基于劳动关系提出的各项诉讼请求，不应予以支持。

原告：李林霞，女，1989 年 9 月 6 日出生，住重庆市忠县。

被告：重庆漫咖文化传播有限公司，住所地：重庆市沙坪坝区大学城南

① 本书案例适用的法律法规等条文均为案件裁判当时有效，下文不再对此进行提示。

② 参见《最高人民法院公报》2020 年 10 期。

二路。

法定代表人：姜云龙，该公司总经理。

原告李林霞因与被告重庆漫咖文化传播有限公司（以下简称漫咖公司）发生劳动争议纠纷，向重庆市江北区人民法院提起诉讼。

原告李林霞诉称：其于2017年11月2日进入被告漫咖公司工作，工作岗位为平台主播，工资组成为基本工资、提成、奖励，工作地点为重庆市江北区九街万汇中心4楼。劳动关系存续期间，漫咖公司未与其签订劳动合同，未为其购买社会保险，至今仍拖欠工资。为维护合法权益，其于2018年4月27日向重庆市江北区劳动人事争议仲裁委员会申请仲裁，该委逾期未作出受理决定，故诉至法院，请求确认双方在2017年11月2日至2018年3月31日期间存在劳动关系，由漫咖公司向其支付二倍工资差额27168.39元、欠付工资7500元及经济补偿金3712.5元，并确认双方劳动关系自李林霞口头解除之日即2018年3月29日解除。

被告漫咖公司辩称：双方签订的是合作协议，其为原告李林霞提供直播资源和政策。李林霞主播收入是网友的打赏、礼物，平台从收入中提成50%，漫咖公司收到平台的钱后按比例与李林霞分配，并不向李林霞发放工资；李林霞的工作内容不是其经营范围；李林霞的直播行为不受其管理，直播时长不由其控制，直播内容是李林霞自己策划，直播地点自己选择；李林霞自己注册平台账号，自己管理账号，漫咖公司仅作备案。因此，双方不存在劳动关系，其诉讼请求依法应予驳回。

重庆市江北区人民法院一审查明：

被告漫咖公司于2016年6月27日注册成立，经营范围包括承办经批准的文化艺术交流活动；企业营销策划；企业管理咨询；经济信息咨询；舞台造型策划；企业形象策划；图文设计；会议会展服务；展览展示服务；庆典礼仪服务；摄影摄像服务；商务信息咨询服务；计算机软件资讯服务；互联网信息技术服务；网页设计；设计、制作、发布国内广告；演出策划服务；直播策划服务；演出经纪服务（须取得相关行政许可或审批后方可从事经营）。

被告漫咖公司在重庆市江北区九街万汇中心 4 楼招募李林霞从事网络直播，其招募海报中载明寻找下一个百万网红主播，福利待遇为 3 千元至 1 万元保底，高额提成，定期组织才艺培训指导推广宣传包装，优秀主播月薪 9 万元上不封顶，无需经验，漫咖公司提供主播定期培训、主播形象打造。

2017 年 11 月 29 日，原告李林霞与被告漫咖公司签订《艺人独家合作协议》，主要约定，漫咖公司作为经纪公司为李林霞提供才艺演艺互动平台、提供优质推荐资源，李林霞在漫咖公司的合作互动平台上进行才艺演艺从而获得相关演艺收入，并获得漫咖公司优质资源包装推荐机会；李林霞成为漫咖公司的独家签约艺人，漫咖公司为李林霞提供独家演艺内容及相关事务，合作期间，李林霞保证全面服从漫咖公司安排，漫咖公司同意给予李林霞相应的推荐资源，帮助李林霞提升人气和收益；漫咖公司有权自主组织、协调和安排本协议上述的活动及事务，漫咖公司有义务根据本协议项下约定的方式向李林霞支付应获得收入；对于李林霞通过漫咖公司推荐所进行的才艺演艺成果，漫咖公司依法拥有独家权利；李林霞承诺并保证在协议有效期内只能在漫咖公司指定的场所从事本协议所述的才艺演艺以及本协议内容构成相同或类似的合作；李林霞有义务在本协议有效期内接受漫咖公司及其他合作伙伴安排的工作；李林霞自协议生效后 20 日内于漫咖公司平台以实名认证方式应当且仅申请注册一个主播账户，并告知漫咖公司账户号码和名称，向漫咖公司提供个人身份证明备案；结算收入包括李林霞获得的提成收入及漫咖公司支付的保底收入，独家签约艺人可享有经漫咖公司事先审核并确定的保底收入，保底收入由漫咖公司指派的平台待遇而定，双方按月结算，漫咖公司核算备案登记全部主播艺人的提成收入和保底收入；李林霞在漫咖公司指派直播平台总和每月直播有效天数不低于 25 天且总有效时长不低于 150 小时，每天直播时长 6 小时为一个有效天，每次直播 1 个小时为有效时长，在满足有效天和有效时长前提下，漫咖公司每月支付李林霞 2000 元保底工资，不满足时长当月保底取消，只有提成，如违反平台相关条例取消当月保底及奖励。双方还对权利义务、权利归属、保密条款、违约责任等进行了约定，附件 2 为 NOW 直播平台管理条例。

原告李林霞通过被告漫咖公司在第三方直播平台上进行注册，从事网络直播活动，李林霞从事主播的过程中，其直播地点、直播内容、直播时长、直播时间段并不固定，收入主要是通过网络直播吸引网络粉丝在网络上购买虚拟礼物后的赠予，直播平台根据与李林霞、漫咖公司的约定将收益扣除部分后转账给漫咖公司，漫咖公司根据与李林霞的约定将收益扣除部分后转账给李林霞，转账时间和金额均不固定，有些转账名目上载明为工资。

重庆市江北区人民法院一审认为：原劳动和社会保障部《关于确立劳动关系有关事项的通知》第一条规定，用人单位招用劳动者未订立书面劳动合同，但同时具备下列情形的，劳动关系成立。（一）用人单位和劳动者符合法律、法规规定的主体资格；（二）用人单位依法制定的各项劳动规章制度适用于劳动者，劳动者受用人单位的劳动管理，从事用人单位安排的有报酬的劳动；（三）劳动者提供的劳动是用人单位业务的组成部分。本案中，原告李林霞基于双方之间存在劳动关系提起本案诉讼，其应当对双方存在劳动关系负有举证义务。从双方签订的艺人独家合作协议来看，该协议约定的目的和背景、合作内容、收入及结算均不具有劳动合同必备条款的性质，不应视为双方之间具有劳动关系。从人身依附性上来看，李林霞的直播地点、直播内容、直播时长、直播时间段并不固定，其直播行为也无法看出系履行漫咖公司的职务行为，被告漫咖公司基于合作关系而衍生的对李林霞作出的管理规定不应视为双方之间具有人身隶属关系的规章制度。从经济收入来看，李林霞的直播收入主要通过网络直播吸引粉丝获得的打赏，漫咖公司并未参与李林霞的直播行为且无法掌控李林霞直播收入的多少，仅是依据其与李林霞、直播平台之间约定的比例进行收益分配，双方约定的保底收入也仅是双方合作方式的一种保障和激励措施，并不是其收入的主要来源。从工作内容上看，李林霞通过漫咖公司在第三方直播平台上进行注册，其从事的网络直播平台系第三方所有和提供，直播内容不是漫咖公司的经营范围，漫咖公司的经营范围仅为直播策划服务，并不包括信息网络传播视听节目等从事直播的内容。综上，李林霞并未举证证明双方具有建立劳动关系的合意，并未举证证明双方之间具有劳动关系性质的经济、人身依附性，其基于劳动关系提起的诉讼请求，法院不予支持。

据此，重庆市江北区人民法院根据《中华人民共和国劳动合同法》第七条、《中华人民共和国民事诉讼法》第六十四条之规定，于 2018 年 12 月 7 日作出判决：

驳回原告李林霞的诉讼请求。

李林霞不服一审判决，向重庆市第一中级人民法院提起上诉称：双方签订的艺人独家合作协议具备劳动合同必备条款，一审法院没有结合行业特征认定双方法律关系的性质；合作协议明确约定李林霞直播期间形成的作品著作权归属于漫咖公司，侧面印证了双方系劳动关系的事实；漫咖公司对李林霞的直播内容进行管理、直播时间进行考勤，且就直播间卫生、休息时间就餐地点、工作牌遗失损毁等问题对李林霞进行处罚，这些管理行为不是基于合作关系，具有人身隶属性；李林霞的直播提成是漫咖公司收入的主要来源，漫咖公司为保证自己盈利对李林霞进行管理，并提供保底收入，双方符合劳动关系的基本特征。因此，一审法院对本案事实认定不清，适用法律错误。李林霞请求：撤销一审判决，依法改判支持李林霞的一审诉讼请求。

重庆市第一中级人民法院经二审，确认了一审查明的事实。

重庆市第一中级人民法院二审认为：

本案的上诉焦点仍然在于：上诉人李林霞与被上诉人漫咖公司之间是否存在劳动关系。

首先，从管理方式上看，被上诉人漫咖公司没有对上诉人李林霞进行劳动管理。虽然李林霞通过漫咖公司在第三方直播平台上注册并从事网络直播活动，但李林霞的直播地点、直播内容、直播时长、直播时间段并不固定，李林霞亦无需遵守漫咖公司的各项劳动规章制度。尽管双方合作协议对李林霞的月直播天数及直播时长作出了约定，且漫咖公司可能就直播间卫生、休息时间就餐地点、工作牌遗失损毁等问题对李林霞进行处罚，但这些均应理解为李林霞基于双方直播合作关系应当履行的合同义务以及应当遵守的行业管理规定，并非漫咖公司对李林霞实施了劳动法意义上的管理行为。

其次，从收入分配上看，被上诉人漫咖公司没有向上诉人李林霞支付劳动报酬。李林霞的直播收入虽由漫咖公司支付，但主要是李林霞通过网络直播吸引粉丝获得打赏所得，漫咖公司仅是按照其与直播平台和李林霞之间的约定比例进行收益分配，漫咖公司无法掌控和决定李林霞的收入金额，双方在合作协议中约定的保底收入应属于漫咖公司给予直播合作伙伴的保障和激励费用，并非李林霞收入的主要来源，故漫咖公司基于合作协议向李林霞支付的直播收入不是用人单位向劳动者支付的劳动报酬。

再次，从工作内容上看，上诉人李林霞从事的网络直播活动并非被上诉人漫咖公司业务的组成部分。李林霞从事网络直播的平台由第三方所有和提供，网络直播本身不属于漫咖公司的经营范围，漫咖公司的经营范围仅包括直播策划服务，并不包括信息网络传播视听节目等内容，虽然双方合作协议约定漫咖公司享有李林霞直播作品的著作权，但不能据此推论李林霞从事直播活动系履行职务行为，故李林霞从事的网络直播活动不是漫咖公司业务的组成部分。

因此，上诉人李林霞与被上诉人漫咖公司之间不符合劳动关系的法律特征，一审法院对李林霞基于劳动关系提出的各项诉讼请求未予支持并无不当。

综上，重庆市第一中级人民法院依照《中华人民共和国民事诉讼法》第一百七十条第一款第一项之规定，于 2019 年 3 月 28 日判决如下：

驳回上诉，维持原判。

本判决为终审判决。

003. 劳动者与用人单位存在劳动关系的认定[①]

江苏澳吉尔生态农业科技股份有限公司与曾广峰确认劳动关系纠纷案

裁判摘要

劳动者按用人单位岗位要求提供劳动，受用人单位管理，以自己的劳动获取劳动报酬，符合劳动法律关系的特征，应当认定劳动者与用人单位之间存在劳动关系。即使劳动者与其他单位存在人事关系，但在非因劳动者自身原因导致该人事关系未正常履行且劳动者从其他单位取得的报酬不足以维持基本生活的情况下，用人单位以劳动者与其他单位存在人事关系为由，否认用人单位与劳动者之间存在劳动关系的，人民法院不予支持。

原告：江苏澳吉尔生态农业科技股份有限公司，住所地：江苏省盱眙县明祖陵镇龙飞大道澳吉尔绿博园基地。

法定代表人：田春芝，该公司董事长。

被告：曾广峰，男，43岁，汉族，住江苏省盱眙县官滩镇。

原告江苏澳吉尔生态农业科技股份有限公司因与被告曾广峰发生确认劳动关系纠纷，向江苏省盱眙县人民法院提起诉讼。

原告江苏澳吉尔生态农业科技股份有限公司（以下简称澳吉尔公司）起诉称：2015年9月1日，被告曾广峰到原告处上班。经原告了解，被告系盱眙县水务局职工，双方存在劳动关系，且养老、医疗保险均在该单位缴纳，故原告与被告之间签订《劳务雇佣合同书》，对双方的权利义务予以约定。后被告在工作中遭受事故伤害，向盱眙县劳动人事争议仲裁委员会申请仲裁，

---

① 参见《最高人民法院公报》2019年12期。

要求确认原被告之间存在劳动关系。该委作出的仲裁裁决书认为双方存在劳动关系。对此，原告认为：一、原被告之间是雇佣关系还是劳动关系应当以当事人签订的合同以及签订合同时的背景作为依据，鉴于被告与盱眙县水务局之间存在的劳动关系并未解除，原告才与被告签订雇佣合同。因此，双方之间的法律关系是明确的，即是雇佣关系而非劳动关系；二、雇佣关系与劳动关系有许多相同之处，作为劳动者或者雇员均与雇主或用人单位存在人身依附关系，雇员或劳动者均要遵守规章制度、接受工作安排、获取劳动报酬等权利义务，而仲裁裁决书以合同书的内容推定双方之间系劳动关系而不是雇佣关系，缺乏事实与法律依据。请求判决原被告之间不存在劳动关系。

被告曾广峰辩称：一、被告自2015年9月14日到原告澳吉尔公司处上班，任明祖陵绿博园基地经理一职，并签订了一年的劳动合同，合同截止期限为2016年9月13日。到期后双方又续签了一年劳动合同，截至目前未解除合同；二、被告于1992年12月进入盱眙县水务局下属单位上班，但因单位效益不好，已经停薪待岗多年。原单位因考虑到被告实际困难，所以一直帮被告缴纳社会保险。但上述事宜与原被告之间是否存在劳动关系没有任何关联。综上，请求法院判决双方存在劳动关系，以便被告进入工伤认定程序，获得劳动者应有的权利。

盱眙县人民法院一审查明：

2015年9月14日，原告澳吉尔公司（甲方）与被告曾广峰（乙方）签订《劳务雇佣合同书》，约定：一、甲方雇佣乙方为明祖陵基地经理，乙方需在甲方明祖陵基地的日常生产经营和管理方面提供劳务。二、劳务期限：本合同自签订之日起一年，期满前一个月双方可协商续订；期满不再续订时，乙方必须办理交接手续……三、甲方每月15号左右，以工资名义，用现金或转账名义支付乙方的劳务报酬5650（1580）元，乙方应于收到劳务报酬之日起，三个工作日内向甲方出具收条。四、双方的义务和责任。1. 乙方同意根据甲方需要担任基地经理一职，根据甲方制定的该岗位责任书（详见附件）

的内容和要求提供劳务，完成明祖陵基地的生产经营及管理。2. 乙方接受甲方对其提供劳务的考核。未经甲方许可，乙方不得从事与受雇劳务无关的活动或业务。3. 乙方应尽心尽责提供服务，不得以权谋私、损害甲方利益并在提供劳务过程中，遵守甲方制定的《员工手册》中员工应遵守的规定及处罚规定，并同意在违反时按照其中相对应的内容接受甲方的处理，从劳务费中给付扣除或结算……六、其他。1. 甲方有权对公司的《员工手册》和管理制度进行相应修改。修改公布后的内容，乙方已经通过相应途径知悉、了解的，对应条款适用本合同的履行。2. 甲方有权在本合同有效期内，根据需要调整乙方的岗位职责、劳务范围，劳务报酬等事项也将做出相应调整。甲方作出上述调整后，乙方在一个支付报酬周期内无异议的，视为乙方接受上述调整和安排。七、本合同的附件如下：附件一：《保密协议》；附件二：《岗位职责书》；附件三：甲方制定的《员工手册》及有关规定。被告自协议签订之日遂入职原告处担任基地经理一职，按原告要求从事相应工作，原告也向其发放工作牌，按照公司管理制度对被告进行考勤、考核并按月发放工资。2016 年 9 月一年期满后，双方又续签一份合同。

2016 年 12 月 18 日，被告曾广峰因在工作中受伤，此后双方就该事宜协商不成，曾广峰遂未再至原告澳吉尔公司处上班。2017 年 2 月，曾广峰向盱眙县劳动人事争议仲裁委员会申请确认与澳吉尔公司的劳动关系，盱眙县劳动仲裁委经审理认为，双方虽签订的是劳务雇佣合同，但澳吉尔公司制定的各项规章制度适用于曾广峰，曾广峰受澳吉尔公司的劳动管理，被安排有报酬的劳动，该劳动是澳吉尔公司的业务组成部分，故裁决确认双方存在劳动关系。

另查明，被告曾广峰系盱眙县三墩电灌站职工，属事业单位在编人员。但因官滩镇三墩电灌站属于财政定额补助的事业单位，其收入无法正常发放职工工资，一年只能发放 10 000 左右不等的生活费，曾广峰等多名职工外出自谋职业维持生存，仅在农忙灌溉季节回电灌站从事相应工作。

盱眙县人民法院一审认为：

本案的主要争议焦点为：被告曾广峰的事业单位人员身份能否阻却其与原告澳吉尔公司形成劳动关系。

本案中，原告澳吉尔公司向被告曾广峰发放工作牌，与曾广峰签订合同约定权利义务，要求曾广峰遵守其单位制定的各项规章制度，并以此对其考核、考勤并发放工作报酬，曾广峰依约提供劳动并领取报酬，双方之间权利义务关系符合劳动法律关系的内涵。对于曾广峰的抗辩事由，经法院核实，曾广峰虽与盱眙县三墩电灌站间存在人事关系，但由于单位经费等多方面原因，双方并未保持正常的劳动关系履行状态，盱眙县三墩电灌站发放的生活费亦不足以维持曾广峰的正常生活，曾广峰在此情况下至澳吉尔公司处就职以维持生计，是行使其基本及天然的权利，于法并无不妥，澳吉尔公司所诉事由无依据，不予支持。另，澳吉尔公司、曾广峰所形成的事实法律关系的性质并不以双方约定而改变。

综上，盱眙县人民法院依照《中华人民共和国劳动合同法》第七条的规定，于2017年7月27日作出判决：

确认原告江苏澳吉尔生态农业科技股份有限公司与被告曾广峰之间存在劳动关系。

一审宣判后，澳吉尔公司不服，向淮安市中级人民法院提起上诉称：1. 澳吉尔公司与曾广峰之间签订的合同明确约定双方之间是劳务关系，而非劳动关系；2. 曾广峰与澳吉尔公司签订劳务合同时，系盱眙县水务局事业编制人员，不属于《最高人民法院关于审理劳动争议案件适用法律若干问题的解释（三）》第八条规定的四类人员。另外《中华人民共和国公务员法》规定，经批准参照公务员法管理的具有公共事务管理职能的事业单位中除工勤人员以外的工作人员不能和其他单位建立劳动关系，因此，无论从《中华人民共和国劳动合同法》还是《中华人民共和国公务员法》来说，澳吉尔公司与曾广峰之间均不可能建立法律意义上的劳动关系。

淮安市中级人民法院经二审，确认了一审查明的事实。

淮安市中级人民法院二审认为：

本案争议焦点为：上诉人澳吉尔公司与被上诉人曾广峰之间是劳动关系还是劳务关系。

二审法院认为，合同性质的认定不能仅凭合同名称而定，应当根据合同内容所涉法律关系，即合同双方当事人所设立权利义务内容确定合同的性质。就本案而言，虽然上诉人澳吉尔公司与被上诉人曾广峰所签订的合同名称为《劳务雇佣合同书》，但该合同内容却反映，澳吉尔公司制定的各项规章制度适用于曾广峰，曾广峰受澳吉尔公司的劳动管理，从事澳吉尔公司安排的有报酬的劳动，且曾广峰提供的劳动是其业务的组成部分，故该合同约定的权利义务内容并不符合劳务合同的法律特征，而与劳动关系法律特征相符，因此应当认定本案合同性质为劳动合同。

虽然在上诉人澳吉尔公司与被上诉人曾广峰签订合同之后，曾广峰仍然与盱眙县三墩电灌站间存在人事关系，但由于单位经费等多方面原因，双方并未保持正常的履行状态。澳吉尔公司上诉所称应参照适用的《中华人民共和国公务员法》中不得兼职的限制条件，是在保障公务员及相应人员正常的基本生活水平的前提下确定的，现盱眙县三墩电灌站发放的生活费难以维持正常生存，在此情况下，曾广峰至澳吉尔公司处工作，并不违反法律限制性规定。

综上，上诉人澳吉尔公司的上诉请求不能成立，应予驳回；一审判决认定事实清楚，适用法律正确，应予维持。据此，淮安市中级人民法院依照《中华人民共和国民事诉讼法》第一百七十条第一款第（一）项的规定，于2017年11月28日作出判决：

驳回上诉，维持原判。

本判决为终审判决。

004. 对因未订立书面劳动合同而要求二倍工资的诉讼请求的认定①

北京泛太物流有限公司诉单晶晶劳动争议纠纷案

裁判摘要

《中华人民共和国劳动合同法》第八十二条关于用人单位未与劳动者订立书面劳动合同的，应当向劳动者每月支付二倍工资的规定，是对用人单位违反法律规定的惩戒。如用人单位与劳动者未订立书面劳动合同，但双方之间签署的其他有效书面文件的内容已经具备了劳动合同的各项要件，明确了双方的劳动关系和权利义务，具有了书面劳动合同的性质，则该文件应视为双方的书面劳动合同，对于劳动者提出因未订立书面劳动合同而要求二倍工资的诉讼请求不应予以支持。

原告：北京泛太物流有限公司，住所地：北京市海淀区首体南路。

被告：单晶晶。

原告北京泛太物流有限公司（以下简称泛太物流公司）因与被告单晶晶发生劳动争议纠纷，向北京市海淀区人民法院提起诉讼。

原告泛太物流公司诉称：被告单晶晶于2011年6月30日入职我公司，负责员工档案管理工作。其自2011年7月29日下班后，就未再到公司上班，原告多次与其电话联系，其始终没有上班，且未办理请假或离职手续，直到2011年8月17日其给原告相关领导发了一封电子邮件，内容为："因我个人不认同公司的文化，特向各位领导提出辞职"。单晶晶的行为属于擅自离职。

① 参见《最高人民法院公报》2013年12期。

原告认为：首先，双方劳动关系截止日期应为2011年7月29日。其次，单晶晶擅自离职后，向原告以电子邮件的形式提交了辞职报告，原告无须支付解除劳动关系经济补偿金。第三，单晶晶入职当日，原告即与其签订了为期3年的劳动合同，该《劳动合同》与《员工录用审批表》、《公司物品申请表》一起放在了单晶晶的人事档案袋中。单晶晶利用保管员工档案的便利在离职时将包括《劳动合同》在内的相关资料带走，但在仲裁庭审质证时出具了与《劳动合同》一起存放在档案袋中的《员工录用审批表》、《公司物品申请表》的原件，这一事实佐证了单晶晶离职时带走了包括劳动合同在内的相关资料，原告不应支付其未签劳动合同的双倍工资差额。另外，双方劳动关系截止日期为2011年7月29日，即使我公司无法提交双方签订的劳动合同，因自用工之日起未超过一个月，也不应支付单晶晶未签劳动合同二倍工资差额。第四，单晶晶自2011年7月29日后未到我公司上班，其8月份工资不应支付。第五，单晶晶的档案转移应由其自行处理，原告可以协助。综上，诉至法院，请求判令：1. 确认双方劳动关系为2011年6月30日至2011年7月29日；2. 原告无须支付单晶晶解除劳动关系经济补偿金2000元；3. 原告无须支付单晶晶2011年7月30日至2011年8月30日未签劳动合同二倍工资差额3652.94元；4. 原告无须支付单晶晶2011年8月工资4000元；5. 判令原告无须为单晶晶办理档案转移手续。

被告单晶晶辩称：不同意被告泛太物流公司的诉讼请求，同意仲裁裁决结果。

北京市海淀区人民法院一审查明：

被告单晶晶于2011年6月30日入职原告泛太物流公司，担任人力行政部员工，其月工资标准为税前4000元，税后实发金额3652.94元，泛太物流公司支付单晶晶工资至2011年7月31日。

被告单晶晶主张原告泛太物流公司未与其签订书面劳动合同，泛太物流公司提出单晶晶入职后该公司与其签订了3年期的劳动合同，因单晶晶负责保管员工档案，其离职时擅自将劳动合同等材料带走。对此泛太物流公司提供了单晶晶的《工作职责》为证，上述材料载明："2011 年 7 月 7 日经理分配给我的工作如下：员工投诉……员工档案管理：档案转我处后，审表格、审手续……"上述内容下方有单晶晶签字，并写明 2011 年 7 月 7 日；单晶晶否认自己负责员工档案管理，亦否认《工作职责》中的签字系自己书写，经法院释明，单晶晶不申请对上述签名是否为自己书写进行司法鉴定。另查，本案审理中，单晶晶提交了《员工录用审批表》以及《公司物品申请表》的原件，其中《员工录用审批表》载明：姓名单晶晶、性别女、部门人力行政部、工作地点北京……聘用期限自 2011 年 7 月 1 日起至 2014 年 7 月 1 日止共叁年，试用期自 2011 年 7 月 1 日起至 2011 年 9 月 30 日止，共叁月；试用期待遇：基本工资 1500 元、岗位工资 1500 元、各项补贴 500 元、加班工资 500 元，合计 4000 元；转正后待遇……合计 5000 元；审批表下方"人力资源部意见"以及"总经理批示"栏分别由相关负责人及法定代表人苏树平的签字。其中《公司物品申请表》载明单晶晶 2011 年 7 月开始社保增加，邮箱地址为 shanjingjing@ tps-loeistics. com，并由总部行政负责人、办事处人事负责人以及信息部门经办人签字确认，其中信息一栏注明"域账号、邮件登录后请修改密码"。泛太物流公司提出上述审批表及申请表与劳动合同同时存放于单晶晶的员工档案中，上述材料原件在单晶晶手中的事实本身即说明了单晶晶负责保管档案并带走劳动合同的事实。单晶晶提出上述两份材料系泛太物流公司的杨富清为让自己了解工作职能而交给自己的，事后未要回，故原件由自己保管。

被告单晶晶与原告泛太物流公司均认可双方已经解除劳动关系，但就最后工作时间、解除劳动关系时间及经过存在争议。单晶晶提出其最后工作至 2011 年 8 月 30 日，当日泛太物流公司无故口头告知与其解除劳动关系，对此单晶晶未提供证据佐证。泛太物流公司主张单晶晶最后工作至 2011 年 7 月 29 日，并于 2011 年 8 月 17 日向该公司负责人发送邮件申请辞职，故双方劳动关系于2011年8月17日因单晶晶辞职而解除。泛太物流公司对上述主张提供2011年6月、7月的考勤汇总表以及该公司相关负责人于2011年8月17日收取的单晶晶通过电子邮箱（shanjingjing@ tps-logistics. com）发送的邮件为证，上述考勤汇总表无单晶晶签字确认，且未显示2011年7月底以后的出勤情况；上述邮件内容为“各位泛太公司领导：我于2011年6月30日入职泛太公司。约定试用期三个月。现因我个人不认同公司的企业文化，特向各位提出辞职。单晶晶2011年8月17日”。单晶晶否认考勤汇总表的真实性，其认可发送上述电子邮件的电子邮箱系自己入职时注册的邮箱，但否认该邮件系由其本人发送的，其提出泛太物流公司的网管人员掌握自己的邮箱地址及密码，上述邮件内容完全有可能系泛太物流公司自己发送的。

另查，被告单晶晶的档案现仍存放于原告泛太物流公司集体存档户内。

再查，被告单晶晶曾以要求确认与原告泛太物流公司于2011年6月30日至2011年8月30日期间存在劳动关系，并要求该公司支付解除劳动关系经济补偿金、2011年7月30日至2011年8月30日期间未签订劳动合同的二倍工资差额、2011年8月1日至2011年8月30日工资、延迟转移档案损失以及要求泛太物流公司办理档案转移手续等为由，向北京市海淀区劳动争议仲裁委员会提出申诉，仲裁委员会作出裁决如下：一、确认2011年6月30日至2011年8月30日期间单晶晶与泛太物流公司存在事实劳动关系；二、自本裁决书生效之日起七日内，泛太物流公司向单晶晶一次性支付解除劳动关系经济补偿金2000元；三、自本裁决书生效之日起七日内，泛太物流公司向单晶晶一次性支付2011年7月30日至2011年8月30日期间未签订劳动合同二倍工资差额3652.94元；四、自本裁决书生效之日起七日内，泛太物流公司向单晶晶一次性支付2011年8月1日至2011年8月30日拖欠工资税前4000元；五、自本裁决书生效之日起七日内，泛太物流公司为单晶晶办理档案转移手续；六、驳回单晶晶的其他申请请求。泛太物流公司不服上述裁决第一至五项内容，于法定期限内提起诉讼；单晶晶同意仲裁结果。

海淀区人民法院一审认为：

被告单晶晶于 2011 年 6 月 30 日入职原告泛太物流公司，双方建立劳动关系。

（一）关于被告单晶晶最后工作时间及双方解除劳动关系的时间及原因。双方各执一词，法院认为，原告泛太物流公司提出单晶晶于 2011 年 8 月 17 日通过电子邮件提出辞职，单晶晶虽否认上述邮件系其本人发送，但其认可发送该邮件的电子邮箱系其本人申请注册的，其虽提出泛太物流公司掌握该邮箱地址及密码，但未提供证据佐证其上述主张；同时，单晶晶作为具备完全行为能力的自然人应当对其个人邮箱密码负有安全保密义务，依据常理该密码不应由第三人知悉，且单晶晶持有的《公司物品申请表》中亦已经注明要求其邮件登录修改初始密码，故法院对单晶晶的抗辩不予采信，确认该邮件的证明力，进而采纳泛太物流公司的主张即双方劳动合同于 2011 年 8 月 17 日因单晶晶提出辞职而解除。鉴于此，法院认定单晶晶与泛太物流公司之间于 2011 年 6 月 30 日至 2011 年 8 月 17 日期间存在劳动关系，该公司无须向其支付解除劳动关系的经济补偿金 2000 元。

被告单晶晶虽提出其最后工作至 2011 年 8 月 30 日，同日原告泛太物流公司口头与其解除劳动合同，但未提供证据佐证；且如上文所述，法院确认其于 2011 年 8 月 17 日通过电子邮件提出了辞职，其未能举证证明提出辞职后继续为泛太物流公司提供劳动，故对其上述主张法院不予采信。同时，泛太物流公司虽称单晶晶最后工作至 2011 年 7 月 29 日，但其提供的考勤汇总表未经单晶晶签字确认，且不能显示 2011 年 7 月底以后的出勤情况，故对其该主张法院亦不予采信，鉴于泛太物流公司作为用人单位对员工的出勤情况负有举证责任，综合单晶晶于 2011 年 8 月 17 日申请辞职的情况，法院确认单晶晶最后工作至 2011 年 8 月 17 日。据此，泛太物流公司应向单晶晶支付 2011 年 8 月 1 日至 2011 年 8 月 17 日期间的税前工资 2390.8 元（计算方式 4000÷21.75×13），无须继续支付 2011 年 8 月 18 日至 2011 年 8 月 30 日的工资。

（二）关于未签订劳动合同的二倍工资差额。原告泛太物流公司提出曾与被告单晶晶订立书面劳动合同，单晶晶负责保管员工档案并借此将所签订的劳动合同取走。对此法院认为，依据泛太物流公司提供的《工作职责》的内容，单晶晶负责公司员工的档案管理工作，其虽否认负责上述工作，且否认《工作职责》中自己签字的真实性，但经法院释明，其未申请对上述签字的真伪进行鉴定，应当承担上述事实不能查明的不利法律后果，即法院对《工作职责》的证明力予以确认，采信泛太物流公司关于单晶晶负责员工档案管理的主张，但仅凭借单晶晶负责保管档案以及其持有部分泛太物流公司文件的事实并不足以证实泛太物流公司曾与单晶晶签订有书面劳动合同书。反而，单晶晶持有的《员工录用审批表》中明确约定了其工作部门、工作地点、聘用期限、试用期、工资待遇等，并附有泛太物流公司法定代表人苏树平的签字，上述审批表内容已经具备劳动合同的要件，特别是上述《员工录用审批表》现由单晶晶持有并由其作为证据提供，即其认可上述审批表的内容，因此法院认为该审批表具有劳动合同的性质。故单晶晶要求泛太物流公司支付2011年7月30日至2011年8月30日期间未签订劳动合同的二倍工资差额，其中2011年7月30日至2011年8月17日期间系包含在上述审批表所载明的合同期限内，其中2011年8月17日后双方已经解除劳动合同关系，故泛太物流公司无须支付上述期间二倍工资差额。综上，对泛太物流公司提出的无须支付未签订劳动合同的二倍工资差额的主张，法院予以支持。

鉴于双方劳动关系已经解除，而被告单晶晶档案现仍存放于原告泛太物流公司集体存档户内，依据相关法律规定，泛太物流公司有义务为单晶晶办理档案转移手续，其要求由单晶晶自行办理档案转移手续没有法律依据，法院不予支持。

综上，海淀区人民法院依据《中华人民共和国劳动合同法》第三十条第一款、第五十条第一款之规定，于2012年3月5日判决如下：

一、确认被告单晶晶与原告泛太物流公司于 2011 年 6 月 30 日至 2011 年 8 月 17 日期间存在劳动关系；

二、原告泛太物流公司于本判决生效后七日内给付被告单晶晶 2011 年 8 月 1 日至 2011 年 8 月 17 日期间工资 2390.80 元；

三、原告泛太物流公司于本判决生效后七日内为被告单晶晶办理档案转移手续；

四、原告泛太物流公司无须向被告单晶晶支付解除劳动关系经济补偿金 2000 元；

五、原告泛太物流公司无须向被告单晶晶支付 2011 年 7 月 30 日至 2011 年 8 月 30 日未签订劳动合同二倍工资差额 3652.94 元。

单晶晶不服，向北京市第一中级人民法院提起上诉，其上诉理由同一审辩称。

被上诉人泛太物流公司辩称：同意一审判决，不同意上诉人单晶晶的上诉请求。

北京市第一中级人民法院经二审，确认了一审查明的事实。

本案二审的争议焦点是：上诉人单晶晶的离职时间以及双方是否签订有劳动合同或录用审批表能否作为劳动合同。

北京市第一中级人民法院二审认为：

关于上诉人单晶晶离职时间问题，单晶晶坚持原审理由，主张其工作至 2011 年 8 月 30 日，同日被上诉人泛太物流公司口头与其解除劳动合同，但其在一审、二审中均未提供证据予以佐证。泛太物流公司主张单晶晶于 2011 年 8 月 17 日通过电子邮件提出辞职并提交了该电子邮件，依据举证规则，泛太物流公司完成了以电子邮件形式证明系单晶晶提出辞职主张的举证责任；单晶晶对此予以否认，即对泛太物流公司的该项主张予以反驳，其应提举证据予以证明，否则将承担不利的后果。本案中单晶晶认可发送该邮件的电子邮箱系其本人申请注册的，其提出泛太物流公司掌握该邮箱地址及密码意图推翻泛太物流公司的上述主张，但其未提供证据佐证其上述主张；加之，单晶晶作为具备完全行为能力人应当对其个人邮箱密码负有安全保密义务，依据常理该密码不应为第三人所知悉，且单晶晶持有的《公司物品申请表》中亦已经注明要求其邮件登录修改初始密码，故原审法院对单晶晶的抗辩不予采信、确认该邮件的证明力、进而采纳泛太物流公司的主张即双方劳动合同于2011 年 8 月 17 日因单晶晶提出辞职而解除的认定正确，法院予以确认。单晶晶的该项上诉请求没有事实和法律依据，法院不予支持。

关于双方是否签有劳动合同一节，双方各执一词，该节争议的核心即是否能对被上诉人泛太物流公司予以双倍工资惩罚。由于双方均认可填有《员工录用审批表》且该表为上诉人单晶晶持有和提举，所以，该节争议的实质就演化为该《员工录用审批表》能否视为是双方的书面劳动合同。对此，法院认为应结合《中华人民共和国劳动合同法》未签订书面劳动合同予以双倍工资惩罚的立法目的予以分析。首先，《中华人民共和国劳动合同法》第八十二条针对实践中劳动合同签订率低以及《中华人民共和国劳动法》第十六条仅规定“建立劳动关系应当订立劳动合同”而没有规定违法后果的立法缺陷，增设了二倍工资的惩罚，该第二倍差额的性质并非劳动者的劳动所得而是对用人单位违反法律规定的一种惩戒。二倍工资的立法目的在于提高书面劳动合同签订率、明晰劳动关系中的权利义务而非劳动者可以从中谋取超出劳动报酬的额外利益。其次，结合单晶晶持有的《员工录用审批表》分析，该表已基本实现了书面劳动合同的功能。表中明确约定了单晶晶工作部门、工作地点、聘用期限、试用期、工资待遇等，并附有泛太物流公司法定代表人苏树平的签字，该审批表内容已经具备劳动合同的要件，能够既明确双方的劳动关系又固定了双方的权利义务，实现了书面劳动合同的功能。一审法院认定该审批表具有劳动合同的性质、驳回单晶晶要求泛太物流公司支付二倍工资差额的诉讼请求正确，法院予以确认。单晶晶该节上诉请求没有事实和法律依据，不予支持。

综上，上诉人单晶晶上诉理由不能成立，原判认定事实清楚，适用法律正确，应予维持。北京市第一中级人民法院依照《中华人民共和国民事诉讼法》第一百五十三条第一款第（一）项之规定，于2012年6月1日作出判决：

驳回上诉，维持原判。

本判决为终审判决。

005. 大专院校在校学生与用人单位之间劳动关系的认定①

郭懿诉江苏益丰大药房连锁有限公司劳动争议案

裁判摘要

即将毕业的大专院校在校学生以就业为目的与用人单位签订劳动合同，且接受用人单位管理，按合同约定付出劳动；用人单位在明知求职者系在校学生的情况下，仍与之订立劳动合同并向其发放劳动报酬的，该劳动合同合法有效，应当认定双方之间形成劳动合同关系。

原告：郭懿，男，22岁，住南京市茶南仁园。

被告：江苏益丰大药房连锁有限公司，住所地：南京市白下区汉中路。

法定代表人：高毅，该公司董事长。

原告郭懿因与被告江苏益丰大药房连锁有限公司（以下简称益丰公司）发生劳动争议纠纷，向江苏省南京市白下区人民法院提起诉讼。

原告郭懿诉称：原告系南京市莫愁职业高级中学2008届毕业生。2007年10月原告至被告处进行求职登记，经被告人力资源部和总经理审核，同意试

① 参见《最高人民法院公报》2010年06期。

用。2007年10月30日双方签订劳动合同，为期三年，自2007年10月30日起至2010年12月30日止。2008年7月，被告益丰公司以对原、被告间是否存在劳动关系持有异议为由，向南京市白下区劳动争议仲裁委员会提起仲裁申请，请求确认原、被告之间的劳动关系不成立。南京市白下区劳动争议仲裁委员会于2008年8月19日作出仲裁决定，以原告系在校学生，不符合就业条件，不具有建立劳动关系的主体资格，原、被告间的争议不属于劳动争议处理范围为由，决定终结了仲裁活动。原告对此不服，认为原、被告之间存在劳动关系，双方签订的劳动合同真实、合法、有效，请求法院判决确认原、被告之间的劳动合同有效。

被告益丰公司辩称：原告郭懿与被告签订劳动合同时的身份为在校学生，根据原劳动部《关于贯彻执行〈中华人民共和国劳动法〉若干问题的意见》的规定，在校学生不具备劳动关系的主体资格。《工伤保险条例》也没有将在校学生纳入参保范围，亦充分说明在校学生不属于劳动者的范畴。同时原告也不具备劳动合同约定的录用条件。被告在招聘简章及与原告签订的劳动合同中约定的录用条件是具备中专以上学历，而原告于2008年7月方毕业，其签约时并不具备被告要求的录用条件。因此，原、被告之间的合同名为劳动合同，实为实习合同，原、被告之间所建立的不是劳动关系，不属于劳动法调整的劳动法律关系。请求依法驳回原告的起诉。

南京市白下区人民法院一审查明：

原告郭懿系江苏广播电视大学（南京市莫愁中等专业学校办学点）药学专业2008届毕业生，于2008年7月毕业。2007年10月26日原告郭懿向被告益丰公司进行求职登记，并在被告益丰公司的求职人员登记表中登记其为南京市莫愁职业高级中学2008届毕业生，2007年是其实习年。2007年10月30日原告与被告签订劳动合同书一份，期限三年，从2007年10月30日起至2010年12月30日止；其中试用期60天，从2007年10月30日起至2007年12月30日止。合同还约定，录用条件之一为具备中专或中专以上学历；原告从事营业员工作；试用期满后月工资收入不少于900元，试用期工资标准不低于同工种同岗位职工工资的80%等。2008年7月21日，被告向南京市白下区劳动争议仲裁委员会提出仲裁申请，请求确认其与原告之间的劳动关系不成立。南京市白下区劳动争议仲裁委员会经审查，依据原劳动部《关于贯彻执行〈中华人民共和国劳动法〉若干问题的意见》，于2008年8月19日作出仲裁决定，以原告系在校学生，不符合就业条件，不具有建立劳动关系的主体资格，在校学生勤工助学或实习与用人单位之间的关系不属于《中华人民共和国劳动法》的调整范围，故被告与原告之间的争议，不属劳动争议处理范围为由，决定终结了被告诉原告的仲裁活动，并于2008年8月27日送达了仲裁决定书。

另查明，被告益丰公司原名江苏益丰大药房有限公司，2008年7月21日经南京市工商行政管理局白下分局核准更名为江苏益丰大药房连锁有限公司。

以上事实有双方当事人陈述、求职人员登记表、劳动合同书、仲裁申诉书、仲裁决定书、招聘简章、南京市莫愁中等专业学校证明、江苏广播电视大学毕业证书、公司准予变更登记通知书等证据予以证实，足以认定。

本案一审的争议焦点是：原告郭懿与被告益丰公司签订的劳动合同是否有效。

南京市白下区人民法院一审认为：

首先，判断原告郭懿与被告益丰公司签订的劳动合同是否有效，要看原告郭懿是否具备劳动关系的主体资格。原告与被告益丰公司签订劳动合同时已年满19周岁，符合《中华人民共和国劳动法》规定的就业年龄，具备与用工单位建立劳动关系的行为能力和责任能力。原劳动部《关于贯彻执行〈中华人民共和国劳动法〉若干问题的意见》（以下简称意见）第四条仅规定了公务员和比照实行公务员制度的事业组织和社会团体的工作人员，以及农村劳动者、现役军人和家庭保姆不适用劳动法，并未将在校学生排除在外，学生身份并不当然限制郭懿作为普通劳动者加入劳动力群体。意见第十二条规定："在校生利用业余时间勤工助学，不视为就业，未建立劳动关系，可以不签订劳动合同。"该条规定仅适用于在校生勤工助学的行为，并不能由此否定在校生的劳动权利，推定出在校生不具备劳动关系的主体资格。综上，法律并无明文规定在校生不具备劳动关系的主体资格，故原告能够成为劳动关系的主体。

其次，原告郭懿于被告益丰公司处劳动的行为不属于意见第十二条规定的情形。该条规定针对的是学生仍以在校学习为主，不以就业为目的，利用业余时间在单位进行社会实践打工补贴学费、生活费的情形。勤工助学和实习时，学生与单位未建立劳动关系，可以不签订劳动合同，不需要明确岗位、报酬、福利待遇等。本案中，郭懿的情形显然不属于勤工助学或实习。郭懿在登记求职时，已完成了全部学习任务，明确向益丰公司表达了求职就业愿望，双方签订了劳动合同书。郭懿在与益丰公司签订劳动合同后，亦按照规定内容为益丰公司付出劳动，益丰公司向郭懿支付劳动报酬，并对其进行管理，这完全符合劳动关系的本质特征。故益丰公司辩称双方系实习关系的理由不能成立。

第三，原告郭懿签约时虽不具备被告益丰公司要求的录用条件，但郭懿在填写益丰公司求职人员登记表时，明确告知了益丰公司其系 2008 届毕业生，2007 年是学校规定的实习年，自己可以正常上班，但尚未毕业。益丰公司对此情形完全知晓，双方在此基础上就应聘、录用达成一致意见，签订劳动合同。因此，劳动合同的签订是双方真实意思表示，不存在欺诈、隐瞒事实或胁迫等情形，并没有违反法律、行政法规的规定，且郭懿已于 2008 年 7 月取得毕业证书，益丰公司辩称郭懿不符合录用条件的理由亦不能成立。

综上，原告郭懿与被告益丰公司存在劳动关系，双方签订的劳动合同合法、有效，对双方均具有法律约束力。据此，南京市白下区人民法院依照《中华人民共和国劳动法》第十七条、第十八条之规定，于 2008 年 11 月 18 日判决如下：

原告郭懿与被告益丰公司于2007年10月30日签订的劳动合同有效。

益丰公司不服一审判决，向南京市中级人民法院提起上诉，理由是： 1. 被上诉人郭懿身份为在校学生，其在实习期不能办理社会保险，该关系也不属于《中华人民共和国劳动法》的调整范围，因此，被上诉人不具备劳动关系的主体资格。2. 一审判决确认双方存在劳动关系显失公平。因被上诉人为在校学生，劳动保障部门不予办理社会保险，上诉人将承担相关法律责任和巨大风险。

被上诉人郭懿辩称：一审判决认定事实清楚，适用法律正确，应予维持。

南京市中级人民法院经二审，确认了一审查明的事实。

南京市中级人民法院二审认为：

实习是以学习为目的，到相关单位参加社会实践，没有工资，不存在由实习生与单位签订劳动合同、明确岗位、报酬、福利待遇等情形。本案中，被上诉人郭懿虽于2008年7月毕业，但其在2007年10月26日明确向上诉人益丰公司表达了求职就业愿望，并进行了求职登记，求职人员登记表中登记其为2008届毕业生，2007年是其实习年。2007年10月30日郭懿与益丰公司自愿签订了劳动合同。益丰公司对郭懿的情况完全知情，双方在此基础上就应聘、录用达成一致意见，签订了劳动合同，而且明确了岗位、报酬。该情形不应视为实习。郭懿与益丰公司签订劳动合同时已年满19周岁，符合《中华人民共和国劳动法》规定的就业年龄，具备与用工单位建立劳动关系的行为能力和责任能力。意见第十二条不能推定出在校生不具备劳动关系的主体资格。故上诉人的上述理由不能成立。

关于上诉人益丰公司认为确认双方劳动关系有效显失公平的上诉理由，法院认为，益丰公司与郭懿签订劳动合同，是双方真实意思表示，双方利益也不存在重大失衡，不应视为显失公平。

综上，上诉人益丰公司与被上诉人郭懿双方签订的劳动合同是双方真实意思表示，且不违反法律、行政法规的禁止性规定，该劳动合同合法、有效，

对双方均具有法律约束力，

一审判决认定事实清楚，适用法律正确，审判程序合法，应予维持。据此，南京市中级人民法院依照《中华人民共和国民事诉讼法》第一百五十三条第一款第（一）项之规定，于2009年4月7日判决如下：

驳回上诉，维持原判。

本判决为终审判决。

006. 事实劳动关系的认定①

宜昌市无线电厂诉卢玲等四人终止劳动合同纠纷案

原告：湖北省宜昌市无线电厂。

法定代表人：尚宜光，该厂厂长。

被告：卢玲，女，28岁，湖北省宜昌市人，宜昌市无线电厂工人。

被告：倪亮，男，26岁，湖北省宜昌市人，宜昌市无线电厂工人。

被告：刘珊，女，27岁，湖北省宜昌市人，宜昌市无线电厂工人。

被告：何国香，女，29岁，湖北省宜昌市人，宜昌市无线电厂工人。

原告湖北省宜昌市无线电厂（以下简称无线电厂）因与被告卢玲、倪亮、刘珊、何国香4人发生终止劳动合同纠纷，不服宜昌市劳动争议仲裁委员会的裁决，向湖北省宜昌市西陵区人民法院提起诉讼。

原告无线电厂诉称：因4名被告与本厂的劳动合同期满，本厂通知终止劳动合同，宜昌市劳动争议仲裁委员会却裁决本厂与4名被告补签2-7年的劳动合同。这个裁决于法无据，请求人民法院判决终止4名被告与本厂的劳动合同关系。

4名被告辩称：按照原告制定的《全员劳动合同制实施细则》，原告应当

① 参见《最高人民法院公报》2000年06期。

与我们签订 5-10 年的劳动合同，但是原告不向我们宣传、告知细则的具体内容，使我们在不知情的情况下与其签订了为期二年的劳动合同。这个劳动合同违背了我们的真实意思表示，是无效的。劳动争议仲裁委员会裁决叫原告与我们续签劳动合同，是正确的，原告应当执行。请求驳回原告的诉讼请求。

宜昌市西陵区人民法院经审理查明：

1988 年 11 月至 1989 年 12 月期间，原告无线电厂分别与被告卢玲、倪亮、刘珊签订了为期五年的劳动合同。被告何国香在 1987 年与宜昌市旭光棉纺织厂签订了为期五年的劳动合同，1992 年调入无线电厂工作。

1995 年 5 月，原告无线电厂按照实行全员劳动合同制的要求，制定出《宜昌市无线电厂全员劳动合同制实施细则》，经厂职工代表大会讨论通过。8 月，无线电厂根据该细则，分别与 4 名被告签订了为期两年的劳动合同，合同期限从 1995 年 8 月 1 日起至 1997 年 8 月 1 日止。合同到期后，无线电厂没有通知 4 名被告终止劳动合同，也未续签劳动合同，双方形成了事实上的劳动关系。1998 年 7 月，无线电厂以双方所签订的劳动合同已到期为由，通知 4 名被告终止劳动合同关系。4 名被告向宜昌市劳动争议仲裁委员会申请仲裁，请求裁决维持原劳动关系，并与无线电厂续签劳动合同。劳动争议仲裁委员会裁决，无线电厂应与 4 名被告补签 2-7 年的劳动合同，并为 4 名被告缴纳社会保险金。无线电厂不服该裁决，遂提起诉讼。

上述事实，有 1988 年底至 1989 年底第一次签订的劳动合同、原告无线电厂制定的《全员劳动合同制实施细则》、双方当事人于 1995 年 8 月第二次签订的劳动合同以及双方当事人的陈述为证。

宜昌市西陵区人民法院认为：

《中华人民共和国劳动法》第十六条规定："劳动合同是劳动者与用人单位确立劳动关系、明确双方权利和义务的协议。建立劳动关系应当订立劳动合同。"在原告无线电厂于 1995 年实行全员劳动合同制前，卢玲、倪亮、刘珊、何国香 4 名被告就是合同制职工。按照无线电厂制定并经该厂职工代表大会讨论一致通过的《全员劳动合同制实施细则》第六条第二项的规定，合同制职工应与无线电厂签订期限为5-10年的劳动合同。无线电厂与4名被告签订为期两年的劳动合同，不是4名被告的真实意思表示，且违背了上述规定，该合同中有关劳动合同期限的约定无效。据此，宜昌市西陵区人民法院于1999年5月20日判决：

一、驳回原告无线电厂的诉讼请求；

二、原告无线电厂应当于本判决生效后15日内，组织被告倪亮、卢玲、刘珊、何国香补签2-7年期限的劳动合同。原告如不在规定的时间内签订，则按200元/月的标准支付4名被告的经济损失，并为4名被告缴纳社会保险金至所签订的劳动合同期限届满为止；

三、原告无线电厂应为4名被告补齐1998年8月至本判决生效前的社会保险金。

诉讼费70元，由原告无线电厂负担。

无线电厂不服一审判决，向湖北省宜昌市中级人民法院提起上诉称：1. 人民法院无权就劳动合同当事人是否签订劳动合同以及签订多长期限的劳动合同作出裁决。一审判决强令上诉人与被上诉人签订2-7年期限的劳动合同，干涉了劳动合同当事人的签约自由，违反了签订劳动合同应当平等自愿、协商一致的原则。2. 双方签订的劳动合同有效。首先，被上诉人没有证据证明本案劳动合同的签订违背了其真实意思表示；其次，原判对《全员劳动合同制实施细则》的规定断章取义地引用，认为上诉人违背了该规定，从而判令上诉人与4名被上诉人补签2-7年的劳动合同，是错误的。请求二审法院撤销原判，判决终止双方之间的劳动合同关系。

卢玲、倪亮、刘珊、何国香4名被上诉人仍坚持一审的答辩意见。卢玲另外补充了两点意见：1. 按照鄂劳力（1995）184号文件第二十条的规定，双方形成了事实劳动关系。2. 本人于1998年10月怀孕，应视为在劳动合同期内怀孕。依照劳动法的有关规定，应当受到特别保护。请求二审法院驳回上诉，维持原判。

宜昌市中级人民法院经二审，除认定了一审查明的全部事实以外，还查明：被上诉人卢玲于 1998 年 10 月怀孕，并已于二审诉讼期间的 1999 年 7 月 30 日生产。

宜昌市中级人民法院认为：

上诉人无线电厂制定并经该厂职工代表大会讨论通过的《全员劳动合同制实施细则》中，虽然有合同制职工应与无线电厂签订 5－10 年劳动合同的规定，但同时也规定如果本人自愿，职工可与无线电厂签订短期劳动合同，也可不与无线电厂签订劳动合同。因此无线电厂与 4 名被上诉人签订为期两年的劳动合同，并不违背该实施细则的规定。实施细则曾经下发到全厂各个科室学习过。对于发生在全厂且与自己切身利益相关的《全员劳动合同制实施细则》，4 名被上诉人应当知道。其在三年后提出不知道实施细则的具体内容，签订为期两年的劳动合同违背了其真实意思表示，没有任何证据证实，难以采信。无线电厂与 4 名被上诉人签订的两年期限劳动合同，是有效的。一审以不是被上诉人真实意思表示，违背了实施细则的规定为由，认定该劳动合同中关于期限的约定无效，是错误的。

《中华人民共和国劳动法》第十六条已经规定，建立劳动关系应当订立劳动合同。劳动合同既为劳动者与用人单位确立劳动关系、明确双方权利和义务的协议，那么从理论上说，是否签订劳动合同与签订多长期限的劳动合同，应当由劳动者与用人单位双方协商议定，任何单位与个人都不能以任何方式（包括人民法院以判决形式）强迫命令签订劳动合同。但在事实上，由于劳动力供需关系的失衡，使得用人单位在用人时占据主导地位，劳动者无法与用人单位平等，无法经平等协商通过签订劳动合同来保护自己的合法权益。在此情况下，国家以强制手段确定用人单位与劳动者各自的权利和义务，符合我国宪法与劳动法贯彻的保护劳动者合法权益的精神。

劳动合同期满后，双方都未提出终止或续订劳动合同，劳动者继续提供劳动，用人单位继续提供工作条件和报酬，这是在原劳动合同的基础上形成的事实劳动关系。很多事实劳动关系，都是由于用人单位企图在用人方面摆脱劳动合同的约束造成的，这是违反劳动法规定的行为。对于事实劳动关系，劳动部办公厅在劳办力字〔1992〕19号《关于全民合同制工人合同期满后形成事实劳动关系问题的复函》中指出，“企业与职工应尽快补办终止或续订合同的手续”。虽然补办终止劳动合同或者补办续订劳动合同的手续，都是对事实劳动关系的纠正方法，但在劳动者与用人单位事实上无法平等的情况下，如果过多地强调两种方法都是可行的，只能在事实上损害劳动者一方的利益。因此，劳动部在劳部发〔1996〕354号《关于实行劳动合同制度若干问题的通知》第十四条中规定：“有固定期限的劳动合同期满后，因用人单位方面的原因未办理终止或续订手续而形成事实劳动关系的，视为续订劳动合同。用人单位应及时与劳动者协商合同期限，办理续订手续。因此给劳动者造成损失的，该用人单位应当依法承担赔偿责任。”对“视为续订劳动合同”的期限，该规定没有明确，湖北省劳动厅在鄂劳力〔1995〕184号《关于全面实行劳动合同制若干问题的处理意见》第二十条规定：“劳动合同期满双方同意续延劳动关系的，应当续签劳动合同，没有及时续签又未办理终止手续形成事实劳动关系的，视为续订劳动合同，期限同前一劳动合同期限。”这个规定体现了保护劳动者合法权益的精神，应当参照执行。按照这个文件的规定，上诉人无线电厂应当与4名被上诉人续签劳动合同。如果双方不能达成续签劳动合同的协议，则对从1997年8月1日起存在的事实劳动关系，视为续订了为期两年的劳动合同，至1999年8月1日期满即行终止。一审判决双方补签2-7年期限的劳动合同，于法无据，应当纠正。

被上诉人卢玲于1998年10月怀孕，视为在劳动合同期内怀孕。依照《中华人民共和国劳动法》第六十二条、第六十三条对女职工特殊保护的规定，参照劳动部办公厅劳办字〔1990〕21号《对〈关于外商投资企业女职工在孕期、产期、哺乳期间终止劳动合同的请示〉的复函》第四条的规定，卢玲与上诉人无线电厂之间存在的视为续订劳动合同关系，必须延续到哺乳期满。

综上所述，一审判决事实清楚，证据确实、充分，但适用法律错误，判处不当，应当纠正。上诉人无线电厂的部分上诉理由成立，予以采纳。据此，宜昌市中级人民法院依照《中华人民共和国民事诉讼法》第一百五十三条第一款第（二）项的规定，于1999年8月12日判决：

一、撤销一审民事判决。

二、上诉人无线电厂与被上诉人倪亮、刘珊、何国香之间存在的视为续订劳动合同关系，至1999年8月1日终止；无线电厂与被上诉人卢玲之间存在的视为续订劳动合同关系，至2000年7月30日终止。

三、上诉人无线电厂为被上诉人倪亮、刘珊、何国香补齐1999年8月1日以前欠缴的社会保险金，为被上诉人卢玲缴纳社会保险金至2000年7月30日止。

一、二审案件诉讼费各70元，上诉人无线电厂与4名被上诉人各负担35元。

007. 如何认定网约货车司机与平台企业之间是否存在劳动关系①

基本案情：刘某于2020年6月14日与某信息技术公司订立为期1年的《车辆管理协议》，约定：刘某与某信息技术公司建立合作关系；刘某自备中型面包车1辆提供货物运输服务，须由本人通过公司平台在某市区域内接受公司派单并驾驶车辆，每日至少完成4单，多接订单给予加单奖励；某信息技术公司通过平台与客户结算货物运输费，每月向刘某支付包月运输服务费6000元及奖励金，油费、过路费、停车费等另行报销。刘某从事运输工作期

① 《劳动人事争议典型案例（第三批）》（人力资源社会保障部、最高人民法院2023年4月24日发布），一、如何认定网约货车司机与平台企业之间是否存在劳动关系？载最高人民法院网站，https：//www.court.gov.cn/zixun/xiangqing/401172.html，最后访问日期：2023年7月4日。

间，每日在公司平台签到并接受平台派单，跑单时长均在8小时以上。某信息技术公司通过平台对刘某的订单完成情况进行全程跟踪，刘某每日接单量超过4单时按照每单70元进行加单奖励，出现接单量不足4单、无故拒单、运输超时、货物损毁等情形时按照公司制定的费用结算办法扣减部分服务费。2021年3月2日，某信息技术公司与刘某订立《车辆管理终止协议》，载明公司因调整运营规划，与刘某协商一致提前终止合作关系。刘某认为其与某信息技术公司之间实际上已构成劳动关系，终止合作的实际法律后果是劳动关系解除，某信息技术公司应当支付经济补偿。某信息技术公司以双方书面约定建立合作关系为由否认存在劳动关系，拒绝支付经济补偿，刘某遂向劳动人事争议仲裁委员会（以下简称仲裁委员会）申请仲裁。

申请人请求：请求裁决某信息技术公司支付解除劳动合同经济补偿。

处理结果：仲裁委员会裁决：某信息技术公司向刘某支付解除劳动合同经济补偿。

案例分析：本案争议焦点是，刘某与某信息技术公司之间是否符合确立劳动关系的情形？

《中华人民共和国劳动合同法》第七条规定，“用人单位自用工之日起即与劳动者建立劳动关系”，《关于维护新就业形态劳动者劳动保障权益的指导意见》（人社部发〔2021〕56号）第十八条规定，“根据用工事实认定企业和劳动者的关系”。以上法律规定和政策精神体现出，认定劳动关系应当坚持事实优先原则。《关于确立劳动关系有关事项的通知》（劳社部发〔2005〕12号）相关规定体现出，劳动关系的核心特征为“劳动管理”，即劳动者与用人单位之间具有人格从属性、经济从属性、组织从属性。在新就业形态下，由于平台企业生产经营方式发生较大变化，劳动管理的体现形式也相应具有许多新的特点。当前，认定新就业形态劳动者与平台企业之间是否存在劳动关系，应当对照劳动管理的相关要素，综合考量人格从属性、经济从属性、组织从属性的有无及强弱。从人格从属性看，主要体现为平台企业的工作规则、劳动纪律、奖惩办法等是否适用于劳动者，平台企业是否可通过制定规则、设定算法等对劳动者劳动过程进行管理控制；劳动者是否须按照平台指令完成工作任务，能否自主决定工作时间、工作量等。从经济从属性看，主要体现为平台企业是否掌握劳动者从业所必需的数据信息等重要生产资料，是否允许劳动者商定服务价格；劳动者通过平台获得的报酬是否构成其重要收入来源等。从组织从属性看，主要体现在劳动者是否被纳入平台企业的组织体系当中，成为企业生产经营组织的有机部分，并以平台名义对外提供服务等。

本案中，虽然某信息技术公司与刘某订立《车辆管理协议》约定双方为合作关系，但依据相关法律规定和政策精神，仍应根据用工事实认定双方之间的法律关系性质。某信息技术公司要求须由刘某本人驾驶车辆，通过平台向刘某发送工作指令、监控刘某工作情况，并依据公司规章制度对刘某进行奖惩；刘某须遵守某信息技术公司规定的工作时间、工作量等要求，体现了较强的人格从属性。某信息技术公司占有用户需求数据信息，单方制定服务费用结算标准；刘某从业行为具有较强持续性和稳定性，其通过平台获得的服务费用构成其稳定收入来源，体现了明显的经济从属性。某信息技术公司将刘某纳入其组织体系进行管理，刘某是其稳定成员，并以平台名义对外提供服务，从事的货物运输业务属于某信息技术公司业务的组成部分，体现了较强的组织从属性。综上，某信息技术公司对刘某存在明显的劳动管理行为，符合确立劳动关系的情形，应当认定双方之间存在劳动关系。某信息技术公司与刘某订立《车辆管理终止协议》，实际上构成了劳动关系的解除，因此，对刘某要求某信息技术公司支付经济补偿的仲裁请求，应当予以支持。

典型意义

近年来，平台经济迅速发展，创造了大量就业机会。与此同时，维护劳动者劳动保障权益面临诸多新情况新问题，其中，平台企业与劳动者之间的法律关系性质引发社会普遍关注。不同平台之间用工模式存在差异，一些平台企业占有数据信息这一新就业形态劳动者从业所必需的生产资料，通过制定规则、设定算法对劳动者的工作机会、劳动条件、劳动方式、劳动收入、进出平台自由等进行限制或施加影响，并从劳动者劳动成果中获益。此类模式下，平台企业并非提供信息中介、交易撮合等服务，而是通过对劳动者进行组织和管理，使他们按照一定模式和标准以平台名义对外提供服务，因此，其应当作为用工主体或用人单位承担相应法律义务和责任。在仲裁和司法实践中，各级劳动人事争议仲裁机构和人民法院应当注意审查平台运营方式、算法规则等，查明平台企业是否对劳动者存在劳动管理行为，据实认定法律关系性质。

008. 如何认定网约配送员与平台企业之间是否存在劳动关系①

基本案情：徐某于2019年7月5日从某科技公司餐饮外卖平台众包骑手入口注册成为网约配送员，并在线订立了《网约配送协议》，协议载明：徐某同意按照平台发送的配送信息自主选择接受服务订单，接单后及时完成配送，服务费按照平台统一标准按单结算。从事餐饮外卖配送业务期间，公司未对徐某上线接单时间提出要求，徐某每周实际上线接单天数为3至6天不等，每天上线接单时长为2至5小时不等。平台按照算法规则向一定区域内不特定的多名配送员发送订单信息，徐某通过抢单获得配送机会，平台向其按单结算服务费。出现配送超时、客户差评等情形时，平台核实情况后按照统一标准扣减服务费。2020年1月4日，徐某向平台客服提出订立劳动合同、缴纳社会保险费等要求，被平台客服拒绝，遂向仲裁委员会申请仲裁。

① 《劳动人事争议典型案例（第三批）》（人力资源社会保障部、最高人民法院2023年4月24日发布），二、如何认定网约配送员与平台企业之间是否存在劳动关系？载最高人民法院网站，https：//www. court. gov. cn/zixun/xiangqing/401172. html，最后访问日期：2023年7月4日。

申请人请求：请求确认徐某与某科技公司于 2019 年 7 月 5 日至 2020 年 1 月 4 日期间存在劳动关系，某科技公司支付解除劳动合同经济补偿。

处理结果：仲裁委员会裁决：驳回徐某的仲裁请求。

案例分析：本案争议焦点是，徐某与某科技公司之间是否符合确立劳动关系的情形？

根据《关于发布智能制造工程技术人员等职业信息的通知》（人社厅发〔2020〕17 号）相关规定，网约配送员是指通过移动互联网平台等，从事接收、验视客户订单，根据订单需求，按照平台智能规划路线，在一定时间内将订单物品递送至指定地点的服务人员。《关于维护新就业形态劳动者劳动保障权益的指导意见》（人社部发〔2021〕56 号）根据平台不同用工形式，在劳动关系情形外，还明确了不完全符合确立劳动关系的情形及相应劳动者的基本权益。

本案中，徐某在某科技公司餐饮外卖平台上注册成为网约配送员，其与某科技公司均具备建立劳动关系的主体资格。认定徐某与某科技公司之间是否符合确立劳动关系的情形，需要查明某科技公司是否对徐某进行了较强程度的劳动管理。从用工事实看，徐某须遵守某科技公司制定的餐饮外卖平台配送服务规则，其订单完成时间、客户评价等均作为平台结算服务费的依据，但平台对其上线接单时间、接单量均无要求，徐某能够完全自主决定工作时间及工作量，因此，双方之间人格从属性较标准劳动关系有所弱化。某科技公司掌握徐某从事网约配送业务所必需的数据信息，制定餐饮外卖平台配送服务费结算标准和办法，徐某通过平台获得收入，双方之间具有一定的经济从属性。虽然徐某依托平台从事餐饮外卖配送业务，但某科技公司并未将其纳入平台配送业务组织体系进行管理，未按照传统劳动管理方式要求其承担组织成员义务，因此，双方之间的组织从属性较弱。综上，虽然某科技公司通过平台对徐某进行一定的劳动管理，但其程度不足以认定劳动关系。因此，对徐某提出的确认劳动关系等仲裁请求，仲裁委员会不予支持。

典型意义

近年来，网约配送员成为备受社会关注的群体，如何维护好其劳动保障权益也频频引发舆论热议。在网约配送行业中，平台企业对网约配送员存在多种组织和管理模式。在类似本案的模式中，平台向非特定配送员发送订单信息，不对配送员的上线接单时间和接单量作任何要求，但与此同时，平台企业制定统一的配送服务规则和服务费结算标准，通过设定算法对配送员的配送行为进行控制和管理，并将配送时长、客户评价等作为结算服务费的依据。一方面，劳动者工作时间、工作地点更加自由，不再受限于特定的生产经营组织体系；另一方面，平台企业借助信息技术手段打破了传统用工方式的时空限制，对劳动者实现了更加精细的用工管理。对此，《关于维护新就业形态劳动者劳动保障权益的指导意见》（人社部发〔2021〕56号）明确不完全符合确立劳动关系的情形，并指出相关部门应指导企业与该类劳动者订立书面协议、合理确定双方权利义务，逐步推动将该类劳动者纳入最低工资、休息休假等制度保障范围。在仲裁与司法实践中，应在区分各类情形的基础上分类保障劳动者合法权益，并积极推动完善相关法律政策，进一步畅通劳动者维权渠道，充分实现平台经济良性发展与劳动者权益保护互促共进。

009. 外卖平台用工合作企业通过劳务公司招用网约配送员，如何认定劳动关系①

基本案情： 某货运代理公司承包经营某外卖平台配送站点，负责该站点

① 《劳动人事争议典型案例（第三批）》（人力资源社会保障部、最高人民法院 2023 年 4 月 24 日发布），三、外卖平台用工合作企业通过劳务公司招用网约配送员，如何认定劳动关系？载最高人民法院网站，https：//www. court. gov. cn/zixun/xiangqing/401172. html，最后访问日期：2023 年 7 月 4 日。

网约配送业务。2019 年 5 月 27 日，某货运代理公司与某劳务公司订立《配送业务承包协议》，约定由某劳务公司负责站点的配送员招募和管理工作。何某于 2019 年 7 月 28 日进入某外卖平台站点工作，并与某劳务公司订立了为期 1 年的《外卖配送服务协议》，约定：何某同意在某外卖平台注册为网约配送员，并进入某货运代理公司承包的配送站点从事配送业务；何某须遵守某货运代理公司制定的站点工作制度，每周经提前申请可休息 1 天，每天至少在线接单 8 小时；何某与某劳务公司之间为劳务合作关系，某劳务公司根据订单完成量向何某按月结算劳务报酬。从事配送工作期间，何某按照某货运代理公司制定的《配送员管理规则》，每天 8：30 到站点开早会，每周工作 6 至 7 天，每天在线接单时长为 8 至 11 小时不等。何某请假时，均须通过站长向某货运代理公司提出申请。某货运代理公司按照何某订单完成量向何某按月支付服务费，出现高峰时段不服从平台调配、无故拒接平台派单、超时配送、客户差评等情形时，某货运代理公司均按一定比例扣减服务费，而某劳务公司未对包含何某在内的站点配送员进行管理。2019 年 11 月 3 日，何某在执行配送任务途中摔倒受伤，其要求某货运代理公司、某劳务公司按照工伤保险待遇标准向其赔偿各项治疗费用，某货运代理公司以未与何某订立任何协议为由拒绝承担责任，某劳务公司以与何某之间系劳务合作关系为由拒绝支付工伤保险待遇。2019 年 12 月 19 日，何某以某货运代理公司、某劳务公司为共同被申请人向仲裁委员会申请仲裁。

申请人请求：请求确认何某与某货运代理公司、某劳务公司于 2019 年 7 月 28 日至 2019 年 12 月 19 日期间存在劳动关系。

处理结果：仲裁委员会裁决：何某与某货运代理公司于 2019 年 7 月 28 日至 2019 年 12 月 19 日期间存在劳动关系。

案例分析：本案争议焦点是，何某是否与两家公司存在劳动关系？与哪家公司存在劳动关系？

本案中，从某货运代理公司与某劳务公司订立的《配送业务承包协议》

内容看，某货运代理公司将配送员招募和管理工作外包给某劳务公司，应当由某劳务公司负责具体的用工组织和管理工作。但从本案用工事实看，某劳务公司并未对何某等站点配送员进行管理，其与某货运代理公司之间的《配送业务承包协议》并未实际履行；某货运代理公司虽然未与何某订立书面协议，却对其进行了劳动管理。因此，应当根据某货运代理公司对何某的劳动管理程度，认定双方之间是否存在劳动关系。何某须遵守某货运代理公司制定的《配送员管理规则》，按时到站点考勤；某货运代理公司对何某执行配送任务的情况进行监督，通过扣减服务费等方式对何某的工作时间、接单行为、服务质量等进行管理，双方之间存在较强的人格从属性。某货运代理公司根据单方制定的服务费结算办法向何某按月结算服务费，双方之间存在明显的经济从属性。何某虽以平台名义从事配送任务，但某货运代理公司将其纳入站点的配送组织体系进行管理，双方之间存在较强的组织从属性。综上，某货运代理公司对何某进行了较强程度的劳动管理，应当认定双方之间存在劳动关系。

典型意义

《关于维护新就业形态劳动者劳动保障权益的指导意见》（人社部发〔2021〕56号）对平台企业采取合作用工方式组织劳动者完成平台工作的情形作出了规定。在新就业形态劳动争议处理中，一些平台用工合作企业也以外包或劳务派遣等灵活方式组织用工。部分配送站点承包经营企业形式上将配送员的招募和管理工作外包给其他企业，但实际上仍直接对配送员进行劳动管理，在劳动者主张相关权益时通常否认与劳动者之间存在劳动关系，将“外包”当成了规避相应法律责任的“挡风板”“防火墙”，增加了劳动者的维权难度。在仲裁和司法实践中，应当谨慎区分劳动关系与各类民事关系，对于此类“隐蔽劳动关系”，不能简单适用“外观主义”审查，应当根据劳动管理事实和从属性特征明确劳动关系主体，依法确定各方权利义务。

010. 劳动者注册个体工商户与平台企业或其用工合作企业订立合作协议，能否认定劳动关系[①]

基本案情：孙某于2019年6月11日进入某外卖平台配送站点工作，该站点由某物流公司承包经营。某物流公司与孙某订立了自2019年6月11日起至2021年6月10日止的书面劳动合同。从事配送工作期间，孙某按照某物流公司要求在规定时间、指定区域范围内执行某外卖平台派发的配送任务，某物流公司根据孙某出勤及订单完成情况向其按月支付劳动报酬。某物流公司于2020年8月21日与某商务信息咨询公司订立《服务协议》，约定将含孙某在内的部分配送员委托给某商务信息咨询公司管理。在某商务信息咨询公司安排下，孙某注册了名为“某配送服务部”的个体工商户，并于2020年9月6日与某物流公司订立了为期1年的《项目承包协议》，约定：某配送服务部与某物流公司建立合作关系，某配送服务部承接某外卖平台配送站点的部分配送业务，某物流公司按照配送业务完成量向某配送服务部按月结算费用。此后，孙某仍然在某外卖平台站点从事配送工作，接受某物流公司管理，管理方式未发生任何变化。2020年12月10日，某物流公司单方面终止《项目承包协议》，孙某要求某物流公司支付违法解除劳动合同赔偿金。某物流公司认为订立《项目承包协议》后，双方之间已从劳动关系变为合作关系，劳动合同自动终止，并以此为由拒绝支付违法解除劳动合同赔偿金。孙某遂向仲裁委员会申请仲裁。

申请人请求：请求确认孙某与某物流公司于2020年9月6日至2020年

① 《劳动人事争议典型案例（第三批）》（人力资源社会保障部、最高人民法院2023年4月24日发布），四、劳动者注册个体工商户与平台企业或其用工合作企业订立合作协议，能否认定劳动关系？载最高人民法院网站，https://www.court.gov.cn/zixun/xiangqing/401172.html，最后访问日期：2023年7月4日。

12 月 10 日期间存在劳动关系，某物流公司支付违法解除劳动合同赔偿金。

处理结果：仲裁委员会裁决：孙某与某物流公司于 2020 年 9 月 6 日至 2020 年 12 月 10 日期间存在劳动关系，某物流公司向孙某支付违法解除劳动合同赔偿金。

案例分析：本案争议焦点是，在孙某以个体工商户名义订立《项目承包协议》情况下，其与某物流公司之间是否存在劳动关系？

从法律主体资格看，劳动者注册为个体工商户后，既可以作为自然人与其他用人单位建立劳动关系，也有权以个体工商户名义开展市场经营活动。在第一种情形下，劳动者与企业之间存在“管理—从属”关系，即企业对劳动者实施劳动管理，劳动者向企业提供从属性劳动，双方之间市场主体地位不平等，法律关系呈现明显的从属性；在第二种情形下，个体工商户与企业均具有平等的市场主体法律地位，个体工商户可以依照约定向企业提供服务并获取对价，但服务内容和方式、对价形式及多少等事项由双方协商确定，企业与个体工商户背后的自然人之间不具有“管理—从属”关系。

本案中，在某商务信息咨询公司安排下，孙某注册个体工商户，并以个体工商户名义与某物流公司书面约定建立合作关系，但从用工事实看，某物流公司与孙某之间完全延续了此前的劳动管理方式，孙某仍然向某物流公司提供从属性劳动，双方之间并未作为法律地位平等的市场主体开展经营活动。因此，某物流公司关于双方之间由劳动关系变为合作关系、劳动合同自动终止的主张，与事实不符，应当认定在 2020 年 9 月 6 日之后双方之间仍然存在劳动关系，对孙某要求某物流公司支付违法解除劳动合同赔偿金的仲裁请求，应当予以支持。

典型意义

在新就业形态下，劳动关系与合作关系之间的边界更加模糊，劳动者的劳动形式、劳动时间、工作场所、取酬方式等更加灵活多样。一些平台企业及其用工合作企业利用这一特点，一方面诱导或强迫劳动者注册成为个体工商户，并与之订立合作协议；另一方面仍对劳动者进行较强程度的劳动管理，单方确定劳动规则、报酬标准等事项，以合作之名行劳动用工之实，严重损害了劳动者劳动保障权益。对此，国务院印发的《促进个体工商户发展条例》第三十条第二款规定："任何单位和个人不得诱导、强迫劳动者登记注册为个体工商户。"在仲裁和司法实践中，应当重点审查企业与劳动者之间是否存在劳动管理和从属性劳动，坚决防止"去劳动关系化"规避用工责任，充分保障劳动者各项劳动保障权益。

011. 如何认定网络主播与文化传播公司之间是否存在劳动关系①

基本案情：李某于2018年11月29日与某文化传播公司订立为期2年的《艺人独家合作协议》，约定：李某聘请某文化传播公司为其经纪人，某文化传播公司为李某提供网络主播培训及推广宣传，将其培养成为知名的网络主播；在合同期内，某文化传播公司为李某提供整套直播设备和直播室，负责安排李某的全部直播工作及直播之外的商业或非商业公众活动，全权代理李某涉及直播、出版、演出、广告、录音、录像等与演艺有关的商业或非商业公众活动，可在征得李某同意后作为其委托代理人签署有关合同；李某有权参与某文化传播公司安排的商业活动的策划过程、了解直播收支情况，并对个人形象定位等事项提出建议，但一经双方协商一致，李某必须严格遵守相关约定；李某直播内容和时间均由其自行确定，其每月获得各直播平台后台礼物累计价值5000元，可得基本收入2600元，超过5000元部分由公司和李

① 《劳动人事争议典型案例（第三批）》（人力资源社会保障部、最高人民法院2023年4月24日发布），五、如何认定网络主播与文化传播公司之间是否存在劳动关系？载最高人民法院网站，https：//www.court.gov.cn/zixun/xiangqing/401172.html，最后访问日期：2023年7月4日。

某进行四六分成，超过 9000 元部分进行三七分成，超过 12000 元部分进行二八分成。从事直播活动后，李某按照某文化传播公司要求入驻 2 家直播平台，双方均严格履行协议约定的权利义务。李某每天直播时长、每月直播天数均不固定，月收入均未超过 3500 元。2019 年 3 月 31 日，李某因直播收入较低，单方解除《艺人独家合作协议》，并以公司未缴纳社会保险费为由要求某文化传播公司向其支付解除劳动合同经济补偿。某文化传播公司以双方之间不存在劳动关系为由拒绝支付。李某向仲裁委员会申请仲裁，仲裁委员会裁决双方之间不存在劳动关系。李某不服仲裁裁决，诉至人民法院。

原告诉讼请求：请求确认与某文化传播公司之间于 2018 年 11 月 29 日至 2019 年 3 月 31 日期间存在劳动关系，某文化传播公司支付解除劳动合同经济补偿。

处理结果：一审法院判决：李某与某文化传播公司之间不存在劳动关系。李某不服一审判决，提起上诉。二审法院判决：驳回上诉，维持原判。

案例分析：本案争议焦点是，某文化传播公司对李某的管理是否属于劳动管理？

在传统演艺领域，企业以经纪人身份与艺人订立的合同通常兼具委托合同、中介合同、行纪合同等性质，并因合同约定产生企业对艺人的“管理”行为，但此类管理与劳动管理存在明显差异：从“管理”的主要目的看，企业除安排艺人从事演艺活动为其创造经济收益外，还要对艺人进行培训、包装、宣传、推广等，使之获得相对独立的公众知名度和市场价值；而在劳动关系中，企业通过劳动管理组织劳动者进行生产经营活动，并不以提升劳动者独立的公众知名度和市场价值为目的。从“管理”事项的确定看，企业对艺人的管理内容和程度通常由双方自主协商约定，艺人还可以就自身形象设计、发展规划和收益分红等事项与企业进行协商；而在订立劳动合同时，单个劳动者与企业之间进行个性化协商的空间一般比较有限，劳动纪律、报酬标准、奖惩办法等规章制度通常由企业统一制定并普遍适用于企业内部的劳动者。此外，从劳动成果分配方式看，企业作为经纪人，一般以约定的分成方式获取艺人创造的经济收益；而在劳动关系中，企业直接占有劳动者的劳动成果，按照统一标准向劳动者支付报酬及福利，不以约定分成作为主要分配方式。综上，企业作为经纪人与艺人之间的法律关系体现出平等协商的特点，而存在劳动关系的用人单位与劳动者之间则体现出较强的从属性特征，可据此对两种法律关系予以区分。

本案中，通过《艺人独家合作协议》内容及履行情况可以看出，某文化传播公司作为李某的经纪人，虽然也安排李某从事为其创造直接经济收益的直播活动，但其主要目的是通过培训、包装、宣传、推广等手段使李某成为知名的网络主播；李某的直播时间及内容由其自主决定，其他相关活动要求等由双方协商确定，李某对其个人包装、活动参与等事项有协商权，对其创造的经济收益有知情权；双方以李某创造的经济收益为衡量标准，约定了"阶梯式"的收益分成方式。因此，双方之间的法律关系体现出平等协商的特点，并未体现出《关于确立劳动关系有关事项的通知》（劳社部发〔2005〕12号）规定的劳动管理及从属性特征，应当认定为民事关系。李某提出确认劳动关系并支付解除劳动合同经济补偿的诉求，与事实不符，不予支持。

典型意义

近年来，随着网红经济的迅速发展，大量网络主播经纪公司也应运而生。与传统演艺业相比，网络主播行业具有更强的灵活性、互动性、可及性和价值多元性，经纪公司"造星"周期和"投资—回报"周期也相应缩短。一些经纪公司沿袭传统方式与主播建立民事合作关系，以培养知名主播、组织主播参加各类商业或非商业公众活动为主业，通过平等协商确定双方权利义务，以约定的分成方式进行收益分配；但与此同时，一些企业招用网络主播的主要目的是开展"直播带货"业务，以网络直播手段推销各类产品，主播对个人包装、直播内容、演艺方式、收益分配等没有协商权，双方之间体现出较强的从属性特征，更加符合确立劳动关系的情形。因此，在仲裁和司法实践中，应当加强对法律关系的个案分析，重点审查企业与网络主播之间的权利义务内容及确定方式，综合认定双方之间的法律关系性质。

012. 如何认定网约家政服务人员与家政公司之间是否存在劳动关系①

基本案情：宋某，出生日期为1976年10月7日，于2019年10月26日到某员工制家政公司应聘家政保洁员，双方订立了《家政服务协议》，约定：某家政公司为宋某安排保洁业务上岗培训（初级），培训费用由公司承担，宋某经培训合格后须按照公司安排为客户提供入户保洁服务，合作期限为2年；宋某须遵守公司统一制定的《家政服务人员行为规范》，合作期限内不得通过其他平台从事家政服务工作；某家政公司为宋某配备工装及保洁用具，并购买意外险，费用均由公司承担；宋某每周须工作6天，工作期间某家政公司通过本公司家政服务平台统一接收客户订单，并根据客户需求信息匹配度向宋某派发保洁类订单，工作日无订单任务时宋某须按照公司安排从事其他工作；某家政公司按月向宋某结付报酬，报酬计算标准为底薪1600元/月，保洁服务费15元/小时，全勤奖200元/月；如宋某无故拒接订单或收到客户差评，某家政公司将在核实情况后扣减部分服务费。2019年11月1日，宋某经培训合格后上岗。从事保洁工作期间，宋某每周工作6天，每天入户服务6至8小时。2020年1月10日，宋某在工作中受伤，要求某家政公司按照工伤

① 《劳动人事争议典型案例（第三批）》（人力资源社会保障部、最高人民法院2023年4月24日发布），六、如何认定网约家政服务人员与家政公司之间是否存在劳动关系？载最高人民法院网站，https：//www. court. gov. cn/zixun/xiangqing/401172. html，最后访问日期：2023年7月4日。

保险待遇标准向其赔偿各类治疗费用，某家政公司以双方之间不存在劳动关系为由拒绝支付。宋某于2020年1月21日向仲裁委员会申请仲裁，请求确认与某家政公司于2019年11月1日至2020年1月21日期间存在劳动关系。仲裁委员会裁决宋某与某家政公司之间存在劳动关系，某家政公司不服仲裁裁决，诉至人民法院。

原告诉讼请求： 请求确认某家政公司与宋某之间不存在劳动关系。

处理结果： 一审法院判决：宋某与某家政公司于2019年11月1日至2020年1月21日期间存在劳动关系。某家政公司不服一审判决，提起上诉。二审法院判决：驳回上诉，维持原判。

案例分析： 本案争议焦点是，宋某与某家政公司之间是否符合订立劳动合同的情形？

认定家政企业与家政服务人员是否符合订立劳动合同的情形，应当根据《关于确立劳动关系有关事项的通知》（劳社部发〔2005〕12号）第一条之规定，重点审查双方是否均为建立劳动关系的合法主体，双方之间是否存在较强程度的劳动管理。

本案中，宋某未达法定退休年龄，其与某家政公司均是建立劳动关系的合法主体。在劳动管理方面，某家政公司要求宋某遵守其制定的工作规则，通过平台向宋某安排工作，并通过发放全勤奖、扣减服务费等方式对宋某的工作时间、接单行为、服务质量等进行控制和管理，双方之间存在较强的人格从属性。某家政公司掌握宋某从事家政服务业所必需的用户需求信息，统一为宋某配备保洁工具，并以固定薪资结构向宋某按月支付报酬，双方之间存在较强的经济从属性。宋某以某家政公司名义对外提供家政服务，某家政公司将宋某纳入其家政服务组织体系进行管理，并通过禁止多平台就业等方式限制宋某进入其他组织，双方之间存在明显的组织从属性。综上，某家政公司对宋某存在较强程度的劳动管理，符合订立劳动合同的情形，虽然双方以合作为名订立书面协议，但根据事实优先原则，应当认定双方之间存在劳动关系。

典型意义

在传统家政企业运营模式中，家政企业主要在家政服务人员与客户之间起中介作用，通过介绍服务人员为客户提供家政服务收取中介费；家政企业与服务人员之间建立民事合作关系，企业不对服务人员进行培训和管理、不支付劳动报酬，家政服务工作内容及服务费用由服务人员与客户自行协商确定。为有效解决传统家政行业发展不规范等问题，《关于促进家政服务业提质扩容的意见》（国办发〔2019〕30号）指出，员工制家政企业应依法与招用的家政服务人员签订劳动合同，按月足额缴纳城镇职工社会保险费；家政服务人员不符合签订劳动合同情形的，员工制家政企业应与其签订服务协议，家政服务人员可作为灵活就业人员按规定自愿参加城镇职工社会保险或城乡居民社会保险。各地落实该意见要求积极支持发展员工制家政企业。在此类企业中，家政企业与客户直接订立服务合同，与家政服务人员依法签订劳动合同或服务协议，统一安排服务人员为客户提供服务，直接支付或代发服务人员不低于当地最低工资标准的劳动报酬，并对服务人员进行持续培训管理。在仲裁与司法实践中，对于家政企业与家政服务人员之间发生的确认劳动关系争议，应当充分考虑家政服务行业特殊性，明确企业运营模式，查明企业与家政服务人员是否具备建立劳动关系的法律主体资格，严格审查双方之间是否存在较强程度的劳动管理，以此对签订劳动合同和签订服务协议的情形作出区分，据实认定劳动关系。

013. 未成年运动员劳动关系的认定①

关键词：未成年运动员 确认劳动关系

基本案情：雷某（未满16周岁）之父代其与某体育公司签订《合约书》，约定：雷某成为某体育公司的台球合约选手，某体育公司承担雷某在培训基地的教育培训、比赛交通等费用及运动器材；雷某不得与其他公司、团体签订类似合约，参加所有赛事及活动必须由某体育公司统一安排，并佩戴指定的产品标识，使用某体育公司提供的球杆等产品，所获奖金双方各占50%，如违约则退还所有费用。后某体育公司与案外人解除了培训基地的投资合作协议，雷某未再参加任何培训及公司安排的比赛活动。雷某以无法享受培训、某体育公司无法继续履行合同义务为由，起诉请求判令解除合同、某体育公司支付违约金。某体育公司以雷某未经同意擅自离开、违约在先为由，反诉请求判令雷某返还学费、住宿费等费用，平均分配雷某自行参赛所获奖金。

裁判结果：审理法院认为，雷某签订合同时系未满16周岁的未成年人，具备受体育单位招用的资格。某体育公司作为招用单位，应当遵守国家有关规定，并保障雷某接受义务教育的权利。雷某与某体育公司签订的合同性质及履行状况均符合劳动关系建立的组织性、从属性、有偿性等条件，双方已建立劳动关系。本案不属于合同纠纷，属于劳动争议，应当适用劳动法律法规确定双方权利义务。

---

① 《涉体育纠纷民事典型案例》（最高人民法院2023年6月21日发布），三、雷某与某体育公司合同纠纷案。载最高人民法院网站，https：//www.court.gov.cn/zixun/xiangqing/404172.html，最后访问日期：2023年7月2日。

典型意义

国家促进和规范职业体育市场化、职业化发展。运动员与其接受训练、代表参赛的单位之间的法律关系性质引发社会普遍关注。未满16周岁的未成年人可以被文艺、体育和特种工艺单位招用，只要招用单位与未满16周岁的未成年人之间的法律关系具备人身、经济从属性等劳动关系特征，应当认定双方建立劳动关系。人民法院结合案件情况，不简单适用“外观主义”审查，重点审查未成年运动员与招用单位之间是否存在劳动管理事实和从属性特征，有利于充分保障未成年运动员的合法权利，打牢竞技体育人才培养的根基，促进职业体育行业健康有序发展。

（三）地方法院典型案例

014. 超过法定退休年龄人员劳动关系确认[①]

基本案情：时年56岁的王某（女）于2021年4月入职至某养老院从事护理工作。同年5月21日15时许，王某在工作岗位上突发疾病被送医救治。后王某因医疗费与养老院产生纠纷，养老院以王某入职时已超过法定退休年龄为由否认双方之间存在劳动关系。王某遂向劳动人事争议仲裁委员会申请劳动仲裁，请求确认王某与养老院存在劳动关系。

处理结果：仲裁委驳回了王某关于确认与养老院劳动关系的仲裁请求。

① 《陕西省劳动人事争议典型案例（第一批）》（陕西省人力资源和社会保障厅、陕西省高级人民法院2022年11月9日公布），一、超过法定退休年龄人员确认劳动关系争议案，载陕西省人力资源和社会保障厅网站，https：//rst. shaanxi. gov. cn/newstyle/pub_ newsshow. asp？ id = 1018277&chid = 100077，最后访问日期：2023年6月30日。

王某不服裁决结果，诉至人民法院。法院一审判决王某与某养老院不存在劳动关系，二审法院维持一审判决。

案例评析：《中华人民共和国劳动合同法》第四十四条第六项对劳动合同终止的情形作了准用性规定，明确指出可以援引其他法律及行政法规定的情形。根据《中华人民共和国劳动合同法实施条例》第二十一条规定可知，劳动者达到法定退休年龄，劳动合同终止。本案中，王某入职至养老院时其年龄已经56岁，超过女职工最高法定退休年龄55岁，其已不具备建立劳动关系的主体资格。关于王某提出的要求确认劳动关系的请求，仲裁委及人民法院均不予支持。

典型意义

《中华人民共和国劳动合同法实施条例》第二十一条是对劳动合同法中关于劳动合同终止条件的补充。劳动者达到法定退休年龄的，用人单位即应与劳动者终止劳动合同。劳动者在超过法定退休年龄后入职用人单位的，劳动者已经不具备建立劳动关系的主体条件，其与用人单位不能成立劳动合同关系。因此，劳动者达到法定退休年龄后被用人单位录用的，该行为在法律上不应当认定为存在劳动关系。

015. 外卖快递员非自愿注册为个体工商户，劳动关系如何认定①

基本案情：某餐饮管理有限公司承包了某外卖平台的餐饮配送业务。2021年4月包某到某餐饮管理有限公司从事外卖递送工作，当月该餐饮管理

① 《陕西省劳动人事争议典型案例（第一批）》（陕西省人力资源和社会保障厅、陕西省高级人民法院2022年11月9日公布），二、快递员劳动争议案，载陕西省人力资源和社会保障厅网站，https：//rst. shaanxi. gov. cn/newstyle/pub_ newsshow. asp? id = 1018277&chid = 100077，最后访问日期：2023年6月30日。

公司要求包括包某在内的所有外卖快递员通过一个微信小程序注册为某市个体工商户。包某按照该餐饮管理公司的要求拍摄了一段视频，视频中包某手持本人身份证作出如下陈述："我是包××，我自愿注册个体工商户。"但实际情况是包某通过信息网络系统注册的行为并非其自愿。包某担任外卖快递员期间，该餐饮管理公司为其划定了配送区域，对其每日接单量指定了最低标准，并要求包某每天上下班要在指定的外卖骑手软件平台上打卡签到。餐饮管理公司于每月20日根据包某月度接单量计算并支付包某报酬。2022年2月26日，包某在配送外卖途中遭遇交通事故受伤，随后双方就是否存在劳动关系发生争议，包某遂向劳动人事争议仲裁委员会申请劳动仲裁要求确认与该餐饮管理有限公司存在劳动关系，且劳动关系仍然存续。

处理结果：确认包某与某餐饮管理有限公司自2021年4月起建立劳动关系，至仲裁裁决时双方劳动关系仍然存续。双方当事人均未向人民法院提起诉讼，裁决书依法发生法律效力。

案例评析：外卖快递员行业虽然是新兴行业，其劳动合同和劳动权益的保护应当遵守我国劳动法律法规的规定。针对外卖快递员的劳动关系认定问题，应在审查双方约定及实际履行的基础上，结合传统劳动关系的要素来判断和确定，即用人单位和劳动者符合法律、法规规定的主体资格；用人单位依法制定的各项劳动规章制度适用于劳动者，劳动者受用人单位的管理与支配，从事用人单位安排的有报酬的劳动；劳动者提供的劳动是用人单位业务的组成部分。本案中，包某应餐饮管理公司的要求在某信息网络平台注册个体工商户，该行为并非包某自愿，依法应不予认可。包某从事的外卖快递员工作是该餐饮管理公司的业务组成部分，其配送区域、工作任务、最低任务标准、报酬支付等事项均由该餐饮管理公司指定或核定。在完成工作任务的同时，包某还需遵守该餐饮管理有限公司的各项与工作有关的规章制度，实际上包某与该餐饮管理有限公司存在财产依附、人身从属关系，故应当认定包某与该餐饮管理有限公司已经建立劳动关系，且双方无解除终止劳动关系的法定事实，劳动关系仍然存续。

典型意义

外卖快递员劳动关系的确认问题，并未脱离劳动法律法规调整之范畴。虽劳动者与用人单位之间履行劳动义务、享有劳动权利的场所、形式等发生了变化，但其劳动法律关系的本质没有变化。外卖快递员劳动关系的认定问题，仍应当通过劳动关系的相应要素来确定。本案中用人单位虽欲将与劳动者之间的劳动法律关系掩饰为商业合作关系，但双方之间权利义务清晰、劳动法律关系特征突出。故无论用工形态如何发展变化，关于劳动关系的确定问题仍应从劳动关系的核心法律特征综合分析。

016. 超市促销员与超市之间劳动关系的认定①

案情简介：某粮油商贸公司在某超市设有品牌粮油促销点，并与超市签订了《购销合同》，约定粮油商贸公司向超市派促销员需上报超市并经超市培训后方可上岗，促销员需着超市员工制服，佩戴超市统一定制的员工工牌。粮油商贸公司负责雇佣促销员并承担促销员的工资、社会保险等相关费用。刘某于2021年10月被派至超市从事品牌粮油促销工作，经超市培训确认合格后，超市给刘某发放了工服、工牌。刘某的工资卡银行账户明细单显示，刘某工资由粮油商贸公司发放，其社会保险参保缴费单位为粮油商贸公司。2022年2月某日，刘某在超市搬运货品时被一箱食用油砸伤，经医院诊断为右跟骨骨折。刘某向超市提出补偿问题，超市称双方不存在劳动关系，拒绝

① 《陕西省劳动人事争议典型案例（第一批）》（陕西省人力资源和社会保障厅、陕西省高级人民法院2022年11月9日公布），四、超市促销员劳动争议案，载陕西省人力资源和社会保障厅网站，https：//rst. shaanxi. gov. cn/newstyle/pub_ newsshow. asp？ id = 1018277&chid = 100077，最后访问日期：2023年6月30日。

了刘某的要求。刘某随即将超市和粮油商贸公司列为共同被申请人，向劳动人事争议仲裁委员会提出仲裁申请，请求确认其与超市之间存在劳动关系。

处理结果：劳动人事争议仲裁委员会依法确认刘某与超市之间不存在劳动关系。刘某不服裁决结果，起诉至人民法院，法院一审判决结果与仲裁裁决结果一致，双方当事人均未上诉，法院一审判决生效。

案例评析：本案中，粮油商贸公司与超市签订了《购销合同》，对粮油商贸公司向超市派驻促销人员，以及促销员的日常管理、工资待遇等方面进行了约定。超市对刘某在岗前培训、外在形象等方面的管理权来自粮油商贸公司的委托，刘某的劳动权利义务相关事项均由粮油商贸公司承担，其工资发放和社保办理均由粮油商贸公司承担。刘某在超市的促销工作亦由粮油商贸公司安排，用人单位应系粮油商贸公司。超市仅为刘某的工作场所，与刘某不存在经济及人身的依附从属关系，双方未建立劳动关系。

典型意义

超市商品促销员由商品供货方招聘并派至超市工作，工资、社会保险由商品供货方负责。虽然现实中超市对促销员进行了培训及日常管理，并向促销员制发工牌、工作服等外部识别性物品，但这种管理的目的是维护超市统一有序的运营秩序，与促销人员并非具有紧密的人员隶属支配关系。超市和商品供货方是平等主体之间的商业合作关系，超市是基于商品供货方的委托对促销员开展管理，这种商业合作和人员管理模式与用人单位对劳动者直接支配与管理存在本质区别，故供货方的促销员不应认定为与超市存在劳动关系。

017. 季节性就业劳动关系的认定[①]

基本案情：赵某于2006年11月起在某研究院工作，工作岗位为司炉工，每年采暖季在研究院负责管理采暖用锅炉，采暖季结束后赵某工作结束，下年度采暖季再次前往研究院工作，此种用工模式一直延续至2021年。双方于2006年11月签订了《临时用工劳务合同》一份，约定合同期限为2006年11月15日至2007年3月15日。此后，每年11月至次年3月的采暖季期间，双方均签订《临时用工劳务合同》。赵某每年采暖季在研究院工作期间，接受研究院的考勤管理和安全生产制度的约束，研究院向赵某提供必要的劳动工具，按月向赵某支付报酬。2021年采暖季期间，研究院每月支付给赵某劳动报酬3500元。后因双方就终止劳动合同经济补偿问题发生争议，赵某申请劳动仲裁，请求确认双方存在劳动关系并支付经济补偿。研究院主张赵某的仲裁请求已超过申请仲裁时效，应当予以驳回。

处理结果：依法确认赵某与研究院之间成立以季节性用工为用工周期的劳动关系；研究院支付赵某终止劳动关系经济补偿1750元。赵某和研究院均未向人民法院提起诉讼，裁决书依法发生法律效力。

案例评析：本案裁判的焦点是双方是否形成劳动关系，赵某的仲裁请求是否受仲裁时效的限制。劳动者在用人单位的管理与支配下由用人单位提供劳动条件及劳动工具，劳动者从事有报酬的劳动的，双方成立劳动关系。2006年11月起至2021年3月赵某于每年的采暖季在研究院从事司炉工作，在研究院的管理与支配下从事了有报酬的劳动。双方虽签订了“劳务合同”，

---

① 《陕西省劳动人事争议典型案例（第一批）》（陕西省人力资源和社会保障厅、陕西省高级人民法院2022年11月9日公布），五、季节性就业劳动争议案，载陕西省人力资源和社会保障厅网站，https://rst.shaanxi.gov.cn/newstyle/pub_newsshow.asp?id=1018277&chid=100077，最后访问日期：2023年6月30日。

但双方约定的权利义务内容并不符合劳务关系的法律特征。故根据上述法律事实，可综合认定赵某与研究院签订的一系列合同均为固定期限劳动合同，研究院向赵某支付的报酬即为劳动报酬，双方成立劳动关系。

此外，根据《中华人民共和国劳动争议调解仲裁法》第二十七条之规定，申请仲裁的时效期间为从当事人知道或者应当知道其权利被侵害之日起计算一年。劳动关系终止的，应当自劳动关系终止之日起一年内提出仲裁申请。劳动者主张经济补偿应适用仲裁时效的规定。因赵某与研究院建立劳动关系存在季节性用工的特点，双方劳动关系每年建立一次后随即终止，赵某对每年工作后相关待遇的仲裁申请时效均应于劳动关系终止之日起的次日开始起算，一年内提出仲裁申请。故赵某针对 2021 年 3 月之前的劳动关系提出经济补偿的请求均已超过仲裁申请时效。但赵某主张最后一次劳动关系终止的经济补偿，于法有据，应予支持。故仲裁委根据赵某离职前月平均工资，裁决研究院应当支付赵某经济补偿 1750 元。

典型意义

本案对季节性岗位的劳动关系确认具有重要意义。首先，司炉工的岗位特点具有极强的季节性。用人单位和劳动者之间的法律关系符合劳动关系的法律特征，故确认双方间断性地建立了劳动关系，不可笼统认定双方劳动关系自第一次用工之日起连续计算。其次，因季节性用工过程中劳动关系存在阶段性、间断性的特点，故劳动者在每年度的采暖季结束完成工作任务后，其与用人单位的劳动关系终止，双方的劳动关系存在明显的间断性，故劳动者的请求理应受到仲裁申请时效的限制。

018. 车辆挂靠中的劳动关系的认定①

基本案情：李某从某汽车运输公司购买了重型半挂牵引车一台，李某登记为车辆所有权人，该车辆使用权、经营权、收益权均归李某所有。后李某雇佣张某对外以该汽车运输公司名义从事长途运输工作。2021年秋，张某在驾驶该车辆行驶至某省道时与沿该路对向行驶的另一辆重型半挂车发生碰撞的交通事故，造成张某受伤。张某与李某、汽车运输公司三方协商未果，遂以汽车运输公司为被申请人向劳动人事争议仲裁委员会申请劳动仲裁，请求认定由汽车运输公司承担工伤保险责任。

处理结果：该汽车运输公司向张某承担工伤保险责任。双方当事人均未向人民法院提起诉讼，裁决书依法发生法律效力。

案例评析：根据《最高人民法院关于审理工伤保险行政案件若干问题的规定》第三条第一款第五项的规定，个人挂靠其他单位对外经营，其聘用的人员因工伤亡的，被挂靠单位为承担工伤保险责任的单位。个人购买的车辆挂靠其他单位且以被挂靠单位名义对外经营的，该个人聘用的驾驶员与被挂靠单位之间不具备劳动关系的基本特征，不宜认定为事实劳动关系。但驾驶员因工伤亡的，被挂靠单位应承担工伤保险责任。本案中，李某购买运输车辆挂靠在汽车运输公司，并雇佣张某对外以汽车运输公司的名义从事长途运输工作，符合车辆挂靠经营的特征。在挂靠经营关系中，驾驶员与汽车运输公司之间因无人身从属、财产依附关系，故双方不成立劳动关系。但驾驶员在运输途中发生交通事故，汽车运输公司应承担工伤保险责任。

---

①《陕西省劳动人事争议典型案例（第一批）》（陕西省人力资源和社会保障厅、陕西省高级人民法院2022年11月9日公布），八、车辆挂靠中的劳动争议案，载陕西省人力资源和社会保障厅网站，https：//rst. shaanxi. gov. cn/newstyle/pub_ newsshow. asp？id = 1018277&chid = 100077，最后访问日期：2023年6月30日。

典型意义

对劳动关系的认定一般应依据是否签订书面劳动合同，若未签订书面劳动合同，应参照原劳动和社会保障部《关于确立劳动关系有关事项的通知》综合判断，不应随意扩大劳动关系的认定范围。在车辆挂靠关系中，虽认定汽车运输公司与驾驶员张某之间不存在劳动关系，但为了解决工伤保险待遇问题，仍认定被挂靠单位为承担工伤保险责任的单位，既维护了劳动者的合法权益，又对规范企业经营行为及用工行为起到了引导作用。

019. 家政服务领域劳动关系的认定①

基本案情：周某为某家政服务公司月嫂，负责为新生儿提供护理。其入职当天与该公司签订《妇婴护理中心聘用员工协议书》，约定：周某工作时间为上24小时休48小时，试用期三个月，通过考试评定后转正，并约定了转正后的底薪、夜班费及离职方式等，周某自动放弃由公司缴纳社保，该公司给予周某现金形式的保险补助。后周某向仲裁委提起申请，要求确认其与某家政服务公司之间存在劳动关系，仲裁委不予受理，周某遂向法院提起诉讼。

裁判结果：法院生效裁判认为，双方当事人已对试用期、工作内容、工作时间、劳动报酬、社会保险等劳动合同有关的内容进行了约定。结合双方当事人实际履行情况，特别是周某实际接受用人单位的管理、指挥与监督，用人单位按月发放劳动报酬，周某根据用人单位安排开展工作而非独立开展

① 《天津高院发布劳动争议典型案例》（2023年4月27日发布），周某诉天津某家政服务公司劳动争议案，载天津法院网，https：//tjfy. tjcourt. gov. cn/article/detail/2023/04/id/7266065. shtml，最后访问日期：2023年6月30日。

工作等情形，应认定双方当事人之间存在劳动关系。

典型意义

本案系家政服务领域认定劳动关系的典型案例。在人口老龄化背景下，家政服务市场需求日益旺盛。实践中，部分家政公司存在用工不规范现象，导致司法实践中认定家政就业群体劳动关系面临难题。本案裁判通过对双方约定内容和实际履行情况进行实质性审查，认定双方之间存在劳动关系，对于规范家政服务领域的用工行为，维护家政从业人员的劳动权益，具有重要意义。

020. 不符合劳动关系项下人格从属性、经济从属性以及管理与被管理等法律特征的，不构成劳动关系①

基本案情：某文化公司与涂某签订《演艺合作协议》，约定双方为合作关系，涂某不属于文化公司的员工，文化公司按照约定的每次演出的报酬和涂某的实际演出场次向其支付演出费用，且不为涂某购买社会保险及提供住房，涂某同时有权接受其他经纪公司邀请，参加一定数量的商业演出。协议签订后涂某一直在文化公司指定的酒吧中担任驻场乐手。在此期间，涂某并不接受文化公司的考勤管理。后涂某申请仲裁，要求文化公司向其支付未签订书面劳动合同的二倍工资、经济补偿金等。因仲裁作出不予受理决定，涂某遂诉至法院。

裁判结果：法院认为，首先，涂某与文化公司之间签订《演艺合作协

① 《四川省高级人民法院发布劳动争议典型案例》，三、驻场歌手与某文化公司不符合劳动关系项下人格从属性、经济从属性以及管理与被管理等法律特征的，不构成劳动关系——涂某与某文化公司确认劳动关系纠纷案，载四川省高级人民法院网站，http：//scfy. scssfw. gov. cn/article/detail/2023/05/id/7271548. shtml，最后访问日期：2023 年 6 月 30 日。

议》，明确约定：双方系合作关系，涂某并非某文化公司员工，公司无需为涂某购买社保及提供住房，因此，双方并无建立劳动关系的主观合意。其次，文化公司并未对涂某进行打卡、签到等考勤管理，也无证据证明文化公司的规章制度适用于涂某，涂某同时可以从事其他商业演出，因此，涂某主张其与文化公司之间存在人格从属性缺乏事实依据。鉴于文化公司与涂某之间不具有建立劳动关系合意，且双方又不具备劳动关系项下人格从属性、经济从属性以及管理与被管理等法律特征，故认定双方不存在劳动关系。

典型意义

本案看似是一件普通的劳动关系确认案件，但实质触发本案的导火索为驻场歌手一方欲解除与公司的《演艺合作协议》，公司起诉驻场歌手承担违约责任，故驻场歌手选择以双方存在劳动关系为由来对抗可能发生的高昂违约金。本案的典型意义在于明晰了新业态合作模式下双方是否存在劳动关系的认定标准，同时也能引导类似合作关系的当事人双方以正确的路径解决纠纷，聚焦协议履行及违约金调整的问题来化解双方矛盾，避免引发其他衍生诉讼，完善行业内部有效治理，促进文创产业健康发展。

（四）裁判依据

《中华人民共和国劳动法》

第二条　在中华人民共和国境内的企业、个体经济组织（以下统称用人单位）和与之形成劳动关系的劳动者，适用本法。

国家机关、事业组织、社会团体和与之建立劳动合同关系的劳动者，依照本法执行。

《中华人民共和国劳动合同法》

第二条　中华人民共和国境内的企业、个体经济组织、民办非企业单位等组织（以下称用人单位）与劳动者建立劳动关系，订立、履行、变更、解除或者终止劳动合同，适用本法。

国家机关、事业单位、社会团体和与其建立劳动关系的劳动者，订立、履行、变更、解除或者终止劳动合同，依照本法执行。

第七条 用人单位自用工之日起即与劳动者建立劳动关系。用人单位应当建立职工名册备查。

第十条 建立劳动关系，应当订立书面劳动合同。

已建立劳动关系，未同时订立书面劳动合同的，应当自用工之日起一个月内订立书面劳动合同。

用人单位与劳动者在用工前订立劳动合同的，劳动关系自用工之日起建立。

《中华人民共和国劳动合同法实施条例》

第三条 依法成立的会计师事务所、律师事务所等合伙组织和基金会，属于劳动合同法规定的用人单位。

第五条 自用工之日起一个月内，经用人单位书面通知后，劳动者不与用人单位订立书面劳动合同的，用人单位应当书面通知劳动者终止劳动关系，无需向劳动者支付经济补偿，但是应当依法向劳动者支付其实际工作时间的劳动报酬。

第六条 用人单位自用工之日起超过一个月不满一年未与劳动者订立书面劳动合同的，应当依照《中华人民共和国劳动合同法》第八十二条的规定向劳动者每月支付两倍的工资，并与劳动者补订书面劳动合同；劳动者不与用人单位订立书面劳动合同的，用人单位应当书面通知劳动者终止劳动关系，并依照劳动合同法第四十七条的规定支付经济补偿。

前款规定的用人单位向劳动者每月支付两倍工资的起算时间为用工之日起满一个月的次日，截止时间为补订书面劳动合同的前一日。

第七条 用人单位自用工之日起满一年未与劳动者订立书面劳动合同的，自用工之日起满一个月的次日至满一年的前一日应当依照劳动合同法第八十二条的规定向劳动者每月支付两倍的工资，并视为自用工之日起满一年的当日已经与劳动者订立无固定期限劳动合同，应当立即与劳动者补订书面劳动合同。

第八条 劳动合同法第七条规定的职工名册，应当包括劳动者姓名、性别、公民身份号码、户籍地址及现住址、联系方式、用工形式、用工起始时间、劳动合同期限等内容。

《最高人民法院关于审理劳动争议案件适用法律问题的解释（一）》

第三十二条 用人单位与其招用的已经依法享受养老保险待遇或者领取退休金的人员发生用工争议而提起诉讼的，人民法院应当按劳务关系处理。

企业停薪留职人员、未达到法定退休年龄的内退人员、下岗待岗人员以及企业经营性停产放长假人员，因与新的用人单位发生用工争议而提起诉讼的，人民法院应当按劳动关系处理。

第三十三条 外国人、无国籍人未依法取得就业证件即与中华人民共和国境内的用人单位签订劳动合同，当事人请求确认与用人单位存在劳动关系的，人民法院不予支持。

持有《外国专家证》并取得《外国人来华工作许可证》的外国人，与中华人民共和国境内的用人单位建立用工关系的，可以认定为劳动关系。

《劳动和社会保障部关于确立劳动关系有关事项的通知》

一、用人单位招用劳动者未订立书面劳动合同，但同时具备下列情形的，劳动关系成立。

（一）用人单位和劳动者符合法律、法规规定的主体资格；

（二）用人单位依法制定的各项劳动规章制度适用于劳动者，劳动者受用人单位的劳动管理，从事用人单位安排的有报酬的劳动；

（三）劳动者提供的劳动是用人单位业务的组成部分。

二、用人单位未与劳动者签订劳动合同，认定双方存在劳动关系时可参照下列凭证：

（一）工资支付凭证或记录（职工工资发放花名册）、缴纳各项社会保险费的记录；

（二）用人单位向劳动者发放的“工作证”、“服务证”等能够证明身份的证件；

（三）劳动者填写的用人单位招工招聘“登记表”、“报名表”等招用记录；

（四）考勤记录；

（五）其他劳动者的证言等。

其中，（一）、（三）、（四）项的有关凭证由用人单位负举证责任。

三、用人单位招用劳动者符合第一条规定的情形的，用人单位应当与劳动者补签劳动合同，劳动合同期限由双方协商确定。协商不一致的，任何一方均可提出终止劳动关系，但对符合签订无固定期限劳动合同条件的劳动者，如果劳动者提出订立无固定期限劳动合同，用人单位应当订立。

用人单位提出终止劳动关系的，应当按照劳动者在本单位工作年限每满一年支付一个月工资的经济补偿金。

四、建筑施工、矿山企业等用人单位将工程（业务）或经营权发包给不具备用工主体资格的组织或自然人，对该组织或自然人招用的劳动者，由具备用工主体资格的发包方承担用工主体责任。

五、劳动者与用人单位就是否存在劳动关系引发争议的，可以向有管辖权的劳动争议仲裁委员会申请仲裁。

二、集体合同纠纷

（一）地方法院典型案例

021. 加班工资的计算基数在劳动合同没有约定的情况下，可以按照集体合同约定执行①

基本案情：2012年3月20日，韩某入职某汽车零部件公司，双方签订了劳动合同，合同对加班工资计算基数未作约定。2018年1月、2020年1月，该汽车公司签订了集体合同并按照规定在行政部门进行了备案，集体合同约定加班工资计算基数为基本工资。公司按基本工资作为加班工资计算基数支付了韩某加班工资。2021年5月11日，韩某以该公司未足额发放加班工资、违反《中华人民共和国劳动合同法》第三十八条规定为由向该公司邮寄送达解除劳动合同通知书，该公司收悉。

仲裁请求：按平均工资标准支付加班工资。

裁判结果：驳回韩某的仲裁请求。

案例分析：用人单位安排劳动者加班加点，应当按照规定的标准支付劳动者加班加点工资。劳动合同对劳动报酬等标准约定不明确引发争议的，可以适用集体合同规定。本案中，该公司根据生产经营状况安排韩某加班，并

① 《2022年扬州法院劳动争议案件审理情况及典型案例》（2023年4月27日发布），二、加班工资的计算基数在劳动合同没有约定的情况下，可以按照集体合同约定执行，载扬州中级人民法院网站，http：//www.yangzhou.gov.cn/yzszxxgk/rsj/202304/ad9aa18947f244aa9bbe8f1607fccf9e.shtml，最后访问日期：2023年7月3日。

依据韩某自认有效的出勤，按集体合同约定的基本工资作为加班工资计算基数足额支付了韩某加班工资，且韩某每月签收载明工资具体构成及数额的工资单后，从未向该公司提出过异议，故对韩某要求以平均工资标准为基数计算加班工资的仲裁请求，不予支持。

典型意义

用人单位应当向劳动者支付高于正常工作时间工资的加班费。《江苏省工资支付条例》第六十三条规定，劳动者加班加点工资的标准应当按照下列原则确定：(1) 用人单位与劳动者双方有约定的，从其约定；(2) 双方没有约定的，或者双方的约定标准低于集体合同或者本单位工资支付制度标准的，按照集体合同或者本单位工资支付制度执行；(3) 前两项无法确定工资标准的，按照劳动者前12个月平均工资计算，其中劳动者实际工作时间不满12个月的按照实际月平均工资计算。因此，对于加班工资的计算基数，有约定的从其约定；如双方没有约定的，可以按照集体合同约定执行。但是，加班费计算基数的约定不得低于最低工资的强制性标准。

（二）裁判依据

《中华人民共和国劳动法》

第三十三条 企业职工一方与企业可以就劳动报酬、工作时间、休息休假、劳动安全卫生、保险福利等事项，签订集体合同。集体合同草案应当提交职工代表大会或者全体职工讨论通过。

集体合同由工会代表职工与企业签订；没有建立工会的企业，由职工推举的代表与企业签订。

第三十四条 集体合同签订后应当报送劳动行政部门；劳动行政部门自收到集体合同文本之日起十五日内未提出异议的，集体合同即行生效。

第三十五条 依法签订的集体合同对企业和企业全体职工具有约束力。职工个人与企业订立的劳动合同中劳动条件和劳动报酬等标准不得低于集体合同的规定。

《中华人民共和国劳动合同法》

第五十一条 企业职工一方与用人单位通过平等协商，可以就劳动报酬、工作时间、休息休假、劳动安全卫生、保险福利等事项订立集体合同。集体合同草案应当提交职工代表大会或者全体职工讨论通过。

集体合同由工会代表企业职工一方与用人单位订立；尚未建立工会的用人单位，由上级工会指导劳动者推举的代表与用人单位订立。

第五十二条 企业职工一方与用人单位可以订立劳动安全卫生、女职工权益保护、工资调整机制等专项集体合同。

第五十三条 在县级以下区域内，建筑业、采矿业、餐饮服务业等行业可以由工会与企业方面代表订立行业性集体合同，或者订立区域性集体合同。

第五十四条 集体合同订立后，应当报送劳动行政部门；劳动行政部门自收到集体合同文本之日起十五日内未提出异议的，集体合同即行生效。

依法订立的集体合同对用人单位和劳动者具有约束力。行业性、区域性集体合同对当地本行业、本区域的用人单位和劳动者具有约束力。

第五十五条 集体合同中劳动报酬和劳动条件等标准不得低于当地人民政府规定的最低标准；用人单位与劳动者订立的劳动合同中劳动报酬和劳动条件等标准不得低于集体合同规定的标准。

第五十六条 用人单位违反集体合同，侵犯职工劳动权益的，工会可以依法要求用人单位承担责任；因履行集体合同发生争议，经协商解决不成的，工会可以依法申请仲裁、提起诉讼。

《最高人民法院关于审理劳动争议案件适用法律问题的解释（一）》

第五十条第二款 用人单位制定的内部规章制度与集体合同或者劳动合同约定的内容不一致，劳动者请求优先适用合同约定的，人民法院应予支持。

《集体合同规定》

第三条 本规定所称集体合同，是指用人单位与本单位职工根据法律、法规、规章的规定，就劳动报酬、工作时间、休息休假、劳动安全卫生、职业培训、保险福利等事项，通过集体协商签订的书面协议；所称专项集体合同，是指用人单位与本单位职工根据法律、法规、规章的规定，就集体协商的某项内容签订的专项书面协议。

第六条 符合本规定的集体合同或专项集体合同，对用人单位和本单位的全体职工具有法律约束力。

用人单位与职工个人签订的劳动合同约定的劳动条件和劳动报酬等标准，不得低于集体合同或专项集体合同的规定。

第五十五条 因履行集体合同发生的争议，当事人协商解决不成的，可以依法向劳动争议仲裁委员会申请仲裁。

三、劳务派遣合同纠纷

（一）地方法院典型案例

022. 劳务派遣双方是否应签订无固定期限劳动合同[①]

基本案情：李某与某劳务公司签订劳动合同，约定合同期限两年，到期后续签。签订劳动合同后，李某被派遣至某销售公司从事内勤工作。劳动合同到期后，某劳务公司向李某提出终止劳动合同，并支付经济补偿。李某认为其与该劳务公司已签订两次以上固定期限劳动合同，双方应继续签订无固定期限劳动合同，某劳务公司终止劳动合同违法，故提起劳动仲裁，要求某劳务公司向其支付违法解除劳动合同赔偿金差额。仲裁委驳回李某的申请后，李某向法院提起诉讼。

裁判结果：法院生效裁判认为，李某与某劳务公司系劳务派遣合同关系，双方签订的固定期限劳动合同，系双方真实意思表示，现该合同因到期而终止，某劳务公司应向李某支付相应的经济补偿。因法律并无要求派遣单位与被派遣劳动者签订无固定期限劳动合同的强制性规定，故某劳务公司与李某不再续签合同不违反法律规定，故对李某的主张不予支持。

① 《天津高院发布劳动争议典型案例》（2023年4月27日发布），李某诉某销售公司、某劳务公司劳动争议案，载天津法院网，https：//tjfy. tjcourt. gov. cn/article/detail/2023/04/id/7266065. shtml，最后访问日期：2023年6月30日。

典型意义

本案系劳务派遣双方是否应签订无固定期限劳动合同的典型案例。劳务派遣是一种特殊的用工模式，劳务派遣双方通常不具有建立长期劳动关系的目的，并且相关法律并未对劳务派遣双方是否要签订无固定期限劳动合同进行强制性规定。本案裁判在保障劳动者合法权益的同时，有助于充分发挥劳务派遣在多渠道灵活就业中的重要作用。

023. 用工单位不得借“劳务外包”之名行“劳务派遣”之实[①]

裁判要旨

用人单位可以通过业务外包等方式，降低用工成本，提高工作效率，但不得以“劳务外包”之名行“劳务派遣”之实，排除自身法定责任，侵害劳动者合法权益。

基本案情：2018年7月，黄某经由“58同城”网站招聘至苏州A公司工作。2018年7月6日，苏州A公司驻厂经理将其领至南京B公司处从事劳动。黄某所在工段共有七名工人，除黄某外，其余均为南京B公司员工。黄某的食宿由南京B公司提供。苏州A公司与南京B公司签订的《劳务外包协议》约定，苏州A公司根据南京B公司的生产需要，承包南京B公司指定的生产项目，……承包服务费用按月结算，结算公式为：月承包服务费用=单价×月总工时。……因苏州A公司派遣员工所生产产品不符合南京B公司要求或不符合甲方管理，南京B公司有权解除劳动合同或有权随时要求更换派

① 《江苏法院2019年度劳动争议十大典型案例》，五、用工单位不得借劳务外包之名行劳务派遣之实，载江苏法院网，http://www.jsfy.gov.cn/article/91655.html，最后访问日期：2023年7月2日。

遣人员。转班劳务派遣员工不享受老员工待遇。劳务派遣员工社保费用由苏州A公司承担。2018年7月27日，黄某在南京B公司处受伤。后黄某申请劳动仲裁，请求确认其与苏州A公司之间自2018年7月6日起存在劳动关系，与南京B公司自2018年7月6日起存在劳务派遣用工关系。仲裁委不予受理，黄某诉至法院。法院认为，南京B公司与苏州A公司协议约定的“承包服务费”计算基础为劳动者每月的工时而不是工作成果；南京B公司对黄某直接进行工作管理、安排和指挥；黄某的生产资料均由南京B公司提供；黄某的工作属于南京B公司业务的组成部分；苏州A公司负责招录黄某并进行劳动关系的管理；南京B公司与苏州A公司之间并非“项目外包”，而仅是由苏州A公司对该项目派遣一名员工。据此，两家公司签订的虽名为“劳务外包协议”，但黄某、南京B公司与苏州A公司的关系符合劳务派遣单位派遣劳动者，用工单位实际用工这一劳务派遣关系的特征，且苏州A公司具有劳务派遣经营资质，遂判决确认黄某与苏州A公司自2018年7月6日起存在劳动关系，与南京B公司自2018年7月6日起存在劳务派遣用工关系。

法官寄语：2012年修正的《中华人民共和国劳动合同法》对劳务派遣的岗位进行了严格限制，2014年施行的《劳务派遣暂行规定》又进一步明确了用工单位使用被派劳动者的比例不得超过10%。实践中，不少原先采取劳务派遣用工的企业开始改头换面采用劳务外包。《江苏省劳动合同条例》第三十六条规定，企业将其业务发包给其他单位，但承包单位的劳动者在企业的生产经营场所使用企业的设施设备、按照企业的安排提供劳动，或者以企业的名义提供劳动，以及其他名为劳务外包实为劳务派遣的，其劳动者人数纳入劳务派遣的比例计算。法律法规作出上述规定目的就是遏制“假外包、真派遣”情形。企业采用“假外包、真派遣”的目的是逃避自身的用工主体责任。从事“假外包、真派遣”外包企业往往偿付能力较弱，劳动者的合法权益难以得到有效保障。这则案例告诉用人单位要诚实守信、依法用工，“假外包”的面纱并不能成为用工单位规避自身法定责任的挡箭牌。劳动者也要在求职及提供劳动过程中擦亮双眼，依法维护自身合法权益。

024. 用人单位不得通过逆向派遣规避法定责任[①]

裁判要旨

用人单位让劳动者与指定的劳务派遣机构轮流签订劳动合同，再派遣回用人单位从事原工作的，系规避法律的逆向派遣行为，用人单位仍应承担用工主体的法定责任。

简要案情：曹某于2007年7月6日入职某热电公司，从事皮带工岗位工作。入职后，为民服务社以劳务派遣的方式与曹某签订劳动合同，将曹某派遣至热电公司工作。2008年7月1日，宏太公司作为劳务派遣方与曹某签订了劳动合同，仍将其派遣至热电公司工作，工种仍为皮带工，合同期限为2年，双方签订了三次劳动合同，合同期限分别为自2008年7月1日至2010年6月30日、2010年7月1日至2012年6月30日、2012年7月1日至2014年6月30日。2014年8月，协力公司作为劳务派遣方与曹某签订了劳动合同，仍将其派遣至热电公司工作，工种仍为皮带工，合同期限为1年，期间签订了二次合同，合同期限分别为自2014年8月1日至2015年7月31日、2015年9月1日至2016年8月31日。2016年8月11日，协力公司向曹某发出告知书，载明双方劳动合同于2016年8月31日到期终止，到时不再续签。曹某申请仲裁，请求裁令热电公司支付经济补偿金。仲裁委未予受理，曹某诉至法院。法院认为，曹某实际为热电公司招用，但热电公司却先后通过为民服务社、宏太公司、协力公司与曹某签订劳动派遣合同，将其派遣至本单位

① 《江苏法院2016-2018年度劳动争议十大典型案例》，七、用人单位不得通过逆向派遣规避法定责任，载江苏法院网，http://www.jsfy.gov.cn/article/91674.html，最后访问日期：2023年7月2日。

从事岗位、地点均无任何变化的工作，热电公司的这种做法是规避用人单位法律责任的逆向派遣行为，因曹某的诉讼请求为要求热电公司支付经济补偿金，对该主张应予支持。

法官寄语：劳务派遣作为灵活性用工方式，只能在临时性、辅助性或者替代性的工作岗位上实施。《中华人民共和国劳动合同法》第六十七条规定，用人单位不得设立劳务派遣单位向本单位或者所属单位派遣劳动者。本案中，虽然涉案派遣公司并非热电公司设立，但热电公司对曹某的雇用显然是长期的，且曹某也实际系热电公司自己招用。热电公司这种通过多家派遣单位轮流实施派遣的行为与劳动合同法中所禁止的用人单位设立劳务派遣单位向本单位或者所属单位派遣劳动者行为性质一样，均为通过假派遣损害劳动者合法权益、规避用人单位法定责任的行为。希望通过这则案例告诉用人单位，要诚实守信、依法用工，逆向派遣的面纱并不能遮盖用人单位实质的用工方式。作为劳动者，也要擦亮眼睛，不能轻易“就范”，要大胆拿起法律的武器，维护自身的合法权益。

025. 用人单位不得以劳务派遣协议期满为由解除劳动合同①

基本案情：廖某与某服务公司签订《劳动合同》，服务公司将其派遣至某通信公司工作。劳动合同履行期间，服务公司以其与某通信公司的《劳务派遣协议》合同期满、双方未再续签为由，向廖某提出两个方案，即由新劳务派遣单位与廖某签订新的劳动合同或双方协商解除劳动合同。廖某对上述方案均不接受，在服务公司解除劳动合同后起诉请求服务公司支付赔偿金。

裁判结果：深圳市中级人民法院审理认为：服务公司在与通信公司的

① 《广东法院劳动争议十大典型案例》（2022 年 4 月 28 日发布），五、廖某诉某服务公司劳动争议案，载广东法院网，https：//www. gdcourts. gov. cn/gsxx/quanweifabu/anlihuicui/content/post_ 1047081. html，最后访问日期：2023 年 7 月 2 日。

《劳务派遣协议》合同期满后向廖某提出的两个选择方案，实质均为与廖某解除劳动合同，而并未提出变更劳动合同的方案与廖某协商。服务公司解除与廖某的劳动合同不符合《中华人民共和国劳动合同法》第四十条规定，属于违法解除，判令服务公司向廖某支付违法解除劳动合同的赔偿金。

典型意义

本案是劳务派遣合同引发的劳动争议。用人单位单方解除劳动合同应当遵循法律规定。用人单位与用工单位的《劳务派遣协议》期满且未续签，不属于法律规定用人单位可解除劳动合同的情形。在双方未能就变更劳动合同达成一致意见的情况下，用人单位单方解除劳动合同，属于违法解除，应当向劳动者支付违法解除劳动合同的赔偿金。

026. 用人单位不得以虚假劳务派遣规避主体责任①

基本案情：梁某于2010年11月6日入职某汽车公司，汽车公司以某咨询公司的名义与梁某逐年签订劳动合同，梁某工资亦由汽车公司发放。汽车公司与咨询公司于2015年8月1日签订《劳务派遣协议书》，其中对劳动报酬的数额及支付方式等重要事项均未作约定。咨询公司没有劳务派遣资质，未对梁某进行任何管理。梁某因汽车公司解除劳动关系申请劳动仲裁请求支付经济补偿等。

裁判结果：广东省高级人民法院审理认为，咨询公司从未对梁某进行过管理，双方无成立劳动关系的合意。汽车公司通过虚假劳务派遣规避主体责

① 《广东法院劳动争议十大典型案例》（2022年4月28日发布），三、梁某诉某汽车公司劳动争议案，载广东法院网，https：//www.gdcourts.gov.cn/gsxx/quanweifabu/anlihuicui/content/post_ 1047443.html https：//www.gdcourts.gov.cn/gsxx/quanweifabu/anlihuicui/content/post_ 1047081.html，最后访问日期：2023年7月2日。

任的行为，应为无效。虽然梁某与汽车公司未订立书面劳动合同，但梁某按汽车公司的规章制度接受汽车公司的劳动管理，从事的工作是汽车公司的业务组成部分，工资报酬亦由汽车公司支付，双方具备实质劳动关系特征。因此，应认定汽车公司与梁某之间成立劳动关系，由汽车公司承担用人单位主体责任。

典型意义

用人单位通过虚假劳务派遣规避主体责任的行为违反诚实信用原则，侵害了劳动者的合法权益。人民法院应依据双方的实质法律关系进行审查认定，判令实际用人单位承担相应的主体责任。

（二）裁判依据

《中华人民共和国劳动合同法》

第五十七条　经营劳务派遣业务应当具备下列条件：

（一）注册资本不得少于人民币二百万元；

（二）有与开展业务相适应的固定的经营场所和设施；

（三）有符合法律、行政法规规定的劳务派遣管理制度；

（四）法律、行政法规规定的其他条件。

经营劳务派遣业务，应当向劳动行政部门依法申请行政许可；经许可的，依法办理相应的公司登记。未经许可，任何单位和个人不得经营劳务派遣业务。

第五十八条　劳务派遣单位是本法所称用人单位，应当履行用人单位对劳动者的义务。劳务派遣单位与被派遣劳动者订立的劳动合同，除应当载明本法第十七条规定的事项外，还应当载明被派遣劳动者的用工单位以及派遣期限、工作岗位等情况。

劳务派遣单位应当与被派遣劳动者订立二年以上的固定期限劳动合同，按月支付劳动报酬；被派遣劳动者在无工作期间，劳务派遣单位应当按照所在地人民政府规定的最低工资标准，向其按月支付报酬。

第五十九条 劳务派遣单位派遣劳动者应当与接受以劳务派遣形式用工的单位（以下称用工单位）订立劳务派遣协议。劳务派遣协议应当约定派遣岗位和人员数量、派遣期限、劳动报酬和社会保险费的数额与支付方式以及违反协议的责任。

用工单位应当根据工作岗位的实际需要与劳务派遣单位确定派遣期限，不得将连续用工期限分割订立数个短期劳务派遣协议。

第六十条 劳务派遣单位应当将劳务派遣协议的内容告知被派遣劳动者。

劳务派遣单位不得克扣用工单位按照劳务派遣协议支付给被派遣劳动者的劳动报酬。

劳务派遣单位和用工单位不得向被派遣劳动者收取费用。

第六十一条 劳务派遣单位跨地区派遣劳动者的，被派遣劳动者享有的劳动报酬和劳动条件，按照用工单位所在地的标准执行。

第六十二条 用工单位应当履行下列义务：

（一）执行国家劳动标准，提供相应的劳动条件和劳动保护；

（二）告知被派遣劳动者的工作要求和劳动报酬；

（三）支付加班费、绩效奖金，提供与工作岗位相关的福利待遇；

（四）对在岗被派遣劳动者进行工作岗位所必需的培训；

（五）连续用工的，实行正常的工资调整机制。

用工单位不得将被派遣劳动者再派遣到其他用人单位。

第六十三条 被派遣劳动者享有与用工单位的劳动者同工同酬的权利。用工单位应当按照同工同酬原则，对被派遣劳动者与本单位同类岗位的劳动者实行相同的劳动报酬分配办法。用工单位无同类岗位劳动者的，参照用工单位所在地相同或者相近岗位劳动者的劳动报酬确定。

劳务派遣单位与被派遣劳动者订立的劳动合同和与用工单位订立的劳务派遣协议，载明或者约定的向被派遣劳动者支付的劳动报酬应当符合前款规定。

第六十四条 被派遣劳动者有权在劳务派遣单位或者用工单位依法参加或者组织工会，维护自身的合法权益。

第六十五条 被派遣劳动者可以依照本法第三十六条、第三十八条的规定与劳务派遣单位解除劳动合同。

被派遣劳动者有本法第三十九条和第四十条第一项、第二项规定情形的，用工单位可以将劳动者退回劳务派遣单位，劳务派遣单位依照本法有关规定，可以与劳动者解除劳动合同。

第六十六条 劳动合同用工是我国的企业基本用工形式。劳务派遣用工是补充形式，只能在临时性、辅助性或者替代性的工作岗位上实施。

前款规定的临时性工作岗位是指存续时间不超过六个月的岗位；辅助性工作岗位是指为主营业务岗位提供服务的非主营业务岗位；替代性工作岗位是指用工单位的劳动者因脱产学习、休假等原因无法工作的一定期间内，可以由其他劳动者替代工作的岗位。

用工单位应当严格控制劳务派遣用工数量，不得超过其用工总量的一定比例，具体比例由国务院劳动行政部门规定。

第六十七条 用人单位不得设立劳务派遣单位向本单位或者所属单位派遣劳动者。

《劳务派遣暂行规定》

第一章 总 则

第一条 为规范劳务派遣，维护劳动者的合法权益，促进劳动关系和谐稳定，依据《中华人民共和国劳动合同法》（以下简称劳动合同法）和《中华人民共和国劳动合同法实施条例》（以下简称劳动合同法实施条例）等法律、行政法规，制定本规定。

第二条 劳务派遣单位经营劳务派遣业务，企业（以下称用工单位）使用被派遣劳动者，适用本规定。

依法成立的会计师事务所、律师事务所等合伙组织和基金会以及民办非企业单位等组织使用被派遣劳动者，依照本规定执行。

第二章　用工范围和用工比例

第三条　用工单位只能在临时性、辅助性或者替代性的工作岗位上使用被派遣劳动者。

前款规定的临时性工作岗位是指存续时间不超过6个月的岗位；辅助性工作岗位是指为主营业务岗位提供服务的非主营业务岗位；替代性工作岗位是指用工单位的劳动者因脱产学习、休假等原因无法工作的一定期间内，可以由其他劳动者替代工作的岗位。

用工单位决定使用被派遣劳动者的辅助性岗位，应当经职工代表大会或者全体职工讨论，提出方案和意见，与工会或者职工代表平等协商确定，并在用工单位内公示。

第四条　用工单位应当严格控制劳务派遣用工数量，使用的被派遣劳动者数量不得超过其用工总量的10%。

前款所称用工总量是指用工单位订立劳动合同人数与使用的被派遣劳动者人数之和。

计算劳务派遣用工比例的用工单位是指依照劳动合同法和劳动合同法实施条例可以与劳动者订立劳动合同的用人单位。

第三章　劳动合同、劳务派遣协议的订立和履行

第五条　劳务派遣单位应当依法与被派遣劳动者订立2年以上的固定期限书面劳动合同。

第六条　劳务派遣单位可以依法与被派遣劳动者约定试用期。劳务派遣单位与同一被派遣劳动者只能约定一次试用期。

第七条　劳务派遣协议应当载明下列内容：

（一）派遣的工作岗位名称和岗位性质；

（二）工作地点；

（三）派遣人员数量和派遣期限；

（四）按照同工同酬原则确定的劳动报酬数额和支付方式；

（五）社会保险费的数额和支付方式；

（六）工作时间和休息休假事项；

（七）被派遣劳动者工伤、生育或者患病期间的相关待遇；

（八）劳动安全卫生以及培训事项；

（九）经济补偿等费用；

（十）劳务派遣协议期限；

（十一）劳务派遣服务费的支付方式和标准；

（十二）违反劳务派遣协议的责任；

（十三）法律、法规、规章规定应当纳入劳务派遣协议的其他事项。

第八条 劳务派遣单位应当对被派遣劳动者履行下列义务：

（一）如实告知被派遣劳动者劳动合同法第八条规定的事项、应遵守的规章制度以及劳务派遣协议的内容；

（二）建立培训制度，对被派遣劳动者进行上岗知识、安全教育培训；

（三）按照国家规定和劳务派遣协议约定，依法支付被派遣劳动者的劳动报酬和相关待遇；

（四）按照国家规定和劳务派遣协议约定，依法为被派遣劳动者缴纳社会保险费，并办理社会保险相关手续；

（五）督促用工单位依法为被派遣劳动者提供劳动保护和劳动安全卫生条件；

（六）依法出具解除或者终止劳动合同的证明；

（七）协助处理被派遣劳动者与用工单位的纠纷；

（八）法律、法规和规章规定的其他事项。

第九条 用工单位应当按照劳动合同法第六十二条规定，向被派遣劳动者提供与工作岗位相关的福利待遇，不得歧视被派遣劳动者。

第十条 被派遣劳动者在用工单位因工作遭受事故伤害的，劳务派遣单位应当依法申请工伤认定，用工单位应当协助工伤认定的调查核实工作。劳务派遣单位承担工伤保险责任，但可以与用工单位约定补偿办法。

被派遣劳动者在申请进行职业病诊断、鉴定时，用工单位应当负责处理职业病诊断、鉴定事宜，并如实提供职业病诊断、鉴定所需的劳动者职业史和职业危害接触史、工作场所职业病危害因素检测结果等资料，劳务派遣单位应当提供被派遣劳动者职业病诊断、鉴定所需的其他材料。

第十一条 劳务派遣单位行政许可有效期未延续或者《劳务派遣经营许可证》被撤销、吊销的，已经与被派遣劳动者依法订立的劳动合同应当履行至期限届满。双方经协商一致，可以解除劳动合同。

第十二条 有下列情形之一的，用工单位可以将被派遣劳动者退回劳务派遣单位：

（一）用工单位有劳动合同法第四十条第三项、第四十一条规定情形的；

（二）用工单位被依法宣告破产、吊销营业执照、责令关闭、撤销、决定提前解散或者经营期限届满不再继续经营的；

（三）劳务派遣协议期满终止的。

被派遣劳动者退回后在无工作期间，劳务派遣单位应当按照不低于所在地人民政府规定的最低工资标准，向其按月支付报酬。

第十三条 被派遣劳动者有劳动合同法第四十二条规定情形的，在派遣期限届满前，用工单位不得依据本规定第十二条第一款第一项规定将被派遣劳动者退回劳务派遣单位；派遣期限届满的，应当延续至相应情形消失时方可退回。

第四章 劳动合同的解除和终止

第十四条 被派遣劳动者提前30日以书面形式通知劳务派遣单位，可以解除劳动合同。被派遣劳动者在试用期内提前3日通知劳务派遣单位，可以解除劳动合同。劳务派遣单位应当将被派遣劳动者通知解除劳动合同的情况及时告知用工单位。

第十五条 被派遣劳动者因本规定第十二条规定被用工单位退回，劳务派遣单位重新派遣时维持或者提高劳动合同约定条件，被派遣劳动者不同意的，劳务派遣单位可以解除劳动合同。

被派遣劳动者因本规定第十二条规定被用工单位退回，劳务派遣单位重新派遣时降低劳动合同约定条件，被派遣劳动者不同意的，劳务派遣单位不得解除劳动合同。但被派遣劳动者提出解除劳动合同的除外。

第十六条 劳务派遣单位被依法宣告破产、吊销营业执照、责令关闭、撤销、决定提前解散或者经营期限届满不再继续经营的，劳动合同终止。用工单位应当与劳务派遣单位协商妥善安置被派遣劳动者。

第十七条 劳务派遣单位因劳动合同法第四十六条或者本规定第十五条、第十六条规定的情形，与被派遣劳动者解除或者终止劳动合同的，应当依法向被派遣劳动者支付经济补偿。

第五章　跨地区劳务派遣的社会保险

第十八条 劳务派遣单位跨地区派遣劳动者的，应当在用工单位所在地为被派遣劳动者参加社会保险，按照用工单位所在地的规定缴纳社会保险费，被派遣劳动者按照国家规定享受社会保险待遇。

第十九条 劳务派遣单位在用工单位所在地设立分支机构的，由分支机构为被派遣劳动者办理参保手续，缴纳社会保险费。

劳务派遣单位未在用工单位所在地设立分支机构的，由用工单位代劳务派遣单位为被派遣劳动者办理参保手续，缴纳社会保险费。

第六章　法律责任

第二十条 劳务派遣单位、用工单位违反劳动合同法和劳动合同法实施条例有关劳务派遣规定的，按照劳动合同法第九十二条规定执行。

第二十一条 劳务派遣单位违反本规定解除或者终止被派遣劳动者劳动合同的，按照劳动合同法第四十八条、第八十七条规定执行。

第二十二条 用工单位违反本规定第三条第三款规定的，由人力资源社会保障行政部门责令改正，给予警告；给被派遣劳动者造成损害的，依法承担赔偿责任。

第二十三条 劳务派遣单位违反本规定第六条规定的，按照劳动合同法第八十三条规定执行。

第二十四条 用工单位违反本规定退回被派遣劳动者的，按照劳动合同法第九十二条第二款规定执行。

第七章 附 则

第二十五条 外国企业常驻代表机构和外国金融机构驻华代表机构等使用被派遣劳动者的，以及船员用人单位以劳务派遣形式使用国际远洋海员的，不受临时性、辅助性、替代性岗位和劳务派遣用工比例的限制。

第二十六条 用人单位将本单位劳动者派往境外工作或者派往家庭、自然人处提供劳动的，不属于本规定所称劳务派遣。

第二十七条 用人单位以承揽、外包等名义，按劳务派遣用工形式使用劳动者的，按照本规定处理。

第二十八条 用工单位在本规定施行前使用被派遣劳动者数量超过其用工总量10%的，应当制定调整用工方案，于本规定施行之日起2年内降至规定比例。但是，《全国人民代表大会常务委员会关于修改〈中华人民共和国劳动合同法〉的决定》公布前已依法订立的劳动合同和劳务派遣协议期限届满日期在本规定施行之日起2年后的，可以依法继续履行至期限届满。

用工单位应当将制定的调整用工方案报当地人力资源社会保障行政部门备案。

用工单位未将本规定施行前使用的被派遣劳动者数量降至符合规定比例之前，不得新用被派遣劳动者。

第二十九条 本规定自2014年3月1日起施行。

四、非全日制用工纠纷

（一）地方法院典型案例

027. 用人单位假借非全日制用工之名，行全日制用工之实的，应履行全日制用工主体责任①

基本案情：2017 年 1 月 1 日，肖某进入某网络公司从事销售工作。2017 年至 2019 年期间，肖某与某网络公司分别签订了三份《非全日制用工合同》，合同约定小时薪酬为 16 元/小时。某网络公司通过银行转账方式向肖某支付工资，每月支付 2 次，前半月为固定金额，后半月为提成、绩效和奖励工资，两次薪酬均高于约定小时薪酬计算的金额。肖某的工作时间每日均超 4 小时、每周均超 24 小时。由于某网络公司未为肖某购买社会保险，肖某以此为由提出解除劳动合同，并要求某网络公司向其支付解除劳动合同的经济补偿金。

裁判结果：成都市中级人民法院认为，根据《中华人民共和国劳动合同法》第六十八条“非全日制用工，是指以小时计酬为主，劳动者在同一用人单位一般平均每日工作时间不超过四小时，每周工作时间累积不超过二十四小时的用工形式。”以及第七十二条“非全日制用工小时计酬标准不得低于

① 《成都法院发布 2021 年劳动争议十大典型案例》，八、某网络公司与肖某劳动争议案，载成都市中级人民法院微信公众号，https：//mp. weixin. qq. com/s? _ _ biz=MzAwMjMyMzM0Nw==&mid=2649501317&idx = 1&sn = 4258e1fd387c9fa62a4b404fdacc42c0&chksm = 82d4a879b5a3216f2f8744bbf7cc419289ce1fef67f46f89b9aed54fbdc07bc3f5a30a427074&scene=27，最后访问日期：2023 年 7 月 2 日。

用人单位所在地人民政府规定的最低小时工资标准。非全日制用工劳动报酬结算支付周期最长不得超过十五日。”的规定，非全日制用工主要从计酬标准是否以小时计酬为主、工作时间是否每周未超过 24 小时、报酬结算是否最长未超过 15 日等方面予以认定。本案中，某网络公司的报酬结算时间虽未超过 15 日，但从计酬标准看，合同小时薪酬不是肖某薪酬的主要组成内容，肖某获取的薪酬远高于《非全日制用工合同》载明小时薪酬计算的金额；从工作时间看，肖某每日工作时间均超 4 小时，每周工作时间亦远超 24 小时。故法院认定双方之间的用工关系符合全日制用工关系的特征，某网络公司应履行全日制用工的主体责任。某网络公司未履行购买社会保险等全日制用工形式下的主体责任，肖某以此为由解除劳动合同，某网络公司应向肖某支付解除劳动合同的经济补偿金。

典型意义

非全日制用工是灵活就业用工的一种重要形式，在一定程度上弥补了全日制用工存在的用工僵化、成本高昂等局限，满足了用人单位灵活用工和劳动者自主择业的需要，是吸纳就业和促进就业的重要途径。但由于非全日制用工模式下，用人单位和劳动者之间用工关系更为松散，如用人单位可不为劳动者购买社会保险，双方任何一方均可随时通知对方终止用工，用人单位不支付经济补偿金等。因此，现实生活中，存在用人单位为减少用工成本、规避相应法律责任等因素，采用将全日制用工约定为非全日制用工，假借非全日制用工之名，行全日制用工之实的情况，试图规避法律、免除自身的法定义务。本案中，用人单位通过签订《非全日制用工合同》、未超过 15 日发放报酬等形式试图掩盖真实的全日制用工形式，法院通过对用工形式的实质审查后，认定双方为全日制用工关系，保护了劳动者的相关权益。

028. 用人单位与员工是否建立非全日制用工关系，应综合实际工作时间、工资发放形式等条件进行判断[①]

基本案情：张某与某舞蹈培训机构签订《教师合同》，约定张某自2012年6月起担任该机构舞蹈教师，无固定工作时间，没有课时无需到岗。2021年8月，张某提起劳动仲裁申请，请求培训机构支付拖欠的劳动报酬、未续签劳动合同的二倍工资及解除劳动合同经济补偿金，培训机构认为双方之间约定并实际履行的是非全日制用工，其单位无需签订书面劳动合同，亦无需支付经济补偿。法院最终判决该培训机构向张某支付拖欠的劳动报酬及解除劳动合同经济补偿金。

典型意义

建立非全日制用工关系应同时满足以下条件：一、双方不得约定试用期；二、以小时计酬为主，一般平均每日工作时间不超过4小时，每周工作时间累计不超过24小时；三、小时计酬标准不得低于用人单位所在地人民政府规定的最低小时工资标准。法律设立非全日制用工形式，是为了保护一些临时性、辅助性或人身依附性不强、劳资双方关系较为松散的劳动用工形式，用人单位不能故意设置形式上符合、内容中越界的劳动合同关系，以规避其应承担的法定责任。

① 《大庆中院劳动争议八起典型案例发布》，一、用人单位与员工是否建立非全日制用工关系，应综合实际工作时间、工资发放形式等条件进行判断，载大庆市中级人民法院网站，http：//dqzy. hljcourt. gov. cn/public/detail. php？ id=8698，最后访问日期：2023年7月2日。

029. 用人单位未按小时计算劳动者薪酬是否影响非全日制用工的认定①

裁判要旨

非全日制用工与全日制用工的根本区别是劳动者在同一用人单位的工作时间不同，用人单位未按小时计算劳动者薪酬不影响非全日制用工的认定。非全日制用工劳动者请求用人单位支付违法解除劳动合同赔偿金的，不予支持。

基本案情：2010年8月10日，张某与某技术咨询公司签订《临时工聘用合同书》，约定张某在该公司从事炊事员工作，负责制作10人左右的工作日午餐，合同期限为1年，试用期为1个月。合同到期后，双方未再续订聘用合同，但张某继续在该公司负责制作工作日午餐。2018年1月30日，某技术咨询公司通知张某解除劳动关系。工作期间，张某在某技术咨询公司工作人员就餐完毕后即可下班，该公司按月向张某发放工资。张某经仲裁后提起诉讼，请求某技术咨询公司支付违法解除劳动合同赔偿金。

法院裁判：根据《中华人民共和国劳动合同法》第六十八条规定，非全日制用工与全日制用工的根本区别在于工作时间不同。非全日制用工劳动者在同一用人单位一般平均每日工作时间不超过4小时，每周工作时间不超过24小时，全日制用工劳动者在同一用人单位每日工作时间不超过8小时，平均每周工作时间不超过44小时。本案中，张某的工作是在每个工作日中午为某技术咨询公司的工作人员准备一顿10人量的午餐，工作人员就餐完毕后，

① 《重庆市高级人民法院发布第七批劳动争议十大典型案例》，九、张某与某技术咨询公司劳动争议案，载重庆市人力资源和社会保障局网站，http：//rlsbj. cq. gov. cn/zwxx_ 182/tzgg/202105/t20210506_ 9245905. html，最后访问日期：2023年7月2日。

张某即可下班。张某每日的工作时间不超过4小时、每周的工作时间不超过24小时，符合非全日制用工的基本法律特征，应当认定张某与某技术咨询公司建立非全日制用工关系。根据《中华人民共和国劳动合同法》第七十一条“非全日制用工双方当事人任何一方都可以随时通知对方终止用工”的规定，张某要求某技术咨询公司支付违法解除劳动合同赔偿金于法无据，不予支持。

（二）裁判依据

《中华人民共和国劳动合同法》

第六十八条 非全日制用工，是指以小时计酬为主，劳动者在同一用人单位一般平均每日工作时间不超过四小时，每周工作时间累计不超过二十四小时的用工形式。

第六十九条 非全日制用工双方当事人可以订立口头协议。

从事非全日制用工的劳动者可以与一个或者一个以上用人单位订立劳动合同；但是，后订立的劳动合同不得影响先订立的劳动合同的履行。

第七十条 非全日制用工双方当事人不得约定试用期。

第七十一条 非全日制用工双方当事人任何一方都可以随时通知对方终止用工。终止用工，用人单位不向劳动者支付经济补偿。

第七十二条 非全日制用工小时计酬标准不得低于用人单位所在地人民政府规定的最低小时工资标准。

非全日制用工劳动报酬结算支付周期最长不得超过十五日。

《劳动和社会保障部关于非全日制用工若干问题的意见》

一、关于非全日制用工的劳动关系

1. 非全日制用工是指以小时计酬、劳动者在同一用人单位平均每日工作时间不超过5小时累计每周工作时间不超过30小时的用工形式。

从事非全日制工作的劳动者，可以与一个或一个以上用人单位建立劳动关系。用人单位与非全日制劳动者建立劳动关系，应当订立劳动合同。劳动合同一般以书面形式订立。劳动合同期限在一个月以下的，经双方协商同意，可以订立口头劳动合同。但劳动者提出订立书面劳动合同的，应当以书面形式订立。

2. 劳动者通过依法成立的劳务派遣组织为其他单位、家庭或个人提供非全日制劳动的，由劳务派遣组织与非全日制劳动者签订劳动合同。

3. 非全日制劳动合同的内容由双方协商确定，应当包括工作时间和期限、工作内容、劳动报酬、劳动保护和劳动条件五项必备条款，但不得约定试用期。

4. 非全日制劳动合同的终止条件，按照双方的约定办理。劳动合同中，当事人未约定终止劳动合同提前通知期的，任何一方均可以随时通知对方终止劳动合同；双方约定了违约责任的，按照约定承担赔偿责任。

5. 用人单位招用劳动者从事非全日制工作，应当在录用后到当地劳动保障行政部门办理录用备案手续。

6. 从事非全日制工作的劳动者档案可由本人户口所在地劳动保障部门的公共职业介绍机构代管。

二、关于非全日制用工的工资支付

7. 用人单位应当按时足额支付非全日制劳动者的工资。用人单位支付非全日制劳动者的小时工资不得低于当地政府颁布的小时最低工资标准。

8. 非全日制用工的小时最低工资标准由省、自治区、直辖市规定，并报劳动保障部备案。确定和调整小时最低工资标准应当综合参考以下因素：当地政府颁布的月最低工资标准；单位应缴纳的基本养老保险费和基本医疗保险费（当地政府颁布的月最低工资标准未包含个人缴纳社会保险费因素的，还应考虑个人应缴纳的社会保险费）；非全日制劳动者在工作稳定性、劳动条件和劳动强度、福利等方面与全日制就业人员之间的差异。小时最低工资标准的测算方法为：

小时最低工资标准=〔（月最低工资标准÷20.92÷8）×（1+单位应当缴纳的基本养老保险费和基本医疗保险费比例之和）〕×（1+浮动系数）

9. 非全日制用工的工资支付可以按小时、日、周或月为单位结算。

三、关于非全日制用工的社会保险

10. 从事非全日制工作的劳动者应当参加基本养老保险，原则上参照个体工商户的参保办法执行。对于已参加过基本养老保险和建立个人账户的人员，前后缴费年限合并计算，跨统筹地区转移的，应办理基本养老保险关系和个人账户的转移、接续手续。符合退休条件时，按国家规定计发基本养老金。

11. 从事非全日制工作的劳动者可以以个人身份参加基本医疗保险，并按照待遇水平与缴费水平相挂钩的原则，享受相应的基本医疗保险待遇。参加基本医疗保险的具体办法由各地劳动保障部门研究制定。

12. 用人单位应当按照国家有关规定为建立劳动关系的非全日制劳动者缴纳工伤保险费。从事非全日制工作的劳动者发生工伤，依法享受工伤保险待遇；被鉴定为伤残5-10级的，经劳动者与用人单位协商一致，可以一次性结算伤残待遇及有关费用。

四、关于非全日制用工的劳动争议处理

13. 从事非全日制工作的劳动者与用人单位因履行劳动合同引发的劳动争议，按照国家劳动争议处理规定执行。

14. 劳动者直接向其他家庭或个人提供非全日制劳动的，当事人双方发生的争议不适用劳动争议处理规定。

五、关于非全日制用工的管理与服务

15. 非全日制用工是劳动用工制度的一种重要形式，是灵活就业的主要方式。各级劳动保障部门要高度重视，从有利于维护非全日制劳动者的权益、有利于促进灵活就业、有利于规范非全日制用工的劳动关系出发，结合本地实际，制定相应的政策措施。要在劳动关系建立、工资支付、劳动争议处理等方面为非全日制用工提供政策指导和服务。

16. 各级劳动保障部门要切实加强劳动保障监察执法工作，对用人单位不按照本意见要求订立劳动合同、低于最低小时工资标准支付工资以及拖欠克扣工资的行为，应当严肃查处，维护从事非全日制工作劳动者的合法权益。

17. 各级社会保险经办机构要为非全日制劳动者参保缴费提供便利条件，

开设专门窗口，可以采取按月、季或半年缴费的办法，及时为非全日制劳动者办理社会保险关系及个人帐户的接续和转移手续；按规定发放社会保险缴费对帐单，及时支付各项社会保险待遇，维护他们的社会保障权益。

18. 各级公共职业介绍机构要积极为从事非全日制工作的劳动者提供档案保管、社会保险代理等服务，推动这项工作顺利开展。

五、追索劳动报酬纠纷

（一）最高人民法院指导案例

030. 年终奖发放前离职的劳动者能否向原用人单位主张支付年终奖①

房玥诉中美联泰大都会人寿保险有限公司劳动合同纠纷案

关键词：民事/劳动合同/离职/年终奖

裁判要点

年终奖发放前离职的劳动者主张用人单位支付年终奖的，人民法院应当结合劳动者的离职原因、离职时间、工作表现以及对单位的贡献程度等因素进行综合考量。用人单位的规章制度规定年终奖发放前离职的劳动者不能享有年终奖，但劳动合同的解除非因劳动者单方过失或主动辞职所导致，且劳动者已经完成年度工作任务，用人单位不能证明劳动者的工作业绩及表现不符合年终奖发放标准，年终奖发放前离职的劳动者主张用人单位支付年终奖的，人民法院应予支持。

① 最高人民法院指导案例183号。

相关法条

《中华人民共和国劳动合同法》第四十条

基本案情：房玥于2011年1月至中美联泰大都会人寿保险有限公司（以下简称大都会公司）工作，双方之间签订的最后一份劳动合同履行日期为2015年7月1日至2017年6月30日，约定房玥担任战略部高级经理一职。2017年10月，大都会公司对其组织架构进行调整，决定撤销战略部，房玥所任职的岗位因此被取消。双方就变更劳动合同等事宜展开了近两个月的协商，未果。12月29日，大都会公司以客观情况发生重大变化、双方未能就变更劳动合同协商达成一致，向房玥发出《解除劳动合同通知书》。房玥对解除决定不服，经劳动仲裁程序后起诉要求恢复与大都会公司之间的劳动关系并诉求2017年8月-12月未签劳动合同二倍工资差额、2017年度奖金等。大都会公司《员工手册》规定：年终奖金根据公司政策，按公司业绩、员工表现计发，前提是该员工在当年度10月1日前已入职，若员工在奖金发放月或之前离职，则不能享有。据查，大都会公司每年度年终奖会在次年3月份左右发放。

裁判结果：上海市黄浦区人民法院于2018年10月29日作出（2018）沪0101民初10726号民事判决：一、大都会公司于判决生效之日起七日内向原告房玥支付2017年8月—12月期间未签劳动合同双倍工资差额人民币192500元；二、房玥的其他诉讼请求均不予支持。房玥不服，上诉至上海市第二中级人民法院。上海市第二中级人民法院于2019年3月4日作出（2018）沪02民终11292号民事判决：一、维持上海市黄浦区人民法院（2018）沪0101民初10726号民事判决第一项；二、撤销上海市黄浦区人民法院（2018）沪0101民初10726号民事判决第二项；三、大都会公司于判决生效之日起七日内支付上诉人房玥2017年度年终奖税前人民币138600元；四、房玥的其他请求不予支持。

裁判理由：法院生效裁判认为：本案的争议焦点系用人单位以客观情况

发生重大变化为依据解除劳动合同，导致劳动者不符合员工手册规定的年终奖发放条件时，劳动者是否可以获得相应的年终奖。对此，一审法院认为，大都会公司的《员工手册》明确规定了奖金发放情形，房玥在大都会公司发放 2017 年度奖金之前已经离职，不符合奖金发放情形，故对房玥要求 2017 年度奖金之请求不予支持。二审法院经过审理后认为，现行法律法规并没有强制规定年终奖应如何发放，用人单位有权根据本单位的经营状况、员工的业绩表现等，自主确定奖金发放与否、发放条件及发放标准，但是用人单位制定的发放规则仍应遵循公平合理原则，对于在年终奖发放之前已经离职的劳动者可否获得年终奖，应当结合劳动者离职的原因、时间、工作表现和对单位的贡献程度等多方面因素综合考量。本案中，大都会公司对其组织架构进行调整，双方未能就劳动合同的变更达成一致，导致劳动合同被解除。房玥在大都会公司工作至 2017 年 12 月 29 日，此后两日系双休日，表明房玥在 2017 年度已在大都会公司工作满一年；在大都会公司未举证房玥的 2017 年度工作业绩、表现等方面不符合规定的情况下，可以认定房玥在该年度为大都会公司付出了一整年的劳动且正常履行了职责，为大都会公司做出了应有的贡献。基于上述理由，大都会公司关于房玥在年终奖发放月之前已离职而不能享有该笔奖金的主张缺乏合理性。故对房玥诉求大都会公司支付 2017 年度年终奖，应予支持。

031. 符合奖励条件的劳动者主张获奖条件成就，用人单位应当按照规定发放奖金①

彭宇翔诉南京市城市建设开发（集团）有限责任公司追索劳动报酬纠纷案

关键词：民事/追索劳动报酬/奖金/审批义务

裁判要点

用人单位规定劳动者在完成一定绩效后可以获得奖金，其无正当理由拒绝履行审批义务，符合奖励条件的劳动者主张获奖条件成就，用人单位应当按照规定发放奖金的，人民法院应予支持。

相关法条

《中华人民共和国劳动法》第四条、《中华人民共和国劳动合同法》第三条

基本案情：南京市城市建设开发（集团）有限责任公司（以下简称城开公司）于2016年8月制定《南京城开集团关于引进投资项目的奖励暂行办法》（以下简称《奖励办法》），规定成功引进商品房项目的，城开公司将综合考虑项目规模、年化平均利润值合并表等综合因素，以项目审定的预期利润或收益为奖励基数，按照0.1%-0.5%确定奖励总额。该奖励由投资开发部拟定各部门或其他人员的具体奖励构成后提出申请，经集团领导审议、审批后发放。2017年2月，彭宇翔入职城开公司担任投资开发部经理。2017年6月，投资开发部形成《会议纪要》，确定部门内部的奖励分配方案为总经理占部门奖金的75%、其余项目参与人员占部门奖金的25%。

① 最高人民法院指导案例182号。

彭宇翔履职期间，其所主导的投资开发部成功引进无锡红梅新天地、扬州GZ051地块、如皋约克小镇、徐州焦庄、高邮鸿基万和城、徐州彭城机械六项目，后针对上述六项目投资开发部先后向城开公司提交了六份奖励申请。

直至彭宇翔自城开公司离职，城开公司未发放上述奖励。彭宇翔经劳动仲裁程序后，于法定期限内诉至法院，要求城开公司支付奖励1689083元。

案件审理过程中，城开公司认可案涉六项目初步符合《奖励办法》规定的受奖条件，但以无锡等三项目的奖励总额虽经审批但具体的奖金分配明细未经审批，及徐州等三项目的奖励申请未经审批为由，主张彭宇翔要求其支付奖金的请求不能成立。对于法院“如彭宇翔现阶段就上述项目继续提出奖励申请，城开公司是否启动审核程序”的询问，城开公司明确表示拒绝，并表示此后也不会再启动六项目的审批程序。此外，城开公司还主张，彭宇翔在无锡红梅新天地项目、如皋约克小镇项目中存在严重失职行为，二项目存在严重亏损，城开公司已就拿地业绩突出向彭宇翔发放过奖励，但均未提交充分的证据予以证明。

裁判结果：南京市秦淮区人民法院于2018年9月11日作出（2018）苏0104民初6032号民事判决：驳回彭宇翔的诉讼请求。彭宇翔不服，提起上诉。江苏省南京市中级人民法院于2020年1月3日作出（2018）苏01民终10066号民事判决：一、撤销南京市秦淮区人民法院（2018）苏0104民初6032号民事判决；二、城开公司于本判决生效之日起十五日内支付彭宇翔奖励1259564.4元。

裁判理由：法院生效裁判认为：本案争议焦点为城开公司应否依据《奖励办法》向彭宇翔所在的投资开发部发放无锡红梅新天地等六项目奖励。

首先，从《奖励办法》设置的奖励对象来看，投资开发部以引进项目为主要职责，且在城开公司引进各类项目中起主导作用，故其系该文适格的被奖主体；从《奖励办法》设置的奖励条件来看，投资开发部已成功为城开公司引进符合城开公司战略发展目标的无锡红梅新天地、扬州GZ051地块、如皋约克小镇、徐州焦庄、高邮鸿基万和城、徐州彭城机械六项目，符合该文规定的受奖条件。故就案涉六项目而言，彭宇翔所在的投资开发部形式上已满足用人单位规定的奖励申领条件。城开公司不同意发放相应的奖励，应当说明理由并对此举证证明。但本案中城开公司无法证明无锡红梅新天地项目、如皋约克小镇项目存在亏损，也不能证明彭宇翔在二项目中确实存在失职行为，其关于彭宇翔不应重复获奖的主张亦因欠缺相应依据而无法成立。故而，城开公司主张彭宇翔所在的投资开发部实质不符合依据《奖励办法》获得奖励的理由法院不予采纳。

其次，案涉六项目奖励申请未经审核或审批程序尚未完成，不能成为城开公司拒绝支付彭宇翔项目奖金的理由。城开公司作为奖金的设立者，有权设定相应的考核标准、考核或审批流程。其中，考核标准系员工能否获奖的实质性评价因素，考核流程则属于城开公司为实现其考核权所设置的程序性流程。在无特殊规定的前提下，因流程本身并不涉及奖励评判标准，故而是否经过审批流程不能成为员工能否获得奖金的实质评价要素。城开公司也不应以六项目的审批流程未启动或未完成为由，试图阻却彭宇翔获取奖金的实体权利的实现。此外，对劳动者的奖励申请进行实体审批，不仅是用人单位的权利，也是用人单位的义务。本案中，《奖励办法》所设立的奖励系城开公司为鼓励员工进行创造性劳动所承诺给员工的超额劳动报酬，其性质上属于《国家统计局关于工资总额组成的规定》第七条规定中的“其他奖金”，此时《奖励办法》不仅应视为城开公司基于用工自主权而对员工行使的单方激励行为，还应视为城开公司与包括彭宇翔在内的不特定员工就该项奖励的获取形成的约定。现彭宇翔通过努力达到《奖励办法》所设奖励的获取条件，其向城开公司提出申请要求兑现该超额劳动报酬，无论是基于诚实信用原则，还是基于按劳取酬原则，城开公司皆有义务启动审核程序对该奖励申请进行核查，以确定彭宇翔关于奖金的权利能否实现。如城开公司拒绝审核，应说明合理理由。本案中，城开公司关于彭宇翔存在失职行为及案涉项目存在亏损的主张因欠缺事实依据不能成立，该公司也不能对不予审核的行为作出合理解释，其拒绝履行审批义务的行为已损害彭宇翔的合法权益，对此应承担相应的不利后果。

综上，法院认定案涉六项目奖励的条件成就，城开公司应当依据《奖励办法》向彭宇翔所在的投资开发部发放奖励。

（二）最高人民法院公报案例及典型案例

032. 用人单位可否依据末位淘汰制对排名靠后的员工采取调岗调薪措施①

戴为军诉台玻长江玻璃有限公司追索劳动报酬纠纷案

裁判摘要

用人单位依据末位淘汰制对员工实行奖优惩劣，对排名靠后的员工采取调岗调薪等措施，是企业经营自主权的重要内容，只要该调岗调薪行为是基于企业生产经营管理的合理需要，且不违反法律规定和单位依法制定的规章制度，劳动者主张该调岗调薪行为违法的，人民法院不予支持。

原告：戴为军。

被告：台玻长江玻璃有限公司。

法定代表人：林伯丰，该公司董事长。

原告戴为军因与被告台玻长江玻璃有限公司发生追索劳动报酬纠纷，向江苏省昆山市人民法院提起诉讼。

① 参见《最高人民法院公报》2021年02期。

原告戴为军诉称：原告在履行劳动合同过程中，并不存在严重违纪行为，被告台玻长江玻璃有限公司却以末位淘汰为由将原告调岗、降薪，并克扣原告月、季奖金及加班工资。请求法院判决被告支付原告2015年7月至2016年6月期间工资（包括加班工资、职务工资、月奖金、季度奖金）差额21741.5元、未足额支付工资的经济补偿金5435元。

被告台玻长江玻璃有限公司辩称：1. 劳动合同约定原告戴为军的工作岗位为操作工，且约定公司根据工作需要，按照诚信原则，可依法变动原告的工作岗位。2. 公司规章制度明确规定了员工平时记录和每月各项奖金之考核将作为升职、调职之依据，原告对此十分清楚。同时，原告对月奖、季奖发放金额都是明知的，但原告却从未提出过异议。公司依据年度、季度考核成绩排名，按照公司规定对原告进行调职，是出于经营需要。3. 原告提供的证据不足以证明被告存在未足额发放奖金及加班工资的情况。综上，请求法院驳回原告的诉讼请求。

江苏省昆山市人民法院一审查明：

原告戴为军于1996年11月4日进入被告台玻长江玻璃有限公司工作，为包装股员工，2010年11月起戴为军任包装股课长。双方最后一期劳动合同期限自2014年3月1日至2019年2月28日，约定戴为军的工作岗位为操作工，台玻长江玻璃有限公司根据工作需要，按照诚信原则，可依法变动戴为军的工作岗位，戴为军正常工作时间工资为最低工资标准，加班加点工资计发基数为最低工资标准，戴为军接受台玻长江玻璃有限公司所给予职务调整和变动等。台玻长江玻璃有限公司《员工工作规则》的员工考核部分规定："平时记录：员工平时有优良行为表现或不良行为时，由各单位负责人以书面通知人事单位记录之；每月各项奖金之考核，以上两项记录将作为升职、调职之依据。惩戒：记过：罚款500-1000元；申诫：罚款500元；罚款：罚款10-500元。"戴为军的工资结构为本薪4350元、职务工资1500元、月奖金（不固定）、季奖金（不固定）、奖金（不固定，2016年2月前基本在400元以下）、伙食津贴180元、节日加班费。

2015年11月，被告台玻长江玻璃有限公司接到客户投诉，反映玻璃存在发霉现象。2015年12月2日，台玻长江玻璃有限公司对包装部门人员作出处理，其中对原告戴为军申诫一次，罚款500元。

2015年11月18日，被告台玻长江玻璃有限公司发布人员配置检讨事公告，公告如下人员配置调整办法：课股/长人数65，年度根据季度奖考绩排名，最后10%予以降职处理等。另查，台玻长江玻璃有限公司的2015年度考绩汇总表显示：戴为军排名第43位，共47人，戴为军为倒数第5名。2016年1月4日，台玻长江玻璃有限公司对戴为军作出人事通知，戴为军职务由课长调整为班长，职务工资由1500元调整至700元。2016年2月起，台玻长江玻璃有限公司支付戴为军职务工资700元，2016年2月奖金为950元，2016年3月起奖金固定为800元。

原告戴为军于2016年7月向昆山市劳动人事争议仲裁委员会申请仲裁，要求被告台玻长江玻璃有限公司支付2015年7月至2016年6月期间的工资差额21741.50元、未足额支付工资的经济补偿金5435元。该委作出裁决：驳回戴为军的仲裁请求。戴为军不服仲裁裁决，向昆山市人民法院提起诉讼。

江苏省昆山市人民法院一审认为：

原告戴为军进入被告台玻长江玻璃有限公司工作，双方依法建立了劳动关系。戴为军诉请台玻长江玻璃有限公司支付的2015年7月至2016年6月期间的工资差额21741.50元，包括2015年10月至2016年2月期间加班工资差额1862.25元、2016年1月至2016年6月期间职务工资差额4800元、2015年9月至2016年5月期间月奖金差额7944元、2015年7月至2016年5月期间季度奖金差额6635元、2015年11月扣款500元。

其中关于2015年10月至2016年2月期间加班工资差额1862.25元，原告戴为军认为被告台玻长江玻璃有限公司应当按其平均工资计算加班加点工资基数，但劳动合同约定了计发基数为最低工资标准，而台玻长江玻璃有限公司也按约支付了戴为军的加班加点工资，故戴为军要求支付差额，没有事实依据，法院不予支持。

关于 2016 年 1 月至 2016 年 6 月期间职务工资差额 4800 元，原告戴为军认为其并不存在严重违纪行为，被告台玻长江玻璃有限公司却以末位淘汰为由将其调岗、降薪。经查，双方的劳动合同约定，台玻长江玻璃有限公司根据工作需要，按照诚信原则，可依法变动戴为军的工作岗位。对戴为军是否符合课长职务的末位淘汰应属台玻长江玻璃有限公司企业管理自主权范围。现戴为军对台玻长江玻璃有限公司的考绩汇总表不认可，但未提供证据予以证明。此外，台玻长江玻璃有限公司对戴为军的降职降薪从 2016 年 2 月起执行，实际已履行数月，在此期间戴为军并未提出异议，而台玻长江玻璃有限公司也增加了戴为军的奖金部分，应当认定戴为军与台玻长江玻璃有限公司双方已经就职务调整、减少职务工资、增加奖金事宜达成合意，故戴为军要求台玻长江玻璃有限公司支付职务工资差额，法院不予支持。

关于 2015 年 9 月至 2016 年 5 月期间月奖金差额 7944 元、2015 年 7 月至 2016 年 5 月期间季度奖金差额 6635 元，原告戴为军认为被告台玻长江玻璃有限公司克扣自己的月奖金和季度奖金。根据戴为军的工资结构，其月奖金、季度奖金并不固定，双方的劳动合同中亦未对奖金作出约定，因此台玻长江玻璃有限公司根据盈利情况，结合戴为军的平时表现、考核结果自主决定奖金的数额并进行发放，并无不当。现戴为军认为台玻长江玻璃有限公司克扣自己的月奖金和季度奖金，但其提供的季度考核表仅为发放奖金的依据之一，除了季度考核之外，2015 年 12 月戴为军被申诫一次，年度考绩结果也不理想，2016 年 1 月公司对戴为军也作出了降职降薪决定，前述因素均会影响戴为军的月奖金、季度奖金，因此，戴为军要求台玻长江玻璃有限公司支付月、季奖金差额，没有事实和法律依据，法院不予支持。

关于 2015 年 11 月扣款 500 元。2015 年 11 月，被告台玻长江玻璃有限公司接到客户投诉，反映玻璃存在发霉现象，经台玻长江玻璃有限公司核查情况属实，公司对原告戴为军所在部门人员进行处分并罚款，其中对戴为军申诫一次，罚款500元。台玻长江玻璃有限公司系依据公司规章制度对戴为军作出处分并罚款，戴为军对上述事件不持异议，故戴为军要求台玻长江玻璃有限公司返还扣款500元，法院不予支持。

综上，原告戴为军要求被告台玻长江玻璃有限公司支付未足额支付工资的经济补偿金5435元，没有事实和法律依据。据此，江苏省昆山市人民法院依照《中华人民共和国劳动合同法》第二十九条、第四十六条，《中华人民共和国民事诉讼法》第六十四条，《最高人民法院关于民事诉讼证据的若干规定》第二条的规定，于2016年11月17日判决：

驳回戴为军的诉讼请求。

戴为军不服一审判决，向江苏省苏州市中级人民法院提起上诉。

戴为军上诉称：台玻长江玻璃有限公司对其工作岗位的调整违反《江苏省工资支付条例》第三十四条的规定，亦违反双方合同约定及台玻长江玻璃有限公司的相关规章制度。台玻长江玻璃有限公司调岗后的降薪亦属违法。请求撤销一审判决，将本案发回重审或依法改判。

台玻长江玻璃有限公司辩称：公司是依据与戴为军之间的合同约定以及经合法程序产生的《员工工作规则》对其岗位进行的调整，公司的行为符合法律规定及合同约定，一审法院认定事实清楚，适用法律正确，请求依法驳回上诉。

江苏省苏州市中级人民法院经二审，确认了一审查明的事实。

江苏省苏州市中级人民法院二审认为：

用人单位依法变动劳动者工作岗位降低其工资水平，应当符合用人单位依法制定的规章制度的规定，但不得违反诚信原则滥用权力，对劳动者的工作岗位作出不合理的变动。本案二审的争议焦点为被上诉人台玻长江玻璃有限公司依据末位淘汰制调整上诉人戴为军的工作岗位及薪资是否违法。劳动者排名末位与劳动者不能胜任工作岗位之间并无必然联系，故用人单位根据末位淘汰制解除劳动关系违反法律规定。但在除解除劳动关系情形外，末位淘汰制并非当然违法。根据本案查明的事实，戴为军调岗前担任的职务为台玻长江玻璃有限公司包装股课长，该岗位具有一定的管理性质，要求劳动者具备更优秀、全面的职业技能。用人单位根据劳动者的工作业绩、安排相对更为优秀的劳动者担任该职务既符合用人单位对于保证和提高产品质量的要求，亦能较大程度激发劳动者的工作积极性，故用人单位依据末位淘汰制调整劳动者工作岗位在一定条件下应予以支持。本案台玻长江玻璃有限公司与戴为军的劳动合同中明确约定台玻长江玻璃有限公司根据工作需要，按照诚信原则，可依法变动原告的工作岗位。2016 年 1 月 4 日台玻长江玻璃有限公司根据人员配置检讨事公告和戴为军 2015 年度考绩汇总表对戴为军的工作岗位进行调整，调岗后戴为军并未提出异议，应视为戴为军对本次调岗的认可。综上，本次调岗不违反双方劳动合同的约定，亦符合《中华人民共和国劳动合同法》的相关规定，应认定为合法，因本次调岗引起的薪资变动亦属合法。现戴为军上诉认为本次调岗违法并要求台玻长江玻璃有限公司支付工资差额和经济补偿金没有事实和法律依据，应予驳回。

据此，江苏省苏州市中级人民法院依照《中华人民共和国民事诉讼法》第一百七十条第一款第一项规定，于 2017 年 4 月 1 日判决：

驳回上诉，维持原判。

本判决为终审判决。

033. 如何认定"劳动者非因本人原因从原用人单位被安排到新用人单位工作"[①]

包利英诉上海申美饮料食品有限公司劳动合同纠纷案

裁判摘要

劳动者仍在原工作场所、工作岗位工作，劳动合同主体由原用人单位变更为新用人单位的，应当认定属于"劳动者非因本人原因从原用人单位被安排到新用人单位工作"，工作年限应当连续计算。劳动者用人单位发生变动，对于如何界定是否因劳动者本人原因，不应将举证责任简单地归于新用人单位，而应从该变动的原因着手，查清是哪一方主动引起了此次变动。劳务派遣公司亦不应成为工作年限连续计算的阻却因素。

原告：包利英。

被告：上海市申美饮料食品有限公司，住所地：上海市浦东新区金桥出口加工区桂桥路。

法定代表人：JOHAN WILLEM MAARTEN JANSEN，该公司董事长。

原告包利英因与被告上海申美饮料食品有限公司（以下简称申美公司）发生劳动合同纠纷，向上海市浦东新区人民法院提起诉讼。

原告包利英诉称：其经被告申美公司营业部经理面试通过后，于2006年4月4日进入被告处工作。2006年4月4日至2010年1月31日期间，原告根据被告的要求和安排先后与案外人上海人力资源有限公司（以下简称人资公司）、上海支点人力资源有限公司（以下简称支点公司）、安德普瀚人力资源

① 参见《最高人民法院公报》2016年12期。

有限公司（以下简称安普公司）签订劳动合同，由上述公司将原告安排至被告处工作。2010年2月1日起，原、被告直接签订了期限至2013年3月31日止的劳动合同。原告入职后，一直在被告的川沙合庆镇营业部担任业务员工作，工作地点和岗位均无变化，故应自2006年4月4日起计算在被告处的工作年限。2013年3月25日起，原告因病休病假，至今仍在病假中，但被告不仅未足额支付原告病假工资，反而于2013年9月13日向原告寄送通知书，违法终止了双方的劳动关系。原告为维护自身权益申请仲裁，因对裁决部分不服，故提起诉讼，要求判令：1. 原、被告自2013年9月1日起恢复劳动关系；2. 被告支付原告2013年9月3日至2013年9月24日的病假工资人民币1991.97元，并以1327.98元/月的标准支付原告2013年9月25日至判决生效之日的疾病救济费；3. 被告支付原告2013年4月1日至2013年8月31日病假期间的工资差额4416.20元。

被告申美公司辩称：2006年4月4日至2010年1月31日期间，原告包利英先后由多家劳务派遣公司派遣至被告处工作，担任助销员。2010年2月1日起，原、被告建立劳动关系，原告担任RTM业务代表，亦属于销售岗位，但相较于助销员，后者的辅助性质更强一些。被告认为，原告的工作年限应自2010年2月1日起算。2013年3月25日起，原告开始休病假。2013年9月3日，原告的医疗期届满，被告依法终止了双方的劳动合同，故不同意原告的诉请1和2。原告病假期间，被告已足额支付其病假工资，不存在拖欠，故不同意其诉请3。

上海市浦东新区人民法院一审查明：

原告包利英于2006年4月4日进入被告申美公司工作，担任助销员。根据原告的求职登记卡显示，2006年4月4日至2007年3月31日期间，原告系由案外人人资公司派遣进入被告处工作；2007年4月1日至2007年12月31日，原告的劳务派遣公司改为支点公司；2008年1月1日至2010年1月29日，原告的劳务派遣公司又改为安普公司（原名上海华业人力资源服务有限公司，后于 2009 年 2 月 17 日经工商行政管理部门核准更名为安普公司）。2010 年 2 月，原、被告签订劳动合同，约定：劳动合同期限为 2010 年 2 月 1 日至 2013 年 3 月 31 日；原告在市场执行部门的 RTM 业务代表岗位任职。2006 年 4 月 4 日至 2010 年 3 月期间，原告实际在被告公司的浦东办事处（位于本市浦东新区金桥开发区桂桥路 539 号）从事销售工作；2010 年 4 月起，原告被安排至被告公司的川沙办事处（位于本市浦东新区龙东大道 5385 号龙东大厦 2104 室），仍从事销售工作。2012 年 8 月起，原告的基本工资为 2259 元/月，此外另有金额不定的月度奖金。2013 年 3 月 25 日起，原告因患病开始休病假，未再上班。2013 年 4 月 1 日至 2013 年 6 月 30 日期间，被告支付原告工资 6153.79 元；2013 年 7 月 1 日至 2013 年 8 月 31 日期间，被告每月各支付原告工资 2027 元。

2013 年 9 月 2 日，被告申美公司向原告包利英住址邮寄通知一份："您与公司签署的劳动合同已于 2013 年 3 月 31 日到期，且公司基于您的病假申请，依法将您的劳动合同顺延至医疗期结束。我们特此通知您，您的医疗期将于 2013 年 9 月 3 日结束，故届时劳动合同终止。上述劳动合同终止日为您的最后工作日……，月基本工资结算至 2013 年 9 月 3 日……" 2013 年 9 月 4 日，该份邮件被退回。2013 年 9 月 12 日，被告再次向原告寄送终止劳动合同的通知，原告签收了该份通知。2013 年 9 月 3 日，被告为原告开具了上海市单位退工证明。2013 年 9 月 13 日至 2013 年 12 月 25 日期间，原告仍继续休病假，并将对应期间的病假单邮寄给了被告。

2013 年 9 月 25 日，原告包利英提起仲裁申请，要求裁令被告申美公司：1. 恢复劳动关系；2. 支付 2013 年 9 月 3 日至 2013 年 9 月 30 日疾病救济费 1991.97 元，按照 1327.98 元/月的标准支付 2013 年 10 月 1 日至恢复劳动关系之日的疾病救济费；3。支付 2013 年 4 月 1 日至 2013 年 8 月 31 日病假工资差额 3420.88 元。上海市浦东新区劳动人事争议仲裁委员会于 2013 年 11 月 19 日作出裁决，裁令被告支付原告 2013 年 4 月 1 日至 2013 年 8 月 31 日病假工资差额1367.53元，对原告的其余请求未予支持。原告不服该裁决，遂诉至法院。

本案一审的争议焦点是：原告包利英在被告申美公司处的工作年限应自何时起算。

上海市浦东新区人民法院一审认为：

根据《中华人民共和国劳动合同法实施条例》第十条之规定，劳动者非因本人原因从原用人单位被安排到新用人单位工作的，劳动者在原用人单位的工作年限合并计算为新用人单位的工作年限。《最高人民法院关于审理劳动争议案件适用法律若干问题的解释（四）》第五条则规定：劳动者仍在原工作场所、工作岗位工作，劳动合同主体由原用人单位变更为新用人单位的，应当认定属于“劳动者非因本人原因从原用人单位被安排到新用人单位工作”。原告包利英于2006年4月4日起，一直在被告申美公司处从事销售相关工作，其用人单位虽先后从人资公司、支点公司变更为安普公司，后又自2010年2月1日起变更为申美公司，但2006年4月4日至2010年3月期间，包利英的工作场所并无变化，故依照上述法律及司法解释之规定，包利英在申美公司处的工作年限应自2006年4月4日起计算。

参照《上海市人民政府关于本市劳动者在履行劳动合同期间患病或者非因工负伤的医疗期标准的规定》第一条、第二条之规定：医疗期是指劳动者患病或者非因工负伤停止工作治病休息，而用人单位不得因此解除劳动合同的期限；医疗期按劳动者在本用人单位的工作年限设置，劳动者在本单位工作第1年，医疗期为3个月，以后工作每满1年，医疗期增加1个月，但不超过24个月。据此，至2013年3月24日，原告包利英在被告申美公司处的工作年限已满6年，可享受的医疗期为9个月。包利英、申美公司双方签订的劳动合同虽约定届满期限为2013年3月31日，但应顺延至2013年12月24日包利英医疗期满方可终止。故此，法院确认，申美公司于2013年9月3日在包利英医疗期未满的情况下通知终止双方劳动合同的行为系属违法。然而，鉴于包利英的医疗期已于2013年12月24日届满，双方的劳动合同亦应延续至该日终止，故现已无恢复劳动合同的必要，法院对包利英的诉请1不予支持。

原告包利英2013年3月病假前的工资标准为2259元/月，因包利英、申美公司未明确约定病假工资的计算基数，故法院参照《上海市企业工资支付办法》第九条第一款第（三）项的规定．以包利英所在岗位正常出勤月工资2259元的70%确定病假工资的计算基数，即1581.30元/月。因包利英在申美公司处工作已满六年不满八年，故其病假工资标准应为1581.30元的90%即1423.17元。据此计算，申美公司应支付包利英2013年4月1日至2013年8月31日期间的病假工资7115.85元。根据本案已查明的事实，申美公司已支付包利英上述期间的工资金额并未低于7115.85元，故包利英的诉请3缺乏事实依据。然而，因申美公司未就本案仲裁裁决提起诉讼，应视为已接受该裁决，故其仍应向包利英支付2013年4月1日至2013年8月31日期间的病假工资差额1367.53元。

如前所述，原告包利英、被告申美公司间的劳动合同应延续至2013年12月24日终止，故包利英要求申美公司支付2013年9月3日至2013年9月24日的病假工资于法有据，根据1423.17元/月的标准计算，申美公司应支付包利英上述期间的病假工资1084.32元。2013年9月25日起，包利英病假已超过六个月，故申美公司应向其支付疾病救济费，因包利英在申美公司处的工作年限在三年以上，故疾病救济费的标准应以1581.30元/月的60%即948.78元/月计算，但因该标准已低于本市2013年最低工资标准1620元/月的80%即1296元/月，故申美公司应以1296元/月的标准支付包利英2013年9月25日至2013年12月24日期间的疾病救济费3840.31元。

综上所述，上海市浦东新区人民法院依照《中华人民共和国劳动合同法》第四十二条第一款第（三）项、第四十四条第一款第（一）项、第四十五条、《中华人民共和国劳动合同法实施条例》第十条、《最高人民法院关于审理劳动争议案件适用法律若干问题的解释（四）》第五条第二款第（一）项的规定，于2014年6月19日作出判决：

一、上海申美饮料食品有限公司于判决生效之日起十日内支付包利英2013年9月3日至2013年9月24日的病假工资1084.32元；

二、上海申美饮料食品有限公司于判决生效之日起十日内支付包利英2013年9月25日至2013年12月24日期间的疾病救济费3840.31元；

三、上海申美饮料食品有限公司于判决生效之日起十日内支付包利英2013年4月1日至2013年8月31日期间的病假工资差额1367.53元；

四、驳回包利英的其余诉讼请求。

包利英、申美公司不服一审判决，分别向上海市第一中级人民法院提起上诉。

包利英提起上诉称，要求撤销原判主文第二项、第三项、第四项，依法改判：1. 双方劳动关系恢复至判决生效之日；2. 申美公司以1991.97元/月支付2013年9月的疾病救济费，以1327.98元/月的标准支付包利英2013年10月的疾病救济费至判决生效之日17433.91元；3. 申美公司支付包利英2013年4月1日至2013年8月31日病假期间的工资差额（以2179.24元/月计算，扣除已经支付的4416.2元）。包利英的主要理由为：申美公司违法终止劳动关系，要求恢复至判决生效之日的劳动关系并要求支付劳动关系存续期间的工资。正常出勤工资应当包括绩效工资部分，疾病救济费是指劳动者的应得工资，包利英的病假工资经计算应为2179.24元/月，应按此标准计算病假工资差额。申美公司则不接受包利英的上诉主张，双方劳动关系顺延至医疗期期满，申美公司只有在劳动关系存续期间支付病假工资等的义务。病假工资基数认同原审认定数额。

申美公司提起上诉称，要求撤销原判主文第一项、第二项，依法改判其不支付2013年9月3日至2013年9月24日的病假工资1084.32元、2013年9月25日至2013年12月24日期间的疾病救济费3840.31元。申美公司的主要理由为：包利英于2006年4月4日至2010年1月29日期间由劳务派遣公司派遣至申美公司处工作，包利英、申美公司于2010年2月签订劳动合同，双方基于合意，并非“被安排”，不适用《中华人民共和国劳动合同法实施条例》第十条的规定。包利英、申美公司建立劳动关系后，工作场所和工作岗位实际都有变动，劳务派遣用工不应适用《最高人民法院关于审理劳动争议案件适用法律若干问题的解释（四）》第五条的规定。双方于2010年签订劳动合同，医疗期应该在2013年8月24日结束，所以不同意支付2013年9月之后的病假工资、疾病救济费。包利英则认为申美公司没有权利解除劳动关系，按照法律规定应支付病假工资及疾病救济费。

上海市第一中级人民法院经二审，确认了一审查明的事实。

另查明，上诉人申美公司在上海市浦东新区劳动人事争议仲裁委员会2013年10月16日的庭审笔录中陈述，上诉人包利英自2006年4月4日起通过多家劳务派遣公司以派遣形式进入申美公司处工作。后由于公司人员需要，申美公司从2010年2月1日起与包利英建立劳动关系，同时按照公司规章进行考核并变化工作内容。

本案二审的争议焦点为：上诉人包利英的工作年限是否连续计算。

上海市第一中级人民法院二审认为：

根据本案查明的事实，上诉人包利英于2006年4月4日起，一直在上诉人申美公司处从事销售相关工作，其用人单位先后从人资公司、支点公司变更为安普公司，2010年2月1日起变更为申美公司，自2006年4月4日至2010年3月期间，包利英的工作场所并无变化，且从事的工作内容也没有变化。申美公司主张用人单位主体的变更系包利英本人原因造成，但申美公司未提供充分证据予以证明。从上述事实分析可以得知，包利英的劳动合同主体虽然由人资公司变为支点公司，再变为安普公司，但是包利英的工作场所没有变化，包利英一直在从事销售相关工作，申美公司亦承认由于公司人员需要，申美公司从2010年2月1日起与包利英建立劳动关系。根据《最高人民法院关于审理劳动争议案件适用法律若干问题的解释（四）》第五条第二款第（一）项之规定，可以认定本案的情形属于“劳动者非因本人原因从原用人单位被安排到新用人单位工作”。因此，依照《中华人民共和国劳动合同法实施条例》第十条的规定，可以确认包利英在申美公司处的工作年限应自 2006 年 4 月 4 日起计算。

依照上诉人包利英在上诉人申美公司处的工作年限，计算包利英可以享受的医疗期，一审法院认定双方劳动关系顺延至 2013 年 12 月 24 日医疗期届满终止，并无不当。现包利英要求恢复劳动关系至判决生效之日的上诉请求，不予支持。

关于病假工资的请求，依照《上海市企业工资支付办法》第九条第一款第（三）项的规定，并参照上诉人包利英在上诉人申美公司处的工作年限，一审法院确定包利英 2013 年 4 月 1 日至 2013 年 8 月 31 日期间的病假工资，并无不妥。包利英主张以 2179.24 元/月作为计算病假工资的标准，法院难以采纳。包利英据此标准要求申美公司支付 2013 年 4 月 1 日至 2013 年 8 月 31 日病假期间工资差额的上诉请求，不予支持。鉴于包利英、申美公司间的劳动合同延续至 2013 年 12 月 24 日终止，故申美公司应支付包利英 2013 年 9 月 3 日至 2013 年 9 月 24 日的病假工资。申美公司要求不支付 2013 年 9 月 3 日至 2013 年 9 月 24 日病假工资的上诉请求，亦不予支持。

关于疾病救济费的请求，鉴于双方劳动关系顺延至 2013 年 12 月 24 日医疗期届满终止，因此，上诉人包利英要求上诉人申美公司支付疾病救济费至判决生效之日的上诉请求，不予支持。根据包利英在申美公司处的工作年限以及病假超过 6 个月的情况，一审法院确定包利英 2013 年 9 月 25 日至 2013 年 12 月 24 日期间的疾病救济费为 3840.31 元，亦无不妥。包利英主张以 1991.97 元/月的标准计算 2013 年 9 月的疾病救济费，以 1327.98 元/月的标准计算 2013 年 10 月以后的疾病救济费，不予采纳。申美公司要求不支付 2013 年 9 月 25 日至 2013 年 12 月 24 日期间疾病救济费的上诉请求，亦不予支持。

综上，一审法院根据查明的事实所作判决正确，应予维持。上诉人包利英、申美公司的上诉请求，理由不成立，均不予支持。

据此，上海市第一中级人民法院依照《中华人民共和国民事诉讼法》第一百七十条第一款第（一）项之规定，于2015年1月30日判决如下：

驳回上诉，维持原判。

本判决为终审判决。

034. 劳动者与用人单位订立放弃加班费协议，能否主张加班费①

基本案情：张某于2020年6月入职某科技公司，月工资20000元。某科技公司在与张某订立劳动合同时，要求其订立一份协议作为合同附件，协议内容包括“我自愿申请加入公司奋斗者计划，放弃加班费”。半年后，张某因个人原因提出解除劳动合同，并要求支付加班费。某科技公司认可张某加班事实，但以其自愿订立放弃加班费协议为由拒绝支付。张某向劳动人事争议仲裁委员会申请仲裁。

申请人请求：请求裁决某科技公司支付2020年6月至12月加班费24000元。

处理结果：仲裁委员会裁决某科技公司支付张某2020年6月至12月加班费24000元。

案例分析：本案的争议焦点是张某订立放弃加班费协议后，还能否主张加班费。

《中华人民共和国劳动合同法》第二十六条规定：“下列劳动合同无效或

① 《劳动人事争议典型案例（第二批）》（人力资源社会保障部、最高人民法院2021年6月30日发布），二、劳动者与用人单位订立放弃加班费协议，能否主张加班费，载最高人民法院网站，https：//www.court.gov.cn/zixun/xiangqing/319151.html，最后访问日期：2023年7月4日。

者部分无效：……（二）用人单位免除自己的法定责任、排除劳动者权利的……”《最高人民法院关于审理劳动争议案件适用法律问题的解释（一）》（法释〔2020〕26号）第三十五条规定：“劳动者与用人单位就解除或者终止劳动合同办理相关手续、支付工资报酬、加班费、经济补偿或者赔偿金等达成的协议，不违反法律、行政法规的强制性规定，且不存在欺诈、胁迫或者乘人之危情形的，应当认定有效。前款协议存在重大误解或者显失公平情形，当事人请求撤销的，人民法院应予支持。”加班费是劳动者延长工作时间的工资报酬，《中华人民共和国劳动法》第四十四条、《中华人民共和国劳动合同法》第三十一条明确规定了用人单位支付劳动者加班费的责任。约定放弃加班费的协议免除了用人单位的法定责任、排除了劳动者权利，显失公平，应认定无效。

本案中，某科技公司利用在订立劳动合同时的主导地位，要求张某在其单方制定的格式条款上签字放弃加班费，既违反法律规定，也违背公平原则，侵害了张某工资报酬权益。故仲裁委员会依法裁决某科技公司支付张某加班费。

典型意义

崇尚奋斗无可厚非，但不能成为用人单位规避法定责任的挡箭牌。谋求企业发展、塑造企业文化都必须守住不违反法律规定、不侵害劳动者合法权益的底线，应在坚持按劳分配原则的基础上，通过科学合理的措施激发劳动者的主观能动性和创造性，统筹促进企业发展与维护劳动者权益。

035. 用人单位未按规章制度履行加班审批手续，能否认定劳动者加班事实[①]

基本案情：吴某于2019年12月入职某医药公司，月工资为18000元。某医药公司加班管理制度规定："加班需提交加班申请单，按程序审批。未经审批的，不认定为加班，不支付加班费。"吴某入职后，按照某医药公司安排实际执行每天早9时至晚9时，每周工作6天的工作制度。其按照某医药公司加班管理制度提交了加班申请单，但某医药公司未实际履行审批手续。2020年11月，吴某与某医药公司协商解除劳动合同，要求某医药公司支付加班费，并出具了考勤记录、与部门领导及同事的微信聊天记录、工作会议纪要等。某医药公司虽认可上述证据的真实性但以无公司审批手续为由拒绝支付。吴某向劳动人事争议仲裁委员会申请仲裁。

申请人请求：请求裁决某医药公司支付2019年12月至2020年11月加班费50000元。

处理结果：仲裁委员会裁决某医药公司支付吴某2019年12月至2020年11月加班费50000元。某医药公司不服仲裁裁决起诉，一审法院判决与仲裁裁决一致，某医药公司未上诉，一审判决已生效。

案例分析：本案的争议焦点是某医药公司能否以无公司审批手续为由拒绝支付吴某加班费。

《中华人民共和国劳动法》第四十四条规定："有下列情形之一的，用人单位应当按照下列标准支付高于劳动者正常工作时间工资的工资报酬：（一）安排劳动者延长工作时间的，支付不低于工资的百分之一百五十的工

---

① 《劳动人事争议典型案例（第二批）》（人力资源社会保障部、最高人民法院2021年6月30日发布），三、用人单位未按规章制度履行加班审批手续，能否认定劳动者加班事实，载最高人民法院网站，https://www.court.gov.cn/zixun/xiangqing/319151.html，最后访问日期：2023年7月4日。

资报酬；（二）休息日安排劳动者工作又不能安排补休的，支付不低于工资的百分之二百的工资报酬……”《工资支付暂行规定》第十三条规定：“用人单位在劳动者完成劳动定额或规定的工作任务后，根据实际需要安排劳动者在法定标准工作时间以外工作的，应按以下标准支付工资：……”从上述条款可知，符合“用人单位安排”“法定标准工作时间以外工作”情形的，用人单位应当依法支付劳动者加班费。

本案中，吴某提交的考勤记录、与部门领导及同事的微信聊天记录、工作会议纪要等证据形成了相对完整的证据链，某医药公司亦认可上述证据的真实性。某医药公司未实际履行加班审批手续，并不影响对“用人单位安排”加班这一事实的认定。故仲裁委员会依法裁决某医药公司支付吴某加班费。

典型意义

劳动规章制度对用人单位和劳动者都具有约束力。一方面，用人单位应严格按照规章制度的规定实施管理行为，不得滥用优势地位，侵害劳动者合法权益；另一方面，劳动者在合法权益受到侵害时，要注意保留相关证据，为维权提供依据。仲裁委员会、人民法院应准确把握加班事实认定标准，纠正用人单位规避法定责任、侵害劳动者合法权益的行为。

036. 用人单位与劳动者约定实行包薪制，是否需要依法支付加班费①

基本案情：周某于2020年7月入职某汽车服务公司，双方订立的劳动合

① 《劳动人事争议典型案例（第二批）》（人力资源社会保障部、最高人民法院2021年6月30日发布），四、用人单位与劳动者约定实行包薪制，是否需要依法支付加班费，载最高人民法院网站，https://www.court.gov.cn/zixun/xiangqing/319151.html，最后访问日期：2023年7月4日。

同约定月工资为4000元（含加班费）。2021年2月，周某因个人原因提出解除劳动合同，并认为即使按照当地最低工资标准认定其法定标准工作时间工资，某汽车服务公司亦未足额支付加班费，要求支付差额。某汽车服务公司认可周某加班事实，但以劳动合同中约定的月工资中已含加班费为由拒绝支付。周某向劳动人事争议仲裁委员会申请仲裁。

申请人请求：请求裁决某汽车服务公司支付加班费差额17000元。

处理结果：仲裁委员会裁决某汽车服务公司支付周某加班费差额17000元（裁决为终局裁决），并就有关问题向某汽车服务公司发出仲裁建议书。

案例分析：本案的争议焦点是某汽车服务公司与周某约定实行包薪制，是否还需要依法支付周某加班费差额。

《中华人民共和国劳动法》第四十七条规定："用人单位根据本单位的生产经营特点和经济效益，依法自主确定本单位的工资分配方式和工资水平。"第四十八条规定："国家实行最低工资保障制度……"《最低工资规定》第三条第一款规定："本规定所称最低工资标准，是指劳动者在法定工作时间或依法签订的劳动合同约定的工作时间内提供了正常劳动的前提下，用人单位依法应支付的最低劳动报酬。"从上述条款可知，用人单位可以依法自主确定本单位的工资分配方式和工资水平，并与劳动者进行相应约定，但不得违反法律关于最低工资保障、加班费支付标准的规定。

本案中，根据周某实际工作时间折算，即使按照当地最低工资标准认定周某法定标准工作时间工资，并以此为基数核算加班费，也超出了4000元的约定工资，表明某汽车服务公司未依法足额支付周某加班费。故仲裁委员会依法裁决某汽车服务公司支付周某加班费差额。

典型意义

包薪制是指在劳动合同中打包约定法定标准工作时间工资和加班费的一种工资分配方式，在部分加班安排较多且时间相对固定的行业中比较普遍。虽然用人单位有依法制定内部薪酬分配制度的自主权，但内部薪酬分配制度的制定和执行须符合相关法律的规定。实践中，部分用人单位存在以实行包薪制规避或者减少承担支付加班费法定责任的情况。实行包薪制的用人单位应严格按照不低于最低工资标准支付劳动者法定标准工作时间的工资，同时按照国家关于加班费的有关法律规定足额支付加班费。

037. 处理加班费争议，如何分配举证责任[①]

基本案情：林某于2020年1月入职某教育咨询公司，月工资为6000元。2020年7月，林某因个人原因提出解除劳动合同，并向劳动人事争议仲裁委员会申请仲裁。林某主张其工作期间每周工作6天，并提交了某打卡APP（应用程序）打卡记录（显示林某及某教育咨询公司均实名认证，林某每周一至周六打卡；每天打卡两次，第一次打卡时间为早9时左右，第二次打卡时间为下午6时左右；打卡地点均为某教育咨询公司所在位置，存在个别日期未打卡情形）、工资支付记录打印件（显示曾因事假扣发工资，扣发日期及天数与打卡记录一致，未显示加班费支付情况）。某教育咨询公司不认可上述证据的真实性，主张林某每周工作5天，但未提交考勤记录、工资支付记录。

① 《劳动人事争议典型案例（第二批）》（人力资源社会保障部、最高人民法院2021年6月30日发布），六、处理加班费争议，如何分配举证责任，载最高人民法院网站，https：//www. court. gov. cn/zixun/xiangqing/319151. html，最后访问日期：2023年7月4日。

申请人请求：请求裁决某教育咨询公司支付加班费 10000 元。

处理结果：仲裁委员会裁决某教育咨询公司支付林某加班费 10000 元（裁决为终局裁决）。

案例分析：本案的争议焦点是如何分配林某与某教育咨询公司的举证责任。

《中华人民共和国劳动争议调解仲裁法》第六条规定："发生劳动争议，当事人对自己提出的主张，有责任提供证据。与争议事项有关的证据属于用人单位掌握管理的，用人单位应当提供；用人单位不提供的，应当承担不利后果。"《最高人民法院关于审理劳动争议案件适用法律问题的解释（一）》（法释〔2020〕26 号）第四十二条规定："劳动者主张加班费的，应当就加班事实的存在承担举证责任。但劳动者有证据证明用人单位掌握加班事实存在的证据，用人单位不提供的，由用人单位承担不利后果。"从上述条款可知，主张加班费的劳动者有责任按照"谁主张谁举证"的原则，就加班事实的存在提供证据，或者就相关证据属于用人单位掌握管理提供证据。用人单位应当提供而不提供有关证据的，可以推定劳动者加班事实存在。

本案中，虽然林某提交的工资支付记录为打印件，但与实名认证的 APP 打卡记录互相印证，能够证明某教育咨询公司掌握加班事实存在的证据。某教育咨询公司虽然不认可上述证据的真实性，但未提交反证或者作出合理解释，应承担不利后果。故仲裁委员会依法裁决某教育咨询公司支付林某加班费。

典型意义

我国劳动法律将保护劳动者的合法权益作为立法宗旨之一，在实体和程序方面都作出了相应规定。在加班费争议处理中，要充分考虑劳动者举证能力不足的实际情况，根据"谁主张谁举证"原则、证明妨碍规则，结合具体案情合理分配用人单位与劳动者的举证责任。

038. 用人单位以规章制度形式否认劳动者加班事实是否有效[①]

基本案情：常某于2016年4月入职某网络公司。入职之初，某网络公司通过电子邮件告知常某，公司采取指纹打卡考勤。员工手册规定："21：00之后起算加班时间；加班需由员工提出申请，部门负责人审批。"常某于2016年5月至2017年1月期间，通过工作系统累计申请加班126小时。某网络公司以公司规章制度中明确21：00之后方起算加班时间，21：00之前的不应计入加班时间为由，拒绝支付常某加班费差额。常某向劳动人事争议仲裁委员会申请仲裁，请求裁决某网络公司支付其加班费差额。某网络公司不服仲裁裁决，诉至人民法院。

原告诉讼请求：请求判决不支付常某加班费差额。

裁判结果：一审法院判决：某网络公司支付常某加班费差额32000元。双方不服，均提起上诉。二审法院判决：驳回上诉，维持原判。

案例分析：本案的争议焦点是某网络公司以规章制度形式否认常某加班事实是否有效。

《中华人民共和国劳动合同法》第四条规定："用人单位应当依法建立和完善劳动规章制度，保障劳动者享有劳动权利、履行劳动义务。用人单位在制定、修改或者决定有关劳动报酬、工作时间、休息休假、劳动安全卫生、保险福利、职工培训、劳动纪律以及劳动定额管理等直接涉及劳动者切身利益的规章制度或者重大事项时，应当经职工代表大会或者全体职工讨论，提出方案和意见，与工会或者职工代表平等协商确定。……用人单位应当将直接涉及劳动者切身利益的规章制度和重大事项决定公示，或者告知劳动者。"

---

① 《劳动人事争议典型案例（第二批）》（人力资源社会保障部、最高人民法院2021年6月30日发布），八、用人单位以规章制度形式否认劳动者加班事实是否有效，载最高人民法院网站，https：//www.court.gov.cn/zixun/xiangqing/319151.html，最后访问日期：2023年7月4日。

通过民主程序制定的规章制度，不违反国家法律、行政法规及政策规定，并已向劳动者公示的，可以作为确定双方权利义务的依据。

本案中，一方面，某网络公司的员工手册规定有加班申请审批制度，该规定并不违反法律规定，且具有合理性，在劳动者明知此规定的情况下，可以作为确定双方权利义务的依据。另一方面，某网络公司的员工手册规定21：00之后起算加班时间，并主张18：00至21：00是员工晚餐和休息时间，故自21：00起算加班。鉴于18：00至21：00时间长达3个小时，远超过合理用餐时间，且在下班3个小时后再加班，不具有合理性。在某网络公司不能举证证实该段时间为员工晚餐和休息时间的情况下，其规章制度中的该项规定不具有合理性，人民法院依法否定了其效力。人民法院结合考勤记录、工作系统记录等证据，确定了常某的加班事实，判决某网络公司支付常某加班费差额。

典型意义

劳动争议案件的处理，既要保护劳动者的合法权益，亦应促进企业有序发展。合法的规章制度既能规范用人单位用工自主权的行使，又能保障劳动者参与用人单位民主管理，实现构建和谐劳动关系的目的。不合理的规章制度则会导致用人单位的社会声誉差、认同感低，最终引发人才流失，不利于用人单位的长远发展。用人单位制定的合理合法的规章制度，可以作为确定用人单位、劳动者权利义务的依据。一旦用人单位以规章制度形式规避应当承担的用工成本，侵害劳动者的合法权益，仲裁委员会、人民法院应当依法予以审查，充分保护劳动者的合法权益。用人单位应当根据单位实际，制定更为人性化的规章制度，增强劳动者对规章制度的认同感，激发劳动者的工作积极性，从而进一步减少劳动纠纷，为构建和谐劳动关系作出贡献。

039. 劳动者在离职文件上签字确认加班费已结清，是否有权请求支付欠付的加班费①

基本案情：2017 年 7 月，肖某与某科技公司（已依法取得劳务派遣行政许可）订立劳动合同，被派遣至某快递公司担任配送员，月工资为基本工资加提成。肖某主张某快递公司在用工期间安排其双休日及法定节假日加班，并提交了工资表。工资表加盖有某科技公司公章，某科技公司和某快递公司均认可其真实性。该工资表显示，2017 年 7 月至 2019 年 10 月期间肖某存在不同程度的双休日加班及法定节假日加班，但仅获得少则 46.15 元、多则 115.4 元的出勤补款或节假日补助。2019 年 11 月，肖某向某科技公司提出离职，当日双方签署离职申请交接表。该表“员工离职原因”一栏显示：“公司未上社会保险，工作压力大、没给加班费。”“员工确认”一栏显示：“经说明，我已知悉《劳动合同法》上的权利和义务，现单位已经将我的工资、加班费、经济补偿结清，我与单位无其他任何争议。本人承诺不再以任何理由向某科技公司及用工单位主张权利。”员工签名处有肖某本人签名。肖某对离职申请交接表的真实性认可，但认为表中“员工确认”一栏虽系其本人签字，但并非其真实意思，若不签字，某科技公司就不让其办理工作交接，该栏内容系某科技公司逃避法律责任的一种方法。肖某不服仲裁裁决，诉至人民法院。

原告诉讼请求：请求判决某科技公司与某快递公司支付加班费 82261 元。

裁判结果：一审法院判决：驳回肖某加班费的诉讼请求。肖某不服，提起上诉。二审法院改判：某科技公司与某快递公司连带支付肖某加班费

① 《劳动人事争议典型案例（第二批）》（人力资源社会保障部、最高人民法院 2021 年 6 月 30 日发布），九、劳动者在离职文件上签字确认加班费已结清，是否有权请求支付欠付的加班费，载最高人民法院网站，https：//www. court. gov. cn/zixun/xiangqing/319151. html，最后访问日期：2023 年 7 月 4 日。

24404.89元。

案例分析：本案的争议焦点是肖某是否与用人单位就支付加班费达成合法有效的协议。

《最高人民法院关于审理劳动争议案件适用法律问题的解释（一）》（法释〔2020〕26号）第三十五条第一款规定："劳动者与用人单位就解除或者终止劳动合同办理相关手续、支付工资报酬、加班费、经济补偿或者赔偿金等达成的协议，不违反法律、行政法规的强制性规定，且不存在欺诈、胁迫或者乘人之危情形的，应当认定有效。"司法实践中，既应尊重和保障双方基于真实自愿合法原则签订的终止或解除劳动合同的协议，也应对劳动者明确持有异议的、涉及劳动者基本权益保护的协议真实性予以审查，依法保护劳动者的合法权益。

本案中，肖某认为离职申请交接表"员工确认"一栏不是其真实意思表示，上面记载的内容也与事实不符。该表中"员工离职原因"与"员工确认"两处表述确实存在矛盾。两家公司均未提供与肖某就加班费等款项达成的协议及已向肖某支付上述款项的证据，且肖某否认双方就上述款项已达成一致并已给付。因此，离职申请交接表中员工确认的"现单位已将我的工资、加班费、经济补偿结清，我与单位无其他任何争议"与事实不符，不能认定为肖某的真实意思表示。本案情形并不符合《最高人民法院关于审理劳动争议案件适用法律问题的解释（一）》第三十五条之规定，故二审法院依法支持肖某关于加班费的诉讼请求。

典型意义

实践中，有的用人单位在终止或解除劳动合同时，会与劳动者就加班费、经济补偿或赔偿金等达成协议。部分用人单位利用其在后续工资发放、离职证明开具、档案和社会保险关系转移等方面的优势地位，借机变相迫使劳动者在用人单位提供的格式文本上签字，放弃包括加班费在内的权利，或者在未足额支付加班费的情况下让劳动者签字确认加班费已经付清的事实。劳动者往往事后反悔，提起劳动争议仲裁与诉讼。本案中，人民法院最终依法支持劳动者关于加班费的诉讼请求，既维护了劳动者合法权益，对用人单位日后诚信协商、依法保护劳动者劳动报酬权亦有良好引导作用，有助于构建和谐稳定的劳动关系。劳动者在签署相关协议时，亦应熟悉相关条款含义，审慎签订协议，通过合法途径维护自身权益。

040. 加班费的仲裁时效应当如何认定[①]

基本案情：张某于2016年7月入职某建筑公司从事施工管理工作，2019年2月离职。工作期间，张某存在加班情形，但某建筑公司未支付其加班费。2019年12月，张某向劳动人事争议仲裁委员会申请仲裁，请求裁决某建筑公司依法支付其加班费，某建筑公司以张某的请求超过仲裁时效为由抗辩。张某不服仲裁裁决，诉至人民法院。

原告诉讼请求：请求判决某建筑公司支付加班费46293元。

裁判结果：一审法院判决：某建筑公司支付张某加班费18120元。张某与某建筑公司均未提起上诉，一审判决已生效。

案例分析：本案争议焦点是张某关于加班费的请求是否超过仲裁时效。

《中华人民共和国劳动争议调解仲裁法》第二十七条规定："劳动争议申请仲裁的时效期间为一年。仲裁时效期间从当事人知道或者应当知道其权利被侵害之日起计算。……劳动关系存续期间因拖欠劳动报酬发生争议的，劳动者申请仲裁不受本条第一款规定的仲裁时效期间的限制；但是，劳动关系

① 《劳动人事争议典型案例（第二批）》（人力资源社会保障部、最高人民法院2021年6月30日发布），十、加班费的仲裁时效应当如何认定，载最高人民法院网站，https：//www. court. gov. cn/zixun/xiangqing/319151. html，最后访问日期：2023年7月4日。

终止的，应当自劳动关系终止之日起一年内提出。”《中华人民共和国劳动法》第四十四条规定：“有下列情形之一的，用人单位应当按照下列标准支付高于劳动者正常工作时间工资的工资报酬……”《关于工资总额组成的规定》（国家统计局令第1号）第四条规定：“工资总额由下列六个部分组成：……（五）加班加点工资……”仲裁时效分为普通仲裁时效和特别仲裁时效，在劳动关系存续期间因拖欠劳动报酬发生劳动争议的，应当适用特别仲裁时效，即劳动关系存续期间的拖欠劳动报酬仲裁时效不受“知道或者应当知道权利被侵害之日起一年”的限制，但是劳动关系终止的，应当自劳动关系终止之日起一年内提出。加班费属于劳动报酬，相关争议处理中应当适用特别仲裁时效。

本案中，某建筑公司主张张某加班费的请求已经超过了一年的仲裁时效，不应予以支持。人民法院认为，张某与某建筑公司的劳动合同于2019年2月解除，其支付加班费的请求应自劳动合同解除之日起一年内提出，张某于2019年12月提出仲裁申请，其请求并未超过仲裁时效。根据劳动保障监察机构在执法中调取的工资表上的考勤记录，人民法院认定张某存在加班的事实，判决某建筑公司支付张某加班费。

典型意义

时效是指权利人不行使权利的事实状态持续经过法定期间，其权利即发生效力减损的制度。作为权利行使尤其是救济权行使期间的一种，时效既与当事人的实体权利密切相关，又与当事人通过相应的程序救济其权益密不可分。获取劳动报酬权是劳动权益中最基本、最重要的权益，考虑劳动者在劳动关系存续期间的弱势地位，法律对于拖欠劳动报酬争议设置了特别仲裁时效，对于有效保护劳动者权益具有重要意义。

041. 劳动者有权拒绝用人单位以虚拟货币支付工资[①]

核心价值：合法用工

基本案情：2019年5月20日，沈某某入职某公司并签订劳动合同，约定月工资5万元。沈某某的月工资实际以2574元人民币加一定数额某虚拟货币的方式支付。2020年10月17日，沈某某因个人原因辞职。2020年11月27日，某公司注销，胡某、邓某系公司股东。后沈某某向人民法院起诉请求胡某、邓某支付工资等人民币53万余元。

裁判结果：审理法院认为，用人单位应当按照劳动合同约定和国家规定，向劳动者及时足额支付劳动报酬。《中华人民共和国中国人民银行法》第十六条规定，中华人民共和国的法定货币是人民币。《工资支付暂行规定》第五条规定："工资应当以法定货币支付。不得以实物及有价证券替代货币支付。"以虚拟货币作为工资支付给劳动者违反法律规定，应认定为无效。胡某称应以虚拟货币支付工资的主张于法无据，沈某某要求以人民币支付工资符合法律规定，应予以支持。胡某、邓某办理公司注销时承诺的公司不存在未结清工资事宜与事实不符，应对某公司的债务承担责任。故判决胡某、邓某支付沈某某工资等合计人民币278199.74元。

---

① 《第三批人民法院大力弘扬社会主义核心价值观典型民事案例》（最高人民法院2023年3月1日发布），九、沈某某诉胡某、邓某劳动争议案，载最高人民法院网站，https://www.court.gov.cn/zixun/xiangqing/390531.html，最后访问日期：2023年7月2日。

典型意义

根据相关规定，工资应当以法定货币支付，以虚拟货币支付劳动报酬明显违反法律规定。本案旗帜鲜明地否定了以虚拟货币支付工资行为的合法性，有利于规范企业用工，维护劳动者合法权益，增强劳动者和用人单位双方的风险防范意识和法律意识，对于构建和谐劳动关系、彰显诚信价值、优化营商环境、维护经济金融秩序和社会稳定具有积极意义，弘扬了法治、诚信的社会主义核心价值观。

（三）地方法院典型案例

042. 用人单位单方降低劳动报酬，员工未提异议不应视为默认①

基本案情：冯某某于 2013 年 1 月 13 日入职某食品公司，工资构成为“底薪+岗位技能薪资+提成工资”。其后食品公司将冯某某岗位技能薪资由 4155 元先后降低为 3400 元、3000 元、2500 元。冯某某以食品公司未及时足额支付劳动报酬及未依法缴纳社会保险费为由提出被迫解除劳动合同，要求食品公司支付劳动报酬差额及经济补偿。

裁判结果：深圳市中级人民法院审理认为，劳动报酬的调整事关劳动者切身利益，属于变更双方劳动合同。用人单位降低劳动者的劳动报酬应当与劳动者协商确定。食品公司单方降低冯某某的岗位技能薪资，冯某某未提异议不能视为默认，食品公司应当补足上述期间冯某某应得的工资差额及支付

① 《广东法院劳动争议典型案例》，九、冯某某诉某食品公司劳动争议案，载广东法院网，https://www.gdcourts.gov.cn/gsxx/quanweifabu/anlihuicui/content/post_1151344.html，最后访问日期：2023 年 7 月 2 日。

解除劳动合同的经济补偿。

典型意义

劳动报酬属于劳动合同的重要内容，不得单方随意变更。本案依法认定劳动者未提出异议并非同意降薪，有助于防止用人单位利用自身优势地位确定不公平内容，侵害劳动者的合法权益。

043. 农民工劳动报酬权益受法律保障①

裁判要旨

农民工和城镇职工有平等的就业权和获取工资报酬的权利，任何单位和个人不得恶意拖欠农民工工资。

简要案情：王某于2017年7月23日进入某物流公司从事货车驾驶员工作，双方约定基本工资7000元/月。物流公司未与王某签订劳动合同，自2018年6月起拖欠王某工资。王某于2018年11月18日向公司提出解除劳动关系。王某经仲裁后诉至法院称，截至2018年11月18日，公司共计拖欠其工资63885元，其多次要求公司支付，均遭拒绝，请求判令物流公司支付拖欠工资、经济补偿金及未签劳动合同二倍工资。法院受理后第一时间与公司负责人电话沟通，核实信息，严肃告知拖欠农民工工资的不良后果。在充分解释做通负责人思想工作后，法院立即组织双方当事人庭前调解，达成了分期付款的调解协议，由物流公司支付王某工资55000元。法院根据双方当事人的申请作出民事调解书，对调解协议予以确认。

① 《江苏法院2019年度劳动争议十大典型案例》，二、农民工劳动报酬权益受法律保障，载江苏法院网，http：//www. jsfy. gov. cn/article/91655. html，最后访问日期：2023年7月2日。

法官寄语：切实根治拖欠农民工工资问题，是践行以人民为中心发展思想的重要举措，事关广大农民工切身利益和社会和谐稳定，党中央、国务院历来高度重视。人民法院是参与解决拖欠农民工工资问题的重要主体，积极开展“护薪”行动，依法高效审结拖欠农民工工资案件。本案中，王某系为物流公司提供劳动的农村居民，物流公司长时间拖欠王某工资，造成王某的基本劳动权益得不到保障。法院受理后开辟绿色通道，与双方当事人积极沟通，将法律释明和说服教育相结合，通过调解方式及时有效保障了农民工权益。国务院《保障农民工工资支付条例》于2020年5月1日起施行，该条例从落实主体责任、规范工资支付行为、明确工资清偿责任、细化重点领域治理措施、强化监管手段等方面对保障农民工工资支付作了详细规定，用人单位应结合该条例的实施对自身用工行为进行全面梳理、整顿，避免触碰法律红线；广大农民工亦应提高依法维权意识，工资被拖欠时可以及时拨打12333进行反映，或者提起劳动争议仲裁、诉讼，及时维护自身权益。

（四）裁判依据

《中华人民共和国劳动法》

第四十四条　有下列情形之一的，用人单位应当按照下列标准支付高于劳动者正常工作时间工资的工资报酬：

（一）安排劳动者延长工作时间的，支付不低于工资的百分之一百五十的工资报酬；

（二）休息日安排劳动者工作又不能安排补休的，支付不低于工资的百分之二百的工资报酬；

（三）法定休假日安排劳动者工作的，支付不低于工资的百分之三百的工资报酬。

第四十六条　工资分配应当遵循按劳分配原则，实行同工同酬。

工资水平在经济发展的基础上逐步提高。国家对工资总量实行宏观调控。

第四十七条 用人单位根据本单位的生产经营特点和经济效益，依法自主确定本单位的工资分配方式和工资水平。

第四十八条 国家实行最低工资保障制度。最低工资的具体标准由省、自治区、直辖市人民政府规定，报国务院备案。

用人单位支付劳动者的工资不得低于当地最低工资标准。

第四十九条 确定和调整最低工资标准应当综合参考下列因素：

（一）劳动者本人及平均赡养人口的最低生活费用；

（二）社会平均工资水平；

（三）劳动生产率；

（四）就业状况；

（五）地区之间经济发展水平的差异。

第五十条 工资应当以货币形式按月支付给劳动者本人。不得克扣或者无故拖欠劳动者的工资。

第五十一条 劳动者在法定休假日和婚丧假期间以及依法参加社会活动期间，用人单位应当依法支付工资。

《中华人民共和国劳动合同法》

第三十条 用人单位应当按照劳动合同约定和国家规定，向劳动者及时足额支付劳动报酬。

用人单位拖欠或者未足额支付劳动报酬的，劳动者可以依法向当地人民法院申请支付令，人民法院应当依法发出支付令。

第三十一条 用人单位应当严格执行劳动定额标准，不得强迫或者变相强迫劳动者加班。用人单位安排加班的，应当按照国家有关规定向劳动者支付加班费。

《保障农民工工资支付条例》

第二条 保障农民工工资支付，适用本条例。

本条例所称农民工，是指为用人单位提供劳动的农村居民。

本条例所称工资，是指农民工为用人单位提供劳动后应当获得的劳动报酬。

第三条 农民工有按时足额获得工资的权利。任何单位和个人不得拖欠农民工工资。

农民工应当遵守劳动纪律和职业道德，执行劳动安全卫生规程，完成劳动任务。

第六条 用人单位实行农民工劳动用工实名制管理，与招用的农民工书面约定或者通过依法制定的规章制度规定工资支付标准、支付时间、支付方式等内容。

第十条 被拖欠工资的农民工有权依法投诉，或者申请劳动争议调解仲裁和提起诉讼。

任何单位和个人对拖欠农民工工资的行为，有权向人力资源社会保障行政部门或者其他有关部门举报。

人力资源社会保障行政部门和其他有关部门应当公开举报投诉电话、网站等渠道，依法接受对拖欠农民工工资行为的举报、投诉。对于举报、投诉的处理实行首问负责制，属于本部门受理的，应当依法及时处理；不属于本部门受理的，应当及时转送相关部门，相关部门应当依法及时处理，并将处理结果告知举报、投诉人。

第十一条 农民工工资应当以货币形式，通过银行转账或者现金支付给农民工本人，不得以实物或者有价证券等其他形式替代。

第十二条 用人单位应当按照与农民工书面约定或者依法制定的规章制度规定的工资支付周期和具体支付日期足额支付工资。

第十三条 实行月、周、日、小时工资制的，按照月、周、日、小时为周期支付工资；实行计件工资制的，工资支付周期由双方依法约定。

第十四条 用人单位与农民工书面约定或者依法制定的规章制度规定的具体支付日期，可以在农民工提供劳动的当期或者次期。具体支付日期遇法定节假日或者休息日的，应当在法定节假日或者休息日前支付。

用人单位因不可抗力未能在支付日期支付工资的，应当在不可抗力消除后及时支付。

第十五条 用人单位应当按照工资支付周期编制书面工资支付台账，并至少保存3年。

书面工资支付台账应当包括用人单位名称，支付周期，支付日期，支付对象姓名、身份证号码、联系方式，工作时间，应发工资项目及数额，代扣、代缴、扣除项目和数额，实发工资数额，银行代发工资凭证或者农民工签字等内容。

用人单位向农民工支付工资时，应当提供农民工本人的工资清单。

第十六条 用人单位拖欠农民工工资的，应当依法予以清偿。

第十七条 不具备合法经营资格的单位招用农民工，农民工已经付出劳动而未获得工资的，依照有关法律规定执行。

第十八条 用工单位使用个人、不具备合法经营资格的单位或者未依法取得劳务派遣许可证的单位派遣的农民工，拖欠农民工工资的，由用工单位清偿，并可以依法进行追偿。

第十九条 用人单位将工作任务发包给个人或者不具备合法经营资格的单位，导致拖欠所招用农民工工资的，依照有关法律规定执行。

用人单位允许个人、不具备合法经营资格或者未取得相应资质的单位以用人单位的名义对外经营，导致拖欠所招用农民工工资的，由用人单位清偿，并可以依法进行追偿。

第二十条 合伙企业、个人独资企业、个体经济组织等用人单位拖欠农民工工资的，应当依法予以清偿；不清偿的，由出资人依法清偿。

第二十一条 用人单位合并或者分立时，应当在实施合并或者分立前依法清偿拖欠的农民工工资；经与农民工书面协商一致的，可以由合并或者分立后承继其权利和义务的用人单位清偿。

第二十二条 用人单位被依法吊销营业执照或者登记证书、被责令关闭、被撤销或者依法解散的，应当在申请注销登记前依法清偿拖欠的农民工工资。

未依据前款规定清偿农民工工资的用人单位主要出资人，应当在注册新用人单位前清偿拖欠的农民工工资。

第二十三条 建设单位应当有满足施工所需要的资金安排。没有满足施工所需要的资金安排的，工程建设项目不得开工建设；依法需要办理施工许可证的，相关行业工程建设主管部门不予颁发施工许可证。

政府投资项目所需资金，应当按照国家有关规定落实到位，不得由施工单位垫资建设。

第二十四条 建设单位应当向施工单位提供工程款支付担保。

建设单位与施工总承包单位依法订立书面工程施工合同，应当约定工程款计量周期、工程款进度结算办法以及人工费用拨付周期，并按照保障农民工工资按时足额支付的要求约定人工费用。人工费用拨付周期不得超过1个月。

建设单位与施工总承包单位应当将工程施工合同保存备查。

第二十五条 施工总承包单位与分包单位依法订立书面分包合同，应当约定工程款计量周期、工程款进度结算办法。

第二十六条 施工总承包单位应当按照有关规定开设农民工工资专用账户，专项用于支付该工程建设项目农民工工资。

开设、使用农民工工资专用账户有关资料应当由施工总承包单位妥善保存备查。

第二十七条 金融机构应当优化农民工工资专用账户开设服务流程，做好农民工工资专用账户的日常管理工作；发现资金未按约定拨付等情况的，及时通知施工总承包单位，由施工总承包单位报告人力资源社会保障行政部门和相关行业工程建设主管部门，并纳入欠薪预警系统。

工程完工且未拖欠农民工工资的，施工总承包单位公示30日后，可以申请注销农民工工资专用账户，账户内余额归施工总承包单位所有。

第二十八条 施工总承包单位或者分包单位应当依法与所招用的农民工订立劳动合同并进行用工实名登记，具备条件的行业应当通过相应的管理服务信息平台进行用工实名登记、管理。未与施工总承包单位或者分包单位订立劳动合同并进行用工实名登记的人员，不得进入项目现场施工。

施工总承包单位应当在工程项目部配备劳资专管员，对分包单位劳动用工实施监督管理，掌握施工现场用工、考勤、工资支付等情况，审核分包单位编制的农民工工资支付表，分包单位应当予以配合。

施工总承包单位、分包单位应当建立用工管理台账，并保存至工程完工且工资全部结清后至少 3 年。

第二十九条 建设单位应当按照合同约定及时拨付工程款，并将人工费用及时足额拨付至农民工工资专用账户，加强对施工总承包单位按时足额支付农民工工资的监督。

因建设单位未按照合同约定及时拨付工程款导致农民工工资拖欠的，建设单位应当以未结清的工程款为限先行垫付被拖欠的农民工工资。

建设单位应当以项目为单位建立保障农民工工资支付协调机制和工资拖欠预防机制，督促施工总承包单位加强劳动用工管理，妥善处理与农民工工资支付相关的矛盾纠纷。发生农民工集体讨薪事件的，建设单位应当会同施工总承包单位及时处理，并向项目所在地人力资源社会保障行政部门和相关行业工程建设主管部门报告有关情况。

第三十条 分包单位对所招用农民工的实名制管理和工资支付负直接责任。

施工总承包单位对分包单位劳动用工和工资发放等情况进行监督。

分包单位拖欠农民工工资的，由施工总承包单位先行清偿，再依法进行追偿。

工程建设项目转包，拖欠农民工工资的，由施工总承包单位先行清偿，再依法进行追偿。

第三十一条 工程建设领域推行分包单位农民工工资委托施工总承包单位代发制度。

分包单位应当按月考核农民工工作量并编制工资支付表，经农民工本人签字确认后，与当月工程进度等情况一并交施工总承包单位。

施工总承包单位根据分包单位编制的工资支付表，通过农民工工资专用账户直接将工资支付到农民工本人的银行账户，并向分包单位提供代发工资凭证。

用于支付农民工工资的银行账户所绑定的农民工本人社会保障卡或者银

行卡，用人单位或者其他人员不得以任何理由扣押或者变相扣押。

第三十二条 施工总承包单位应当按照有关规定存储工资保证金，专项用于支付为所承包工程提供劳动的农民工被拖欠的工资。

工资保证金实行差异化存储办法，对一定时期内未发生工资拖欠的单位实行减免措施，对发生工资拖欠的单位适当提高存储比例。工资保证金可以用金融机构保函替代。

工资保证金的存储比例、存储形式、减免措施等具体办法，由国务院人力资源社会保障行政部门会同有关部门制定。

第三十三条 除法律另有规定外，农民工工资专用账户资金和工资保证金不得因支付为本项目提供劳动的农民工工资之外的原因被查封、冻结或者划拨。

第三十四条 施工总承包单位应当在施工现场醒目位置设立维权信息告示牌，明示下列事项：

（一）建设单位、施工总承包单位及所在项目部、分包单位、相关行业工程建设主管部门、劳资专管员等基本信息；

（二）当地最低工资标准、工资支付日期等基本信息；

（三）相关行业工程建设主管部门和劳动保障监察投诉举报电话、劳动争议调解仲裁申请渠道、法律援助申请渠道、公共法律服务热线等信息。

第三十五条 建设单位与施工总承包单位或者承包单位与分包单位因工程数量、质量、造价等产生争议的，建设单位不得因争议不按照本条例第二十四条的规定拨付工程款中的人工费用，施工总承包单位也不得因争议不按照规定代发工资。

第三十六条 建设单位或者施工总承包单位将建设工程发包或者分包给个人或者不具备合法经营资格的单位，导致拖欠农民工工资的，由建设单位或者施工总承包单位清偿。

施工单位允许其他单位和个人以施工单位的名义对外承揽建设工程，导致拖欠农民工工资的，由施工单位清偿。

第三十七条 工程建设项目违反国土空间规划、工程建设等法律法规，导致拖欠农民工工资的，由建设单位清偿。

第三十九条 人力资源社会保障行政部门、相关行业工程建设主管部门和其他有关部门应当按照职责，加强对用人单位与农民工签订劳动合同、工资支付以及工程建设项目实行农民工实名制管理、农民工工资专用账户管理、施工总承包单位代发工资、工资保证金存储、维权信息公示等情况的监督检查，预防和减少拖欠农民工工资行为的发生。

第四十条 人力资源社会保障行政部门在查处拖欠农民工工资案件时，需要依法查询相关单位金融账户和相关当事人拥有房产、车辆等情况的，应当经设区的市级以上地方人民政府人力资源社会保障行政部门负责人批准，有关金融机构和登记部门应当予以配合。

第四十一条 人力资源社会保障行政部门在查处拖欠农民工工资案件时，发生用人单位拒不配合调查、清偿责任主体及相关当事人无法联系等情形的，可以请求公安机关和其他有关部门协助处理。

人力资源社会保障行政部门发现拖欠农民工工资的违法行为涉嫌构成拒不支付劳动报酬罪的，应当按照有关规定及时移送公安机关审查并作出决定。

第四十二条 人力资源社会保障行政部门作出责令支付被拖欠的农民工工资的决定，相关单位不支付的，可以依法申请人民法院强制执行。

第四十三条 相关行业工程建设主管部门应当依法规范本领域建设市场秩序，对违法发包、转包、违法分包、挂靠等行为进行查处，并对导致拖欠农民工工资的违法行为及时予以制止、纠正。

第四十四条 财政部门、审计机关和相关行业工程建设主管部门按照职责，依法对政府投资项目建设单位按照工程施工合同约定向农民工工资专用账户拨付资金情况进行监督。

第四十五条 司法行政部门和法律援助机构应当将农民工列为法律援助的重点对象，并依法为请求支付工资的农民工提供便捷的法律援助。

公共法律服务相关机构应当积极参与相关诉讼、咨询、调解等活动，帮助解决拖欠农民工工资问题。

第四十八条 用人单位拖欠农民工工资，情节严重或者造成严重不良社会影响的，有关部门应当将该用人单位及其法定代表人或者主要负责人、直接负责的主管人员和其他直接责任人员列入拖欠农民工工资失信联合惩戒对象名单，在政府资金支持、政府采购、招投标、融资贷款、市场准入、税收优惠、评优评先、交通出行等方面依法依规予以限制。

拖欠农民工工资需要列入失信联合惩戒名单的具体情形，由国务院人力资源社会保障行政部门规定。

第四十九条 建设单位未依法提供工程款支付担保或者政府投资项目拖欠工程款，导致拖欠农民工工资的，县级以上地方人民政府应当限制其新建项目，并记入信用记录，纳入国家信用信息系统进行公示。

第五十条 农民工与用人单位就拖欠工资存在争议，用人单位应当提供依法由其保存的劳动合同、职工名册、工资支付台账和清单等材料；不提供的，依法承担不利后果。

第五十一条 工会依法维护农民工工资权益，对用人单位工资支付情况进行监督；发现拖欠农民工工资的，可以要求用人单位改正，拒不改正的，可以请求人力资源社会保障行政部门和其他有关部门依法处理。

第五十二条 单位或者个人编造虚假事实或者采取非法手段讨要农民工工资，或者以拖欠农民工工资为名讨要工程款的，依法予以处理。

《最高人民法院关于审理劳动争议案件适用法律问题的解释（一）》

第十条 当事人不服劳动争议仲裁机构作出的预先支付劳动者劳动报酬、工伤医疗费、经济补偿或者赔偿金的裁决，依法提起诉讼的，人民法院不予受理。

用人单位不履行上述裁决中的给付义务，劳动者依法申请强制执行的，人民法院应予受理。

第十五条 劳动者以用人单位的工资欠条为证据直接提起诉讼，诉讼请求不涉及劳动关系其他争议的，视为拖欠劳动报酬争议，人民法院按照普通民事纠纷受理。

第十九条 仲裁裁决书未载明该裁决为终局裁决或者非终局裁决，劳动者依据调解仲裁法第四十七条第一项规定，追索劳动报酬、工伤医疗费、经济补偿或者赔偿金，如果仲裁裁决涉及数项，每项确定的数额均不超过当地月最低工资标准十二个月金额的，应当按照终局裁决处理。

第三十五条 劳动者与用人单位就解除或者终止劳动合同办理相关手续、支付工资报酬、加班费、经济补偿或者赔偿金等达成的协议，不违反法律、行政法规的强制性规定，且不存在欺诈、胁迫或者乘人之危情形的，应当认定有效。

前款协议存在重大误解或者显失公平情形，当事人请求撤销的，人民法院应予支持。

第四十一条 劳动合同被确认为无效，劳动者已付出劳动的，用人单位应当按照劳动合同法第二十八条、第四十六条、第四十七条的规定向劳动者支付劳动报酬和经济补偿。

由于用人单位原因订立无效劳动合同，给劳动者造成损害的，用人单位应当赔偿劳动者因合同无效所造成的经济损失。

第四十二条 劳动者主张加班费的，应当就加班事实的存在承担举证责任。但劳动者有证据证明用人单位掌握加班事实存在的证据，用人单位不提供的，由用人单位承担不利后果。

第四十五条 用人单位有下列情形之一，迫使劳动者提出解除劳动合同的，用人单位应当支付劳动者的劳动报酬和经济补偿，并可支付赔偿金：

（一）以暴力、威胁或者非法限制人身自由的手段强迫劳动的；

（二）未按照劳动合同约定支付劳动报酬或者提供劳动条件的；

（三）克扣或者无故拖欠劳动者工资的；

（四）拒不支付劳动者延长工作时间工资报酬的；

（五）低于当地最低工资标准支付劳动者工资的。

第五十三条第二款 对于追索劳动报酬、养老金、医疗费以及工伤保险待遇、经济补偿金、培训费及其他相关费用等案件，给付数额不当的，人民法院可以予以变更。

《工资支付暂行规定》

第三条 本规定所称工资是指用人单位依据劳动合同的规定，以各种形式支付给劳动者的工资报酬。

第四条 工资支付主要包括：工资支付项目、工资支付水平、工资支付形式、工资支付对象、工资支付时间以及特殊情况下的工资支付。

第五条 工资应当以法定货币支付。不得以实物及有价证券替代货币支付。

第六条 用人单位应将工资支付给劳动者本人。劳动者本人因故不能领取工资时，可由其亲属或委托他人代领。

用人单位可委托银行代发工资。

用人单位必须书面记录支付劳动者工资的数额、时间、领取者的姓名以及签字，并保存两年以上备查。用人单位在支付工资时应向劳动者提供一份其个人的工资清单。

第七条 工资必须在用人单位与劳动者约定的日期支付。如遇节假日或休息日，则应提前在最近的工作日支付。工资至少每月支付一次，实行周、日、小时工资制的可按周、日、小时支付工资。

第八条 对完成一次性临时劳动或某项具体工作的劳动者，用人单位应按有关协议或合同规定在其完成劳动任务后即支付工资。

第九条 劳动关系双方依法解除或终止劳动合同时，用人单位应在解除或终止劳动合同时一次付清劳动者工资。

第十条 劳动者在法定工作时间内依法参加社会活动期间，用人单位应视同其提供了正常劳动而支付工资。社会活动包括：依法行使选举权或被选举权；当选代表出席乡（镇）、区以上政府、党派、工会、青年团、妇女联合会等组织召开的会议；出任人民法庭证明人；出席劳动模范、先进工作者大会；《工会法》规定的不脱产工会基层委员会委员因工会活动占用的生产或工作时间；其它依法参加的社会活动。

第十一条 劳动者依法享受年休假、探亲假、婚假、丧假期间，用人单位应按劳动合同规定的标准支付劳动者工资。

第十二条 非因劳动者原因造成单位停工、停产在一个工资支付周期内的，用人单位应按劳动合同规定的标准支付劳动者工资。超过一个工资支付周期的，若劳动者提供了正常劳动，则支付给劳动者的劳动报酬不得低于当地的最低工资标准；若劳动者没有提供正常劳动，应按国家有关规定办理。

第十三条 用人单位在劳动者完成劳动定额或规定的工作任务后，根据实际需要安排劳动者在法定标准工作时间以外工作的，应按以下标准支付工资：

（一）用人单位依法安排劳动者在日法定标准工作时间以外延长工作时间的，按照不低于劳动合同规定的劳动者本人小时工资标准的150%支付劳动者工资；

（二）用人单位依法安排劳动者在休息日工作，而又不能安排补休的，按照不低于劳动合同规定的劳动者本人日或小时工资标准的200%支付劳动者工资；

（三）用人单位依法安排劳动者在法定休假节日工作的，按照不低于劳动合同规定的劳动者本人日或小时工资标准的300%支付劳动者工资。

实行计件工资的劳动者，在完成计件定额任务后，由用人单位安排延长工作时间的，应根据上述规定的原则，分别按照不低于其本人法定工作时间计件单价的150%、200%、300%支付其工资。

经劳动行政部门批准实行综合计算工时工作制的，其综合计算工作时间超过法定标准工作时间的部分，应视为延长工作时间，并应按本规定支付劳动者延长工作时间的工资。

实行不定时工时制度的劳动者，不执行上述规定。

第十四条 用人单位依法破产时，劳动者有权获得其工资。在破产清偿中用人单位应按《中华人民共和国企业破产法》规定的清偿顺序，首先支付欠付本单位劳动者的工资。

第十五条 用人单位不得克扣劳动者工资。有下列情况之一的，用人单位可以代扣劳动者工资：

（1）用人单位代扣代缴的个人所得税；

（2）用人单位代扣代缴的应由劳动者个人负担的各项社会保险费用；

（3）法院判决、裁定中要求代扣的抚养费、赡养费；

（4）法律、法规规定可以从劳动者工资中扣除的其他费用。

第十六条 因劳动者本人原因给用人单位造成经济损失的，用人单位可按照劳动合同的约定要求其赔偿经济损失。经济损失的赔偿，可从劳动者本人的工资中扣除。但每月扣除的部分不得超过劳动者当月工资的20%。若扣除后的剩余工资部分低于当地月最低工资标准，则按最低工资标准支付。

六、经济补偿金纠纷

（一）地方法院典型案例

044. 孕产期女职工的经济补偿[①]

基本案情：张某系某时装公司分公司总经理。张某休产假期间领取到的生育津贴与其休产假前的工资数额存在差额，某时装公司以生育津贴即为产假期间工资为由，未为张某另行发放工资。张某以某时装公司欠付产假工资为由，提出解除劳动合同关系。其仲裁申请被驳回后，张某起诉要求某时装公司支付其产假期间工资差额及经济补偿等。

裁判结果：法院生效裁判认为，某时装公司明知张某产假津贴与其产假前的工资存在差额，以发放惯例为由不予补足，属于未及时足额支付劳动报酬的情形，张某以此为由要求解除劳动合同关系并要求经济补偿，某时装公司应支付经济补偿。法院判决某时装公司支付张某产假期间工资差额、经济补偿等各项待遇。

---

① 《天津高院发布劳动争议典型案例》（2023 年 4 月 27 日发布），张某诉某时装公司劳动争议案，载天津法院网，https：//tjfy. tjcourt. gov. cn/article/detail/2023/04/id/7266065. shtml，最后访问日期：2023 年 6 月 30 日。

典型意义

本案系保护孕产期女职工合法劳动权益的典型案例。根据《中华人民共和国劳动法》《中华人民共和国劳动合同法》《中华人民共和国妇女权益保障法》等相关法律规定，用人单位应当保障怀孕、分娩、哺乳期女职工的合法劳动权益。本案裁判切实维护了女职工取得劳动报酬的合法权益，为女职工平衡职场与家庭关系提供法律支撑，减轻女职工生育的后顾之忧，对经济社会长期稳定和谐发展具有现实意义。

045. 用人单位长时间对员工进行不必要培训、未按约定提供劳动条件、迫使员工离职的，用人单位应向劳动者支付经济补偿[①]

基本案情：2017 年 7 月 1 日，某劳务公司派遣张某前往 A 公司工作。2020 年 9 月 4 日，A 公司向张某发出员工培训通知，要求张某自 2020 年 9 月 9 日至 10 月 16 日期间参加公司规章制度培训，并规定培训期间参培人员待遇按成都市最低生活保障工资标准发放，远低于张某平时工资水平。2020 年 10 月 10 日，A 公司通知延长培训至 2020 年 10 月 31 日。之后，A 公司多次延长培训时间。2021 年 4 月 1 日，A 公司通知张某，培训班放假，复学时间待定。2021 年 4 月 9 日，张某向劳务公司发出《解除劳动合同通知函》。2021 年 10 月 15 日，张某申请仲裁，要求 A 公司与某劳务公司支付其经济补偿。仲裁裁决未支持张某关于支付经济补偿的请求。张某不服，诉至法院。

---

① 《四川省高级人民法院发布劳动争议典型案例》，八、用人单位长时间对员工进行不必要培训、未按约定提供劳动条件、迫使员工离职的，用人单位应向劳动者支付经济补偿——张某与某劳务公司劳动争议案，载四川省高级人民法院网站，http：//scfy. scssfw. gov. cn/article/detail/2023/05/id/7271548. shtml，最后访问日期：2023 年 6 月 30 日。

裁判结果：法院认为，一般情形下，学习公司规章制度仅是公司培训内容的一部分，且所占比例较小，培训的主要内容应为提升员工工作能力等业务内容。A公司的培训显然与一般情形不符。A公司对张某进行培训长达6个多月，培训主要内容为公司各项规章制度。在培训期间，A公司未按劳动合同的约定为张某提供劳动条件，致使张某的工资水平较培训前显著下降，张某以此解除劳动合同，符合《中华人民共和国劳动合同法》第三十八条关于劳动者单方解除劳动合同的规定情形，因此判决支持了张某关于经济补偿的诉讼请求。

典型意义

根据《中华人民共和国劳动法》第六十八条的规定，用人单位有建立职业培训制度的法定义务。对员工进行职业培训，其目的应是扩展员工技术业务知识，提高实际操作能力，进而提升员工综合素质，增强用人单位市场竞争力。但是，一些用人单位却借用“员工培训”的名义，在没有合理培训内容、没有合理时长的情况下无故延长培训期限，并在培训期间向员工发放明显低于平常工资水平的工资，迫使员工主动提出离职，从而达到不支付经济补偿的目的。人民法院作出裁判，明确认定此种情况符合《中华人民共和国劳动合同法》第三十八条关于劳动者单方解除劳动合同的规定情形，用人单位应当支付经济补偿，以司法的温度和力度维护了劳动者的人格尊严和正当劳动权益。

046. 用人单位与员工进行离职结算时利用优势地位签订显失公平《薪酬结算单》的，应予撤销[①]

基本案情：陈某是某水电公司员工，2018年双方签订《住房补贴协议书》，约定：陈某享受水电公司发放的住房补贴，但陈某如在公司连续工作未满五年的，退还全部住房补贴金额。协议签订后，水电公司按月向陈某发放了住房补贴。2020年2月，水电公司通知陈某不再续签劳动合同。同年9月，当新用人单位到某水电公司对陈某作背景调查时，水电公司要求与陈某签订《薪酬结算单》，确认陈某返还已发的住房补贴、并与应支付陈某的经济补偿相互品迭后作出结算。根据该《薪酬结算单》，陈某还需向水电公司退还44410元。后陈某申请仲裁，要求水电公司支付经济补偿，仲裁裁决予以支持。水电公司不服，诉至法院。

裁判结果：法院认为，首先，双方签订《住房补贴协议书》，约定劳动者"在本公司连续任职未满五年的，应当返还住房补贴"，其真实意思系对于因劳动者原因离职所致劳动者连续任职未达到五年以上服务期的，需返还住房补贴。通过上述措施，确保员工服务企业的稳定性。本案中，陈某服务期未满五年系水电公司在劳动合同到期后不愿与陈某续签劳动合同，此种情形下劳动者并不负有返还住房补贴款的义务。其次，陈某与水电公司结算确认陈某应返还公司支付44410元的当天，恰是新用人单位对陈某在水电公司进行背景调查之时。水电公司利用自己的优势地位及陈某迫切需要公司配合进行任职背景调查等因素，将已向陈某发放的住房补贴与应支付陈某的经济补偿相互品迭后，陈某还需向水电公司退还44410元。从《薪酬结算单》签订的过程和内容看，是用人

---

① 《四川省高级人民法院发布劳动争议典型案例》，九、用人单位与员工进行离职结算时利用优势地位签订显失公平《薪酬结算单》的，应予撤销——陈某与某水电公司劳动争议案，载四川省高级人民法院网站，http://scfy.scssfw.gov.cn/article/detail/2023/05/id/7271548.shtml，最后访问日期：2023年6月30日。

单位利用其优势地位违背劳动者真实意思表示而签订，符合《最高人民法院关于审理劳动争议案件适用法律问题的解释（一）》第三十五条关于解除劳动合同后，劳动者与用人单位就支付经济补偿等达成协议存在显失公平的规定情形，应予撤销，故判决水电公司支付陈某经济补偿。

典型意义

本案运用复合型法律思维，深入剖析用人单位向劳动者支付额外薪酬目的是鼓励劳动者长期为用人单位服务。如因用人单位的原因导致劳动者未达到服务期年限的，劳动者不负有返还义务。本案中当新用人单位对劳动者进行考核考察时，原用人单位利用己方优势地位及劳动者的危困状态与劳动者签订了显失公平的《薪酬结算书》，严重损害了劳动者合法权益，该协议依法应予撤销。该案的处理结果避免了用人单位以“平等”之名行“不平等”之实，有效地保护了劳动者的合法权益，增强了劳动者在工作中的获得感、幸福感、安全感，也为用人单位滥用权利的行为敲响了“警钟”。

047. 劳动者主张推定解雇经济补偿金应以用人单位存在主观过错为前提[①]

裁判要旨

劳动者以用人单位未及时足额支付劳动报酬为由主张经济补偿金的，要结合单位不支付劳动报酬的原因、单位主观过错程度以及对劳动者生活的实质影响等综合考量，用人单位不存在主观恶意的，不构成推定解雇，对劳动者要求支付经济补偿金的主张，应不予支持。

---

① 《江苏法院2016-2018年度劳动争议十大典型案例》，八、劳动者主张推定解雇经济补偿金应以用人单位存在主观过错为前提，载江苏法院网，http：//www.jsfy.gov.cn/article/91674.html，最后访问日期：2023年7月2日。

简要案情：周某于2000年10月入职南京某营销公司任销售部经理职位，最后一期劳动合同至2015年7月11日止。2012年10月8日，营销公司免去周某销售部经理职务，通知周某停止一切市场相关工作，配合进行清查。2012年10月26日，公司以挂号信的方式向周某邮寄《员工清账通知》，通知其领取工资。2012年11月20日，无锡市公安局北塘分局就周某涉嫌职务侵占一案决定立案。2013年2月25日，周某被刑事拘留。营销公司按照最低工资标准支付周某2012年11月至2013年2月期间的工资。2013年4月4日，无锡市公安局北塘分局对周某执行取保候审。2013年6月23日，周某发函给营销公司，载明因公司自2013年5月以来没有为其缴纳社保，自2012年9月没有足额支付劳动报酬等，其依据《中华人民共和国劳动合同法》第三十八条的规定决定自2013年6月24日解除劳动合同。2013年7月5日，周某申请仲裁，请求裁令营销公司支付经济补偿金。2013年8月6日，仲裁委以该案仲裁请求与刑事案件的调查结果有关联为由中止审理。2014年9月，周某撤回仲裁申请。2014年9月16日，周某再次申请仲裁，仲裁委作出终结审理的决定。周某遂诉至法院。

法院认为，周某于2012年10月8日被免职后，已经停止从事原销售经理工作。2012年11月，周某因涉嫌职务侵占被公安机关立案侦查，后被采取强制措施。此后营销公司按照最低工资标准支付周某2012年11月至2013年2月期间的工资，该工资并非周某履行销售经理职务的对价；营销公司于2012年10月向周某邮寄《员工清账通知》，表明其愿意支付周某9月、10月的工资。2013年2月周某被刑事拘留后，事实上未再继续向营销公司提供劳动，双方劳动合同中止履行，营销公司无支付周某2013年3月至6月期间工资及缴纳社保的义务。关于2012年度奖金，营销公司主张以开票额作为发放的依据，与周某关于以销售额作为发放依据存在争议。综上，营销公司并非恶意拖欠劳动报酬和不缴纳社保，周某主张营销公司给付解除劳动合同经济补偿金的诉讼请求，不能成立。

法官寄语：《中华人民共和国劳动合同法》第三十八条的立法目的是要促使劳动合同当事人双方都诚信履行劳动合同，无论是用人单位还是劳动者，其行使权利、履行义务都不能违背诚实信用原则。对于用人单位存在有悖诚信，拖欠支付或拒绝支付劳动报酬的行为，才属于立法所要规制的对象。实践中，劳动报酬和社会保险的计算标准往往比较复杂，双方对此也常常未有明确的约定。因此，用人单位因主观恶意而未“及时、足额”支付劳动报酬或者“未缴纳”社会保险的，劳动者可以以此为由提出解除劳动合同。但对确因客观原因导致计算标准不清楚、有争议，从而用人单位未能“及时、足额”支付劳动报酬或未缴纳社会保险的，不能作为劳动者解除劳动合同的理由。而且《中华人民共和国劳动合同法》第四十六条第一项关于“劳动者依本法第三十八条规定解除劳动合同的，用人单位应当向劳动者支付经济补偿”的规定，其适用前提也是因用人单位的违法行为导致劳动者无法继续工作，从而被迫提出辞职，基于构成推定解雇，用人单位应承担给付经济补偿金的责任。故劳动者的维权应当理性，不能滥用《中华人民共和国劳动合同法》第三十八条，假借被迫辞职之由主张经济补偿金的，其主张并不能得到支持。

048. 劳动者非因本人原因从原用人单位被安排到新用人单位工作，在与新用人单位解除劳动合同，计算支付经济补偿或赔偿金的工作年限时，应与在原用人单位的工作年限合并计算①

基本案情：邢某自2012年9月起从事长途客车驾驶员工作，与某客运公司连续签订了两份固定期限的劳动合同，第一份劳动合同期限为2012年9月至2015年8月，第二份劳动合同期限为2015年8月至2018年8月。在第二份劳动合同期限内，该客运公司与邢某解除劳动合同，未支付相应经济补偿金，同时由新成立的某客运集团与邢某重新签订劳动合同，合同期限为2016年9月至2019年9月，工作岗位、工作地点及工作内容均未发生变化。劳动合同期满终止后，邢某主张某客运集团支付连续计算工作年限的解除劳动合同经济补偿金，法院最终予以支持。

典型意义

关联企业从表象上看一般具有相同的股东、相近的名称或者统一的经营管理，由于业务安排甚至为了规避法律，用人单位有可能将员工在关联企业间流动使用，导致员工并不固定的从属于某一企业，但岗位或工作性质甚至工作地点并未实际变化。此类情况非因劳动者主观或过错导致，不应由劳动者承担用工主体改变的不利法律后果，而应由劳动者离职时所在单位承担劳动者全部工作年限的经济补偿金，避免劳动者的合法权益受损。

① 《大庆中院劳动争议八起典型案例发布》，二、劳动者非因本人原因从原用人单位被安排到新用人单位工作，在与新用人单位解除劳动合同，计算支付经济补偿或赔偿金的工作年限时，应与在原用人单位的工作年限合并计算，载大庆市中级人民法院网站，http：//dqzy. hljcourt. gov. cn/public/detail. php？id＝8698，最后访问日期：2023年7月2日。

049. 用人单位因劳动者违反公司规定造成经济损失而解除劳动合同的，无需支付经济补偿金[①]

基本案情：杜某与某公司签订无固定期限劳动合同，从事销售工作。双方约定的用工形式为不定时工作制。杜某因违反公司纪律，被公司处以警告处分，有效期为六个月，杜某签收了该违纪处分通知。在公司对杜某调查过程中，杜某自述曾虚报库存并给公司造成经济损失。后某公司以杜某违反公司规章制度，给公司造成超过5000元的经济损失为由，与杜某解除劳动关系。杜某申请劳动仲裁，要求公司支付其加班费、逾期支付加班费的赔偿金、违法解除劳动合同赔偿金。法院最终判决驳回杜某的诉讼请求。

典型意义

实践中，单方解除劳动合同是劳动争议的高发因素，其中又以用人单位单方解除为主。为保护劳动者的平等就业权利，法律对用人单位单方解除劳动合同的条件作出了严格的规定与限制。但同时，劳动者应尽职尽责完成单位交办的劳动任务，遵守劳动纪律和职业道德。劳动者为获取提成奖金、销售津贴或其他形式的劳动报酬，利用职务便利弄虚作假，使公司蒙受经济损失，属于违反法律规定与公司规章制度、严重损害公司利益的行为，用人单位可根据《中华人民共和国劳动合同法》第三十九条规定，即时解除劳动合同。如过分强调对劳动者的保护而忽略用人单位自主建立用工制度的约束力，将损害单位的经营自主权，破坏本地区营商环境。

---

① 《大庆中院劳动争议八起典型案例发布》，三、用人单位因劳动者违反公司规定造成经济损失而解除劳动合同的，无需支付经济补偿金，载大庆市中级人民法院网站，http：//dqzy. hljcourt. gov. cn/public/detail. php？id=8698，最后访问日期：2023年7月2日。

（二）裁判依据

《中华人民共和国劳动法》

第二十八条 用人单位依据本法第二十四条、第二十六条、第二十七条的规定解除劳动合同的，应当依照国家有关规定给予经济补偿。

《中华人民共和国劳动合同法》

第四十六条 有下列情形之一的，用人单位应当向劳动者支付经济补偿：

（一）劳动者依照本法第三十八条规定解除劳动合同的；

（二）用人单位依照本法第三十六条规定向劳动者提出解除劳动合同并与劳动者协商一致解除劳动合同的；

（三）用人单位依照本法第四十条规定解除劳动合同的；

（四）用人单位依照本法第四十一条第一款规定解除劳动合同的；

（五）除用人单位维持或者提高劳动合同约定条件续订劳动合同，劳动者不同意续订的情形外，依照本法第四十四条第一项规定终止固定期限劳动合同的；

（六）依照本法第四十四条第四项、第五项规定终止劳动合同的；

（七）法律、行政法规规定的其他情形。

第四十七条 经济补偿按劳动者在本单位工作的年限，每满一年支付一个月工资的标准向劳动者支付。六个月以上不满一年的，按一年计算；不满六个月的，向劳动者支付半个月工资的经济补偿。

劳动者月工资高于用人单位所在直辖市、设区的市级人民政府公布的本地区上年度职工月平均工资三倍的，向其支付经济补偿的标准按职工月平均工资三倍的数额支付，向其支付经济补偿的年限最高不超过十二年。

本条所称月工资是指劳动者在劳动合同解除或者终止前十二个月的平均工资。

《最高人民法院关于审理劳动争议案件适用法律问题的解释（一）》

第三十五条 劳动者与用人单位就解除或者终止劳动合同办理相关手续、支付工资报酬、加班费、经济补偿或者赔偿金等达成的协议，不违反法律、行政法规的强制性规定，且不存在欺诈、胁迫或者乘人之危情形的，应当认定有效。

前款协议存在重大误解或者显失公平情形，当事人请求撤销的，人民法院应予支持。

第三十六条 当事人在劳动合同或者保密协议中约定了竞业限制，但未约定解除或者终止劳动合同后给予劳动者经济补偿，劳动者履行了竞业限制义务，要求用人单位按照劳动者在劳动合同解除或者终止前十二个月平均工资的30%按月支付经济补偿的，人民法院应予支持。

前款规定的月平均工资的30%低于劳动合同履行地最低工资标准的，按照劳动合同履行地最低工资标准支付。

第三十八条 当事人在劳动合同或者保密协议中约定了竞业限制和经济补偿，劳动合同解除或者终止后，因用人单位的原因导致三个月未支付经济补偿，劳动者请求解除竞业限制约定的，人民法院应予支持。

第四十六条 劳动者非因本人原因从原用人单位被安排到新用人单位工作，原用人单位未支付经济补偿，劳动者依据劳动合同法第三十八条规定与新用人单位解除劳动合同，或者新用人单位向劳动者提出解除、终止劳动合同，在计算支付经济补偿或赔偿金的工作年限时，劳动者请求把在原用人单位的工作年限合并计算为新用人单位工作年限的，人民法院应予支持。

用人单位符合下列情形之一的，应当认定属于“劳动者非因本人原因从原用人单位被安排到新用人单位工作”：

（一）劳动者仍在原工作场所、工作岗位工作，劳动合同主体由原用人单位变更为新用人单位；

（二）用人单位以组织委派或任命形式对劳动者进行工作调动；

（三）因用人单位合并、分立等原因导致劳动者工作调动；

（四）用人单位及其关联企业与劳动者轮流订立劳动合同；

（五）其他合理情形。

第四十八条 劳动合同法施行后，因用人单位经营期限届满不再继续经营导致劳动合同不能继续履行，劳动者请求用人单位支付经济补偿的，人民法院应予支持。

七、竞业限制纠纷

（一）最高人民法院指导案例

050. 不能仅凭经营范围重合就认定劳动者违反竞业限制协议①

王山诉万得信息技术股份有限公司竞业限制纠纷案

关键词：民事/竞业限制/审查标准/营业范围

裁判要点

人民法院在审理竞业限制纠纷案件时，审查劳动者自营或者新入职单位与原用人单位是否形成竞争关系，不应仅从依法登记的经营范围是否重合进行认定，还应当结合实际经营内容、服务对象或者产品受众、对应市场等方面是否重合进行综合判断。劳动者提供证据证明自营或者新入职单位与原用人单位的实际经营内容、服务对象或者产品受众、对应市场等不相同，主张不存在竞争关系的，人民法院应予支持。

相关法条

《中华人民共和国劳动合同法》第二十三条、第二十四条

基本案情：王山于2018年7月2日进入万得信息技术股份有限公司（以

---

① 最高人民法院指导案例190号。

下简称万得公司）工作，双方签订了期限为2018年7月2日至2021年8月31日的劳动合同，约定王山就职智能数据分析工作岗位，月基本工资4500元、岗位津贴15500元，合计20000元。

2019年7月23日，王山、万得公司又签订《竞业限制协议》，对竞业行为、竞业限制期限、竞业限制补偿金等内容进行了约定。2020年7月27日，王山填写《辞职申请表》，以个人原因为由解除与万得公司的劳动合同。

2020年8月5日，万得公司向王山发出《关于竞业限制的提醒函》，载明"……您（即王山）从离职之日2020年7月27日起须承担竞业限制义务，不得到竞业企业范围内工作或任职。从本月起我们将向您支付竞业限制补偿金，请您在收到竞业限制补偿金的10日内，提供新单位签订的劳动合同及社保记录，若为无业状态的请由所在街道办事处等国家机关出具您的从业情况证明。若您违反竞业限制义务或其他义务，请于10日内予以改正，继续违反竞业协议约定的，则公司有权再次要求您按《竞业限制协议》约定承担违约金，违约金标准为20万元以上，并应将公司在离职后支付的竞业限制补偿金全部返还……"

2020年10月12日，万得公司向王山发出《法务函》，再次要求王山履行竞业限制义务。

另查明，万得公司的经营范围包括：计算机软硬件的开发、销售，计算机专业技术领域及产品的技术开发、技术转让、技术咨询、技术服务。

王山于2020年8月6日加入上海哔哩哔哩科技有限公司（以下简称哔哩哔哩公司），按照营业执照记载，该公司经营范围包括：信息科技、计算机软硬件、网络科技领域内的技术开发、技术转让、技术咨询、技术服务等。

王山、万得公司一致确认：王山竞业限制期限为2020年7月28日至2022年7月27日；万得公司已支付王山2020年7月28日至2020年9月27日竞业限制补偿金6796.92元。

2020年11月13日，万得公司向上海市浦东新区劳动人事争议仲裁委员会申请仲裁，要求王山：1. 按双方签订的《竞业限制协议》履行竞业限制义务；2. 返还2020年8月、9月支付的竞业限制补偿金6796元；3. 支付竞业限制违约金200万元。2021年2月25日，仲裁委员会作出裁决：王山按双方签订的《竞业限制协议》继续履行竞业限制义务，王山返还万得公司2020年8月、9月支付的竞业限制补偿金6796元，王山支付万得公司竞业限制违约金200万元。王山不服仲裁裁决，诉至法院。

裁判结果：上海市浦东新区人民法院于2021年6月29日作出（2021）沪0115民初35993号民事判决：一、王山与万得公司继续履行竞业限制义务；二、王山于本判决生效之日起十日内返还万得公司2020年7月28日至2020年9月27日竞业限制补偿金6796元；三、王山于本判决生效之日起十日内支付万得公司违反竞业限制违约金240000元。王山不服一审判决，提起上诉。上海市第一中级人民法院于2022年1月26日作出（2021）沪01民终12282号民事判决：一、维持上海市浦东新区人民法院（2021）沪0115民初35993号民事判决第一项；二、撤销上海市浦东新区人民法院（2021）沪0115民初35993号民事判决第二项、第三项；三、上诉人王山无需向被上诉人万得公司返还2020年7月28日至2020年9月27日竞业限制补偿金6796元；四、上诉人王山无需向被上诉人万得公司支付违反竞业限制违约金200万元。

裁判理由：法院生效裁判认为：关于王山是否违反了竞业限制协议的问题。所谓竞业限制是指对原用人单位负有保密义务的劳动者，于离职后在约定的期限内，不得生产、自营或为他人生产、经营与原用人单位有竞争关系的同类产品及业务，不得在与原用人单位具有竞争关系的用人单位任职。竞业限制制度的设置系为了防止劳动者利用其所掌握的原用人单位的商业秘密为自己或为他人谋利，从而抢占了原用人单位的市场份额，给原用人单位造成损失。所以考量劳动者是否违反竞业限制协议，最为核心的是应评判原用人单位与劳动者自营或者入职的单位之间是否形成竞争关系。

需要说明的是，正是因为竞业限制制度在保护用人单位权益的同时对劳动者的就业权利有一定的限制，所以在审查劳动者是否违反了竞业限制义务时，应当全面客观地审查劳动者自营或入职公司与原用人单位之间是否形成竞争关系。一方面考虑到实践中往往存在企业登记经营事项和实际经营事项不相一致的情形，另一方面考虑到经营范围登记类别是工商部门划分的大类，所以这种竞争关系的审查，不应拘泥于营业执照登记的营业范围，否则对劳动者抑或对用人单位都可能造成不公平。故在具体案件中，还可以从两家企业实际经营的内容是否重合、服务对象或者所生产产品的受众是否重合、所对应的市场是否重合等多角度进行审查，以还原事实之真相，从而能兼顾用人单位和劳动者的利益，以达到最终的平衡。

本案中，万得公司的经营范围为计算机软硬件的开发、销售、计算机专业技术领域及产品的技术开发、技术转让、技术咨询、技术服务。而哔哩哔哩公司的经营范围包括从事信息科技、计算机软硬件、网络科技领域内的技术开发、技术转让、技术咨询、技术服务等。对比两家公司的经营范围，确实存在一定的重合。但互联网企业往往在注册登记时，经营范围都包含了软硬件开发、技术咨询、技术转让、技术服务。若仅以此为据，显然会对互联网就业人员尤其是软件工程师再就业造成极大障碍，对社会人力资源造成极大的浪费，也有悖于竞业限制制度的立法本意。故在判断是否构成竞争关系时，还应当结合公司实际经营内容及受众等因素加以综合评判。

本案中，王山举证证明万得公司在其 Wind 金融手机终端上宣称 Wind 金融终端是数十万金融专业人士的选择、最佳的中国金融业生产工具和平台。而万得公司的官网亦介绍，“万得公司（下称 Wind）是中国大陆领先的金融数据、信息和软件服务企业，在国内金融信息服务行业处于领先地位，是众多证券公司、基金管理公司、保险公司、银行、投资公司、媒体等机构不可或缺的重要合作伙伴，在国际市场中，Wind 同样受到了众多中国证监会批准的合格境外机构投资者的青睐。此外，知名的金融学术研究机构和权威的监管机构同样是 Wind 的客户；权威的中英文媒体、研究报告、学术论文也经常引用 Wind 提供的数据……”由此可见，万得公司目前的经营模式主要是提供金融信息服务，其主要的受众为相关的金融机构或者金融学术研究机构。而反观哔哩哔哩公司，众所周知其主营业务是文化社区和视频平台，即提供网络空间供用户上传视频、进行交流。其受众更广，尤其年轻人对其青睐有加。两者对比，不论是经营模式、对应市场还是受众，都存在显著差别。即使普通百姓，也能轻易判断两者之差异。虽然哔哩哔哩公司还涉猎游戏、音乐、影视等领域，但尚无证据显示其与万得公司经营的金融信息服务存在重合之处。在此前提下，万得公司仅以双方所登记的经营范围存在重合即主张两家企业形成竞争关系，尚未完成其举证义务。且万得公司在竞业限制协议中所附录的重点限制企业均为金融信息行业，足以表明万得公司自己也认为其主要的竞争对手应为金融信息服务企业。故一审法院仅以万得公司与哔哩哔哩公司的经营范围存在重合，即认定王山入职哔哩哔哩公司违反了竞业限制协议的约定，继而判决王山返还竞业限制补偿金并支付违反竞业限制违约金，有欠妥当。

关于王山是否应当继续履行竞业限制协议的问题。王山与万得公司签订的竞业限制协议不存在违反法律法规强制性规定的内容，故该协议合法有效，对双方均有约束力。因协议中约定双方竞业限制期限为 2020 年 7 月 28 日至 2022 年 7 月 27 日，目前尚在竞业限制期限内。故一审法院判决双方继续履行竞业限制协议，并无不当。王山主张无需继续履行竞业限制协议，没有法律依据。需要强调的是，根据双方的竞业限制协议，王山应当按时向万得公司报备工作情况，以供万得公司判断其是否违反了竞业限制协议。本案即是因为王山不履行报备义务导致万得公司产生合理怀疑，进而产生了纠纷。王山在今后履行竞业限制协议时，应恪守约定义务，诚信履行协议。

051. 因履行竞业限制条款发生争议申请仲裁和提起诉讼的期间不计入竞业限制期限的劳动合同条款无效[①]

马筱楠诉北京搜狐新动力信息技术有限公司竞业限制纠纷案

关键词：民事/竞业限制/期限/约定无效

裁判要点

用人单位与劳动者在竞业限制条款中约定，因履行竞业限制条款发生争议申请仲裁和提起诉讼的期间不计入竞业限制期限的，属于《中华人民共和国劳动合同法》第二十六条第一款第二项规定的“用人单位免除自己的法定责任、排除劳动者权利”的情形，应当认定为无效。

相关法条

《中华人民共和国劳动合同法》第二十三条第二款、第二十四条、第二十六条第一款

基本案情：马筱楠于2005年9月28日入职北京搜狐新动力信息技术有限公司（以下简称搜狐新动力公司），双方最后一份劳动合同期限自2014年2月1日起至2017年2月28日止，马筱楠担任高级总监。2014年2月1日，搜狐新动力公司（甲方）与马筱楠（乙方）签订《不竞争协议》，其中第3.3款约定：“……，竞业限制期限从乙方离职之日开始计算，最长不超过12个月，具体的月数根据甲方向乙方实际支付的竞业限制补偿费计算得出。但如因履行本协议发生争议而提起仲裁或诉讼时，则上述竞业限制期限应将仲裁和诉讼的审理期限扣除；即乙方应履行竞业限制义务的期限，在扣除仲裁

① 最高人民法院指导案例184号。

和诉讼审理的期限后，不应短于上述约定的竞业限制月数。”2017年2月28日劳动合同到期，双方劳动关系终止。2017年3月24日，搜狐新动力公司向马筱楠发出《关于要求履行竞业限制义务和领取竞业限制经济补偿费的告知函》，要求其遵守《不竞争协议》，全面并适当履行竞业限制义务。马筱楠自搜狐新动力公司离职后，于2017年3月中旬与优酷公司开展合作关系，后于2017年4月底离开优酷公司，违反了《不竞争协议》。搜狐新动力公司以要求确认马筱楠违反竞业限制义务并双倍返还竞业限制补偿金、继续履行竞业限制义务、赔偿损失并支付律师费为由向北京市劳动人事争议仲裁委员会申请仲裁，仲裁委员会作出京劳人仲字〔2017〕第339号裁决：一、马筱楠一次性双倍返还搜狐新动力公司2017年3月、4月竞业限制补偿金共计177900元；二、马筱楠继续履行对搜狐新动力公司的竞业限制义务；三、驳回搜狐新动力公司的其他仲裁请求。马筱楠不服，于法定期限内向北京市海淀区人民法院提起诉讼。

裁判结果：北京市海淀区人民法院于2018年3月15日作出（2017）京0108民初45728号民事判决：一、马筱楠于判决生效之日起七日内向搜狐新动力公司双倍返还2017年3月、4月竞业限制补偿金共计177892元；二、确认马筱楠无需继续履行对搜狐新动力公司的竞业限制义务。搜狐新动力公司不服一审判决，提起上诉。北京市第一中级人民法院于2018年8月22日作出（2018）京01民终5826号民事判决：驳回上诉，维持原判。

裁判理由：法院生效裁判认为：本案争议焦点为《不竞争协议》第3.3款约定的竞业限制期限的法律适用问题。搜狐新动力公司上诉主张该协议第3.3款约定有效，马筱楠的竞业限制期限为本案仲裁和诉讼的实际审理期限加上12个月，以实际发生时间为准且不超过二年，但本院对其该项主张不予采信。

一、竞业限制协议的审查

法律虽然允许用人单位可以与劳动者约定竞业限制义务，但同时对双方约定竞业限制义务的内容作出了强制性规定，即以效力性规范的方式对竞业限制义务所适用的人员范围、竞业领域、限制期限均作出明确限制，且要求竞业限制约定不得违反法律、法规的规定，以期在保护用人单位商业秘密、维护公平竞争市场秩序的同时，亦防止用人单位不当运用竞业限制制度对劳动者的择业自由权造成过度损害。

二、“扣除仲裁和诉讼审理期限”约定的效力

本案中，搜狐新动力公司在《不竞争协议》第3.3款约定马筱楠的竞业限制期限应扣除仲裁和诉讼的审理期限，该约定实际上要求马筱楠履行竞业限制义务的期限为：仲裁和诉讼程序的审理期限+实际支付竞业限制补偿金的月数（最长不超过12个月）。从劳动者择业自由权角度来看，虽然法律对于仲裁及诉讼程序的审理期限均有法定限制，但就具体案件而言该期限并非具体确定的期间，将该期间作为竞业限制期限的约定内容，不符合竞业限制条款应具体明确的立法目的。加之劳动争议案件的特殊性，相当数量的案件需要经过“一裁两审”程序，上述约定使得劳动者一旦与用人单位发生争议，则其竞业限制期限将被延长至不可预期且相当长的一段期间，乃至达到二年。这实质上造成了劳动者的择业自由权在一定期间内处于待定状态。另一方面，从劳动者司法救济权角度来看，对于劳动者一方，如果其因履行《不竞争协议》与搜狐新动力公司发生争议并提起仲裁和诉讼，依照该协议第3.3款约定，仲裁及诉讼审理期间劳动者仍需履行竞业限制义务，即出现其竞业限制期限被延长的结果。如此便使劳动者陷入“寻求司法救济则其竞业限制期限被延长”“不寻求司法救济则其权益受损害”的两难境地，在一定程度上限制了劳动者的司法救济权利；而对于用人单位一方，该协议第3.3款使得搜狐新动力公司无需与劳动者进行协商，即可通过提起仲裁和诉讼的方式单方地、变相地延长劳动者的竞业限制期限，一定程度上免除了其法定责任。综上，法院认为，《不竞争协议》第3.3款中关于竞业限制期限应将仲裁和诉讼的审理期限扣除的约定，即“但如因履行本协议发生争议而提起仲裁或诉讼

时……乙方应履行竞业限制义务的期限，在扣除仲裁和诉讼审理的期限后，不应短于上述约定的竞业限制月数”的部分，属于《中华人民共和国劳动合同法》第二十六条第一款第二项规定的“用人单位免除自己的法定责任、排除劳动者权利”的情形，应属无效。而根据该法第二十七条规定，劳动合同部分无效，不影响其他部分效力的，其他部分仍然有效。

三、本案竞业限制期限的确定

据此，依据《不竞争协议》第3.3款仍有效部分的约定，马筱楠的竞业限制期限应依据搜狐新动力公司向其支付竞业限制补偿金的月数确定且最长不超过12个月。鉴于搜狐新动力公司已向马筱楠支付2017年3月至2018年2月期间共计12个月的竞业限制补偿金，马筱楠的竞业限制期限已经届满，其无需继续履行对搜狐新动力公司的竞业限制义务。

（二）最高人民法院公报案例及典型案例

052. 劳动者与用人单位签订竞业限制协议，但该单位给予劳动者的经济补偿低于法律法规规定的，劳动者是否应履行竞业限制义务①

王云飞诉施耐德电气（中国）投资有限公司上海分公司劳动争议纠纷案

裁判摘要

竞业禁止是指负有特定义务的劳动者从原用人单位离职后，在一定期间内不得自营或为他人经营与原用人单位有直接竞争关系的业务。根据有关法律、行政法规的规定，用人单位与负有保守商业秘密义务的劳动者，

① 参见《最高人民法院公报》2009年11期。

可以在劳动合同或者保密协议中约定竞业禁止条款，同时应约定在解除或者终止劳动合同后，给予劳动者一定的竞业禁止经济补偿；未约定给予劳动者竞业禁止经济补偿，或者约定的竞业禁止经济补偿数额过低、不符合相关规定的，该竞业禁止条款对劳动者不具有约束力。

原告：王云飞，男，南京菲尼克斯电气有限公司职员，住江苏省南通市望江楼新村。

被告：施耐德电气（中国）投资有限公司上海分公司，住所地：上海市普陀区绥德路。

法定代表人：杜华君，该公司董事长。

原告王云飞因与被告施耐德电气（中国）投资有限公司上海分公司（以下简称施耐德上海分公司）发生劳动争议纠纷，向江苏省南京市鼓楼区人民法院提起诉讼。

原告王云飞诉称：2005年8月，原告与被告施耐德上海分公司签订劳动合同，原告就职于被告的南京办事处。同月，双方又签订了《保密和竞业禁止协议》，但是该协议关于竞业禁止经济补偿、竞业禁止业务限制范围、竞业禁止区域限制范围等方面的规定明显不合理，故该协议中的竞业禁止条款对原告不具有约束力。原告离职后到南京菲尼克斯电气有限公司（以下简称菲尼克斯公司）工作，该公司与被告原本不存在业务竞争关系，但被告认为其与菲尼克斯公司存在竞争关系，原告离职后到菲尼克斯公司工作的行为违反了竞业禁止义务。2007年7月17日，被告向上海市普陀区劳动争议仲裁委员申请劳动仲裁，要求原告承担竞业禁止违约金66600元，并继续履行双方约定的竞业禁止义务。2007年9月20日，上海市普陀区仲裁委员会裁决原告承担竞业禁止违约金66600元，但施耐德上海分公司的其他请求不予支持。原告不服该仲裁裁决，请求法院依法确认涉案《保密和竞业禁止协议》中的竞业禁止条款对原告不具有约束力，判令原告不承担违约责任。

被告施耐德上海分公司辩称：原告王云飞自愿与被告签订《保密和竞业禁止协议》，双方约定原告离职后1年内不得到与被告具有业务竞争关系的公司工作。但是在被告向原告支付了竞业禁止补偿金后，原告却到与被告具有业务竞争关系的菲尼克斯公司就职，其行为违反了双方关于竞业禁止的约定，应当按照已领取的竞业禁止补偿金的三倍向被告给付违约金。请求法院依法判决。

南京市鼓楼区人民法院一审查明：

原告王云飞于2005年8月29日到被告施耐德上海分公司工作，双方签订了劳动合同，原告的工作地点在江苏省南京市。同日，双方签订了《保密和竞业禁止协议》，该协议约定：竞争业务是i公司或其关联公司从事或者计划从事的业务与ii公司或者关联公司所经营的业务相同、相近或相竞争的其他业务；竞争对手是除公司或其关联公司外从事竞争业务的任何个人、公司、合伙、合资企业、独资企业或其他实体，包括Phoenix Rockwell Automation, Rittal等公司；区域是中华人民共和国境内。披露禁止是指雇员应对公司保密信息严格保密，在其与公司的聘用关系解除时不得以任何方式删改、锁定、复制保密信息，并应立即向公司返还所有保密信息及其载体和复印件；雇员同意在公司解除期间及其解除与公司的雇佣关系五年内，不以任何方式向公司或其关联公司的任何与使用保密信息工作无关的雇员、向任何竞争对手或者为公司利益之外的任何目的向任何其他个人和实体披露公司任何保密信息的全部或部分，除非该披露是法律所要求的。竞业禁止是指雇员承诺在解除与公司的雇佣关系一年内，不得在区域内部直接或者间接地投资或从事与公司业务相竞争的业务，或成立从事竞争业务的组织，或者向竞争对手提供任何服务或向其披露任何保密信息，不得正式或临时受雇于竞争对手或作为竞争对手的代理或代表从事活动。公司同雇员签订的劳动合同终止或者解除后，作为对雇员遵守披露禁止和竞业禁止承诺的经济补偿，公司将向雇员支付相当于其离职前一个月基本工资的竞业禁止补偿费；如雇员违背本合同义务，公司有权要求雇员停止侵害，解除与竞争对手的劳动、雇佣关系，并向公司赔偿相当于竞业禁止补偿费三倍的违约金。

2007 年 4 月 30 日，原告王云飞从被告施耐德上海分公司处离职。被告称其于 2007 年 7 月 7 日得知原告在菲尼克斯公司工作。被告认为菲尼克斯公司与其存在业务竞争关系，原告离职后到菲尼克斯公司工作的行为违反了双方签订的《保密和竞业禁止协议》中确定的竞业禁止义务。2007 年 7 月 17 日，被告向上海市普陀区劳动争议仲裁委员申请劳动仲裁，要求原告承担竞业禁止违约金 66600 元，并继续履行双方约定的竞业禁止义务。2007 年 9 月 20 日，上海市普陀区仲裁委员会裁决原告承担竞业禁止违约金 66600 元，但施耐德上海分公司的其他请求不予支持。原告不服该仲裁裁决，于 2007 年 9 月 25 日提起本案诉讼。庭审中，原告认可自己在菲尼克斯公司工作，但认为该公司与被告只存在一些产品的交叉互补，不存在业务竞争关系。

另查明：被告施耐德上海分公司于 2007 年 6 月汇入原告王云飞的银行账户 24814.5 元。被告述称该笔款项是截至 2007 年 4 月原告的报酬，包括基本工资 6800 元、竞业禁止补偿金 20400 元，上述费用扣除保险费和税费后，实发数额为 24814.5 元。同时被告表示，竞业禁止补偿金 20400 元是按照原告离职前三个月的基本工资计算的。原告对收到上述款项无异议，但表示不清楚该笔款项的构成。被告提供原告离职前十二个月的收入明细，证明原告总收入税前为 114306 元，税后为 88199.09 元。原告对此表示异议，但其提供的 2006 年 12 月工资单载明其税后收入为 6663 元，与被告陈述的数额基本一致。

被告施耐德上海分公司提交该公司和菲尼克斯公司的产品介绍，用以证明两公司在电源产品、工业以太网、接插线产品等方面均存在业务竞争。原告王云飞则认为菲尼克斯公司生产上述产品的市场份额很少，与被告不存在业务竞争关系，仅仅是产品重叠和互补关系。

被告施耐德上海分公司提交中国工控网出具的市场份额调查数据，用以证明该公司与菲尼克斯公司的IO市场份额均处于前十名，分别是3.3%和2.9%；在HMI市场中，施耐德上海分公司的份额为3.1%，而菲尼克斯公司则属于非常小的公司，无法计算其市场份额。原告王云飞则认为两公司一个是销售公司，另一个是生产公司，主要经营范围不同，90%以上的业务也不同，虽然部分产品相同，但产品存在交叉不等于存在业务竞争。

以上事实，有双方当事人陈述，双方当事人签订的《劳动合同书》《保密和竞业禁止协议》，原告王云飞离职证明等证据证实，足以认定。

本案的争议焦点是：原告王云飞与被告施耐德上海分公司签订的《保密和竞业禁止协议》所确定的竞业禁止条款是否有效，原告应否承担违约责任。

南京市鼓楼区人民法院一审认为：

劳动者和用人单位的合法权益均受法律保护。原告王云飞的实际工作地点在江苏省南京市，本案劳动合同的实际履行地即为江苏省南京市，故本案除适用相关法律、法规外，还应当适用江苏省和南京市有关劳动争议的地方性法规。

竞业禁止义务是对负有特定义务的劳动者的权利限制，即规定劳动者从原用人单位离职后，在一定期间内不得自营或为他人经营与原用人单位有直接竞争关系的业务。根据《江苏省劳动合同条例》第十七条的规定，用人单位与负有保守商业秘密义务的劳动者，可以在劳动合同或者保密协议中约定竞业限制条款，并应当同时约定在解除或者终止劳动合同后，给予劳动者经济补偿。其中，年经济补偿额不得低于该劳动者离开用人单位前十二月从该用人单位获得的报酬总额的三分之一。用人单位未按照约定给予劳动者经济补偿的，约定的竞业限制条款对劳动者不具有约束力。

根据上述法律、行政法规以及地方性法规的规定，用人单位与负有保守商业秘密义务的劳动者，可以在劳动合同或者保密协议中约定竞业禁止条款，限定劳动者在离职后的一定期间内不得从事与用人单位存在竞争关系的业务，以保护用人单位的合法经营利益。劳动者通常都有一定的专业，其专业又往往与用人单位所经营的业务存在一定的联系，其求职就业要以本人专业为依托。劳动者从原用人单位离职后，为了个人及其家庭的生活需要，通常要寻求新的工作，如果履行竞业禁止义务，在一定期间内可能难以找到新的工作，因此影响劳动者个人及其家庭的生活。正是考虑到涉及劳动者个人及其家庭生活的实际问题，上述法律、行政法规和地方性法规都明确规定，用人单位与劳动者在约定竞业禁止义务的同时，还应当约定在双方解除或者终止劳动合同后，由用人单位给予劳动者一定的竞业禁止经济补偿。没有约定竞业禁止经济补偿或者补偿数额过低、不符合规定的，竞业禁止协议没有法律约束力。本案中，原告王云飞与被告施耐德上海分公司签订的《保密和竞业禁止协议》所约定的竞业禁止经济补偿金仅为原告离职前一个月的基本工资，即使根据被告的陈述，其实际支付给原告的竞业禁止经济补偿金也仅是原告三个月的基本工资，仍低于《江苏省劳动合同条例》规定的标准。因此可以认定，涉案《保密和竞业禁止协议》中的竞业禁止条款对原告不具有约束力，即使原告从被告处离职后又到菲尼克斯公司工作的行为违反了该竞业禁止义务，原告亦不应承担违约责任。被告关于原告应按照实际领取的竞业禁止补偿金的三倍支付违约金的诉讼主张不成立，依法不予支持。

综上，南京市鼓楼区人民法院于 2007 年 12 月 14 日判决：

一、原告王云飞与被告施耐德上海分公司签订的《保密和竞业禁止协议》中约定的竞业禁止条款无效；

二、被告施耐德上海分公司要求原告王云飞支付违约金的诉讼主张不成立，不予支持。

一审宣判后，双方当事人在法定期间内均未提出上诉，一审判决已经发生法律效力。

053. 高级管理人员的行为违反了《离职后义务协议》关于竞业限制和保密义务的约定，用人单位可否要求返还经济补偿[①]

武汉大西洋连铸设备工程有限责任公司与宋祖兴公司盈余分配纠纷案

裁判摘要

民刑交叉案件中，刑事裁判认定的事实一般对于后行的民事诉讼具有预决效力。但是，先行刑事案件中无罪的事实认定则需要区分具体情况。刑事裁判认定无罪，并不导致民事案件必然认定侵权行为或违约行为不存在，相关行为是否存在还需结合证据进行判断和认定。

再审申请人（一审原告、二审上诉人）：武汉大西洋连铸设备工程有限责任公司。住所地：湖北省武汉市江汉区经济开发区江兴路1号。

法定代表人：许汝奎，该公司执行董事。

委托诉讼代理人：王红霞，湖北得伟君尚律师事务所律师。

委托诉讼代理人：徐洋，国浩律师（北京）事务所律师。

被申请人（一审被告、二审被上诉人）：宋祖兴。

委托诉讼代理人：张保军，北京市康达律师事务所律师。

委托诉讼代理人：霍进城，北京市康达律师事务所律师。

再审申请人武汉大西洋连铸设备工程有限责任公司（下文简称大西洋公司）因与被申请人宋祖兴公司盈余分配纠纷一案，不服湖北省高级人民法院（2016）鄂民终1029号民事判决，向本院申请再审。本院于2018年12月21日作出（2017）最高法民申2836号民事裁定，提审本案。本院依法组成合议

① 参见《最高人民法院公报》2021年03期。

庭，于2019年6月18日开庭审理了本案，大西洋公司的委托诉讼代理人王红霞、徐洋，宋祖兴及其委托诉讼代理人张保军、霍进城到庭参加诉讼。本案现已审理终结。

大西洋公司申请再审称：（一）宋祖兴违反《离职后义务协议》中关于竞业限制的约定，为武汉恒瑞谷冶金科技有限公司（以下简称恒瑞谷公司）提供了注册资金和技术支持；（二）宋祖兴违反《离职后义务协议》中关于保密义务的约定，私自留存大西洋公司商业秘密，并提供给恒瑞谷公司使用；（三）依照《离职后义务协议》的约定，应判令宋祖兴返还补偿奖励款，并承担相应的违约责任。综上，大西洋公司依据《中华人民共和国民事诉讼法》第二百条第（一）项、第（五）项、第（六）项的规定申请再审，请求：1. 撤销本案一、二审判决；2. 发回重审或改判支持大西洋公司的请求；3. 本案诉讼费用由宋祖兴承担。

宋祖兴辩称：（一）根据相关刑事案件的认定，宋祖兴与恒瑞谷公司无关，不存在违反竞业限制和保密义务的情形；（二）根据大西洋公司的主张，即便宋祖兴存在违约行为，亦应根据具体的违约情形来认定其应承担的违约责任；（三）大西洋公司的损失已在另案中得到了足够的弥补，其相关主张不应被支持。综上，请求驳回大西洋公司的再审请求。

大西洋公司向一审法院起诉称，宋祖兴违反其与大西洋公司签订的《离职后义务协议》相关约定，大西洋公司有权要求宋祖兴返还已支付的奖励补偿款，还有权要求宋祖兴支付相当于已付奖励款30%的违约金。请求法院：1. 判令宋祖兴向大西洋公司返还已收取的奖励款共计10514462.44元；2. 判令宋祖兴支付违约赔偿金3154338.73元；3. 判令宋祖兴承担本案全部诉讼费用。

一审法院经审理查明：

2010年9月29日，甲方宋祖兴与乙方刘联群、刘未未、肖超英及丙方大西洋公司签订《备忘录》。约定：鉴于甲方同意向乙方转让，乙方同意自甲方受让其所拥有的丙方18%的股权；甲方拟不再担任丙方高级管理人员职务，并与丙方解除聘用关系。同日，宋祖兴与大西洋公司签订《离职后义务协议》，宋祖兴担任大西洋公司高级管理人员职务并全面知晓大西洋公司的技术秘密和其他商业秘密，承诺离职后，不得有任何损害大西洋公司利益的行为，包括但不限于：损害大西洋公司及/或大西洋公司股东、高级管理人员声誉的行为；违反保密约定的行为；违反竞业限制义务的行为；其他可能危及大西洋公司利益的行为。

双方还对保密约定的范围、技术秘密的范围亦作了约定：关于竞业限制，约定自宋祖兴离职之日起二年内，不得到与大西洋公司生产或者经营同类产品、从事同类业务的其他用人单位内担任任何职务，不得为同类经营性组织提供咨询、建议服务等。就宋祖兴履行竞业限制义务，大西洋公司同意向宋祖兴支付经济补偿共计240万元，该款项由大西洋公司于宋祖兴离职后按月支付，于宋祖兴离职二年期满时支付完毕。除经济补偿外，大西洋公司还同意以约定的方式额外给予宋祖兴奖励共计2075万元，所述奖励款的支付条件为：宋祖兴已经按照大西洋公司的要求，办妥所有相关的物品、财务、工作交接手续；宋祖兴全面履行本协议约定的全部义务。

双方还就违约责任进行了约定：宋祖兴未履行竞业限制义务或者履行竞业限制义务不符合本协议约定的，大西洋公司可暂停支付本协议第六、七条约定的全部经济补偿及奖励，并有权根据具体违约情况采取相应处理措施等。

一审法院还查明：2016年1月4日，武汉市江岸区人民检察院向武汉市江岸区人民法院提起公诉，指控恒瑞谷公司以及杨玉祥（大西洋公司原市场开发部部长，案发时系恒瑞谷公司法定代表人）涉嫌侵犯商业秘密罪并审查查明：大西洋公司成立于2001年10月17日，是国内首家专门从事连铸技术研究、开发和连铸工程总承包的专业化技术公司，该公司掌握了先进的连铸机核心技术，相关设计图纸及设计资料是大西洋公司核心的商业秘密，大西洋公司对此采取了严格的保密措施，建立了门禁管理制度；将整套连铸机部件拆分，进行分散设计、分散制造等。2008 年 5 月 28 日，大西洋公司与杨玉祥签订了《劳动合同》和《保密合同》。2010 年 12 月 13 日，杨玉祥因病离开大西洋公司。2011 年 1 月 27 日，杨玉祥违反大西洋公司有关保守商业秘密的要求，注册成立了恒瑞谷公司，生产设计与大西洋公司相同的连铸技术研究、开发和连铸工程总承包并牟取了相应经济利益。武汉市江岸区人民检察院认为，恒瑞谷公司、杨玉祥违反权利人有关保守商业秘密的要求，使用掌握的商业秘密，给商业秘密的权利人造成重大损失，其行为触犯了相关刑罚，应当以侵犯商业秘密罪追究刑事责任。

一审法院认为：

武汉市江岸区人民检察院指控恒瑞谷公司以及杨玉祥涉嫌侵犯商业秘密罪刑事案经公安机关侦查终结，侦查结果并未涉及宋祖兴，亦无宋祖兴侵犯大西洋公司商业秘密的事实认定。根据该刑事案件的侦查结果，恒瑞谷公司以及杨玉祥涉嫌侵犯商业秘密的行为与宋祖兴无涉。大西洋公司的该项诉称理由缺乏事实依据，一审法院不予支持。

依照 2010 年 9 月 29 日双方签订的《离职后义务协议》的约定，大西洋公司依约已支付宋祖兴 10514462. 44 元，其要求宋祖兴返还并赔偿违约赔偿金的请求不符合法律的规定以及双方的约定，一审法院不予支持。

综上，一审法院判决如下：驳回大西洋公司的诉讼请求。案件受理费由大西洋公司承担。

大西洋公司不服一审判决，向二审法院提起上诉，请求撤销一审判决。理由包括：1. 一审法院审理程序违法。本案款项基于劳动关系支付，依法应属于劳动争议仲裁委员会仲裁事项，一审法院不能直接受理。此外，本案应等待侵犯商业秘密刑事案件对宋祖兴进一步侦查及法院最终审判结果。2. 一审法院认定事实严重错误。宋祖兴违反《离职后义务协议》，无权要求大西洋公司支付任何与《离职后义务协议》相关的款项，依照合同约定还应向大西洋公司返还已经支付的款项，并支付违约金及赔偿损失。

大西洋公司在二审期间围绕上诉请求依法提交证据材料，其中包括：

证据四：武汉市公安局经侦支队 2013 年 10 月 12 日对武汉华飞连铸控制工程有限公司法定代表人张某某的询问笔录。

证据五：资金流向图三张。拟证明根据刑事案卷中的出资资金流转图可以明确看出，设立恒瑞谷公司的 1000 万注册资金的每一个流动环节均受宋祖兴控制，宋祖兴的行为已经全面违反了《离职后义务协议》的约定。

证据六、七、八：武汉新未来商贸有限公司、湖北瑞恒典当有限公司、武汉奇达利投资管理有限公司工商登记信息。拟证明宋祖兴与上述公司具有关联关系。

二审法院认为，由于大西洋公司提交的证据与本案其他证据所印证的事实及刑事起诉书侦查事实不符、且多为间接证据，与本案讼争事实缺乏必然关联，无法达到其证明目的，故不予采信。二审法院查明的事实与一审法院查明的一致。

二审法院认为：

《离职义务协议》第六条、第七条已明确约定了大西洋公司支付经济补偿及奖励款的数额与时间，大西洋公司对已支付的数额并未提出异议，宋祖兴请求大西洋公司按照合同约定支付剩余奖励款及逾期付款违约金具有事实及法律依据。

关于宋祖兴是否存在违反《离职后义务协议》中保密、竞业限制义务问题，涉及刑民交叉案件中刑事诉讼证据与民事诉讼证据的差异性区分，民事诉讼证据除了具备真实性、合法性及关联性之外，同时还应具有可以被推定的认可性，应当从各证据与案件事实的关联程度、各证据之间的联系等方面进行综合审查判断。大西洋公司列举的大量证实宋祖兴违约行为的证据来源于刑事侦查阶段卷宗及单方鉴定结论，而刑事起诉书并不涉及对宋祖兴的指控，亦无宋祖兴侵犯大西洋公司商业秘密的事实认定。二审中，大西洋公司不能举出充分证据证明宋祖兴存在违反竞业限制义务或侵犯商业秘密的行为存在，仅凭刑事侦查阶段的笔录、证言、非要式邮件文稿或资金流向等并不能证明宋祖兴出资设立恒瑞谷公司并系该公司实际控制人，违反约定另行组建与大西洋公司具有同业经营性的其他公司，或在类似公司中担任职务及提供技术性服务。故在大西洋公司举证证据均系间接证据且不能形成排他性证据链条的情形下，对其该项上诉理由不予支持。

综上，二审法院判决：驳回上诉，维持原判。二审案件受理费由大西洋公司承担。

再审审查期间，大西洋公司向本院提交了四份证据材料，主要包括：

证据一：湖北省武汉市江岸区人民法院作出的（2016）鄂0102刑初17号刑事判决。大西洋公司认为，该判决于本案二审庭审结束后作出，此应为新证据。

证据二：（2016）鄂0102刑初17号刑事案卷中“陈雄”的询问笔录。

证据三：（2016）鄂0102刑初17号刑事案卷中“朱士举”的询问笔录。

证据四：（2016）鄂0102刑初17号案件中的公安机关远程勘验检查笔录。

大西洋公司主张，证据二至四为其在原审中无法自行收集的刑事案卷中的证据，大西洋公司多次申请原审法院调取证据，一审法院及二审法院均未能调取，其于刑事案件判决生效后新发现了该三份证据，依法应为新证据。大西洋公司称，根据（2016）鄂0102刑初17号刑事判决、该案卷宗中对“陈雄”“朱士举”的询问笔录、公安机关远程勘验检查笔录、“周力”“付喻”的证人证言等材料，可证明宋祖兴为恒瑞谷公司实施侵犯商业秘密犯罪行为提供了资金和技术支持，严重违反了《离职后义务协议》的约定。

宋祖兴质证认为，证据一至证据四不属于民事诉讼法第二百条规定的新证据。证据一认定恒瑞谷公司、杨玉祥侵犯商业秘密罪成立，未牵涉到宋祖兴。证据二至四不是二审后新发现的证据，大西洋公司在原审中曾提交过从受理刑事案件的人民法院复印的刑事案件证据，故宋祖兴对大西洋公司所称无法自行收集上述证据的真实性表示怀疑。

再审审理中，宋祖兴向本院提交了两组证据材料：

证据一：（2019）鄂江天内证字第1512号公证书，记载了2019年3月杨玉祥作为大西洋公司人员参会的照片及相关会议材料，用以证明杨玉祥作为大西洋公司人员参与相关技术交流活动，与大西洋公司关系密切，存在利害关系，其相关供述可信度低。

证据二：（2016）鄂0102刑初17号刑事案卷中杨玉祥的讯问笔录，用以证明杨玉祥在2013年6月之前的侦查阶段中一直未陈述宋祖兴与恒瑞谷公司有关，与其之后做出的相关供述存在矛盾。

大西洋公司质证认为，证据一内容不完整，真实性亦无法确认，证据二的内容不足以达到其证明目的，不应予以采信。

本院经审查认为，大西洋公司提交的证据一至四及宋祖兴提交的证据二源自公安及司法机关，且涉及对宋祖兴与恒瑞谷公司存在何种关系这一事实的查明，故本院对其真实性和关联性予以认可，对其证明目的，本院将结合其他事实一并评述。宋祖兴提交的证据一系公证处出具，本院对其真实性予以认可，但鉴于其拟证明的事项发生时间远远晚于本案的时间，且大西洋公司并未认可杨玉祥系其员工，故对其关联性和证明目的不予认可。

再审期间，大西洋公司向我院提交申请书，申请调取（2016）鄂0102刑初17号刑事案件中与本案有关的卷宗材料，并调查电子邮箱××××@126.com的相关信息，以确认该邮箱是否为宋祖兴配偶李艳爽所有或使用。根据其申请，本院调阅、复印了（2016）鄂0102刑初17号刑事案件卷宗材料中涉及宋祖兴的相关证据材料。

2018年11月28日，本院向广州网易计算机系统有限公司发出“协助调查取证通知书”，调查××××@126.com邮箱的注册情况。2018年12月21日，广州网易计算机系统有限公司出具回函，说明该邮箱注册用户的手机号和出生日期。庭审中，宋祖兴认可该邮箱注册所用的手机号、出生日期与其配偶李艳爽的相关信息一致，承认名称为××××@ 126. com 的邮箱注册人及使用人为其配偶李艳爽。

庭审中，本院对上述证据材料的来源、调查收集过程、证据内容等进行了说明，大西洋公司和宋祖兴对上述证据材料进行了质证。另，双方当事人一致认可，大西洋公司建立了产品数据管理系统（简称“PDM”）计算机设计图纸及资料管理库，进行加密管理及输出限制，宋祖兴离职前曾申请补领了可用于对公司的 PDM 加解密的密锁密钥。此外，双方均认可，在公安机关扣押的恒瑞谷公司的电脑中，存有大西洋公司所用的项目设计图纸。

本院经审查查明，与本案相关的（2016）鄂 0102 刑初 17 号刑事判决已经生效，该判决认定恒瑞谷公司及杨玉祥侵犯了大西洋公司的商业秘密，构成侵犯商业秘密罪。

本院再审认为，本案的争议焦点是：（一）宋祖兴是否违反了《离职后义务协议》中的竞业限制约定；（二）宋祖兴是否违反了《离职后义务协议》中的保密约定；（三）在违反前述约定的情况下，宋祖兴应承担何种法律责任。

（一）宋祖兴是否违反了《离职后义务协议》中的竞业限制约定

按照《离职后义务协议》第五条的约定，自宋祖兴离职之日起二年内，宋祖兴不得到与大西洋公司生产或者经营同类产品、从事同类业务的其他用人单位内担任任何职务，不得为同类经营性组织提供咨询、建议服务，不得唆使、帮助大西洋公司的其他员工前往同类经营性组织任职及/或提供服务，也不得单独或会同他人另行组建同类经营性组织参与市场竞争。

根据原审查明的事实，宋祖兴于 2010 年 10 月 20 日从大西洋公司离职，而恒瑞谷公司注册成立于 2011 年 1 月，经营范围包括与大西洋公司相同的连铸技术研究、开发和连铸工程总承包等业务，构成了大西洋公司的同行业竞争者。因此，判断宋祖兴是否违反竞业限制约定，主要是判断宋祖兴与恒瑞谷公司之间的关系。

原审法院已经注意到，宋祖兴是否违反《离职后义务协议》中的竞业限制和保密义务问题，涉及刑民交叉案件中刑事诉讼证据与民事诉讼证据的差异性问题。刑事起诉书不涉及对宋祖兴的指控，刑事判决书亦未涉及宋祖兴是否侵犯商业秘密的认定。宋祖兴据此主张其未违反协议约定。对此，本院认为，《最高人民法院关于民事诉讼证据的若干规定》第十条第一款第（六）项规定，已为人民法院发生法律效力的裁判所确认的基本事实当事人无需举证证明。该条第二款规定，当事人有相反证据足以推翻的除外。根据该规定，原则上，刑事诉讼中预决的事实对于后行的民事诉讼具有预决效力。这是因为裁判统一性要求民事判决与刑事判决对于同一事实的认定应当是一致的，而且刑事诉讼的证明标准比民事诉讼的证明标准要高，所以先行刑事判决认定的基本事实对于后行民事诉讼具有预决力。

但是，先行刑事案件预决事实的预决力并不是没有条件的。除先行判决已经生效，先行案件裁判所确定的事实与后行案件事实存在相关性外，预决事实的证明必须已遵循了法定程序。就先行刑事案件对后行民事案件而言，有罪的事实认定当然地构成预决力；而无罪的事实认定则需要区分是因为被告人确实未参与未实施犯罪行为，还是因为证据不足、事实不清。如果是前者则有预决力，如果是后者则因为民事诉讼和刑事诉讼的证明标准不同可能有不同的认定。然而，与本案相关的刑事案件特殊之处在于，刑事起诉并未指控宋祖兴，刑事判决自然不可能涉及宋祖兴是否参与实施犯罪行为，是否构成侵犯商业秘密罪，亦不会就宋祖兴的行为是否违反《离职后义务协议》作出明确认定。因此，宋祖兴与恒瑞谷公司是否有关、关系如何这部分事实在先行刑事诉讼中未涉及，更谈不上经过正当程序查证并认定，因而不构成先行刑事诉讼预决事实，更不能据此直接在后行民事诉讼中认定宋祖兴与恒瑞谷公司无关。

宋祖兴与恒瑞谷公司之间的关系如何，还需要在本案中结合证据进行判断和认定。本院认为根据大西洋公司申请调取的（2016）鄂 0102 刑初 17 号刑事案件侦查卷宗中公安机关在侦查阶段绘制的资金流向图，虽然不是刑事关联案件定案的证据，但鉴于其为客观证据，系对恒瑞谷公司注册资金流转情况的客观描述，且与李艳爽相关账户的资金流水记录以及庭审过程中当事人双方关于恒瑞谷公司注册资金来源的陈述意见能相互印证，可以认定恒瑞谷公司的1000万元注册资金全部来源于与宋祖兴或其配偶李艳爽密切相关的公司，该注册资金由李艳爽的账户转至其侄女李叶名下的账户，再转至杨玉祥名下，用于注册恒瑞谷公司。注册完成后，该笔资金又辗转返回李艳爽名下。宋祖兴辩称该注册资金为杨玉祥从李艳爽侄女李叶处借得，其并不知情。经查，李艳爽侄女李叶系某公司普通职员，无其他大额经济来源和投资收益，且上述注册资金流水显示，多笔注册资金仅是借用李叶名下的银行账户流转汇集至杨玉祥名下用于公司注册，之后又重新流转回李艳爽账户。宋祖兴关于李叶借给杨玉祥1000万元注册资金的辩解于情不符，于理不合，本院不予采信。

另，根据公安机关对杨玉祥使用的邮箱××××@ 163. com 远程勘验记录显示，内有以“宋祖兴”命名的来自××××@ 126. com 邮箱的关于恒瑞谷公司的“股权代持协议书”等材料，结合我院再审阶段查明的发件邮箱的注册情况和使用人情况等事实，可以认定上述材料系宋祖兴通过其配偶李艳爽发给杨玉祥，用于注册并代持恒瑞谷公司股份的材料。

综合上述证据事实，本院认为，现有证据已足以认定宋祖兴是恒瑞谷公司的实际出资人，其在离职后两年内以隐蔽手段隐名组建了与大西洋公司具有同行业竞争关系的恒瑞谷公司，违反了竞业限制的约定。一、二审法院对相关事实认定有误，本院予以纠正。

（二）宋祖兴是否违反了《离职后义务协议》中的保密约定

按照《离职后义务协议》第二条的约定，宋祖兴因原职务上的需要所持有或保管的一切记录着大西洋公司秘密信息的文件、资料、图标、笔记、报告、信件、传真、磁带、磁盘、仪器以及其他任何形式的载体，均归大西洋公司所有，而无论这些秘密信息有无商业上的价值。……宋祖兴应于离职时，返还全部属于大西洋公司的财务，包括所属记载着大西洋公司秘密信息的一切载体……大西洋公司也可以在对记载于原载体上的秘密信息作复制、清除等处理后，不再要求宋祖兴返还原载体。……无论原载体返还与否，宋祖兴均不得保留上述秘密信息资料的复印件、复制件及/或摘录等。

根据《最高人民法院关于适用〈中华人民共和国民事诉讼法〉的解释》第一百零八条的规定，对负有举证证明责任的当事人提供的证据，人民法院经审查并结合相关事实，确信待证事实的存在具有高度可能性的，应当认定该事实存在。需要注意的是，前述规定中“高度可能性”是指一种可能的状态，而非必然的性质，对某一证据而言，是否能够达到该种证明效果，可以结合其他证据进行综合评价。

本案中，大西洋公司申请本院调取了其员工在（2016）鄂0102刑初17号刑事案件侦查卷中的证言、询问笔录，拟证明宋祖兴没有完全归还大西洋公司的保密资料和物品，违反了保密义务。对此，本院认为，上述证据材料虽然是以询问笔录的方式出现，但并不能改变其属于证人证言证据种类的本质。由于上述证据材料系与大西洋公司有利害关系的员工在刑事侦查程序中出具的言词证据材料，且未在先行刑事诉讼中进行过质证。故不能直接用作本案的定案依据，而且在本案中能否作为证据使用还要看其是否符合法律和司法解释对于证人证言这一证据种类的要求。

根据《最高人民法院关于民事诉讼证据的若干规定》的规定，当事人申请证人出庭作证的，应当在举证期限届满前向人民法院提交申请书。人民法院应当要求证人出庭作证，接受审判人员和当事人的询问。本案中，大西洋公司并未申请其员工作为证人到庭作证，且其员工的证人证言亦不属于民事诉讼法规定的当事人因客观原因不能自行收集的证据，因此，上述证据材料不符合法律规定，本院不予采信。但基于已经生效的（2016）鄂0102刑初17号判决书认定的恒瑞谷公司构成侵犯大西洋公司商业秘密罪，特别是在恒瑞谷公司发现了大西洋公司技术图纸的基本事实，结合本案前述宋祖兴隐名出资设立恒瑞谷公司，是恒瑞谷公司的实际控制人，违反竞业限制约定的认定，可以推定宋祖兴的行为亦违反前述《离职后义务协议》第二条关于保密义务约定这一待证事实存在高度可能性，故大西洋公司的相关主张，本院予以支持。一二审对相关事实认定有误，本院予以纠正。

宋祖兴称，鉴于关联刑事案件未认定其构成侵犯商业秘密罪，故在本案中亦不应认定其相关责任。对此，本院认为，《离职后义务协议》系大西洋公司与宋祖兴依据真实意思表示订立，亦未违反法律、行政法规的强制性规定，故对大西洋公司和宋祖兴具有法律约束力，双方应当按照约定履行自己的义务。同时，刑事案件的证明标准和民事案件证明标准存在差异，且如前所述宋祖兴是否构成侵犯商业秘密罪并不构成先行判决的预决事实，加之本案与关联刑事案件的证据情况亦不完全相同，故宋祖兴的相关主张不能成立。

（三）在违反前述约定的情况下，宋祖兴应承担何种法律责任。

根据《离职后义务协议》第九条的约定，宋祖兴未履行竞业限制义务或者履行竞业限制义务不符合本协议约定的，大西洋公司可……（二）减少经济补偿及奖励，减少金额由大西洋公司根据违约所造成的损失情况确定；（三）不予支付经济补偿及奖励，并可要求宋祖兴返还已支付的经济补偿及奖励；（四）要求宋祖兴按已支付经济补偿及奖励总额的30%支付违约金。根据该协议第十条的约定，宋祖兴违反本协议的约定，有本协议第一条所述第（三）项以外的损害大西洋公司利益行为的，大西洋公司可……（二）减少奖励款，减少金额由大西洋公司根据违约所造成的损失情况确定；（三）不予支付奖励款，并可要求宋祖兴返还已支付的奖励款；（四）要求宋祖兴按照本协议第七条所述奖励款中已支付的数额30%的比例支付违约金。

如前所述，宋祖兴的行为违反了《离职后义务协议》关于竞业限制和保密义务的约定，且其手段较为隐蔽，主观恶意较为明显，大西洋公司按照约定提出的返还款项并承担违约金的要求于法有据，本院予以支持。本案中经双方当事人确认，大西洋公司已向宋祖兴支付奖励补偿款总计10514462.44元，故宋祖兴应退还该笔款项，并承担该笔款项30%的违约金即3154338.73元，共计13668801.17元。

综上所述，大西洋公司的再审理由成立，其再审请求应予支持。依照《中华人民共和国民事诉讼法》第二百零七条第一款、第一百七十条第一款第二项之规定，判决如下：

一、撤销湖北省高级人民法院（2016）鄂民终1029号民事判决；

二、撤销湖北省武汉市中级人民法院（2014）鄂武汉中民商初字第00185号民事判决；

三、宋祖兴于本判决生效之日起十日内向武汉大西洋连铸设备工程有限责任公司支付应退还的奖励补偿款及违约金共计13668801.17元。

如果未按本判决指定的期间履行给付金钱义务，应当依照《中华人民共和国民事诉讼法》第二百五十三条规定，加倍支付迟延履行期间的债务利息。

一审案件受理费103813元，二审案件受理费103813元，由宋祖兴负担。

本判决为终审判决。

（三）地方法院典型案例

054. 入职名称相似、行业不同的新公司，是否构成违反竞业限制义务①

案情简介：2020年1月黎某到某早教中心从事教学及相关教育软件的销

① 《陕西省劳动人事争议典型案例（第一批）》（陕西省人力资源和社会保障厅、陕西省高级人民法院2022年11月9日公布），三、竞业限制劳动争议案，载陕西省人力资源和社会保障厅网站，https：//rst. shaanxi. gov. cn/newstyle/pub_ newsshow. asp？id＝1018277&chid＝100077，最后访问日期：2023年6月30日。

售工作，双方签订了劳动合同，合同期限三年。合同约定黎某担任该早教中心的教学主管，负责教学质量监督和评估，工资 8000 元/月，年终按工作绩效考核结果发放绩效工资。同日，双方订立了《保密协议》，约定黎某在职期间应当履行对早教中心包含用户信息、教育软件产品销售渠道、知识产权等在内的商业秘密的保密义务。黎某在离职后应当履行竞业限制义务，竞业限制期限为两年，竞业限制范围为本市，竞业限制补偿金标准为 3400 元/月。若违反竞业限制义务则应承担相应违约责任。该早教中心的营业执照显示其经营范围为教育教材及软件的开发、销售；早期婴幼儿智力开发服务等。早教中心使用的幼教专业教材系其独立开发且拥有自主知识产权的产品，并在当地享有唯一销售和使用权。2022 年 1 月 30 日，黎某与早教中心劳动合同期满终止。黎某离职后，早教中心按照双方签订的《保密协议》按月向黎某支付竞业限制补偿金 3400 元/月。2022 年 3 月，早教中心发现黎某应聘至本市某少儿培训中心工作。早教中心随即申请劳动仲裁，请求依法裁决黎某支付违反竞业限制义务的违约金 135000 元，并请求裁决黎某继续履行竞业限制义务。该少儿培训中心作为本案第二被申请人参加仲裁活动，少儿培训中心的营业执照显示其经营范围为“少儿音乐培训、舞蹈培训、美术培训等”，其课程安排中不包含早教中心开发的教材课程或与之雷同的相关课程内容。

处理结果：仲裁裁决认定黎某未违反竞业限制义务，驳回早教中心关于支付竞业限制违约金的仲裁请求，并裁决双方继续履行竞业限制协议的相关内容。早教中心不服，起诉至人民法院，法院一审判决结果与仲裁裁决结果一致，双方当事人均未上诉，一审判决生效。

案件评析：根据《中华人民共和国劳动合同法》第二十三条、第二十四条之规定，对于负有保密义务的劳动者，用人单位可以与劳动者签署保密协议；也可以与劳动者约定竞业限制条款，即约定在解除或者终止劳动合同后，负有竞业限制义务的劳动者不得到与本单位生产、经营同类产品、从事同类业务的有竞争关系的用人单位工作，竞业限制的期限不得超过两年，在竞业限制期限内按月给予劳动者经济补偿。劳动者违反竞业限制约定的，应当向用人单位支付违约金，同时继续履行竞业限制义务。

本案中，早教中心以其开发的教材为其教学特色开展经营活动，该教材内容系具有商业价值和使用价值的商业秘密，且教材本身受知识产权保护。早教中心与黎某建立劳动关系后签订了书面保密协议，并约定了竞业限制条款，该协议合法有效，双方均应当全面履行各自义务，享有各自权利。早教中心称黎某离职后在某少儿培训中心工作违反了竞业限制条款，经核实，少儿培训中心与早教中心经营范围不存在相同或类似内容，相关课程及教材亦无抄袭或雷同内容。早教中心亦未能提供证据证明黎某在少儿培训中心工作时存在泄露早教中心商业秘密、知识产权之行为。早教中心仅凭“少儿培训中心”的名称及两用人单位同属一个市级行政区域即称黎某违反了竞业限制义务，缺乏事实及法律依据。故黎某与早教中心均应当继续遵守竞业限制条款，履行相关义务。

典型意义

竞业限制制度的核心意义在于在诚实信用原则的基础上，防止员工因流动而造成商业上的不正当竞争，保护劳动者就业自由和正常的市场竞争秩序。竞业限制既要考虑形式层面约束当事人的行为，又要考虑是否引发市场主体的不正当竞争。若劳动者再就业未在同行业间形成不良竞争，未对原用人单位造成商业利益上的损失或潜在风险，则不应当扩大竞业限制的适用范围，误认劳动者违反了竞业限制协议。

055. 负有竞业限制义务的劳动者入职与原单位存在竞争关系的同类企业，应如何处理①

基本案情：高某原为某饲料公司销售经理，入职时与该公司签订《劳动保密协议》。高某离职时，双方签订《竞业限制协议》，某饲料公司支付高某一个月的竞业限制补偿金。高某离职后一周内，又入职某生物科技公司，该生物科技公司经营范围及主要业务活动与某饲料公司基本相同。后某饲料公司向法院提起诉讼，要求高某支付违反竞业限制义务违约金并赔偿损失。

裁判结果：法院生效裁判认为，高某离职前为某饲料公司区域销售经理，双方明确约定了竞业限制条款。高某离职后随即入职的公司与某饲料公司处于同一区域，且经营范围基本相同，二公司为存在竞争关系的同类企业，高某的行为违反了《竞业限制协议》约定，应承担违约责任。因约定的违约金数额明显过高，故酌定高某向某饲料公司支付违反竞业限制义务的部分违约金并判令高某返还竞业限制补偿金。

典型意义

本案系涉及竞业限制的典型案例。竞业限制制度，是以限制劳动者就业择业权利为代价，对用人单位的商业秘密予以保护、维护公平竞争市场秩序的特殊手段。司法实践中，不仅要防止用人单位不当运用竞业限制制度对劳动者的择业自由权造成过度损害，也要对违反竞业限制义务的违约行为进行规制，保护企业合法权益，维护公平的市场竞争秩序，充分发挥司法助力法治化营商环境建设的重要职能作用。

---

① 《天津高院发布劳动争议典型案例》（2023年4月27日发布），某饲料公司诉高某劳动争议案，载天津法院网，https：//tjfy. tjcourt. gov. cn/article/detail/2023/04/id/7266065. shtml，最后访问日期：2023年6月30日。

056. 掌握企业技术秘密的工作人员离职后违反竞业限制义务的，应当承担违约责任[①]

基本案情：刘某于2006年入职某科技公司，2015年双方续签劳动合同，刘某担任技术科长一职。刘某作为核心技术员工掌握了科技公司某生产线的研发生产情况。刘某在职期间与科技公司签订了《员工任职保密协议书》《竞业限制协议书》，约定：刘某从公司离职之日起两年内，负有竞业限制、汇报就业情况等义务，享有领取竞业限制经济补偿的权利；若刘某违反义务，须向公司赔偿相当于已领取竞业限制经济补偿五倍的违约金。2019年1月，刘某从某科技公司离职，其离职前一年实发工资总额达55万余元。自2019年2月起，某科技公司按照离职前确定的标准向刘某支付竞业限制经济补偿。2019年4月，某科技公司通知刘某报告就业情况，刘某回复其没有就业。但是自2019年3月份起，刘某就出入与某科技公司存在同业竞争关系的A公司办公场所并在A公司拥有固定停车位。同时，A公司委托其他公司为刘某缴纳社保和个人所得税，在2019年3月份至2020年7月份期间，刘某缴纳的个人所得税高达61万余元。科技公司遂诉至法院，主张刘某返还已支付的竞业限制经济补偿26万余元，并支付五倍违约金。

裁判结果：法院认为，刘某汇报的就业情况与其社保及个人所得税缴纳情况、其与A公司的关系明显不符，对此，刘某无法作出合理说明，亦未举证证明其竞业限制期间的具体工作情况，故法院认定刘某在竞业限制期限内向与科技公司存在竞争关系的A公司提供了劳动，违反了竞业限制义务。综合考虑刘某任职情况、工资标准以及违反竞业限制义务而获得高额工资收入

① 《四川省高级人民法院发布劳动争议典型案例》，七、掌握企业技术秘密的工作人员离职后违反竞业限制义务的，应当承担违约责任——刘某与某科技公司竞业限制纠纷案，载四川省高级人民法院网站，http：//scfy. scssfw. gov. cn/article/detail/2023/05/id/7271548. shtml，最后访问日期：2023年6月30日。

等情况，认为约定的竞业限制违约金数额并未明显过高，故不予调减违约金，支持了科技公司的诉讼请求。

典型意义

科技型企业主要竞争力来源于核心技术，核心技术人员因“近水楼台先得月”，更容易掌握企业的商业机密。为避免同业竞争者通过“挖人”的方式获得企业商业机密，科技型企业往往与离职员工签订了高额违约金的竞业限制协议，以规避该类风险。本案裁判依照《中华人民共和国劳动合同法》第二十三条的规定，最终判决劳动者支付高额违约金，体现了司法对恶意违反竞业限制义务行为的否定评价。本案的裁判，一方面提醒劳动者尤其是掌握企业核心商业机密的劳动者，应当严格履行竞业限制协议，不应通过各种变通方式违反竞业限制义务；另一方面，对通过恶意“挖人”方式获得不正当竞争优势的用人单位给予警示震慑。

（四）裁判依据

《中华人民共和国劳动合同法》

第二十四条 竞业限制的人员限于用人单位的高级管理人员、高级技术人员和其他负有保密义务的人员。竞业限制的范围、地域、期限由用人单位与劳动者约定，竞业限制的约定不得违反法律、法规的规定。

在解除或者终止劳动合同后，前款规定的人员到与本单位生产或者经营同类产品、从事同类业务的有竞争关系的其他用人单位，或者自己开业生产或者经营同类产品、从事同类业务的竞业限制期限，不得超过二年。

《最高人民法院关于审理劳动争议案件适用法律问题的解释（一）》

第三十六条 当事人在劳动合同或者保密协议中约定了竞业限制，但未约定解除或者终止劳动合同后给予劳动者经济补偿，劳动者履行了竞业限制义务，要求用人单位按照劳动者在劳动合同解除或者终止前十二个月平均工资的30%按月支付经济补偿的，人民法院应予支持。

前款规定的月平均工资的30%低于劳动合同履行地最低工资标准的，按照劳动合同履行地最低工资标准支付。

第三十七条 当事人在劳动合同或者保密协议中约定了竞业限制和经济补偿，当事人解除劳动合同时，除另有约定外，用人单位要求劳动者履行竞业限制义务，或者劳动者履行了竞业限制义务后要求用人单位支付经济补偿的，人民法院应予支持。

第三十八条 当事人在劳动合同或者保密协议中约定了竞业限制和经济补偿，劳动合同解除或者终止后，因用人单位的原因导致三个月未支付经济补偿，劳动者请求解除竞业限制约定的，人民法院应予支持。

第三十九条 在竞业限制期限内，用人单位请求解除竞业限制协议的，人民法院应予支持。

在解除竞业限制协议时，劳动者请求用人单位额外支付劳动者三个月的竞业限制经济补偿的，人民法院应予支持。

第四十条 劳动者违反竞业限制约定，向用人单位支付违约金后，用人单位要求劳动者按照约定继续履行竞业限制义务的，人民法院应予支持。

八、解除劳动合同纠纷

（一）最高人民法院指导案例

057. 管理人员未采取合理措施或者存在纵容性骚扰行为、干扰对性骚扰行为调查等情形，用人单位可否解除劳动合同①

郑某诉霍尼韦尔自动化控制（中国）有限公司劳动合同纠纷案

关键词：民事/劳动合同/解除劳动合同/性骚扰/规章制度

裁判要点

用人单位的管理人员对被性骚扰员工的投诉，应采取合理措施进行处置。管理人员未采取合理措施或者存在纵容性骚扰行为、干扰对性骚扰行为调查等情形，用人单位以管理人员未尽岗位职责，严重违反规章制度为由解除劳动合同，管理人员主张解除劳动合同违法的，人民法院不予支持。

相关法条

《中华人民共和国劳动合同法》第三十九条

基本案情：郑某于2012年7月入职霍尼韦尔自动化控制（中国）有限公司（以下简称霍尼韦尔公司），担任渠道销售经理。霍尼韦尔公司建立有工

① 最高人民法院指导案例181号。

作场所性骚扰防范培训机制，郑某接受过相关培训。霍尼韦尔公司《商业行为准则》规定经理和主管“应确保下属能畅所欲言且无须担心遭到报复，所有担忧或问题都能专业并及时地得以解决”，不允许任何报复行为。2017年版《员工手册》规定：对他人实施性骚扰、违反公司《商业行为准则》、在公司内部调查中做虚假陈述的行为均属于会导致立即辞退的违纪行为。上述规章制度在实施前经过该公司工会沟通会议讨论。

郑某与霍尼韦尔公司签订的劳动合同约定郑某确认并同意公司现有的《员工手册》及《商业行为准则》等规章制度作为本合同的组成部分。《员工手册》修改后，郑某再次签署确认书，表示已阅读、明白并愿接受2017年版《员工手册》内容，愿恪守公司政策作为在霍尼韦尔公司工作的前提条件。

2018年8月30日，郑某因认为下属女职工任某与郑某上级邓某（已婚）之间的关系有点僵，为“疏解”二人关系而找任某谈话。郑某提到昨天观察到邓某跟任某说了一句话，而任某没有回答，其还专门跑到任某处帮忙打圆场。任某提及其在刚入职时曾向郑某出示过间接上级邓某发送的性骚扰微信记录截屏，郑某当时对此答复“我就是不想掺和这个事”“我往后不想再回答你后面的事情”“我是觉得有点怪，我也不敢问”。谈话中，任某强调邓某是在对其进行性骚扰，邓某要求与其发展男女关系，并在其拒绝后继续不停骚扰，郑某不应责怪其不搭理邓某，也不要替邓某来对其进行敲打。郑某则表示“你如果这样干工作的话，让我很难过”“你越端着，他越觉得我要把你怎么样”“他这么直接，要是我的话，先靠近你，摸摸看，然后聊聊天”。

后至2018年11月，郑某以任某不合群等为由向霍尼韦尔公司人事部提出与任某解除劳动合同，但未能说明解除任某劳动合同的合理依据。人事部为此找任某了解情况。任某告知人事部其被间接上级邓某骚扰，郑某有意无意撮合其和邓某，其因拒绝骚扰行为而受到打击报复。霍尼韦尔公司为此展开调查。

2019年1月15日，霍尼韦尔公司对郑某进行调查，并制作了调查笔录。

郑某未在调查笔录上签字，但对笔录记载的其对公司询问所做答复做了诸多修改。对于调查笔录中有无女员工向郑某反映邓某跟其说过一些不合适的话、对其进行性骚扰的提问所记录的“没有”的答复，郑某未作修改。

2019年1月31日，霍尼韦尔公司出具《单方面解除函》，以郑某未尽经理职责，在下属反映遭受间接上级骚扰后没有采取任何措施帮助下属不再继续遭受骚扰，反而对下属进行打击报复，在调查过程中就上述事实做虚假陈述为由，与郑某解除劳动合同。

2019年7月22日，郑某向上海市劳动争议仲裁委员会申请仲裁，要求霍尼韦尔公司支付违法解除劳动合同赔偿金368130元。该请求未得到仲裁裁决支持。郑某不服，以相同请求诉至上海市浦东新区人民法院。

裁判结果：上海市浦东新区人民法院于2020年11月30日作出（2020）沪0115民初10454号民事判决：驳回郑某的诉讼请求。郑某不服一审判决，提起上诉。上海市第一中级人民法院于2021年4月22日作出（2021）沪01民终2032号民事判决：驳回上诉，维持原判。

裁判理由：法院生效裁判认为，本案争议焦点在于：一、霍尼韦尔公司据以解除郑某劳动合同的《员工手册》和《商业行为准则》对郑某有无约束力；二、郑某是否存在足以解除劳动合同的严重违纪行为。

关于争议焦点一，霍尼韦尔公司据以解除郑某劳动合同的《员工手册》和《商业行为准则》对郑某有无约束力。在案证据显示，郑某持有异议的霍尼韦尔公司2017年版《员工手册》《商业行为准则》分别于2017年9月、2014年12月经霍尼韦尔公司工会沟通会议进行讨论。郑某与霍尼韦尔公司签订的劳动合同明确约定《员工手册》《商业行为准则》属于劳动合同的组成部分，郑某已阅读并理解和接受上述制度。在《员工手册》修订后，郑某亦再次签署确认书，确认已阅读、明白并愿接受2017年版《员工手册》，愿恪守公司政策作为在霍尼韦尔公司工作的前提条件。在此情况下，霍尼韦尔公司的《员工手册》《商业行为准则》应对郑某具有约束力。

关于争议焦点二，郑某是否存在足以解除劳动合同的严重违纪行为。一则，在案证据显示霍尼韦尔公司建立有工作场所性骚扰防范培训机制，郑某亦接受过相关培训。霍尼韦尔公司《商业行为准则》要求经理、主管等管理人员在下属提出担忧或问题时能够专业并及时帮助解决，不能进行打击报复。霍尼韦尔公司 2017 年版《员工手册》还将违反公司《商业行为准则》的行为列为会导致立即辞退的严重违纪行为范围。现郑某虽称相关女职工未提供受到骚扰的切实证据，其无法判断骚扰行为的真伪、对错，但从郑某在 2018 年 8 月 30 日谈话录音中对相关女职工初入职时向其出示的微信截屏所做的“我是觉得有点怪，我也不敢问”“我就是不想掺和这个事”的评述看，郑某本人亦不认为相关微信内容系同事间的正常交流，且郑某在相关女职工反复强调间接上级一直对她进行骚扰时，未见郑某积极应对帮助解决，反而说“他这么直接，要是我的话，先靠近你，摸摸看，然后聊聊天”。所为皆为积极促成自己的下级与上级发展不正当关系。郑某的行为显然有悖其作为霍尼韦尔公司部门主管应尽之职责，其相关答复内容亦有违公序良俗。此外，依据郑某自述，其在 2018 年 8 月 30 日谈话后应已明确知晓相关女职工与间接上级关系不好的原因，但郑某不仅未采取积极措施，反而认为相关女职工处理不当。在任某明确表示对郑某性骚扰的抗拒后，郑某于 2018 年 11 月中旬向人事经理提出任某性格不合群，希望公司能解除与任某的劳动合同，据此霍尼韦尔公司主张郑某对相关女职工进行打击报复，亦属合理推断。二则，霍尼韦尔公司 2017 年版《员工手册》明确规定在公司内部调查中做虚假陈述的行为属于会导致立即辞退的严重违纪行为。霍尼韦尔公司提供的 2019 年 1 月 15 日调查笔录显示郑某在调查过程中存在虚假陈述情况。郑某虽称该调查笔录没有按照其所述内容记录，其不被允许修改很多内容，但此主张与郑某对该调查笔录中诸多问题的答复都进行过修改的事实相矛盾，法院对此不予采信。该调查笔录可以作为认定郑某存在虚假陈述的判断依据。

综上，郑某提出的各项上诉理由难以成为其上诉主张成立的依据。霍尼韦尔公司主张郑某存在严重违纪行为，依据充分，不构成违法解除劳动合同。对郑某要求霍尼韦尔公司支付违法解除劳动合同赔偿金368130元的上诉请求，不予支持。

058. 人民法院在判断用人单位单方解除劳动合同行为的合法性时，应当以用人单位向劳动者发出的解除通知的内容为认定依据①

孙贤锋诉淮安西区人力资源开发有限公司劳动合同纠纷案

关键词：民事/劳动合同/解除劳动合同/合法性判断

裁判要点

人民法院在判断用人单位单方解除劳动合同行为的合法性时，应当以用人单位向劳动者发出的解除通知的内容为认定依据。在案件审理过程中，用人单位超出解除劳动合同通知中载明的依据及事由，另行提出劳动者在履行劳动合同期间存在其他严重违反用人单位规章制度的情形，并据此主张符合解除劳动合同条件的，人民法院不予支持。

相关法条

《中华人民共和国劳动合同法》第三十九条

基本案情：2016年7月1日，孙贤锋（乙方）与淮安西区人力资源开发有限公司（以下简称西区公司）（甲方）签订劳动合同，约定：劳动合同期限为自2016年7月1日起至2019年6月30日止；乙方工作地点为连云港，从事邮件收派与司机岗位工作；乙方严重违反甲方的劳动纪律、规章制度的，

① 最高人民法院指导案例180号。

甲方可以立即解除本合同且不承担任何经济补偿；甲方违约解除或者终止劳动合同的，应当按照法律规定和本合同约定向乙方支付经济补偿金或赔偿金；甲方依法制定并通过公示的各项规章制度，如《员工手册》《奖励与处罚管理规定》《员工考勤管理规定》等文件作为本合同的附件，与本合同具有同等效力。之后，孙贤锋根据西区公司安排，负责江苏省灌南县堆沟港镇区域的顺丰快递收派邮件工作。西区公司自 2016 年 8 月 25 日起每月向孙贤锋银行账户结算工资，截至 2017 年 9 月 25 日，孙贤锋前 12 个月的平均工资为 6329.82 元。2017 年 9 月 12 日、10 月 3 日、10 月 16 日，孙贤锋先后存在工作时间未穿工作服、代他人刷考勤卡、在单位公共平台留言辱骂公司主管等违纪行为。事后，西区公司依据《奖励与处罚管理规定》，由用人部门负责人、建议部门负责人、工会负责人、人力资源部负责人共同签署确认，对孙贤锋上述违纪行为分别给予扣 2 分、扣 10 分、扣 10 分处罚，但具体扣分处罚时间难以认定。

2017 年 10 月 17 日，孙贤锋被所在单位用人部门以未及时上交履职期间的营业款项为由安排停工。次日，孙贤锋至所在单位刷卡考勤，显示刷卡信息无法录入。10 月 25 日，西区公司出具离职证明，载明孙贤锋自 2017 年 10 月 21 日从西区公司正式离职，已办理完毕手续，即日起与公司无任何劳动关系。10 月 30 日，西区公司又出具解除劳动合同通知书，载明孙贤锋在未履行请假手续也未经任何领导批准情况下，自 2017 年 10 月 20 日起无故旷工 3 天以上，依据国家的相关法律法规及单位规章制度，经单位研究决定自 2017 年 10 月 20 日起与孙贤锋解除劳动关系，限于 2017 年 11 月 15 日前办理相关手续，逾期未办理，后果自负。之后，孙贤锋向江苏省灌南县劳动人事争议仲裁委员会申请仲裁，仲裁裁决后孙贤锋不服，遂诉至法院，要求西区公司支付违法解除劳动合同赔偿金共计 68500 元。

西区公司在案件审理过程中提出，孙贤锋在职期间存在未按规定着工作服、代人打卡、谩骂主管以及未按照公司规章制度及时上交营业款项等违纪行为，严重违反用人单位规章制度；自2017年10月20日起，孙贤锋在未履行请假手续且未经批准的情况下无故旷工多日，依法自2017年10月20日起与孙贤锋解除劳动关系，符合法律规定。

裁判结果：江苏省灌南县人民法院于2018年11月15日作出（2018）苏0724民初2732号民事判决：一、被告西区公司于本判决发生法律效力之日起十日内支付原告孙贤锋经济赔偿金18989.46元。二、驳回原告孙贤锋的其他诉讼请求。西区公司不服，提起上诉。江苏省连云港市中级人民法院于2019年4月22日作出（2019）苏07民终658号民事判决：驳回上诉，维持原判。

裁判理由：法院生效裁判认为：用人单位单方解除劳动合同是根据劳动者存在违法违纪、违反劳动合同的行为，对其合法性的评价也应以作出解除劳动合同决定时的事实、证据和相关法律规定为依据。用人单位向劳动者送达的解除劳动合同通知书，是用人单位向劳动者作出解除劳动合同的意思表示，对用人单位具有法律约束力。解除劳动合同通知书明确载明解除劳动合同的依据及事由，人民法院审理解除劳动合同纠纷案件时应以该决定作出时的事实、证据和法律为标准进行审查，不宜超出解除劳动合同通知书所载明的内容和范围。否则，将偏离劳资双方所争议的解除劳动合同行为的合法性审查内容，导致法院裁判与当事人诉讼请求以及争议焦点不一致；同时，也违背民事主体从事民事活动所应当秉持的诚实信用这一基本原则，造成劳资双方权益保障的失衡。

本案中，孙贤锋与西区公司签订的劳动合同系双方真实意思表示，合法有效。劳动合同附件《奖励与处罚管理规定》作为用人单位的管理规章制度，不违反法律、行政法规的强制性规定，合法有效，对双方当事人均具有约束力。根据《奖励与处罚管理规定》，员工连续旷工3天（含）以上的，公司有权对其处以第五类处罚责任，即解除合同、永不录用。西区公司向孙贤锋送达的解除劳动合同通知书明确载明解除劳动合同的事由为孙贤锋无故旷工达3天以上，孙贤锋诉请法院审查的内容也是西区公司以其无故旷工达3

天以上而解除劳动合同行为的合法性，故法院对西区公司解除劳动合同的合法性审查也应以解除劳动合同通知书载明的内容为限，而不能超越该诉争范围。虽然西区公司在庭审中另提出孙贤锋在工作期间存在不及时上交营业款、未穿工服、代他人刷考勤卡、在单位公共平台留言辱骂公司主管等其他违纪行为，也是严重违反用人单位规章制度，公司仍有权解除劳动合同，但是根据在案证据及西区公司的陈述，西区公司在已知孙贤锋存在上述行为的情况下，没有提出解除劳动合同，而是主动提出重新安排孙贤锋从事其他工作，在向孙贤锋出具解除劳动合同通知书时也没有将上述行为作为解除劳动合同的理由。对于西区公司在诉讼期间提出的上述主张，法院不予支持。

西区公司以孙贤锋无故旷工达 3 天以上为由解除劳动合同，应对孙贤锋无故旷工达 3 天以上的事实承担举证证明责任。但西区公司仅提供了本单位出具的员工考勤表为证，该考勤表未经孙贤锋签字确认，孙贤锋对此亦不予认可，认为是单位领导安排停工并提供刷卡失败视频为证。因孙贤锋在工作期间被安排停工，西区公司之后是否通知孙贤锋到公司报到、如何通知、通知时间等事实，西区公司均没有提供证据加以证明，故孙贤锋无故旷工 3 天以上的事实不清，西区公司应对此承担举证不能的不利后果，其以孙贤锋旷工违反公司规章制度为由解除劳动合同，缺少事实依据，属于违法解除劳动合同。

059. 用人单位能否依据“末位淘汰”单方解除劳动合同①

中兴通讯（杭州）有限责任公司诉王鹏劳动合同纠纷案

关键词：民事/劳动合同/单方解除

① 最高人民法院指导案例 18 号。

裁判要点

劳动者在用人单位等级考核中居于末位等次，不等同于“不能胜任工作”，不符合单方解除劳动合同的法定条件，用人单位不能据此单方解除劳动合同。

相关法条

《中华人民共和国劳动合同法》第三十九条、第四十条

基本案情：2005年7月，被告王鹏进入原告中兴通讯（杭州）有限责任公司（以下简称中兴通讯）工作，劳动合同约定王鹏从事销售工作，基本工资每月3840元。该公司的《员工绩效管理办法》规定：员工半年、年度绩效考核分别为S、A、C1、C2四个等级，分别代表优秀、良好、价值观不符、业绩待改进；S、A、C（C1、C2）等级的比例分别为20%、70%、10%；不胜任工作原则上考核为C2。王鹏原在该公司分销科从事销售工作，2009年1月后因分销科解散等原因，转岗至华东区从事销售工作。2008年下半年、2009年上半年及2010年下半年，王鹏的考核结果均为C2。中兴通讯认为，王鹏不能胜任工作，经转岗后，仍不能胜任工作，故在支付了部分经济补偿金的情况下解除了劳动合同。

2011年7月27日，王鹏提起劳动仲裁。同年10月8日，仲裁委作出裁决：中兴通讯支付王鹏违法解除劳动合同的赔偿金余额36596.28元。中兴通讯认为其不存在违法解除劳动合同的行为，故于同年11月1日诉至法院，请求判令不予支付解除劳动合同赔偿金余额。

裁判结果：浙江省杭州市滨江区人民法院于2011年12月6日作出（2011）杭滨民初字第885号民事判决：原告中兴通讯（杭州）有限责任公司于本判决生效之日起十五日内一次性支付被告王鹏违法解除劳动合同的赔偿金余额36596.28元。宣判后，双方均未上诉，判决已发生法律效力。

裁判理由：法院生效裁判认为：为了保护劳动者的合法权益，构建和发展

和谐稳定的劳动关系，《中华人民共和国劳动法》《中华人民共和国劳动合同法》对用人单位单方解除劳动合同的条件进行了明确限定。原告中兴通讯以被告王鹏不胜任工作，经转岗后仍不胜任工作为由，解除劳动合同，对此应负举证责任。根据《员工绩效管理办法》的规定，“C（C1、C2）考核等级的比例为10%”，虽然王鹏曾经考核结果为C2，但是C2等级并不完全等同于“不能胜任工作”，中兴通讯仅凭该限定考核等级比例的考核结果，不能证明劳动者不能胜任工作，不符合据此单方解除劳动合同的法定条件。虽然2009年1月王鹏从分销科转岗，但是转岗前后均从事销售工作，并存在分销科解散导致王鹏转岗这一根本原因，故不能证明王鹏系因不能胜任工作而转岗。因此，中兴通讯主张王鹏不胜任工作，经转岗后仍然不胜任工作的依据不足，存在违法解除劳动合同的情形，应当依法向王鹏支付经济补偿标准二倍的赔偿金。

（二）最高人民法院公报案例及典型案例

060. 用人单位行使管理权应当合理且善意①

上海安盛物业有限公司诉王文正劳动合同纠纷案

案例要旨

用人单位行使管理权亦当合理且善意。劳动者因直系亲属病危提交请假手续，在用人单位审批期间，该直系亲属病故，劳动者径行返家处理后事，用人单位因此以旷工为由主张解除劳动合同的，属于违法解除劳动合同，亦不符合社会伦理。劳动者因用人单位违法解除劳动合同要求赔偿的，人民法院应予支持。

① 参见《最高人民法院公报》2023年04期。

原告：上海安盛物业有限公司，住所地：上海市沪青平公路。

法定代表人：梅月静，该公司执行董事。

被告：王文正。

原告上海安盛物业有限公司（以下简称安盛公司）因与被告王文正发生劳动合同纠纷，向上海市青浦区人民法院提起诉讼。

原告安盛公司诉称：安盛公司与被告王文正自2008年4月7日起建立劳动关系，王文正在安盛公司从事保安工作。2020年1月6日早7点左右，王文正以父亲病危为由，临时提出1月6日至13日请事假，并将请假申请单交给保安队长李某，要求李某转交，并称会自行联系小区经理吴某，随后即乘车回老家。当天中午，王文正电话通知物业管理处此次请假事宜，吴某将请假单拍照上传至公司微信群，但未获审批通过。王文正得知请假未获批准后，原本1月7日已经在赶回单位的路上，因途中接到父亲去世电话又返回老家，于1月14日下午回到上海，15日开始上班。公司考勤等规章制度依法制定并已向王文正公示，组织王文正学习，王文正已签字确认，知晓并应当严格遵守。根据公司考勤管理细则，员工请事假连续三天以上（含三天）需由集团公司总裁（总经理）审批。累计旷工三天以上（含三天）者，视为严重违反公司规章制度和劳动纪律，公司有权辞退，提前解除劳动合同并依法不予支付经济补偿。2020年1月6日至14日期间，王文正未经批准擅自请假，共缺勤6个工作日，即使给足3天丧假，累计旷工也达到3个工作日，符合辞退条件。安盛公司对仲裁裁决不服，人情不能大于法，用人单位的合法权益也需要得到保障。王文正在明知单位考勤审批制度，明知此次请事假在事先和事后均未按规定获得审批同意的情况下，仍故意旷工，其情节已达到被辞退的标准，安盛公司解除劳动合同于法有据，不属于违法解除，无需支付赔偿金。王文正2019年度年休假已休完，安盛公司无需支付年休假工资差额。故请求判令：安盛公司不支付王文正违法解除劳动合同赔偿金75269.04元、2019年未休年休假工资差额856.1元。

被告王文正辩称：不同意原告安盛公司的诉讼请求，认可仲裁裁决结果。

上海市青浦区人民法院一审查明：

被告王文正于2008年4月7日进入原告安盛公司工作，岗位为保安，王文正作息为做二休一。安盛公司员工请事假或公休需填写请假申请单，写明假别、时间、事由等，申请单落款签字栏分别为“申请人”、“职务代理人”、“主管部门”、“部门主任”、“人事”及“经理”。安盛公司考勤管理细则规定，员工请事假一天由主管领导审批，连续二天由行政事务部（办公室）审批，连续三天以上（含三天）由公司总裁（总经理）审批；累计旷工三天以上（含三天）者，视为严重违反公司规章制度和劳动纪律，公司有权辞退，提前解除劳动合同并依法不予支付经济补偿。王文正签名确认并学习了上述文件。2020年1月6日，王文正因父亲生病向其主管李某提交请假单后回老家，请假时间为2020年1月6日至1月13日。次日，王文正因安盛公司未准假而返回，途中得知其父亲去世便再次回家处理丧事。后，王文正于2020年1月14日返回上海，并于次日起开始上班。2020年1月6日至1月14日期间，王文正应出勤日期分别为6日、8日、9日、11日、12日、14日，共计6天。2020年1月31日，安盛公司向王文正出具《解除劳动合同通知书》，以旷工天数累计三天以上（含三天）为由解除劳动关系。

另查明，被告王文正2019年应享受10天年休假，已休7天。原告安盛公司保安岗位在2019年8月1日至2020年7月31日期间实行以季为周期的综合计算工时工作制。

又查明，被告王文正于2020年3月27日申请仲裁，要求原告安盛公司支付2020年1月1日至2月29日工资11190.53元、违法解除劳动合同赔偿金104069.06元及2019年未休年休假工资差额2464.38元。仲裁裁决安盛公司支付王文正2020年1月工资3419.3元、违法解除劳动合同赔偿金75269.04元及2019年未休年休假工资差额865.16元，对王文正的其余请求不予支持。安盛公司不服该裁决，诉至法院。

审理中，被告王文正向法院提供：1. 村委会出具的证明，证明其父亲于2020年1月7日因病去世，于1月12日火化。死亡证明已交给殡仪馆，注销户口时又将火化证明交给了公安机关，故现在无死亡证明和火化证明。原告安盛公司对真实性不予认可，认为死亡证明应该由公安局出具，火化证明应该由殡仪馆出具。村委会证明即使为真，王文正父亲1月7日去世，12日才火化也不符合常理。2. 王文正和保安队长李某的微信聊天记录，李某在微信中表述“安心回去给老父亲办后事，这里我明天给吴经理和上面沟通”，时间为2020年1月7日21点57分左右，证明其请假得到了主管的同意。安盛公司对真实性无异议。但认为该证据恰好证明王文正知晓此次请假没有获得批准，李某也明确表示其没有批准的权力。

上海市青浦区人民法院一审认为：

用人单位行使管理权应遵循合理、限度和善意的原则。解除劳动合同系最严厉的惩戒措施，用人单位应审慎用之。被告王文正因父去世回老家操办丧事，既是处理突发的家庭事务，亦属尽人子孝道，符合中华民族传统的人伦道德和善良风俗。原告安盛公司作为用人单位，应给予充分的尊重、理解和宽容。王文正提供了村委会出具的证明，安盛公司虽不予认可，但并无相反证据予以推翻。王文正所请1月6日至1月13日的事假在1月7日后性质发生改变，转化为事假丧假并存。扣除三天丧假，王文正实际只请了两天事假。考虑到王文正老家在外地，路途时间亦耗费较多，王文正请事假两天，属合理期间范围。安盛公司不予批准，显然不近人情，亦有违事假制度设立之目的。安盛公司解除劳动合同，属罔顾事件背景缘由，机械适用规章制度，严苛施行用工管理，显然不当。故，安盛公司应支付王文正违法解除劳动合同赔偿金75269.04元。关于2019年年休假工资，王文正尚余3天年休假未休，安盛公司应支付王文正未休年休假工资差额865.16元。关于2020年1月工资，仲裁裁决安盛公司支付王文正2020年1月工资3419.3元，双方均未提起诉讼，应视为认可，法院予以确认。

据此，上海市青浦区人民法院依照《中华人民共和国劳动合同法》第四十七条第一款、第三款、第八十七条，《职工带薪年休假条例》第三条第一款、第五条第三款的规定，于2020年10月10日作出判决：

一、原告上海安盛物业有限公司应于本判决生效之日起十日内支付被告王文正违法解除劳动合同赔偿金75269.04元；

二、原告上海安盛物业有限公司应于本判决生效之日起十日内支付被告王文正2019年未休年休假工资差额865.16元；

三、原告上海安盛物业有限公司应于本判决生效之日起十日内支付被告王文正2020年1月工资3419.3元。

安盛公司不服一审判决，向上海市第二中级人民法院提起上诉称：1. 被上诉人王文正不等单位审批即乘车返乡，说明其已单方决定离岗，主观上有旷工故意。王文正离岗后，扣除法定丧假也已旷工3天，符合辞退条件。王文正提供的其父死亡及火化下葬的证明系由村委会出具，真实性无法确认，公司存有合理质疑。2. 鉴于保安工作特殊性，若不对其进行辞退处理，会导致其他保安效仿，公司无法再进行有效管理。超出法定丧假期间的，用人单位完全有权根据实际情况和工作需要，作出批准或不批准的决定。王文正已达被辞退标准，安盛公司在充分考虑实际情况后审慎做出决定，并未违反合理、限度和善意原则。3. 王文正2019年年休假已使用完毕，安盛公司无需支付工资差额。

被上诉人王文正辩称：王文正请假系因父亲去世，事出有因，请假时间也在合理范围内，不能定性为旷工。

上海市第二中级人民法院经二审，确认了一审查明的事实。

上海市第二中级人民法院二审认为：

劳动合同履行期间，用人单位及劳动者均负有切实、充分、妥善履行合同的义务。劳动者有自觉维护用人单位劳动秩序，遵守用人单位的规章制度的义务；用人单位管理权的边界和行使方式亦应善意、宽容及合理。上诉人安盛公司以被上诉人王文正旷工天数累计达到三天以上（含三天）为由解除双方劳动合同，安盛公司是否系违法解除，应审视王文正是否存在公司主张的违纪事实。王文正工作做二休一，2020 年 1 月 6 日至 14 日期间，其请假日期为 1 月 6 日至 13 日，其应出勤日期分别为 6 日、8 日、9 日、11 日、12 日、14 日。

首先，关于 2020 年 1 月 6 日至 13 日。被上诉人王文正于 1 月 6 日早上提交了请假手续，其上级主管李某和吴某予以签字同意，但其领导迟至下午才报集团公司审批，次日才告知王文正未获批准，故王文正 1 月 6 日缺勤系因上诉人安盛公司未及时行使审批权所致，不应认定为旷工。1 月 7 日王文正因公司未准假，返回上海途中得知父亲去世便再次回家办理丧事，至此，事假性质发生改变，转化为丧假事假并存，扣除三天丧假，王文正实际事假天数为 2 天，至于此 2 天事假是否应获批准，纵观本案，王文正请假，事出有因，其回老家为父亲操办丧事，符合中华民族传统人伦道德和善良风俗。安盛公司作为用人单位行使管理权应遵循合理、限度和善意的原则。至于安盛公司对王文正父亲去世及火化下葬时间存有异议一节，包括王文正老家安徽在内的中国广大农村仍有停灵的丧葬习俗，而相关村委会证明显示的王文正父亲从去世到火化下葬所耗时间尚在合理范围内，尊重民俗，体恤员工的具体困难与不幸亦是用人单位应有之义，故对安盛公司之主张不予采纳。其次，关于 2020 年 1 月 14 日。该日不在王文正请假期间范围内，安盛公司认定该日为旷工，并无不当。

综上，被上诉人王文正旷工未达三天，未达到上诉人安盛公司规章制度规定的可解除劳动合同的条件，安盛公司系违法解除，应支付违法解除劳动合同赔偿金 75269.04 元。关于 2019 年未休年休假工资差额之诉请，一审认定正确，二审予以维持。

综上，上诉人安盛公司构成违法解除劳动合同，一审判决认定事实清楚，适用法律正确，裁判结果并无不当。据此，上海市第二中级人民法院依照

《中华人民共和国民事诉讼法》第一百七十条第一款第（一）项之规定，于2020年12月15日判决如下：

驳回上诉，维持原判。

061. 因用人单位整体搬迁导致劳动合同无法履行的认定[①]

吴继威诉南京搏峰电动工具有限公司劳动合同纠纷案

裁判摘要

因用人单位整体搬迁导致劳动者工作地点变更、通勤时间延长的，是否属于《中华人民共和国劳动合同法》第四十条第三项规定的“劳动合同订立时所依据的客观情况发生重大变化，致使劳动合同无法履行”的情形，需要考量搬迁距离远近、通勤便利程度，结合用人单位是否提供交通工具、是否调整出勤时间、是否增加交通补贴等因素，综合评判工作地点的变更是否给劳动者的工作和生活带来严重不便并足以影响劳动合同的履行。如果用人单位已经采取适当措施降低了搬迁对劳动者的不利影响，搬迁行为不足以导致劳动合同无法履行的，劳动者不得以此为由拒绝提供劳动。

原告：吴继威，男，1990年10月6日生，汉族，住安徽省明光市。

被告：南京搏峰电动工具有限公司，住所地：江苏省南京市江宁经济技术开发区。

法定代表人：Lennart de Vet，该公司董事长。

原告吴继威因与被告南京搏峰电动工具有限公司（以下简称搏峰公司）发生劳动合同纠纷，向江苏省江宁经济技术开发区人民法院提起诉讼。

① 参见《最高人民法院公报》2020年09期。

原告吴继威诉称：其原系被告搏峰公司员工。2019 年 3 月 9 日，搏峰公司在未提前通知的情况下单方搬迁，后于 3 月 18 日直接发出解除劳动合同通知书。现要求搏峰公司支付赔偿金 57192 元。

被告搏峰公司辩称：其因生产经营和改善环境需要，定于 2019 年 4 月从将军大道 159 号搬迁至 529 号。2019 年 3 月 9 日，其在组织员工拆除一条无任务的生产线时，包含原告吴继威在内的 100 余名员工集体停工。其邀请政府部门进行了法律答疑，并宣告承诺福利待遇不变且每月增发 50 元交通补贴，要求员工回岗，但员工仍然停工。其之后多次通知员工回岗，否则将根据规章制度予以解雇，均遭到拒绝。吴继威严重违反规章制度和最基本的劳动纪律，其解除劳动合同行为合法。

江宁经济技术开发区人民法院一审查明：

2013 年 9 月 23 日，原告吴继威入职被告搏峰公司从事生产工作。双方签订的最后一期劳动合同期限至 2019 年 9 月 30 日，约定工作地点在将军大道 159 号搏峰公司，涉及劳动者切身利益的条款内容或重大事项变更时，应协商一致。

2017 年 5 月 4 日，被告搏峰公司召开职工代表大会，审议修订员工手册。其中规定，连续旷工 3 个工作日，或连续 12 个月内累计旷工 5 个工作日，给予解除合同处分。原告吴继威签收了员工手册。

2019 年 3 月，被告搏峰公司因经营需要决定由原办公地点将军大道 159 号整体搬迁至将军大道 529 号。包括原告吴继威在内的员工得知后，以距离太远为由拒绝到新厂址上班。2019 年 3 月 9 日，搏峰公司组织人员拆除生产线时，包括吴继威在内的员工大面积停工，自此每日到原厂址打卡后，不再提供劳动。2019 年 3 月 11 日，搏峰公司发布《关于厂区搬迁的通知》，声明自 2019 年 4 月 1 日起，厂区将从将军大道 159 号（14000 平方米）整体搬迁至距离约 4.5 千米的将军大道 529 号（17000 平方米），全程骑行约 20 分钟，均在地铁 S1 号线沿线，有 864 路、874 路公交可乘，生产车间提供中央空调，食宿更加便利，搏峰公司将安排车辆携全员前往新厂区参观，给予每人500元搬迁奖励，交通补贴在每月100元基础上增加50元，要求员工通过合理渠道沟通，必须于2019年3月12日8：30回岗正常劳动。员工拒绝返岗。2019年3月13日，搏峰公司再次发布公告，重申员工的岗位、工作内容和福利待遇不变，增发50元交通补助。员工仍然拒绝返岗。2019年3月15日，搏峰公司向吴继威发出《督促回岗通知》，告知吴继威其行为已严重违反规章制度，扰乱破坏生产秩序，要求吴继威于2019年3月18日8：30到生产主管处报到，逾期未报到将解除劳动合同。吴继威未按要求报到。2019年3月18日，搏峰公司在通知工会后，以严重违反规章制度为由决定与吴继威解除劳动合同。

2019年3月25日，原告吴继威向南京市江宁区劳动人事争议仲裁委员会申诉，仲裁请求与本案诉讼请求一致。2019年5月6日，仲裁委员会作出裁决，驳回了吴继威的仲裁请求。被告搏峰公司服从裁决。吴继威不服裁决，提起诉讼。

江宁经济技术开发区人民法院一审认为：

被告搏峰公司拟将厂区整体迁移，是基于生产运作情况作出的经营决策，不改变劳动者的岗位和待遇，并非滥用用工权利刻意为难劳动者的行为。厂区迁移后，确实可能对劳动者产生一定的通勤压力，但搬迁距离并不遥远，也在公共交通、共享单车可达之处，将军大道本身具备较好的通行条件，搏峰公司也承诺增发交通补助，总体而言，迁移对劳动者的影响是有限的，不构成双方继续履行劳动合同的根本障碍。同时，争议发生后，双方均应当采取正当手段维护自身权利。原告吴继威不愿意调整工作地点，可以提出相关诉求，但其自身仍然负有继续遵守规章制度、继续履行劳动合同的义务。吴继威在搏峰公司的再三催告下，仍然拒绝返回原岗位工作，已经构成旷工，违反基本的劳动纪律，并且达到员工手册中规定的可被解除劳动合同的严重程度，故搏峰公司在通知工会后作出的解除劳动合同决定，并无违法之处，故对吴继威要求搏峰公司支付违法解除劳动合同赔偿金的请求不予支持。

综上，江宁经济技术开发区人民法院依照《中华人民共和国劳动合同法》第三十九条第二项规定，于2019年10月8日判决：

驳回原告吴继威的诉讼请求。

一审宣判后，双方当事人均未提起上诉，一审判决已经发生法律效力。

062. 用人单位应依据法律规定，在解除劳动合同时出具解除证明[①]

蔡玉龙诉南京金中建幕墙装饰有限公司劳动合同纠纷案

裁判摘要

用人单位应依据《中华人民共和国劳动合同法》的规定，在解除或终止劳动合同时出具解除或终止劳动合同的证明，在15日内为劳动者办理档案和社会保险关系转移手续，并在合理期限内为劳动者办理专业证件转移手续。用人单位不及时办理上述事项，致使劳动者在再次就业时无法办理相关入职手续，或者无法出示相关证件，严重影响新用人单位对劳动者工作态度和职业能力的判断，从而导致劳动者不能顺利就业，损害劳动者再就业权益的，应对劳动者的未就业损失进行赔偿。

原告：蔡玉龙，男，43岁，汉族，住江苏省南京市秦淮区。

被告：南京金中建幕墙装饰有限公司，住所地：江苏省南京市江宁经济技术开发区双龙大道。

法定代表人：崔开荣，该公司董事长。

① 参见《最高人民法院公报》2020年04期。

原告蔡玉龙因与被告南京金中建幕墙装饰有限公司（以下简称金中建公司）发生劳动合同纠纷，向江苏省南京市江宁区人民法院提起诉讼。

原告蔡玉龙诉称，其入职被告金中建公司后，按金中建公司的要求提交了一级建造师执业证书和注册证书及印章、国家注册安全工程师执业证书和注册证书、安全B证、高工证等，其从金中建公司离职后，因金中建公司未及时将上述证书归还，未及时出具离职证明，未及时办理建造师转出、社会保险及公积金转移等离职手续，导致其不能重新就业。现诉至法院，请求判令：1. 金中建公司归还其一级建造师执业证书和注册证书及印章、国家注册安全工程师执业证书和注册证书、安全B证、高工证等，金中建公司出具离职证明，协助办理建造师转出、社会保险及公积金转移等离职手续；2. 金中建公司支付因拖延归还证件、不办理离职手续，致其无法再就业的损失82500元（按15000元/月的标准计算，自2015年5月13日起至10月28日止）。

被告金中建公司辩称，原告蔡玉龙主动向其公司申请辞职，其未扣押蔡玉龙建造师执业证书和注册证书，蔡玉龙要求其公司赔偿损失的请求不能成立，请求驳回蔡玉龙的诉讼请求。

南京市江宁区人民法院一审审理查明：

原告蔡玉龙于2014年2月24日入职被告金中建公司，双方于当日签订劳动合同一份，合同期限自2014年2月24日起至2019年2月23日止。2015年1月20日，金中建公司根据建筑行业的相关规定，将蔡玉龙的一级建造师证暂押在南京市装饰行业管理办公室。2015年3月28日，蔡玉龙“因个人事业发展机会的需要”，向金中建公司提出书面辞职申请。2015年4月28日，双方签订解除劳动关系协议。离职前12个月，蔡玉龙的月平均工资为13975元。

原告蔡玉龙主张其将自己的档案、就业证、一级建造师证及印章、一级建造师注册证书、高工证和注册安全工程师证及资格证、安全B证交给被告金中建公司，提交：1. 收条两份，收条载明于2014年2月15日、5月29日，蔡玉龙分别将其档案、就业证、一级建造师证、一级建造师注册证书、高工证和注册安全工程师执业证及执业资格证交给金中建公司人力资源部王芳、张丽丽；2. 离职工作登记表复印件，蔡玉龙在庭审中陈述，一级建造师印章在打收条之后交给金中建公司，安全 B 证是在金中建公司报考，2015 年 5 月 7 日其将安全 B 证交给了陈萍。

2015 年 11 月 30 日，被告金中建公司将原告蔡玉龙的高工证（任职资格证书）、一级建造师证书执业证书、一级建造师注册证书、注册安全工程师执业资格证书、注册安全工程师执业证当庭归还蔡玉龙，但不认可蔡玉龙将安全 B 证、一级建造师印章交其保管。

关于被告金中建公司是否拖延归还证件并不办理原告蔡玉龙离职手续致蔡玉龙无法顺利就业问题，蔡玉龙称其未找到工作，因为所有应聘单位均要求其提供岗位相关证书，其中南京倍利达新材料有限公司要求其提供一级建造师证书、离职证明、社保转移手续等。金中建公司主张蔡玉龙自行离职，且离职后至其他单位就职，故不应支付蔡玉龙无法找到工作的损失，并提交"太阳宫改造及周边环境综合整治工程外立面改造工程"专家论证会纪要及签到表，证明蔡玉龙代表江苏天茂建设工程有限公司参加会议，当时已经在该公司任职。蔡玉龙对证据真实性无异议，但其在会议签到表上填写的是在金中建公司之前任职的单位"北京嘉寓"，2015 年 8 月其应江苏天茂建设工程有限公司邀请参加该专家论证会，并提交江苏天茂建设工程有限公司出具的证明，载明蔡玉龙与该公司并不存在劳动合同关系及工作关系。

审理中，被告金中建公司申请调查令至南京市人力资源和社会保障局、南京市江宁地方税务局调查原告蔡玉龙 2015 年 5 月后的入职情况，但未提交调查结果。因金中建公司申请，法院依法调取了 2015 年 5 月份以后蔡玉龙个人所得税完税证明，蔡玉龙在 2015 年 5 月至 11 月期间在南京市未发生个人所得税完税记录。

南京市江宁区人民法院一审审理认为：

关于原告蔡玉龙主张的返还证件问题，蔡玉龙提交收条和离职人员交接手续清单复印件，不足以证明其将安全 B 证、一级建造师印章交给被告金中建公司保管，故对其要求金中建公司交付上述两种材料的诉请，法院不予支持。蔡玉龙主张的其他证件，金中建公司已经当庭归还，予以确认。

关于原告蔡玉龙主张的离职手续问题。用人单位应依据劳动合同法规定在解除或终止劳动合同时出具解除或终止劳动合同的证明，并在十五日内为劳动和办理档案和社会保险关系转移手续。用人单位亦应为劳动者办理工作岗位涉及证件的相关转移手续，以便于劳动者再次就业。本案中，原被告双方劳动关系于 2015 年 4 月 28 日解除，被告金中建公司应依照法律规定和合同约定为蔡玉龙办理上述手续，故对蔡玉龙要求金中建公司出具离职证明，协助办理建造师转出、社会保险和公积金转移等离职手续的诉讼请求，予以支持。

关于原告蔡玉龙主张的被告金中建公司应赔偿其未就业损失问题。用人单位不及时为劳动者办理离职手续，未向劳动者出具解除或者终止劳动合同的书面证明，导致劳动者在再次就业时无法办理相关入职手续，或者无法出示相关证件，而不能顺利就业的，损害了劳动者再就业权益，应依照法律规定给予赔偿。本案中，原被告双方劳动关系于 2015 年 4 月 28 日解除后，金中建公司未在法律规定的期限内为蔡玉龙办理离职手续，一方面，劳动合同法规定，用人单位招用与其他用人单位尚未解除或终止劳动合同的劳动者，给其他用人单位造成损失的，应当承担连带赔偿责任。因此，用人单位在招用劳动者时通常要求劳动者提供离职证明、档案和社保转移等手续，因金中建公司拖延办理，蔡玉龙无法向新单位出具，可能影响蔡玉龙再次就业；另一方面，由于蔡玉龙取得的建筑行业相关证书为其再次就业的必要条件，双方劳动关系于 4 月 28 日解除，金中建公司于 11 月 30 日才归还相关证件，目前证件转出手续仍未办理，远超过合理期限，蔡玉龙在证件未归还和证件手续未转出时无法向新用人单位出示，严重影响新用人单位对其职业能力的判断，必然影响其再次就业。综上，金中建公司未及时为蔡玉龙办理离职手续，已经影响蔡玉龙再次就业的权益，应给予蔡玉龙赔偿。关于赔偿标准，原告蔡玉龙在被告金中建公司的工资标准是其工资能力和工作业绩的真实反映，其损失以该工资作为计算依据较为客观合理，因此赔偿标准认定为蔡玉龙在金中建公司离职前 12 个月平均工资 13975 元，计算期间酌定为 4 个月。

据此，南京市江宁区人民法院依照《中华人民共和国劳动合同法》第五十条、第八十九条、《中华人民共和国民事诉讼法》第六十四条之规定，于 2015 年 12 月 9 日作出判决：

一、被告金中建公司支付原告蔡玉龙未办理离职手续而造成的损失 55900 元。

二、被告金中建公司于本判决发生法律效力之日起 15 日内协助原告蔡玉龙出具离职证明、办理建造师转出手续、社会保险和公积金转移手续等离职手续。一审宣判后，蔡玉龙与金中建公司均不服一审判决，向江苏省南京市中级人员提出上诉。

上诉人蔡玉龙上诉称：1. 金中建公司应支付蔡玉龙 2015 年 5 月 13 日至 2015 年 12 月 19 日期间，计 6 个月的误工损失 83850 元。一审法院酌定金中建公司支付 4 个月的赔偿费与事实有出入；2. 金中建公司至今未归还蔡玉龙在其公司报考取得的安全 B 证和一级建造师印章。蔡玉龙一审中提交的麒麟科创园工作移交登记表可证明安全 B 证和一级建造师证在办理离职手续时交给金中建公司的资料员陈萍保管，陈萍签字后此表被人事部收回，金中建公司一审归还了一级建造师证书，说明安全 B 证也在金中建公司。金中建公司未能提供麒麟科创园工作移交登记表原件，应承担不利后果。综上，请求二审法院撤销一审判决，依法改判。

金中建公司辩称：1. 关于扣押的证件导致的六个月误工损失 83850 元，上诉人蔡玉龙突然提出辞职，按照行业惯例，蔡玉龙负责的在建项目没有完成，证件要存放在行业协会。金中建公司经协调到 2015 年 11 月 30 日一审诉讼时才拿到证件，并非金中建公司的原因导致的扣押证件。金中建公司已办理好社保关系转移单并放在档案中。档案在南京市人才市场。2. 关于一级建造师印章和安全 B 证。金中建公司已把所有有收条的证件都还给蔡玉龙。安全 B 证和印章没有收条，蔡玉龙也不能证明在金中建公司。

上诉人金中建公司上诉称：上诉人蔡玉龙作为紫金（麒麟）科技创业社区首期启动区 A 区 5、6 号楼幕墙工程的项目经理，金中建公司按照规定将其一级建造师执业证和注册证到南京市建工局备案并交南京市装饰管理办公室保管。蔡玉龙突然提出辞职，金中建公司需与工程发包方协商并办理工程项目负责人变更手续。金中建公司在 2015 年 4 月底与蔡玉龙办理了工作交接手续，并出具了解除劳动合同证明，停止缴纳社保和公积金的相关手续。2015 年 5 月 21 日，蔡玉龙申请劳动仲裁时，变更项目负责人的审批正在进行。证书在行业协会保管，金中建公司没有扣押。蔡玉龙离职后代表其他公司工作，一审认定的蔡玉龙没有重新就业不符合事实。一审法院酌定金中建公司支付蔡玉龙误工损失无事实依据。综上，请求二审法院改判金中建公司无须支付蔡玉龙未办理离职手续的损失补偿 55900 元。

蔡玉龙辩称：2015 年 3 月 28 日蔡玉龙向金中建公司提出辞职，到 4 月 28 日经过领导批准办理完成交接手续，系提前 30 天提出辞职的，不是突然离职。金中建公司一直不出具解聘证明和社保关系转移手续，并扣押各种证书和印章，造成蔡玉龙无法入职新单位。之后蔡玉龙去其他单位应聘，也要求有证件和印章才能入职。目前金中建公司仍未出具解聘证明和社保转移证明。金中建公司未归还安全 B 证和一级建造师印章，经查安全 B 证仍在金中建公司未注销。金中建公司称行业协会保管这些证书，但行业协会只是保存其中一本证书，其他都由金中建公司掌握，故金中建公司的上诉理由不成立。

江苏省南京市中级人民法院经二审，确认了一审查明的事实。

江苏省南京市中级人民法院二审认为：

关于上诉人蔡玉龙主张的归还安全 B 证及一级建造师印章的问题。因蔡玉龙未提供证据证明其将安全 B 证及一级建造师印章交给了上诉人金中建公司，故对该上诉请求不予支持。关于未及时退还证件导致的损失问题。上诉人蔡玉龙于2015年4月28日离职，上诉人金中建公司应当在合理期限内积极为蔡玉龙办理相关证件的转出手续，金中建公司至2015年11月30日才将相关证件退还给蔡玉龙，超出了合理期限。一审按照蔡玉龙离职前平均工资13975元的标准酌定金中建公司支付蔡玉龙4个月工资损失，并无不当。故对蔡玉龙主张6个月工资损失、金中建公司不同意支付此期间工资损失的上诉请求，均不予支持。

综上，一审判决认定事实清楚，处理并无不当。江苏省南京市中级人民法院依照《中华人民共和国民事诉讼法》第一百七十条第一款第（一）项之规定，于2016年4月14日判决如下：

驳回上诉，维持原判。

本判决为终审判决。

063. 用人单位未与人事主管订立书面劳动合同，人事主管可否要求二倍工资赔偿①

刘丹萍与南京仁创物资有限公司劳动争议纠纷案

裁判摘要

用人单位未与人事主管订立书面劳动合同，人事主管诉请用人单位支付因未订立书面劳动合同的二倍工资赔偿，因订立书面劳动合同系人事主管的工作职责，人事主管有义务提示用人单位与其订立书面劳动合同，人事主管如不能举证证明其曾提示用人单位与其订立书面劳动合同，则不应支持其诉讼请求。

① 参见《最高人民法院公报》2018年07期。

原告：刘丹萍，女，26岁，住江苏省金坛市。

被告：南京仁创物资有限公司，住所地：江苏省南京市江宁区东山街道上坊集镇新润路。

法定代表人：田凯，该公司总经理。

原告刘丹萍因与被告南京仁创物资有限公司（以下简称仁创公司）发生劳动争议，向江苏省南京市江宁区人民法院提起诉讼。

原告刘丹萍诉称：其于2015年3月10日进入被告仁创公司工作。期间因其尚在法律规定的哺乳期内，仁创公司未正常批准其每天1小时的哺乳时间，且加班加点延长其工作时间。仁创公司在其入职后直至2015年7月份一直未与其签订劳动合同，同时恶意扣留其本人工资，其在主动沟通要求公司按约足额发放工资时遭到仁创公司法定代表人田凯拒绝并且恶语相向。仁创公司的行为已严重侵犯其合法权益，其迫于无奈依据上述事由提出解除双方劳动关系并要求仁创公司给予补偿，但双方未达成一致意见。请求法院依法判令：1. 仁创公司足额发放2015年3月至7月预留工资4165元；2. 仁创公司支付其自入职之日起未签订劳动合同的二倍工资11666元以及经济补偿金2917元。

被告仁创公司辩称：1. 其对于原告刘丹萍主张的预留工资不认可，工资表中并没有给其单位所有员工预留工资，其也不知情；2. 对于双倍工资，因刘丹萍系其单位人事经理，其基本工作职责就是给员工签订劳动合同等相关人事工作，其认为系刘丹萍故意不签订劳动合同，其不予认可；3. 其没有拖欠刘丹萍工资，故对经济补偿金亦不予认可。综上，要求驳回刘丹萍的诉讼请求。

江苏省南京市江宁区人民法院一审查明：

原告刘丹萍于2015年3月10日进入被告仁创公司工作，担任人事主管，主要负责人员招聘、培训及薪酬管理工作。2015年7月23日刘丹萍离开仁创公司，并于同日以仁创公司未与其签订劳动合同，未依法给予其哺乳期内每天 1 小时的哺乳时间，且未足额支付其月度工资严重侵害其合法权益为由，向仁创公司寄送《关于与南京仁创物资有限公司解除劳动关系的通知函》（以下简称《解除通知函》），通知仁创公司自 2015 年 7 月 24 日起解除双方的劳动关系，并要求仁创公司给予补偿。

另查明：原告刘丹萍于 2015 年 7 月 24 日向南京市江宁区劳动人事争议仲裁委员会（以下简称江宁区劳动仲裁委）申请仲裁，要求被告仁创公司足额发放 2015 年 3 月至 7 月预留工资 4165 元、自入职之日起未签订劳动合同的双倍工资 11666 元及哺乳时间工资 3385 元以及经济补偿金 2917 元，合计 22133 元。后因自仲裁申请受理之日起 45 日内未结束，刘丹萍提出向人民法院起诉，江宁区劳动仲裁委于 2015 年 10 月 8 日出具宁宁劳人仲案定字（2015）第 2056 号仲裁决定书，终结审理刘丹萍与仁创公司劳动报酬争议案。后刘丹萍于 2015 年 10 月 9 日向法院提起诉讼，要求仁创公司足额发放其 2015 年 3 月至 7 月份的工资 4165 元，双倍工资 11666 元以及经济补偿金 2917 元。刘丹萍并提交有仲裁申请书复印件 1 份、《解除通知函》原件 1 张、EMS 快递面单原件 1 张、应聘人员登记表原件 1 份、参保缴费证明打印件 1 份，以证明其主张。仁创公司对上述证据的真实性均无异议，但对刘丹萍主张的上述费用均不予认可。其认为其公司已足额发放刘丹萍工资，不存在预留刘丹萍的工资。关于双倍工资其认为之所以未与刘丹萍签订劳动合同是因为刘丹萍作为其单位人事经理故意不签订劳动合同，故其对双倍工资不予认可，其没有拖欠刘丹萍工资，故不同意支付经济补偿金。仁创公司并提交有劳动合同书原件 1 份、2015 年 3 月至 6 月工资表及考勤表复印件各 4 份，证明其与刘丹萍有签订书面劳动合同，并且足额发放了刘丹萍的工资。刘丹萍对工资表和考勤表的真实性无异议，但指出 2015 年 5 月份工资表明确载明预留 833 元工资未予发放，刘丹萍并陈述其在入职时与仁创公司法定代表人田凯协商一致，其年收入为 70000 元，平均到每月为 5833 元，实际每月发放 5000 元，预留 833 元，故要求仁创公司足额发放 2015 年 3 月至 7 月的预留工资

4165 元（833 元/月×5 个月）。仁创公司陈述 2015 年 5 月份工资表系刘丹萍制作，其他月份均没有预留工资，其认为是刘丹萍恶意制作 2015 年 5 月份工资表。刘丹萍陈述 2015 年 4 月份及 5 月份工资表系均由其制作，且 2015 年 5 月份预留工资 833 元系经过仁创公司法定代表人及副总经理和财务经理签字确认。刘丹萍对劳动合同书的真实性有异议，其认为劳动合同书落款处“刘丹萍”的签名是复印形成的而非其手写，并申请法院进行鉴定。法院依法委托南京师范大学司法鉴定中心进行鉴定。2015 年 12 月 30 日，南京师范大学司法鉴定中心出具南师大司鉴中心［2015］文鉴字第 642 号司法鉴定意见书，鉴定意见为署期为“2015 年 3 月 10 日”《南京市劳动合同书》落款处“刘丹萍”三字是激光打印或复印形成，非手写形成。刘丹萍支付鉴定费 2240 元。刘丹萍陈述其在入职后，曾要求仁创公司签订劳动合同，但仁创公司拒绝与其签订劳动合同，刘丹萍未提交证据证明其该主张。

江苏省南京市江宁区人民法院一审认为：

劳动者以及用人单位的合法权益受法律保护。建立劳动关系，应当订立书面劳动合同。已建立劳动关系，未同时订立劳动合同的，应当自用工之日起一个月内订立书面劳动合同。用人单位自用工之日起超过一个月不满一年未与劳动者订立书面劳动合同的，应当向劳动者每月支付二倍的工资。用人单位应当按照劳动合同约定和国家规定，按时足额支付劳动报酬。当事人对自己提出的诉讼请求所依据的事实或者反驳对方诉讼请求所依据的事实有责任提供证据加以证明。没有证据证明或者证据不足以证明当事人主张的，由负有举证责任的当事人承担不利后果。本案中，双方之间存在劳动关系，被告仁创公司提交的工资表足以确认仁创公司预留原告刘丹萍 2015 年 5 月份工资 833 元，仁创公司应当按照合同约定和国家规定按时足额支付。仁创公司辩称 2015 年 5 月份工资表系刘丹萍恶意制作，但未提交证据证明，故法院不予采信。故对刘丹萍要求仁创公司支付其 2015 年 3 月份至 7 月份的预留工资，法院予以部分支持。

关于原告刘丹萍主张的经济补偿金2917元，被告仁创公司虽未足额支付刘丹萍2015年5月份工资，但庭审中刘丹萍亦陈述仁创公司预留其工资也经过其同意，仁创公司预留其2015年5月份工资有正当理由，刘丹萍主张经济补偿金缺乏事实和法律依据，故法院不予支持。

关于原告刘丹萍主张的二倍工资11666元，本案中，被告仁创公司确实未与刘丹萍签订劳动合同，但是，一般而言，劳动合同签订事项属于人力资源负责的事项，刘丹萍作为仁创公司的人事主管，其工作职责范围应该包括代表单位依照法律法规处理与劳动者之间劳动合同履行方面的相关事宜，避免单位因违反法律法规被追究法律责任，也应当知晓订立书面劳动合同的相关规定及不订立书面劳动合同的法律后果，因此，刘丹萍有义务主动向仁创公司要求订立书面劳动合同。但刘丹萍并未提交证据证明其曾主动要求仁创公司与其签订劳动合同。故综合刘丹萍的岗位职务因素等考量后，法院对刘丹萍主张的未签订书面劳动合同的二倍工资的诉讼请求不予支持。

据此，江苏省南京市江宁区人民法院依照《中华人民共和国劳动合同法》第十条、第三十条第一款、第三十八条第一款第（二）项、第四十六条第（一）项、第八十二条第一款、《中华人民共和国民事诉讼法》第六十四条第一款之规定，于2016年3月4日作出判决：

一、被告南京仁创物资有限公司于本判决发生法律效力之日起10日内支付原告刘丹萍2015年5月工资833元。

二、驳回原告刘丹萍的其他诉讼请求。

一审判决后，双方当事人均未上诉，该判决已经发生法律效力。

064. 从事接触职业病危害的作业的劳动者未进行离岗前职业健康检查的，用人单位不得解除或终止与其订立的劳动合同[①]

张传杰诉上海敬豪劳务服务有限公司等劳动合同纠纷案

裁判摘要

从事接触职业病危害的作业的劳动者未进行离岗前职业健康检查的，用人单位不得解除或终止与其订立的劳动合同。即使用人单位与劳动者已协商一致解除劳动合同，解除协议也应认定无效。

原告：张传杰。

被告：上海敬豪劳务服务有限公司，住所地：上海市浦东新区川沙新镇。

法定代表人：王文清，该公司经理。

被告：中海工业（上海长兴）有限公司，住所地：上海市崇明县长兴岛。

法定代表人：张一兵，该公司董事长。

原告张传杰因与被告上海敬豪劳务服务有限公司（以下简称敬豪公司）、中海工业（上海长兴）有限公司（以下简称中海公司）发生劳务派遣合同纠纷，向上海市崇明县人民法院提起诉讼。

原告张传杰诉称：2007 年 10 月，原告与上海兴旭劳务服务有限公司签订劳动合同，公司法定代表人是王文清。2010 年 1 月，原告被转入同为王文清担任法定代表人的被告敬豪公司。自 2007 年 10 月起，原告被派往被告中海公司担任电焊工。2014 年 1 月 13 日，敬豪公司与原告签订协商解除劳动合同

① 参见《最高人民法院公报》2021 年 05 期。

协议书，原告要求进行离职前职业健康检查，敬豪公司承诺签订协议后安排原告体检，但第二天即反悔。原告经向有关部门投诉后，敬豪公司才安排原告进行体检。原告认为与敬豪公司签订的协商解除劳动合同协议书系敬豪公司提供的格式合同，协议书虽称系原告提出解除劳动关系，实则是敬豪公司提出解除劳动关系。原告提起仲裁、诉讼，要求原告与敬豪公司自2014年1月13日起恢复劳动关系。

被告敬豪公司、中海公司辩称：原告张传杰与敬豪公司于2014年1月13日已经达成解除劳动关系的协议，并支付补偿金。现原告已离开被告处一年多，故不同意恢复劳动关系。

上海市崇明县人民法院一审查明：

2010年1月，原告张传杰与被告敬豪公司建立劳动关系后被派遣至被告中海公司担任电焊工，双方签订最后一期的劳动合同的期限为2010年1月1日至2014年6月30日。2014年1月13日，敬豪公司（甲方）与原告（乙方）签订协商解除劳动合同协议书，协议中载明甲、乙双方一致同意劳动关系于2014年1月13日解除，双方的劳动权利义务终止；甲方向乙方一次性支付人民币48160元，以上款项包括解除劳动合同的经济补偿、其他应得劳动报酬及福利待遇等。敬豪公司于2014年1月21日向原告支付人民币48160元。

2014年4月，原告张传杰经上海市肺科医院诊断为电焊工尘肺壹期。2014年12月10日，原告经上海市劳动能力鉴定委员会鉴定为职业病致残程度柒级。2014年11月27日，原告向上海市崇明县劳动人事争议仲裁委员会申请仲裁，要求自2014年1月13日起恢复与敬豪公司的劳动关系。该委裁决对于原告的请求事项不予支持。

上海市崇明县人民法院一审认为：

从事接触职业病危害作业的劳动者未进行离岗前职业健康检查，或者疑似职业病病人在诊断或者医学观察期间的，用人单位不得依照《中华人民共和国劳动合同法》第四十条、第四十一条的规定解除劳动合同。现原、被告协商一致解除劳动关系，不属该法第四十条、第四十一条规定的情形，且双方的解除行为系真实意思的表示。原告张传杰为职业病致残程度柒级，且原、被告的劳动合同也已到期，现被告敬豪公司不同意恢复劳动关系，原告要求自2014年1月13日起恢复与敬豪公司的劳动关系，于法无据，不予支持。

据此，上海市崇明县人民法院依照《中华人民共和国劳动合同法》第三十六条、第四十一条、第四十二条之规定，于2015年6月24日作出判决：

原告张传杰要求与被告上海敬豪劳务服务有限公司自2014年1月13日起恢复劳动关系的诉讼请求不予支持。

张传杰不服，向上海市第二中级人民法院提起上诉称：张传杰与敬豪公司虽于2014年1月13日签订了《协商解除劳动合同协议书》，但由于敬豪公司的缘故，直到2014年12月张传杰才被鉴定为“职业病致残程度柒级”。敬豪公司未安排其在离职前体检，违反了《中华人民共和国职业病防治法》的相关规定，故之前不能解除劳动合同。因此，请求法院判令自2014年1月13日起恢复张传杰与敬豪公司的劳动关系。

被上诉人敬豪公司、中海公司共同辩称：双方系经协商一致解除劳动合同，上诉人张传杰经鉴定为“职业病致残程度柒级”，与其解除劳动关系不违反《中华人民共和国劳动合同法》的相关规定，故不同意与张传杰恢复劳动关系。综上，请求驳回张传杰的上诉请求。

上海市第二中级人民法院经二审，确认了一审查明的事实。

本案的争议焦点为：从事接触职业病危害作业的劳动者未进行离岗前职业健康检查的，用人单位与劳动者协商一致解除劳动合同是否当然有效。

上海市第二中级人民法院二审认为：

根据《中华人民共和国劳动合同法》第四十二条第一款的规定，从事接触职业病危害作业的劳动者未进行离岗前职业健康检查的，用人单位不得依照该法第四十条、第四十一条的规定解除劳动合同。此款规定虽然没有排除用人单位与劳动者协商一致解除劳动合同的情形，但根据《中华人民共和国职业病防治法》第三十六条的规定，“对从事接触职业病危害的作业的劳动者，用人单位应当按照国务院安全生产监督管理部门、卫生行政部门的规定组织上岗前、在岗期间和离岗时的职业健康检查，并将检查结果书面告知劳动者……对未进行离岗前职业健康检查的劳动者不得解除或者终止与其订立的劳动合同”。因此，用人单位安排从事接触职业病危害的作业的劳动者进行离岗职业健康检查是其法定义务，该项义务并不因劳动者与用人单位协商一致解除劳动合同而当然免除。

本案中，双方于2014年1月13日签订的《协商解除劳动合同协议书》并未明确上诉人张传杰已经知晓并放弃了进行离岗前职业健康检查的权利，且张传杰于事后亦通过各种途径积极要求被上诉人敬豪公司为其安排离岗职业健康检查。因此，张传杰并未放弃对该项权利的主张，敬豪公司应当为其安排离岗职业健康检查。在张传杰的职业病鉴定结论未出之前，双方的劳动关系不能当然解除。

2014年12月10日，上诉人张传杰被鉴定为“职业病致残程度柒级”。根据《工伤保险条例》第三十七条规定，职工因工致残被鉴定为七级至十级伤残的，劳动、聘用合同期满终止，或者职工本人提出解除劳动、聘用合同的，由工伤保险基金支付一次性工伤医疗补助金，由用人单位支付一次性伤残就业补助金。因此，鉴于双方签订的劳动合同原应于2014年6月30日到期，而张传杰2014年12月10日被鉴定为“职业病致残程度柒级”，依据《工伤保险条例》的规定，用人单位可以终止到期合同，故张传杰与被上诉人敬豪公司的劳动关系应于2014年12月10日终止。

综上，上海市第二中级人民法院依照《中华人民共和国职业病防治法》第三十六条、《工伤保险条例》第三十七条、《中华人民共和国民事诉讼法》第一百七十条第一款第（二）项之规定，于2015年11月12日作出判决：

一、撤销上海市崇明县人民法院（2015）崇民一（民）初字第1021号民事判决；

二、上诉人张传杰与被上诉人上海敬豪劳务服务有限公司自 2014 年 1 月 13 日起恢复劳动关系至 2014 年 12 月 10 日止。

本判决为终审判决。

065. 用人单位依据超出企业内部劳动管理范畴的规章制度单方解除劳动合同的，是否符合法律规定[①]

张建明诉京隆科技（苏州）公司支付赔偿金纠纷案

裁判摘要

用人单位规章制度是在本企业内部实施的、关于组织劳动过程和进行劳动管理的制度。用人单位以劳动者严重违反单位的规章制度为由解除劳动合同，劳动者提起相关诉讼的，法院应当依法审查该规章制度的合法性与合理性。如果用人单位的规章制度超越合理权限对劳动者设定义务，并据此解除劳动合同，属于违法解除，损害劳动者的合法权益，用人单位应当依法支付赔偿金。

原告：张建明。

被告：京隆科技（苏州）有限公司，住所地：江苏省苏州工业园区凤里街。

原告张建明因与被告京隆科技（苏州）有限公司（以下简称京隆公司）发生支付赔偿金纠纷，向江苏省苏州工业园区人民法院提起诉讼。

原告张建明诉称：原告于 2007 年 11 月 5 日进入被告京隆公司工作，于

① 参见《最高人民法院公报》2014 年 07 期。

2007年12月26日与京隆公司签订劳动合同，合同期限为2007年12月26日至2010年12月6日。合同签订后原告按约履行工作职责。2009年4月20日，京隆公司以原告乘坐非法营运车辆为由通知原告解除劳动合同。原告认为，京隆公司解除劳动合同的行为无事实与法律依据，属违法解除劳动合同。原告申请仲裁，仲裁裁决驳回了原告的请求。原告为维护自身合法权益，故起诉要求判决被告支付经济赔偿金7800元，并由被告承担本案诉讼费用。

被告京隆公司辩称：原告张建明2009年4月13日上午10点30分左右，乘坐非法营运车辆至我公司宿舍区，被我公司宿舍区警卫人员发现，警卫人员随即根据相关规定进行记录并通报主管人员。在对事件经过进行反复核对查明后，公司立即作出了对其予以违纪解除劳动合同的处理，并通知张建明办理相应离职手续。因张建明不来办理离职手续，公司人事部门于4月20日发出“离职通知单”，并完成了后续的离职及退工备案手续。公司未违反劳动合同法规定，故无需支付赔偿金，请求驳回原告的诉讼请求。

苏州工业园区人民法院一审查明：

原告张建明于2007年11月5日进入被告京隆公司工作，于2007年12月26日与京隆公司签订劳动合同，期限自2007年12月26日起至2010年12月6日止，约定张建明从事设备维护工程师工作，月工资为2542元。2009年4月13日上午10点左右，张建明乘坐牌照为×××的车辆前往京隆公司宿舍区。2009年4月20日，京隆公司向张建明发出离职通知单，以张建明乘坐非法营运车辆为由与张建明解除劳动合同。

被告京隆公司于2008年9月8日召开职工代表大会，通过“不允许乘坐黑车，违者以开除论处”的决议。经双方确认，2009年4月13日原告张建明休息。张建明离职前十二个月月平均工资为2600元。张建明于2009年6月就本案诉讼请求申诉至苏州工业园区劳动争议仲裁委员会。该仲裁委员会于2009年7月27日裁决驳回张建明的全部仲裁请求。

本案一审的争议焦点是：被告京隆公司解除与原告张建明的劳动合同是

否有合法依据。

苏州工业园区人民法院一审认为：

用人单位的规章制度是用人单位制定的组织劳动过程和进行劳动管理的规则和制度，也称为企业内部劳动规则。规章制度既要符合法律、法规的规定，也要合理。被告京隆公司有权通过制定规章制度进行正常生产经营活动的管理，但劳动者在劳动过程以及劳动管理范畴以外的行为，用人单位适宜进行倡导性规定，对遵守规定的员工可给予奖励，但不宜进行禁止性规定，更不能对违反此规定的员工进行惩罚。京隆公司以乘坐非法营运车辆存在潜在工伤危险为由，规定员工不允许乘坐黑车，违者开除，该规定已超出企业内部劳动规则范畴，且乘坐非法营运车辆行为应由行政机关依据法律或法规进行管理，用人单位无权对该行为进行处理。工伤认定系行政行为，工伤赔偿责任是用人单位应承担的法定责任，京隆公司通过规章制度的设置来排除工伤责任，没有法律依据，因此亦属无效规定。故京隆公司不得依据该规定对员工进行处理，该公司以原告张建明乘坐非法营运车辆为由解除劳动合同违反劳动合同法的规定，损害了劳动者的合法权益，依法应当向张建明支付赔偿金，张建明要求京隆公司支付赔偿金 7800 元，未超过法律规定的赔偿金范围，法院予以支持。

据此，苏州工业园区人民法院依照《中华人民共和国劳动合同法》第四十八条、第八十七条之规定于 2009 年 11 月 19 日作出判决：

被告京隆公司应于本判决生效之日起十日内支付原告张建明赔偿金 7800 元。

京隆公司不服一审判决，向苏州市中级人民法院提起上诉称：公司制定的规章制度并未超出劳动过程及劳动管理范畴，据此对员工被上诉人张建明进行处理并无不当；并非利用“严禁乘坐非法营运车辆，违者予以开除处分”这一规章制度来排除工伤。

被上诉人张建明答辩称：一审判决认定事实清楚，适用法律正确；张建明乘坐黑车是在休息时间，并非上班时间。因此，请求维持一审判决，驳回上诉。

苏州市中级人民法院经二审，确认了一审查明的事实。

本案二审的争议焦点是：上诉人京隆公司依据“严禁乘坐非法营运车辆，违者予以开除处分”的单位规章制度解除与被上诉人张建明的劳动合同是否合法。

苏州市中级人民法院二审认为：

用人单位规章制度是指用人单位依法制定的、仅在本企业内部实施的、关于如何组织劳动过程和进行劳动管理的规则和制度，是用人单位和劳动者在劳动过程中的行为准则，也称为企业内部劳动规则。其内容主要包括了劳动合同管理、工资管理、社会保险、福利待遇、工时休假、职工奖惩以及其他劳动管理等。规章制度作为用人单位加强内部劳动管理，稳定、协调劳动关系，保证正常劳动生产秩序的一种管理工具，在日常的劳动秩序中确实发挥着重要作用。但是，规章制度既要符合法律、法规的规定，也要合情合理，不能无限放大乃至超越劳动过程和劳动管理的范畴。本案中，被上诉人张建明乘坐黑车行为发生之日正值其休息之日，劳动者有权利支配自己的行为，公司不能以生产经营期间的规章制度来约束员工休息期间的行为。单位职工乘坐何种交通工具上班是职工的私人事务，用人单位无权作出强制规定，如果劳动者确有违法之处，也应由国家行政机关等有权进行处罚。因此，被上诉人京隆公司因张建明乘坐非法营运车辆而作出解除劳动合同系违法解除，损害了劳动者的合法权益，应当按劳动合同法之规定，向张建明支付赔偿金。

综上，上诉人京隆公司的上诉理由不能成立，一审判决并无不当，应予维持。据此，苏州市中级人民法院依照《中华人民共和国民事诉讼法》第一百五十三条第一款第（一）项之规定，于 2010 年 3 月 25 日作出判决：

驳回上诉，维持原判。

本判决为终审判决。

066. 患有癌症、精神病等难以治疗的特殊疾病的劳动者，用人单位解除劳动合同的认定①

梁介树诉南京乐府餐饮管理有限公司劳动争议案

裁判摘要

患有癌症、精神病等难以治疗的特殊疾病的劳动者，应当享受24个月的医疗期。医疗期内劳动合同期满，劳动合同应当延续至医疗期满时终止。用人单位在医疗期内违法解除或者终止劳动合同，劳动者起诉要求继续履行劳动合同的，人民法院应当判决撤销用人单位的解除或者终止通知书。

原告：梁介树。

被告：南京乐府餐饮管理有限公司，住所地：江苏省南京市江宁区莱茵达路。

法定代表人：张景春，该公司董事长。

原告梁介树因与被告南京乐府餐饮管理有限公司（以下简称乐府餐饮公司）发生劳动争议，向南京市江宁区人民法院提起诉讼。

原告梁介树诉称：2009年11月18日原告进入被告乐府餐饮公司从事餐饮服务工作，后双方签订劳动合同，合同期限自2009年12月1日起至2011年11月30日止，劳动合同由被告保管。因在被告处每天工作时间长，劳累过度，其在2010年5月初突然发病，经医院诊断为肾病综合征——足细胞病肾病（尿毒症）。2011年3月7日，被告将劳动合同终止日期私自更改为2010年11月30日，并以医疗期满为由终止双方劳动合同。其所患疾病应当

① 参见《最高人民法院公报》2013年06期。

是大病，依法应当享受24个月的医疗期。在医疗期内，被告终止双方的劳动合同属终止不当。现诉至法院，请求判令：1. 撤销被告2011年3月7日作出的劳动合同终止告知书，保持与被告的劳动合同关系；2. 被告支付2011年3月至11月病假津贴8208元（1140元/月×9个月×80%）以及医疗期工资27360元（1140元/月×24个月），总计35568元。

被告乐府餐饮公司辩称：双方签订的劳动合同期限自2009年12月1日起至2010年11月30日止，我公司并未更改劳动合同的终止期限。原告梁介树并未提供证据证明其所患疾病严重程度等同于瘫痪、癌症、精神病等大病，不应当享有24个月的医疗期。按照原告的工作年限，其依法应当享有的医疗期为3个月，故其在2011年3月7日终止与原告之间的劳动合同关系是合法的，不应当撤销。请求法院依法作出公正判决。

南京市江宁区人民法院一审查明：

原告梁介树于2009年11月18日入职被告乐府餐饮公司工作，双方签订了劳动合同。梁介树于2010年5月初生病，经南京军区南京总医院诊断为足细胞病，其后一直休病假，乐府餐饮公司向梁介树支付病假工资至2011年2月份。2011年3月7日，乐府餐饮公司以其已经将劳动合同期限顺延至医疗期满为由，通知梁介树终止双方的劳动合同关系。2011年6月7日，梁介树向南京市江宁区劳动争议仲裁委员会（以下简称江宁区仲裁委）申请仲裁。2011年7月11日，江宁区仲裁委作出宁宁劳仲案字（2011）第1247号仲裁裁决书，后梁介树不服前述裁决书于法定期限内向南京市江宁区人民法院提起诉讼。

另查明，原告梁介树所患足细胞病为肾病综合征的一种，是肾脏足细胞病变。尿毒症是慢性肾功能不全（又称慢性肾功能衰竭）第四期（也即最后阶段），慢性肾功能不全是各种进展性肾病的最终结局。足细胞病是导致慢性肾功能不全的病因之一。2011年11月，梁介树因病情复发至南京军区南京总医院治疗，南京军区南京总医院向梁介树出具病重通知单。治疗中，病程记录亦多次提及梁介树病情严重，随时可能出现猝死，危及生命。

又查明，2011 年 2 月起南京市最低工资标准为 1140 元每月。

审理中，被告乐府餐饮公司未能提供双方签订的劳动合同原件，亦未能提供证据证明原告梁介树持有所签合同原件。乐府餐饮公司提供的劳动合同复印件中，关于劳动合同期限处载明的期限为 2009 年 12 月 1 日至 2010 年 11 月 30 日，“2010 年”处有改动的痕迹。另乐府餐饮公司提供于 2010 年 10 月 22 日在江宁区劳动就业管理中心备案的录用备案花名册及职工录用登记表，录用备案花名册及职工录用登记表记载梁介树的劳动合同期限为 2009 年 12 月 1 日至 2010 年 11 月 30 日。

本案一审的争议焦点是：原告梁介树应当享受的医疗期的期限。

南京市江宁区人民法院一审认为：

劳动者患病或者非因工负伤，在规定的医疗期内劳动合同期满，劳动合同应当延续至医疗期满时终止。关于原告梁介树应当享受的医疗期问题，因其所患疾病病情严重，难以治疗，随时可能出现生命危险，应属特殊疾病，不受实际工作年限的限制，故梁介树应当享受的医疗期为 24 个月。关于本案中双方签订的劳动合同的终止日期问题，因乐府餐饮公司未能提供劳动合同原件，提供的复印件截止日期“2010 年”处有改动痕迹，且录用备案花名册及职工录用登记表备案时间又在梁介树生病之后，故对乐府餐饮公司陈述双方劳动合同期限至 2010 年 11 月 30 日终止的主张法院不予采信，对梁介树陈述双方劳动合同终止日期为 2011 年 11 月 30 日的主张法院予以采信。梁介树与乐府餐饮公司之间的劳动合同在 2011 年 11 月 30 日期满，但该日期仍在梁介树享有的医疗期内，故劳动合同应当延续至医疗期满。在医疗期内被告乐府餐饮公司终止与梁介树的劳动合同，违反了法律规定，因此乐府餐饮公司于 2011 年 3 月 7 日作出的劳动合同终止告知书无效，应予撤销。劳动者患病或者非因工负伤停止劳动，且在国家规定医疗期内的，用人单位应当按照工资分配制度的规定，按不低于当地最低工资标准的 80%，向劳动者支付病假工资。原告主张的其他费用没有依据，法院不予支持。

综上，南京市江宁区人民法院依照《中华人民共和国劳动法》第七十七条、《中华人民共和国劳动合同法》第四十二条、第四十五条、《江苏省工资支付条例》第二十七条、第三十二条、《中华人民共和国民事诉讼法》第六十四条第一款之规定，于2011年11月30日判决：

一、撤销被告乐府餐饮公司于2011年3月7日作出的《劳动合同终止告知书》。

二、被告乐府餐饮公司于本判决发生法律效力之日向原告梁介树支付2011年3月1日至2011年11月30日的病假工资8208元。

三、被告乐府餐饮公司于本判决发生法律效力之日起每月以南京市最低月工资标准的80%向原告梁介树支付病假工资（自2011年12月起至双方劳动关系依法解除、终止）。

四、驳回原告梁介树的其他诉讼请求。

乐府餐饮公司不服一审判决，向南京市中级人民法院提起上诉称：一、原审判决程序不当。在劳动仲裁审理期间和原审法院适用简易程序审理时法庭辩论终结前，梁介树一直认可其公司作出的《劳动合同终止告知书》。在原审法院适用普通程序审理本案时梁介树变更诉讼请求，提出“终止劳动关系不当、维持劳动关系”的主张，明显超过法律规定的期限。二、原审判决撤销《劳动合同终止告知书》错误。梁介树在南京市江宁区劳动争议仲裁委员会开庭审理宁宁劳仲案字（2010）第2265号劳动争议案件时，对于其公司出示的截止期限为“2010年11月30日止”的劳动合同没有任何异议。根据最高人民法院《关于民事诉讼证据的若干规定》第九条第五项规定，已为仲裁机构的生效裁决所确认的事实，当事人无需举证证明，其公司无须提供所谓的劳动合同的原件。梁介树目前的病情，尚不构成尿毒症，应享受3个月的医疗期，不应享受24个月的医疗期。其公司于2011年3月终止劳动合同合法。请求二审法院撤销原审判决，改判其公司支付梁介树终止劳动合同经济补偿金及2011年3月病假工资。

被上诉人梁介树辩称：一审法院认定事实清楚，适用法律正确，请求二审法院依法裁决。

南京市中级人民法院经二审，确认了一审查明的事实。

二审另查明，被上诉人梁介树在仲裁阶段提出的请求是：上诉人乐府餐饮公司支付终止劳动合同经济补偿金2280元、2011年3月至11月的病假津贴8208元、医疗期工资6840元、医疗补贴费20520元、补缴社会保险至2011年11月、办理档案和社会保险关系转移手续。2011年8月10日，梁介树向原审法院递交起诉状的诉讼请求是：1. 因乐府餐饮公司解除劳动关系不当，支付其共计37 848元，包括终止合同经济补偿金2280元、2011年3月至11月病假津贴8208元、医疗期工资20520元；2. 乐府餐饮公司为其缴纳社会保险至2011年11月；3. 乐府餐饮公司为其办理档案和社会保险转移手续。2011年9月6日，原审法院适用简易程序第一次庭审，梁介树将医疗期工资变更为27 360元，其他请求同起诉状。2011年11月6日，原审法院将本案适用简易程序转为普通程序审理。2011年11月15日，梁介树向原审法院书面变更诉讼请求，要求判令：乐府餐饮公司终止劳动关系不当，维持双方的劳动关系；放弃主张终止劳动合同经济补偿金2280元。其他诉讼请求不变更。2011年11月22日，原审法院适用普通程序庭审（乐府餐饮公司放弃举证期），梁介树当庭表示放弃办理档案和社会保险关系转移手续的请求。南京市江宁区劳动争议仲裁委员会于2010年11月3日作出的宁宁劳仲案字（2010）第2265号仲裁裁决中没有确认梁介树、乐府餐饮公司之间劳动合同的期限是2009年12月1日至2010年11月30日。

本案二审的争议焦点仍是：被上诉人梁介树应当享受的医疗期的期限。

南京市中级人民法院二审认为：

被上诉人梁介树在法庭辩论终结前，变更诉讼请求，符合最高人民法院《关于适用〈中华人民共和国民事诉讼法〉若干问题的意见》第一百五十六条的规定。原审法院依据梁介树最终明确的诉讼请求，进行审理、判决，程序并无不当。关于劳动合同到期日问题。梁介树、上诉人乐府餐饮公司均认可签订过劳动合同，乐府餐饮公司未能提供劳动合同原件，其提供的劳动合同复印件载明，双方于2009年11月18日签订劳动合同，劳动合同形式上记载的期限是2009年12月1日至2010年11月30日，在“2010年”的顺数第二个“0”有改动的痕迹。2010年10月22日，乐府餐饮公司持该劳动合同向南京市江宁区劳动就业管理中心备案。梁介树认为劳动合同的到期日应为2011年11月30日，乐府餐饮公司认为劳动合同的到期日为2010年11月30日。鉴于乐府餐饮公司未能提供劳动合同原件，劳动合同复印件中有关期限的内容存在改动，且合同备案时间又是在梁介树病休之后、乐府餐饮公司主张的劳动合同期限即将到期之时，乐府餐饮公司主张到期日为2010年11月30日，证据不足。乐府餐饮公司上诉称南京市江宁区劳动争议仲裁委员会宁宁劳仲案字（2010）第2265号仲裁裁决确认劳动合同期限是2009年12月1日至2010年11月30日，没有事实依据。关于医疗期问题。原审法院根据梁介树的病情，认定病情严重，属特殊疾病，应当享受24个月的医疗期，符合原劳动部劳部发〔1995〕236号《关于贯彻〈企业职工患病或非因工负伤医疗期规定〉的通知》的内容。梁介树患病尚在规定的医疗期内，劳动合同的期限应自动延续至医疗期届满为止。乐府餐饮公司于2011年3月7日通知梁介树劳动合同终止，违反《中华人民共和国劳动合同法》第四十五条的规定。

综上，上诉人乐府餐饮公司的上诉请求缺乏事实和法律依据，不予支持。原审判决认定事实清楚，处理并无不当。据此，南京市中级人民法院依照《中华人民共和国民事诉讼法》第一百五十三条第一款第（一）项之规定，于2012年2月20日判决：

驳回上诉，维持原判。

本判决为终审判决。

067. 应聘者在应聘时提供虚假学历证明的，用人单位是否可以解除劳动合同[①]

上海冠龙阀门机械有限公司诉唐茂林劳动合同纠纷案

裁判摘要

用人单位在招聘时对应聘者学历有明确要求，而应聘者提供虚假学历证明并与用人单位签订劳动合同的，属于《中华人民共和国劳动合同法》第二十六条规定的以欺诈手段订立劳动合同应属无效的情形，用人单位可以根据《中华人民共和国劳动合同法》第三十九条的规定解除该劳动合同。

原告：上海冠龙阀门机械有限公司，住所地：上海市嘉定区南翔镇德园路。

法定代表人：李政宏，该公司董事长。

被告：唐茂林。

原告上海冠龙阀门机械有限公司（以下简称冠龙公司）因与被告唐茂林发生劳动合同纠纷，向上海市嘉定区人民法院提起诉讼。

原告冠龙公司诉称：被告唐茂林于2002年3月以提供虚假学历证书和采用虚假陈述的欺诈方式，使原告公司在违背真实意思的情况下与其签订了劳动合同。此后，在原告每次要求员工更新人事资料时，被告均以欺骗方式填写了虚假信息。公司接到相关举报后查实了上述事实，并发现被告在工作中存在虚报合同价格从中赚取差价的违规行为，使公司蒙受经济损失的同时影响了公司的声誉。鉴于此，原告与被告解除了劳动合同。2010年7月和8月，

① 参见《最高人民法院公报》2012年09期。

被告、原告先后向上海市嘉定区劳动争议仲裁委员会（以下简称嘉定区劳仲委）提起仲裁，同年9月17日嘉定区劳仲委作出嘉劳仲（2010）办字第1860、2188号裁决，该裁决部分内容不符合法律与事实。被告以欺诈的方式与原告签订劳动合同导致合同无效，且存在严重违反公司规章制度的行为，故原告的行为属于合法解除，不应支付被告违法解除劳动合同赔偿金。另，被告未做满2010年第二季度，原告不应支付其第二季度奖金，故请求依法判令原告：1. 不予支付被告违法解除劳动合同赔偿金181866元；2. 不予支付被告2010年第二季度奖金32213元；3. 被告应返还原告2009年12月至2010年5月向公司暂支的款项及借款共计28500元（包括暂支的业务费10000元、借款15000元、暂支茶叶款2000元、以工作站房租押金名义暂支的1500元）；4. 被告应返还原告租房款项8190元；5. 被告应退还三个月的汽车保险费用697.75元。同时，对仲裁裁决的其他内容表示认可。

原告冠龙公司提交以下证据：

1. 嘉劳仲（2010）办字第1860、2188号裁决书，旨在证明本案已经仲裁前置程序；

2. 劳动合同及补充协议，旨在证明原、被告之间存在劳动关系；

3. 暂支单四份，旨在证明被告唐茂林曾于2009年12月至2010年5月期间向原告预支、预借过四笔款项，共计28500元；

4. 支付凭证一份，旨在证明原告冠龙公司已将2010年5月22日至11月21日的房租81900元支付给被告唐茂林，但被告事后未提供租房合同；

5. 购销合同二份、苏泵泵业有限公司出具的付款证明、现金支票存根及原告冠龙公司律师与需方经理田冬的笔录各一份，旨在证明被告唐茂林曾与客户签订阴阳合同，从中赚取差价；

6. 被告唐茂林向原告冠龙公司提交的学历证明复印件及西安工业大学教务处的证明，旨在证明被告唐茂林存在学历造假的行为；

7. 任职承诺书，旨在证明被告唐茂林曾经承诺“提供给公司的个人材料如有作假，愿意无条件被解除合同”，故原告冠龙公司系依法解除劳动合同；

8. 2007年版的《员工手册》及被告签字的《认知确认书》，旨在证明原告冠龙公司系根据公司规章制度与被告唐茂林解除劳动合同；

9. 原告冠龙公司原华东业务部经理马玉新书写的情况说明及马玉新的职务调动文件，旨在证明虽然马玉新在2008年8月知晓被告唐茂林学历造假一事，但因职务调动原因其未向公司报告亦未进行处理；

10. 汽车保险支付凭证，旨在证明原告冠龙公司为被告唐茂林支付了2791元汽车保险费；

11. 《聘用与奖惩制度》和2003年版《员工手册》，旨在证明原告冠龙公司招聘业务人员必须是大专以上学历。

被告唐茂林辩称，虽然被告进入原告冠龙公司时提供了虚假的学历证明，但2008年时原告公司已经知晓实情并对被告作出了处理，且2008年12月原告又与被告续签了劳动合同，足以证明原告考虑到被告的业务能力较强故不予计较其学历造假一事。故2010年6月原告又以被告学历造假为由与其解除劳动合同系违反法律的行为，应支付被告违法解除劳动合同赔偿金。原告在2010年6月30日向被告发出律师函，通知解除劳动合同事宜，故双方劳动关系结束于2010年6月底，被告已做满第二季度，原告应支付该季度奖金。关于原告提到的暂支款项和借款28500元，其中10000元业务款已经花费了6922元，故同意返还3078元；15000元系被告以私人名义欲向原告预借的款项，但因领导未签字同意，故被告实际未取得该笔借款，不同意返还；茶叶款2000元，系被告拿其领导杨成心的茶叶送给客户。领导要求被告向公司暂支2000元后找发票冲账，但被告一直未找到发票；关于以工作站租金名义暂支的1500元中有1300元系房租押金，182元系电费。因原告与被告解除劳动关系致使工作站使用的房屋提前退租造成违约，上述两笔款项不应返还，现同意返还剩余的18元。租房8190元系经原告副总签字后同意支付的2010年5月至11月的房租，故不同意返还。三个月的汽车保险费用697.75元，被告同意返还。另，由于原告以无锡市最低缴费基数为被告缴纳城镇社会保险违反了法律规定，故要求原告以被告的实际收入为缴费基数为其补缴2008年7月至2010年7月无锡市城镇社会保险的差额。

被告唐茂林提交如下的证据：

1. 被告唐茂林与马玉新、潘如娟的录音资料各一份，旨在证明原告冠龙公司早在2008年即已对被告学历造假一事进行了处理；

2. 电费发票一份，旨在证明被告唐茂林所在工作站在2010年6月应缴电费为182元，该款包含于被告在2010年5月31日向原告冠龙公司预支的1500元内；

3. 支付凭证二份、出差旅费报告表一份、发票六份，旨在证明被告唐茂林在2009年12月向原告冠龙公司暂支业务费10000元后已花费了文娱费、餐费、差旅费等共计6922元。

上海市嘉定区人民法院一审查明：

被告唐茂林系上海市外来从业人员。2002年3月1日唐茂林进入原告冠龙公司从事销售工作。入职时，唐茂林向冠龙公司人事部门提交了其本人于2000年7月毕业于西安工业学院材料工程系的学历证明复印件，双方签订了期限为2002年3月1日至同年12月31日的劳动合同，合同约定2002年3月1日至同年8月1日为试用期，此后双方每年续签期限为一年的劳动合同。2007年12月25日，唐茂林签署《任职承诺书》一份，内容为："本人作为上海冠龙阀门机械有限公司之员工，特作如下承诺：……本人以往提供给公司的个人材料均是真实有效的，如有作假，愿意无条件被解除合同……"2008年12月23日，原、被告双方签订《劳动合同补充协议》，约定原劳动合同有效期限顺延至2011年12月31日。冠龙公司在南京、无锡两地均设有办事处，后在常州开设工作站（受无锡办事处管辖），由唐茂林任工作站站长，无其他工作人员。冠龙公司允许唐茂林以个人名义租赁房屋作为办公地点开展工作，租房费用由公司承担。2009年10月25日，冠龙公司向唐茂林支付汽车保险费2791元。2009年12月25日，唐茂林向冠龙公司提交暂支单（有部门主管杨成心签字）并支取业务费10000元，2010年1月7日唐茂林花费了文娱费、餐费、差旅费等共计6922元。2010年2月11日唐茂林填写了暂支事由为“借款”、暂支金额为15000元的暂支单，但该单据未经主管领导签字确认。2010年4月23日，冠龙公司向唐茂林支付了2010年5月22日至同年11月21日的房租（含税金）8190元。2010年5月31日，唐茂林填写两份暂支单并经部门主管杨成心签字确认后向冠龙公司支取了工作站房租押金1500元及茶叶款2000元，在关于茶叶款的暂支单上记载有“找发票冲账”的字样，事后唐茂林未向冠龙公司提交茶叶款发票。2010年6月28日，冠龙公司向唐茂林出具退工证明，但唐茂林不同意接受，2010年7月2日唐茂林收到冠龙公司的律师函，其中载明“鉴于你在求职时向冠龙公司出具的有关材料和陈述有虚假，且在工作时间没有完成公司规定的业务指标，没有遵守公司规定的工作纪律和规章，故从即日起冠龙公司对你开除，即解除与你的劳动合同关系”，落款日期为2010年6月30日。冠龙公司未支付唐茂林2009年第四季度奖金（提成）剩余差额20493.89元，未支付唐茂林2010年第一季度奖金（提成）1198.40元及第二季度奖金（提成）32213元。此外，在2008年8月，唐茂林的上级主管领导马玉新（冠龙公司华东业务部经理）通过他人举报得知并证实唐茂林存在学历造假一事。2008年12月1日后因工作调动，唐茂林所在辖区不再受马玉新管理。冠龙公司在劳动仲裁阶段陈述，办事处招聘员工，实际操作中由办事处主任进行核实和担保，办事处主任再向公司提供员工的学历证书复印件就可以了。

2010年11月1日，西安工业大学教务处在原告冠龙公司出具的被告唐茂林毕业证书复印件上书写“2000届毕业证中无此人”的证明字样并敲章确认。冠龙公司《员工手册》中有如下规定：“新录用的员工报到时应提供以下证明文件的正本供人事部门复核，同时交复印件一份供人事部门存档：（1）身份证；（2）学历证明……”“员工有下列任一严重违反公司规章制度情况的，公司将予以解雇，且不给予任何经济补偿：……以欺骗手段虚报专业资格或其他各项履历……”对以上内容，唐茂林已签字确认知晓。2010年7月19日、8月11日唐茂林与冠龙公司分别就违法解除劳动合同赔偿金、返还暂支款项等事项向嘉定区劳仲委提起仲裁，2010年9月17日嘉定区劳仲委作出嘉劳仲（2010）办字第1860、2188号裁决书，裁决内容如下：一、冠龙公司应一次性支付被告违法解除劳动合同赔偿金181866元、2009年第四季度奖金（提成）差额20493.89元、2010年第一季度奖金（提成）1198.40元、2010年第二季度奖金（提成）32213元，合计人民币235771.29元；二、唐茂林应一次性返还冠龙公司2009年12月25日的业务费暂支款10000元、2010年5月31日购买茶叶暂支款2000元、2010年5月31日的工作站房租押金1500元、2010年2月11日的借款15000元、汽车保险费697.75元，合计人民币29197.75元；三、对唐茂林的其他请求事项，不予支持；四、对冠龙公司的其他请求事项，不予支持。冠龙公司不服部分裁决内容，遂提起诉讼。

本案一审的争议焦点是：被告唐茂林在入职时向原告冠龙公司提交虚假学历证明的行为，是否构成冠龙公司合法解除劳动合同的理由之一。

上海市嘉定区人民法院一审认为：

欺诈的认定标准之一为相对方是否知晓真实情况。原告冠龙公司的马玉新系管理公司华东地区所有办事处的业务部经理，其对所辖办事处员工招聘、解聘等工作系其代表公司的职务行为。2008年12月，在马玉新知晓被告唐茂林提供虚假学历的情况下，仍然作出与其续签劳动合同的决定，表明冠龙公司已经知晓唐茂林学历造假仍继续予以聘用，即不予追究唐茂林提供虚假学历的行为。且冠龙公司对销售人员的学历设置准入资格应为保证销售人员的工作能力，唐茂林于2002年进入冠龙公司后双方一直续签劳动合同的事实亦从侧面证实冠龙公司对唐茂林的工作能力予以认可，故冠龙公司主张唐茂林欺诈的理由不能成立，冠龙公司与其解除劳动合同系违法解除。

据此，上海市嘉定区人民法院依照《中华人民共和国劳动合同法》第三条、第三十条第一款、第四十七条、第八十七条、《中华人民共和国民事诉讼法》第六十四条第一款、《最高人民法院关于民事诉讼证据的若干规定》第二条之规定，于2011年3月21日判决：

一、原告冠龙公司应于本判决生效之日起十日内支付被告唐茂林违法解除劳动合同赔偿金人民币181866元、2009年第四季度奖金（提成）差额人民币20493.89元、2010年第一季度奖金（提成）人民币1198.40元、2010年第二季度奖金（提成）人民币32213元，上述四项合计人民币235771.29元；

二、被告唐茂林应于本判决生效之日起十日内返还原告冠龙公司2009年12月25日暂支的业务费人民币3078元、2010年5月31日暂支的工作站房租押金人民币1318元、2010年4月23日支取的工作站租房款人民币6370元、汽车保险费人民币697.75元，上述四项合计人民币11463.75元；

三、驳回原告冠龙公司的其他诉讼请求。

冠龙公司不服一审判决，向上海市第二中级人民法院提起上诉，冠龙公司上诉称：1. 冠龙公司与被上诉人唐茂林解除劳动合同合法有据，不应支付违法解除劳动合同赔偿金。首先，唐茂林存在伪造学历的欺诈行为，唐茂林采用欺诈方式骗取冠龙公司签订劳动合同，按照冠龙公司规章制度及双方约定，冠龙公司与其解除劳动合同是合法的。冠龙公司招聘员工时要求应聘者提交学历证书原件，唐茂林在2002年应聘时亦提交了伪造的学历证书，现冠龙公司仅留存有唐茂林提供的学历证书复印件，原件已交还唐茂林本人。冠龙公司认为，即使冠龙公司在录用唐茂林时未就学历证书尽审查义务，也不能就此抵消唐茂林学历造假的责任。另，冠龙公司的马玉新经理不是整个华东地区的业务经理，其只是苏州片区的业务经理，不具有人事处罚权。即使马玉新经理知悉唐茂林伪造学历证书的事情，也不代表公司也知悉了该事并已作处理，且事实上马玉新也已证明未就此事上报公司。冠龙公司与唐茂林续签劳动合同时马玉新经理也已调任他处工作，冠龙公司与唐茂林续签劳动合同时并不知道其学历造假事宜。其次，唐茂林在工作过程中还存在其他营私舞弊行为，唐茂林与常州苏泵泵业有限公司签订过一份阴阳合同，给客户的那份合同约定的价格为 2115 元，但给公司的合同价格只有 1407 元，冠龙公司实际收到的现金只有 1407 元。常州苏泵泵业有限公司也就此出具了证明。唐茂林这种徇私舞弊的行为严重违反公司的规章制度，冠龙公司与唐茂林解除劳动合同符合法律规定，冠龙公司无需支付唐茂林违法解除劳动合同赔偿金。原审法院认定事实不清，适用法律不当。请求撤销原审法院判决第一项关于违法解除劳动合同赔偿金的判决，要求改判冠龙公司不支付唐茂林违法解除劳动合同的赔偿金 181866 元。2. 原审法院认定唐茂林应返还公司 15000 元和 10000 元暂支单款项的事实与实际不符，冠龙公司认为这两项应全额返还。关于 15000 元暂支单款项，冠龙公司认为，唐茂林将其签过字的借款单留在冠龙公司，说明唐茂林已实际取得上述款项，原审法院认为此款项唐茂林未实际取得缺乏依据。关于 10000 元暂支单款项，冠龙公司规定员工报销业务费用须在费用发生后一个月内交给主管审核，唐茂林直至仲裁时才主张该业务费用报销，不符合规定，应全额返还该笔款项。请求撤销原审判决第二项，改判唐茂林全额返还冠龙公司暂支款 25000 元。

二审期间上诉人冠龙公司提供了两组新证据：

1. 被上诉人唐茂林于 2002 年入职时所写的个人自传，称其毕业于西安工业学院材料工程系，旨在证明唐茂林入职时就学历情况作了虚假表述；

2. 上诉人冠龙公司人事资料卡两份，填写时间为 2008 年 6 月 9 日、2009 年 4 月 30 日，填写人为被上诉人唐茂林。其中“教育程度”一栏均填写为毕业于西安工业学院，旨在证明唐茂林就学历情况欺骗公司，并在 2008 年续签劳动合同后仍继续欺骗公司。

被上诉人唐茂林辩称：1. 其进入上诉人冠龙公司时根据冠龙公司招聘人员的要求提供了虚假的学历证明，2008 年 8 月后冠龙公司内从上到下对于唐茂林提供虚假学历证书的事情均知晓，因此未对唐茂林进行升职，这就是冠龙公司对唐茂林的处理。2008 年 12 月冠龙公司与唐茂林续签了劳动合同，说明冠龙公司考虑到唐茂林的业务能力较强而不再计较其学历造假事宜。同时唐茂林认为，其在职期间工作业绩一直很好，完全具有任职人员所应具备的能力，从公平合理的角度看，不能仅以学历造假为由解除双方劳动合同。2010 年冠龙公司以学历造假为由与其解除劳动合同，是公司清退老员工的借口，冠龙公司应支付其违法解除劳动合同赔偿金；2. 关于 15000 元暂支单款项，因该借款单未经公司主管签字，唐茂林实际未拿到此款项，不同意返还。关于 10000 元暂支单款项，冠龙公司操作流程规定员工报销业务费用有一定限额，故致唐茂林该笔款项未及时报销。唐茂林认为原审法院所作判决是适当的，请求二审法院依法驳回冠龙公司上诉请求，维持原审判决。

被上诉人唐茂林没有提交新的证据。

法院认为上述两组证据是上诉人冠龙公司对原审证据的补强，冠龙公司虽在二审时才提供，但被上诉人唐茂林对上述证据的真实性并未予以否认，法院对上述证据的真实性予以确认。

上海市第二中级人民法院经二审，确认了一审查明的事实。

另查明，上诉人冠龙公司《员工手册》第三十四条规定："员工有下列任一严重违反公司规章制度情况的，公司将予以解雇，且不给予任何经济补偿：……（2）以欺骗手段虚报专业资格或其他各项履历……"

本案二审争议的焦点是：1. 上诉人冠龙公司解除与被上诉人唐茂林的劳动合同是否合法，冠龙公司应否支付唐茂林违法解除合同赔偿金；2. 唐茂林应否全额返还冠龙公司主张的两笔款项。

上海市第二中级人民法院二审认为：

被上诉人唐茂林在入职时提供虚假学历并做虚假陈述的行为显然已经构成了欺诈。但唐茂林于 2008 年 12 月底与上诉人冠龙公司续签劳动合同时是否构成欺诈存有争议，此问题关键在于续签劳动合同时冠龙公司是否知晓唐茂林学历造假一事并作出了错误的意思表示。首先，唐茂林提供有马玉新的录音资料，欲证明续签合同时公司已知道其提供虚假学历一事，但上述录音有许多语意模糊的地方，并不足以证明马玉新已经将唐茂林伪造学历之事告知冠龙公司。第二，冠龙公司提供的马玉新的书面证言称因工作调动未将唐茂林学历造假之事上报公司，亦未对此事作出处理。虽马玉新系冠龙公司管理人员，与公司方有一定利害关系，但该证据不是唯一证据，其证明力可以结合其他证据综合判断。第三，冠龙公司提供的调令显示，冠龙公司与唐茂林续签劳动合同之前，马玉新确实已调任他处。第四，唐茂林 2009 年填写的人事资料卡“教育程度”一栏仍填写为西安工业学院材料工程系。综合双方当事人举证情况分析，可认定唐茂林对其入职时提供虚假学历一事一直采取隐瞒的态度，唐茂林亦无证据证明其提供虚假学历之行为已为冠龙公司知悉并已获得了谅解，故唐茂林在 2008 年 12 月续签劳动合同时仍然构成欺诈，《中华人民共和国劳动合同法》第二十六条、第三十九条明确规定，以欺诈的手段使对方在违背真实意思的情况下订立的劳动合同是无效的，用人单位可以据此解除劳动合同。故冠龙公司与唐茂林解除劳动合同有法律依据，不应支付违法解除劳动合同赔偿金。此外，我国劳动法律在充分保护劳动者合法权利的同时亦依法保护用人单位正当的用工管理权。用人单位通过企业规章制度对劳动者进行必要的约束是其依法进行管理的重要手段。冠龙公司《员工手册》第三十四条规定，员工以欺骗手段虚报专业资格或其他各项履历，公司将予以解雇，且不给予任何经济补偿。审理时，唐茂林对该《员工手册》的真实性并无异议。唐茂林提供虚假学历之行为亦系冠龙公司规章制度严令禁止，冠龙公司依据企业的规章制度与唐茂林解除劳动合同，系其依法行使管理权的体现，亦无不可。而且，唐茂林于 2007 年签署有《任职承诺书》一份，内容为：“本人作为上海冠龙阀门机械有限公司之员工，特作如下承诺：……本人以往提供给公司的个人材料均是真实有效的，如有作假，愿意无条件被解除合同……”此任职承诺书是唐茂林与冠龙公司基于诚信原则的约定，唐茂林对于违反约定义务的法律结果应是清楚的。双方的约定未违反法律规定，是合法有效的。故从该承诺的角度出发，冠龙公司在查知唐茂林伪造学历后，基于承诺而解除合同亦是有依据的。至于冠龙公司认为唐茂林与客户签订阴阳合同，赚取差价，严重违规，要求唐茂林解除劳动的主张，因依据不足，难以采信。但这并不影响冠龙公司依据唐茂林伪造学历、欺骗公司，违反劳动合同法及公司规章制度及其本人承诺的理由行使合同解除权。一审法院关于冠龙公司解除与唐茂林的劳动合同不合法、冠龙公司应支付唐茂林违法解除合同赔偿金的认定不当，应予以纠正。

关于被上诉人唐茂林应否返还系争款项的问题。该争议焦点双方分歧在于上诉人冠龙公司主张的15000元借款事实是否成立，唐茂林提交的6922元凭证是否属于冠龙公司应予报销的范围。对此，当事人对自己的主张应当提供充分的证据予以证实。对于冠龙公司要求唐茂林返还的15000元暂支单款项，根据唐茂林提供的暂支单凭证可认定冠龙公司对暂支款项实行的是领导审批制，需要填写暂支单后提交主管批准签字，而该笔借款的暂支单未经主管签字，冠龙公司亦未提供其他证据证明其已向唐茂林支出该笔款项，故一审法院认为借款事实不成立理由充分。对于冠龙公司要求唐茂林返还10000元业务款的问题，唐茂林在冠龙公司工作期间因工作需要为业务支出的费用，冠龙公司应予报销。现唐茂林已提交证据证明因业务花费6922元，而冠龙公司并无证据证明上述费用系用于唐茂林个人，故对上述费用，冠龙公司应予报销。现唐茂林同意返还余额3078元，于法不悖。冠龙公司以报销业务费用须在费用发生后一个月内交给主管审核为由不愿予以报销，缺乏依据。一审法院对此两笔款项认定事实清楚，所作判决并无不当。

据此，上海市第二中级人民法院依照《中华人民共和国民事诉讼法》第一百五十三条第一款第（一）项、第（三）项之规定、《中华人民共和国劳动合同法》第二十六条第一款、第三十九条之规定，于2011年7月25日判决：

一、维持上海市嘉定区人民法院（2010）嘉民四（民）初字第418号民事判决主文第二项；

二、撤销上海市嘉定区人民法院（2010）嘉民四（民）初字第418号民事判决主文第一、第三项；

三、上诉人冠龙公司应于本判决生效之日起十日内支付被上诉人唐茂林2009年第四季度奖金（提成）差额人民币20493.89元、2010年第一季度奖金（提成）人民币1198.40元、2010年第二季度奖金（提成）人民币32213元，上述三项合计人民币53905.29元；

四、上诉人冠龙公司要求不支付被上诉人唐茂林违法解除劳动合同赔偿金的请求予以支持。

本判决为终审判决。

068. 劳动者身体缺陷未达到严重缺陷程度，用人单位主张解除合同的不予支持①

李林珍诉中国银行桐庐支行解除劳动合同纠纷案

原告：李林珍。

委托代理人：王汉升、许建宇，浙江省华夏律师事务所律师。

被告：中国银行浙江省桐庐支行。

法定代表人：罗炳发，行长。

法定代表人：濮繁，中国银行桐庐支行副行长。

原告李林珍因与被告中国银行桐庐支行（以下简称桐庐支行）发生劳动合同纠纷，向浙江省桐庐县人民法院提起诉讼。

原告李林珍诉称：1994年2月24日，被告桐庐支行以原告缺一右肾，存在严重身体缺陷为由，单方面决定解除劳动合同。从医学临床实践看，缺一只肾，只要肾功能正常，不会对身体构成严重危害。浙江医科大学附属二院

① 参见《最高人民法院公报》1996年03期。

诊断证明：原告肾功能正常，可以正常工作。从银行工作性质看，原告从事的是银行会计工作，缺一只肾，根本不会对工作构成威胁，也不影响银行职员需要具备的外表形象。另外，从国家体检政策上看，《普通高校招生体检标准》允许缺一只肾的人报考除地质类以外的任何专业。鉴于上述理由，请求法院撤销被告解除与原告的劳动合同决定，责成被告继续履行劳动合同。

被告桐庐支行辩称：原告李林珍右肾摘除，体检时未向医师说明，到我行后，有人反映和医院复查证实。原告不符合中国银行浙江省分行《招工、招干、调入人员及新职工转正的暂行规定》（以下简称《暂行规定》）中关于新职工必须具备的“身体健康，无严重疾病和缺陷”的录用条件。根据劳动人事部有关文件规定，劳动合同制工人在试用期间，经发现不符合录用条件的，用人单位有权单方面解除其劳动合同。被告认为原告右肾摘除是严重缺陷，理由是中国银行对职工要求较高，不排除其他行业认为此类缺陷为一般缺陷而可以录用的可能性。据此，请求法院维持被告桐中银（1994）第8号关于解除李林珍劳动合同的决定。

桐庐县人民法院经审理查明，原告李林珍于1987年不慎从楼梯上滚下来而摔伤，在医院做了右肾切除手术。术后，恢复健康。1993年8月初，李林珍得知被告桐庐支行招工的信息，认为自己符合条件，就报了名。8月16日，桐庐支行对报名者面试后，初定李林珍可以参加体检。8月20日，被告组织初定人员到桐庐县中医院进行常规体检。李林珍体检表中载明：“既往史”栏为“无残”，“腹腔脏器”栏为“正常”，“审查意见”栏为“健康”。8月23日，桐庐支行组织李林珍等初定人员进行培训。8月28日，桐庐支行分配李林珍到其所属的横村办事处报到。9月1日，桐庐支行与李林珍签订了劳动合同。合同约定：劳动合同期为五年（自1993年9月1日至1998年8月31日）；工种：业务；实行六个月的试用期；合同期间，被招合同制工人符合国务院发布的《国营企业实行劳动合同制暂行规定》（以下简称《合同制规定》）第十二条关于“企业可以解除劳动合同”规定的，企业可以提出解除劳动合同。该合同经李林珍、桐庐支行双方签字，并经桐庐县劳动局劳动争议仲裁科鉴证生效。12 月中旬，中国银行杭州市分行电话通知桐庐支行“有人反映李林珍右肾摘除，不符合录用条件”，并要桐庐支行于 1993 年底前解除与李林珍的劳动合同。12 月 26 日，桐庐支行派员带李林珍到桐庐县中医院做 B 超检查。结果证实：李林珍“右肾摘除，左肾正常”。1994 年 2 月 24 日，桐庐支行以李林珍“右肾摘除，存在严重身体缺陷，不符合省分行《暂行规定》中的有关要求”为由，作出桐中银（1994）8 号关于解除李林珍劳动合同的决定。同年 8 月 11 日，李林珍向桐庐县劳动争议仲裁委员会申请仲裁。桐庐县劳动争议仲裁委员会经对该案审理后，于 12 月 6 日作出桐劳仲案字（1994 第 01 号仲裁裁决书：维持桐庐支行对李林珍解除劳动合同的决定。原告不服，于 12 月 21 日向法院提起诉讼。该案在审理过程中，法院委托杭州市中级人民法院法医技术处对李林珍的身体是否存在严重缺陷进行鉴定。法医鉴定结论为：被鉴定人李林珍在生理上存在缺少右肾的缺陷，但具有正常的生活能力、工作能力及社会活动能力，其身体状况未达到严重缺陷的程度。

桐庐县人民法院认为，原告李林珍因外伤被摘除右肾，在生理上确实存在缺少右肾的缺陷。被告桐庐支行在不知原告缺少右肾的情况下与其签订了劳动合同，现以此为由作出解除劳动合同的决定。《合同制规定》第十二条第（一）项规定，“劳动合同制工人在试用期内，经发现不符合录用条件的”，企业才可以解除劳动合同。经法医鉴定，李林珍的身体状况未达到严重缺陷的程度，且李林珍在试用期内，身体是健康的，能够胜任桐庐支行支配的业务工种。以上事实证明，李林珍的身体状况符合“无严重疾病和缺陷”的录用条件，桐庐支行认为李林珍存在严重身体缺陷的理由不能成立。第十四条第（一）项规定：“劳动合同期限未满，又不符合第十二条规定的”，企业不得解除劳动合同。李林珍要求撤销被告对其所作的解除劳动合同的决定，并要求继续履行劳动合同的诉讼请求应予以支持。据此，桐庐县人民法院于

1995年12月1日判决：

一、撤销被告桐庐支行桐中银（1994）第8号关于解除原告李林珍劳动合同的决定。

二、被告桐庐支行与原告李林珍继续履行桐劳鉴字（93）第1050号劳动合同。

第一审宣判后，被告桐庐支行以原答辩理由向杭州市中级人民法院提出上诉。

杭州市中级人民法院审理认为：上诉人桐庐支行与被上诉人李林珍签订的劳动合同，符合有关规定，应认定合法有效。李林珍因外伤右肾被摘除是事实，但其身体并未达到严重缺陷的程度，可以适应其所担负之工作，对其劳动权应依法予以保护，桐庐支行的上诉理由不能成立。一审判决正确，应予维持。据此，该院依照《中华人民共和国民事诉讼法》第一百五十三条第一款第（一）项的规定，于1996年1月30日判决：驳回上诉人桐庐支行的上诉，维持第一审判决。

069. 劳动者拒绝违法超时加班安排，用人单位能否解除劳动合同①

基本案情：张某于2020年6月入职某快递公司，双方订立的劳动合同约定试用期为3个月，试用期月工资为8000元，工作时间执行某快递公司规章制度相关规定。某快递公司规章制度规定，工作时间为早9时至晚9时，每周工作6天。2个月后，张某以工作时间严重超过法律规定上限为由拒绝超时加班安排，某快递公司即以张某在试用期间被证明不符合录用条件为由与

---

① 《劳动人事争议典型案例（第二批）》（人力资源社会保障部、最高人民法院2021年6月30日发布），一、劳动者拒绝违法超时加班安排，用人单位能否解除劳动合同，载最高人民法院网站，https：//www. court. gov. cn/zixun/xiangqing/319151. html，最后访问日期：2023年7月4日。

其解除劳动合同。张某向劳动人事争议仲裁委员会申请仲裁。

申请人请求：请求裁决某快递公司支付违法解除劳动合同赔偿金8000元。

处理结果：仲裁委员会裁决某快递公司支付张某违法解除劳动合同赔偿金8000元（裁决为终局裁决）。仲裁委员会将案件情况通报劳动保障监察机构，劳动保障监察机构对某快递公司规章制度违反法律、法规规定的情形责令其改正，给予警告。

案例分析：本案的争议焦点是张某拒绝违法超时加班安排，某快递公司能否与其解除劳动合同。

《中华人民共和国劳动法》第四十一条规定："用人单位由于生产经营需要，经与工会和劳动者协商后可以延长工作时间，一般每日不得超过一小时；因特殊原因需要延长工作时间的，在保障劳动者身体健康的条件下延长工作时间每日不得超过三小时，但是每月不得超过三十六小时。"第四十三条规定："用人单位不得违反本法规定延长劳动者的工作时间。"《中华人民共和国劳动合同法》第二十六条第一款规定："下列劳动合同无效或者部分无效：……（三）违反法律、行政法规强制性规定的。"为确保劳动者休息权的实现，我国法律对延长工作时间的上限予以明确规定。用人单位制定违反法律规定的加班制度，在劳动合同中与劳动者约定违反法律规定的加班条款，均应认定为无效。

本案中，某快递公司规章制度中"工作时间为早9时至晚9时，每周工作6天"的内容，严重违反法律关于延长工作时间上限的规定，应认定为无效。张某拒绝违法超时加班安排，系维护自己合法权益，不能据此认定其在试用期间被证明不符合录用条件。故仲裁委员会依法裁决某快递公司支付张某违法解除劳动合同赔偿金。

典型意义

《中华人民共和国劳动法》第四条规定："用人单位应当依法建立和完善规章制度，保障劳动者享有劳动权利和履行劳动义务。"法律在支持用人单位依法行使管理职权的同时，也明确其必须履行保障劳动者权利的义务。用人单位的规章制度以及相应工作安排必须符合法律、行政法规的规定，否则既要承担违法后果，也不利于构建和谐稳定的劳动关系、促进自身健康发展。

070. 用人单位未与劳动者协商一致增加工作任务，劳动者是否有权拒绝①

基本案情：张某于2018年9月入职某报刊公司从事投递员工作，每天工作6小时，每周工作6天，月工资3500元。2020年6月，因同区域另外一名投递员离职，某报刊公司在未与张某协商的情况下，安排其在第三季度承担该投递员的工作任务。张某认为，要完成加倍的工作量，其每天工作时间至少需延长4小时以上，故拒绝上述安排。某报刊公司依据员工奖惩制度，以张某不服从工作安排为由与其解除劳动合同。张某向劳动人事争议仲裁委员会申请仲裁。

申请人请求：请求裁决某报刊公司支付违法解除劳动合同赔偿金14000元。

处理结果：仲裁委员会裁决某报刊公司支付张某违法解除劳动合同赔偿

---

① 《劳动人事争议典型案例（第二批）》（人力资源社会保障部、最高人民法院2021年6月30日发布），五、用人单位未与劳动者协商一致增加工作任务，劳动者是否有权拒绝，载最高人民法院网站，https：//www. court. gov. cn/zixun/xiangqing/319151. html，最后访问日期：2023年7月4日。

金 14000 元（裁决为终局裁决）。

案例分析：本案的争议焦点是某报刊公司未与张某协商一致增加其工作任务，张某是否有权拒绝。

《中华人民共和国劳动合同法》第三十一条规定，用人单位应当严格执行劳动定额标准，不得强迫或者变相强迫劳动者加班。第三十五条规定，用人单位与劳动者协商一致，可以变更劳动合同约定的内容。劳动合同是明确用人单位和劳动者权利义务的书面协议，未经变更，双方均应严格按照约定履行，特别是涉及工作时间等劳动定额标准的内容。

本案中，某报刊公司超出合理限度大幅增加张某的工作任务，应视为变更劳动合同约定的内容，违反了关于“协商一致”变更劳动合同的法律规定，已构成变相强迫劳动者加班。因此，张某有权依法拒绝上述安排。某报刊公司以张某不服从工作安排为由与其解除劳动合同不符合法律规定。故仲裁委员会依法裁决某报刊公司支付张某违法解除劳动合同赔偿金。

典型意义

允许用人单位与劳动者协商一致变更劳动合同，有利于保障用人单位根据生产经营需要合理调整用工安排的权利。但要注意的是，变更劳动合同要遵循合法、公平、平等自愿、协商一致、诚实信用的原则。工作量、工作时间的变更直接影响劳动者休息权的实现，用人单位对此进行大幅调整，应与劳动者充分协商，而不应采取强迫或者变相强迫的方式，更不得违反相关法律规定。

071. 劳动者请假照看病危父亲，用人单位应给予适当善意和包容[①]

核心价值：职场友善

基本案情：李某于 2021 年 2 月 26 日入职某电子商务公司，签订了劳动合同，岗位为工程师。2022 年 1 月 21 日，李某父亲患癌症晚期，李某通过微信向直属领导张某请假，又通过邮件向领导请假称，“因父亲病重需紧急返乡，特提出请假申请”，请假时间为 2022 年 1 月 24 日至 1 月 30 日。当日，李某回家照顾重病父亲。期间，公司要求李某提供有效请假材料，李某亦通过微信提交了父亲病历照片。1 月 28 日，李某父亲病重去世。当日，公司却以李某请假未批不到岗，构成旷工为由解除了劳动合同。李某不服解除决定，申请劳动仲裁，仲裁委认定公司解除劳动合同违法。该公司不认可裁决结果，起诉至人民法院，请求不支付违法解除劳动合同赔偿金。

裁判结果：审理法院认为，劳动者有自觉维护用人单位劳动秩序、遵守用人单位规章制度的义务；用人单位用工管理权的行使方式亦应善意、宽容、合理。李某因父亲病重需要陪护，向公司申请事假，既是处理突发家庭事务，亦属尽人子孝道。李某父亲患重病病危，在事发紧急的情况下，李某已经向公司请假，在照顾患病父亲期间也将其父患病的相关资料传给了公司。公司在明知其父亲重病的情况下，仍以请假材料不全，未经审批为由，要求李某到岗，未体现出以人为本的发展理念，与社会主义核心价值观中友善的要求不符，亦有悖中华民族的传统孝文化，既不合情也不合理。综上，李某不构成旷工，公司属于违法解除劳动合同，故判决某电子商务公司支付李某违法

---

① 《第三批人民法院大力弘扬社会主义核心价值观典型民事案例》（最高人民法院 2023 年 3 月 1 日发布），十、李某与某电子商务公司劳动争议案，载最高人民法院网站，https：//www.court.gov.cn/zixun/xiangqing/390531.html，最后访问日期：2023 年 7 月 2 日。

解除劳动合同赔偿金 113520 元。

典型意义

习近平总书记指出，要把弘扬孝亲敬老纳入社会主义核心价值观宣传教育，建设具有民族特色、时代特征的孝亲敬老文化。企业作为社会成员，也应合理承担孝亲敬老的社会责任，对职工照顾父母的孝亲行为予以适当包容和鼓励。本案中，职工为了照顾病危父亲请事假，既是履行赡养老人义务，也是一种孝亲敬老的行为。百善孝为先，企业也应以同理心加以对待，给予职工请假便利，而不是机械管理，消极应对。本案对于树立孝亲敬老的社会风尚、构建和谐劳动关系具有积极意义，有利于弘扬友善、和谐、文明、法治的社会主义核心价值观。

（三）地方法院典型案例

072. 用人单位可否单方调整劳动者工作岗位①

基本案情： 张某系某医院经营主任。某日，该医院向张某发出调岗通知书，将张某工作岗位变更为经营主任助理，并要求张某次日到人力资源部报到。张某对调岗决定不予认可且未到新岗位报到。后，该医院人力资源部经理在与张某微信聊天中称经领导研究决定张某回到原岗位工作，同日该经理又通过微信向张某发送某医院出具的解除劳动关系通知书，以张某未按照调岗通知书要求到指定岗位报到且连续旷工为由，决定与张某解除劳动关系。

① 《天津高院发布劳动争议典型案例》（2023 年 4 月 27 日发布），张某诉某医院劳动争议案，载天津法院网，https：//tjfy. tjcourt. gov. cn/article/detail/2023/04/id/7266065. shtml，最后访问日期：2023 年 6 月 30 日。

张某申请劳动仲裁，请求某医院支付违法解除劳动合同赔偿金等，仲裁委未予受理，张某遂起诉至法院。

裁判结果：法院生效裁判认为，某医院将张某职位明显降低，属于对其工作岗位的不利调整，应对调岗决定的合法性、合理性予以证明。在该医院未提交充足证据证明其对于张某岗位的调整系基于自身经营发展需要或张某工作成绩无法达到医院要求等原因的前提下，结合该医院人力资源部门经理与张某的微信聊天记录，该医院同一天出具的解除通知等证据，认定某医院违法解除劳动合同，判决该医院支付张某违法解除劳动合同赔偿金。

典型意义

本案系用人单位单方调整劳动者工作岗位的典型案例。企业基于自身生产经营需要，有权对内部组织架构、人员工作岗位进行调整，但应当符合法律法规及规章制度的规定。人民法院在审理此类案件时，应兼顾效率与公平，既要充分保障企业的经营自主权，为企业提供良好营商环境，也要对岗位调整行为进行合法性审查，防止企业滥用管理权，保护劳动者合法权益。

073. 保障劳动者权益的同时如何处理“小伤大养”及“休工无期限”问题[①]

基本案情：王某系某酒店空调运营维修值班工程师，在工作期间王某不慎滑倒，被认定为工伤。王某在停工留薪期满后，就延长停工留薪期、增加

① 《天津高院发布劳动争议典型案例》（2023 年 4 月 27 日发布），王某诉某酒店劳动争议案，载天津法院网，https：//tjfy. tjcourt. gov. cn/article/detail/2023/04/id/7266065. shtml，最后访问日期：2023 年 5 月 19 日。

工伤伤害部位、工伤伤残等级、旧伤复发等多次申请鉴定但均未获认定，王某以需要治疗为由继续休假，并向某酒店提交建休诊断证明书。医疗期满后某酒店工作人员致电王某告知到岗工作，王某表示需要治疗无法参加工作。后某酒店以王某医疗期满不能从事原岗位工作及其他任何岗位工作为由，向王某送达解除劳动合同通知书。王某向仲裁委提起仲裁申请，仲裁裁决某酒店向王某支付违法解除劳动合同赔偿金及部分工资。双方均不服仲裁裁决，向法院提起诉讼。

裁判结果：法院生效裁判认为，王某已被认定为工伤，应按照有关规定享受工伤待遇。王某在停工留薪期满后以病情为由未返岗工作，某酒店对此按照医疗期处理。医疗期满后，王某仍以病情为由拒绝到岗，某酒店无法为其安排任何工作，结合王某的伤情、工伤鉴定情况及王某病休期间没有相应治疗手段的事实，不属于因伤情无法到岗工作的情形，故某酒店通知王某解除劳动合同符合相关法律规定，判决驳回王某的诉讼请求。

典型意义

本案系涉及停工留薪期和医疗期的典型案例。停工留薪期，是指劳动者遭受事故伤害或者患职业病需暂停工作，接受工伤医疗，并保持原工资福利待遇不变的期间。医疗期是指职工因患病或者非因工负伤停止工作治病休息，用人单位不得解除劳动合同的期限。在停工留薪期满后仍需治疗的，继续享受工伤医疗待遇，但工伤医疗待遇并非停工留薪期待遇，故劳动者在停工留薪期满且无延长、定残或旧伤复发的情形下应恢复正常工作。本案裁判在保障劳动者权益的同时对“小伤大养”及“休工无期限”问题给予否定性评价，对营造和谐良好的用工环境具有重要意义。

（四）裁判依据

《中华人民共和国劳动法》

第二十四条 经劳动合同当事人协商一致，劳动合同可以解除。

第二十五条 劳动者有下列情形之一的，用人单位可以解除劳动合同：

（一）在试用期间被证明不符合录用条件的；

（二）严重违反劳动纪律或者用人单位规章制度的；

（三）严重失职，营私舞弊，对用人单位利益造成重大损害的；

（四）被依法追究刑事责任的。

第二十六条 有下列情形之一的，用人单位可以解除劳动合同，但是应当提前三十日以书面形式通知劳动者本人：

（一）劳动者患病或者非因工负伤，医疗期满后，不能从事原工作也不能从事由用人单位另行安排的工作的；

（二）劳动者不能胜任工作，经过培训或者调整工作岗位，仍不能胜任工作的；

（三）劳动合同订立时所依据的客观情况发生重大变化，致使原劳动合同无法履行，经当事人协商不能就变更劳动合同达成协议的。

第二十七条 用人单位濒临破产进行法定整顿期间或者生产经营状况发生严重困难，确需裁减人员的，应当提前三十日向工会或者全体职工说明情况，听取工会或者职工的意见，经向劳动行政部门报告后，可以裁减人员。

用人单位依据本条规定裁减人员，在六个月内录用人员的，应当优先录用被裁减的人员。

第二十八条 用人单位依据本法第二十四条、第二十六条、第二十七条的规定解除劳动合同的，应当依照国家有关规定给予经济补偿。

第二十九条 劳动者有下列情形之一的，用人单位不得依据本法第二十六条、第二十七条的规定解除劳动合同：

（一）患职业病或者因工负伤并被确认丧失或者部分丧失劳动能力的；

（二）患病或者负伤，在规定的医疗期内的；

（三）女职工在孕期、产期、哺乳期内的；

（四）法律、行政法规规定的其他情形。

第三十条 用人单位解除劳动合同，工会认为不适当的，有权提出意见。如果用人单位违反法律、法规或者劳动合同，工会有权要求重新处理；劳动者申请仲裁或者提起诉讼的，工会应当依法给予支持和帮助。

第三十一条 劳动者解除劳动合同，应当提前三十日以书面形式通知用人单位。

第三十二条 有下列情形之一的，劳动者可以随时通知用人单位解除劳动合同：

（一）在试用期内的；

（二）用人单位以暴力、威胁或者非法限制人身自由的手段强迫劳动的；

（三）用人单位未按照劳动合同约定支付劳动报酬或者提供劳动条件的。

《中华人民共和国劳动合同法》

第三十六条 用人单位与劳动者协商一致，可以解除劳动合同。

第三十七条 劳动者提前三十日以书面形式通知用人单位，可以解除劳动合同。劳动者在试用期内提前三日通知用人单位，可以解除劳动合同。

第三十八条 用人单位有下列情形之一的，劳动者可以解除劳动合同：

（一）未按照劳动合同约定提供劳动保护或者劳动条件的；

（二）未及时足额支付劳动报酬的；

（三）未依法为劳动者缴纳社会保险费的；

（四）用人单位的规章制度违反法律、法规的规定，损害劳动者权益的；

（五）因本法第二十六条第一款规定的情形致使劳动合同无效的；

（六）法律、行政法规规定劳动者可以解除劳动合同的其他情形。

用人单位以暴力、威胁或者非法限制人身自由的手段强迫劳动者劳动的，或者用人单位违章指挥、强令冒险作业危及劳动者人身安全的，劳动者可以立即解除劳动合同，不需事先告知用人单位。

第三十九条 劳动者有下列情形之一的，用人单位可以解除劳动合同：

（一）在试用期间被证明不符合录用条件的；

（二）严重违反用人单位的规章制度的；

（三）严重失职，营私舞弊，给用人单位造成重大损害的；

（四）劳动者同时与其他用人单位建立劳动关系，对完成本单位的工作任务造成严重影响，或者经用人单位提出，拒不改正的；

（五）因本法第二十六条第一款第一项规定的情形致使劳动合同无效的；

（六）被依法追究刑事责任的。

第四十条 有下列情形之一的，用人单位提前三十日以书面形式通知劳动者本人或者额外支付劳动者一个月工资后，可以解除劳动合同：

（一）劳动者患病或者非因工负伤，在规定的医疗期满后不能从事原工作，也不能从事由用人单位另行安排的工作的；

（二）劳动者不能胜任工作，经过培训或者调整工作岗位，仍不能胜任工作的；

（三）劳动合同订立时所依据的客观情况发生重大变化，致使劳动合同无法履行，经用人单位与劳动者协商，未能就变更劳动合同内容达成协议的。

第四十一条 有下列情形之一，需要裁减人员二十人以上或者裁减不足二十人但占企业职工总数百分之十以上的，用人单位提前三十日向工会或者全体职工说明情况，听取工会或者职工的意见后，裁减人员方案经向劳动行政部门报告，可以裁减人员：

（一）依照企业破产法规定进行重整的；

（二）生产经营发生严重困难的；

（三）企业转产、重大技术革新或者经营方式调整，经变更劳动合同后，仍需裁减人员的；

（四）其他因劳动合同订立时所依据的客观经济情况发生重大变化，致使劳动合同无法履行的。

裁减人员时，应当优先留用下列人员：

（一）与本单位订立较长期限的固定期限劳动合同的；

（二）与本单位订立无固定期限劳动合同的；

（三）家庭无其他就业人员，有需要扶养的老人或者未成年人的。

用人单位依照本条第一款规定裁减人员，在六个月内重新招用人员的，应当通知被裁减的人员，并在同等条件下优先招用被裁减的人员。

第四十二条 劳动者有下列情形之一的，用人单位不得依照本法第四十条、第四十一条的规定解除劳动合同：

（一）从事接触职业病危害作业的劳动者未进行离岗前职业健康检查，或者疑似职业病病人在诊断或者医学观察期间的；

（二）在本单位患职业病或者因工负伤并被确认丧失或者部分丧失劳动能力的；

（三）患病或者非因工负伤，在规定的医疗期内的；

（四）女职工在孕期、产期、哺乳期的；

（五）在本单位连续工作满十五年，且距法定退休年龄不足五年的；

（六）法律、行政法规规定的其他情形。

第四十三条 用人单位单方解除劳动合同，应当事先将理由通知工会。用人单位违反法律、行政法规规定或者劳动合同约定的，工会有权要求用人单位纠正。用人单位应当研究工会的意见，并将处理结果书面通知工会。

《中华人民共和国劳动合同法实施条例》

第十八条 有下列情形之一的，依照劳动合同法规定的条件、程序，劳动者可以与用人单位解除固定期限劳动合同、无固定期限劳动合同或者以完成一定工作任务为期限的劳动合同：

（一）劳动者与用人单位协商一致的；

（二）劳动者提前30日以书面形式通知用人单位的；

（三）劳动者在试用期内提前3日通知用人单位的；

（四）用人单位未按照劳动合同约定提供劳动保护或者劳动条件的；

（五）用人单位未及时足额支付劳动报酬的；

（六）用人单位未依法为劳动者缴纳社会保险费的；

（七）用人单位的规章制度违反法律、法规的规定，损害劳动者权益的；

（八）用人单位以欺诈、胁迫的手段或者乘人之危，使劳动者在违背真实意思的情况下订立或者变更劳动合同的；

（九）用人单位在劳动合同中免除自己的法定责任、排除劳动者权利的；

（十）用人单位违反法律、行政法规强制性规定的；

（十一）用人单位以暴力、威胁或者非法限制人身自由的手段强迫劳动者劳动的；

（十二）用人单位违章指挥、强令冒险作业危及劳动者人身安全的；

（十三）法律、行政法规规定劳动者可以解除劳动合同的其他情形。

第十九条 有下列情形之一的，依照劳动合同法规定的条件、程序，用人单位可以与劳动者解除固定期限劳动合同、无固定期限劳动合同或者以完成一定工作任务为期限的劳动合同：

（一）用人单位与劳动者协商一致的；

（二）劳动者在试用期间被证明不符合录用条件的；

（三）劳动者严重违反用人单位的规章制度的；

（四）劳动者严重失职，营私舞弊，给用人单位造成重大损害的；

（五）劳动者同时与其他用人单位建立劳动关系，对完成本单位的工作任务造成严重影响，或者经用人单位提出，拒不改正的；

（六）劳动者以欺诈、胁迫的手段或者乘人之危，使用人单位在违背真实意思的情况下订立或者变更劳动合同的；

（七）劳动者被依法追究刑事责任的；

（八）劳动者患病或者非因工负伤，在规定的医疗期满后不能从事原工作，也不能从事由用人单位另行安排的工作的；

（九）劳动者不能胜任工作，经过培训或者调整工作岗位，仍不能胜任工作的；

（十）劳动合同订立时所依据的客观情况发生重大变化，致使劳动合同无法履行，经用人单位与劳动者协商，未能就变更劳动合同内容达成协议的；

（十一）用人单位依照企业破产法规定进行重整的；

（十二）用人单位生产经营发生严重困难的；

（十三）企业转产、重大技术革新或者经营方式调整，经变更劳动合同后，仍需裁减人员的；

（十四）其他因劳动合同订立时所依据的客观经济情况发生重大变化，致使劳动合同无法履行的。

第二十条 用人单位依照劳动合同法第四十条的规定，选择额外支付劳动者一个月工资解除劳动合同的，其额外支付的工资应当按照该劳动者上一个月的工资标准确定。

第二十四条 用人单位出具的解除、终止劳动合同的证明，应当写明劳动合同期限、解除或者终止劳动合同的日期、工作岗位、在本单位的工作年限。

第二十五条 用人单位违反劳动合同法的规定解除或者终止劳动合同，依照劳动合同法第八十七条的规定支付了赔偿金的，不再支付经济补偿。赔偿金的计算年限自用工之日起计算。

第二十六条 用人单位与劳动者约定了服务期，劳动者依照劳动合同法第三十八条的规定解除劳动合同的，不属于违反服务期的约定，用人单位不得要求劳动者支付违约金。

有下列情形之一，用人单位与劳动者解除约定服务期的劳动合同的，劳动者应当按照劳动合同的约定向用人单位支付违约金：

（一）劳动者严重违反用人单位的规章制度的；

（二）劳动者严重失职，营私舞弊，给用人单位造成重大损害的；

（三）劳动者同时与其他用人单位建立劳动关系，对完成本单位的工作任务造成严重影响，或者经用人单位提出，拒不改正的；

（四）劳动者以欺诈、胁迫的手段或者乘人之危，使用人单位在违背真实意思的情况下订立或者变更劳动合同的；

（五）劳动者被依法追究刑事责任的。

《最高人民法院关于审理劳动争议案件适用法律问题的解释（一）》

第二十七条 用人单位招用尚未解除劳动合同的劳动者，原用人单位与劳动者发生的劳动争议，可以列新的用人单位为第三人。

原用人单位以新的用人单位侵权为由提起诉讼的，可以列劳动者为第三人。

原用人单位以新的用人单位和劳动者共同侵权为由提起诉讼的，新的用人单位和劳动者列为共同被告。

第三十五条 劳动者与用人单位就解除或者终止劳动合同办理相关手续、支付工资报酬、加班费、经济补偿或者赔偿金等达成的协议，不违反法律、行政法规的强制性规定，且不存在欺诈、胁迫或者乘人之危情形的，应当认定有效。

前款协议存在重大误解或者显失公平情形，当事人请求撤销的，人民法院应予支持。

第四十四条 因用人单位作出的开除、除名、辞退、解除劳动合同、减少劳动报酬、计算劳动者工作年限等决定而发生的劳动争议，用人单位负举证责任。

第四十五条 用人单位有下列情形之一，迫使劳动者提出解除劳动合同的，用人单位应当支付劳动者的劳动报酬和经济补偿，并可支付赔偿金：

（一）以暴力、威胁或者非法限制人身自由的手段强迫劳动的；

（二）未按照劳动合同约定支付劳动报酬或者提供劳动条件的；

（三）克扣或者无故拖欠劳动者工资的；

（四）拒不支付劳动者延长工作时间工资报酬的；

（五）低于当地最低工资标准支付劳动者工资的。

第四十七条 建立了工会组织的用人单位解除劳动合同符合劳动合同法第三十九条、第四十条规定，但未按照劳动合同法第四十三条规定事先通知工会，劳动者以用人单位违法解除劳动合同为由请求用人单位支付赔偿金的，人民法院应予支持，但起诉前用人单位已经补正有关程序的除外。

九、其他类型案例

（一）地方法院典型案例

074. 用人单位对年度考核不合格的员工做出待岗培训、复岗考试的安排是否合法①

案情简介：2015年11月劳动者杨某入职至某国有企业，在保卫室任保安员，其岗位职责为保障用人单位有序安全开展生产，双方签订了无固定期限劳动合同。2021年12月末，该国有企业按照《员工绩效管理实施细则》以及《保安员绩效管理（考核）办法》对杨某进行考核，因杨某2021年8月在工作岗位上睡觉，企业对杨某2021年度的考核结果给出了“不合格”评价，并向杨某送达了《考核结果通知书》。2022年1月根据《员工待岗管理暂行办法》该企业将杨某纳入待岗人员进行管理，安排杨某参加待岗培训及随后的复岗考试。杨某对考核结果不予认可，其主张2021年8月在工作时间睡觉的行为系领导同意，故其拒绝服从用人单位安排的待岗培训，也拒绝参加复岗考试。随后杨某申请劳动仲裁，请求恢复保安员岗位；并要求用人单位按照其原工资标准补发工资差额6000元。经查，用人单位制定的《员工绩效管理实施细则》《保安员绩效管理（考核）办法》《员工待岗管理暂行办

---

① 《陕西省劳动人事争议典型案例（第一批）》（陕西省人力资源和社会保障厅、陕西省高级人民法院2022年11月9日公布），六、企业考核管理劳动争议案，载陕西省人力资源和社会保障厅网站，https：//rst. shaanxi. gov. cn/newstyle/pub_ newsshow. asp？ id = 1018277&chid = 100077，最后访问日期：2023年6月30日。

法》均经法定程序出台，经职工代表大会表决通过，内容符合法律法规之规定，并已向全体员工公示。

处理结果：驳回劳动者杨某的仲裁请求。杨某不服仲裁结果，起诉至人民法院，法院一审判决结果与仲裁裁决结果一致，双方当事人均未上诉，一审判决生效。

案例评析：用人单位对年度考核不合格的员工做出待岗培训、复岗考试的安排属于企业用工自主权的范畴。用人单位依法制定的规章制度，对用人单位的全体员工具有约束力。考核系企业管理权及用工自主权的体现，用人单位根据规章制度对劳动者工作表现进行考核，并根据考核结果安排不合格的员工进行待岗培训、参加复岗考试，并无不妥。而杨某主张的其睡觉行为属领导同意后的行为，该主张与保安员保障安全的岗位职责要求不相符。员工无正当理由不认可考核结果、要求恢复原工作岗位，于法无据，不应支持。

典型意义

用人单位用工自主权体现在企业用工规划和用工管理的方方面面，办案机关要在维护劳动者各项合法权益的同时，确保用人单位用工自主权的依法合理行使。对企业用工自主权的依法保护，既有利于企业人力资源管理科学有序进行，也有利于促进劳动关系和谐稳定发展。

075. 女职工产假期间劳动合同期满终止，公司能否与其解除劳动合同[1]

案情简介：马某于2018年8月入职某公司任客服主管，双方签订了书面劳

[1] 《陕西省劳动人事争议典型案例（第一批）》（陕西省人力资源和社会保障厅、陕西省高级人民法院2022年11月9日公布），七、女职工特殊保护劳动争议案，载陕西省人力资源和社会保障厅网站，https：//rst.shaanxi.gov.cn/newstyle/pub_newsshow.asp？id=1018277&chid=100077，最后访问日期：2023年6月30日。

动合同，合同期限三年，并约定马某月工资3350元。2021年7月起，马某因分娩休产假。产假期间该公司通知马某劳动合同期满终止。马某随即申请劳动仲裁，请求裁决确认该公司终止劳动合同的行为违法并要求支付赔偿金20100元。

处理结果：依法确认该公司终止劳动合同行为违法，支付马某赔偿金20100元。双方当事人均未向人民法院提起诉讼，裁决书依法发生法律效力。

案例评析：《女职工劳动保护特别规定》第五条规定，用人单位不得因女职工怀孕、生育、哺乳降低其工资、予以辞退、与其解除劳动合同或者聘用合同。依据《中华人民共和国劳动合同法》第四十二条、第四十五条之规定，女职工在孕期、产期、哺乳期劳动合同期满的，劳动合同应当延续至孕期、产期、哺乳期期满时终止。本案中，马某与该公司劳动合同于产假期间届满，其劳动合同期限应延续至马某哺乳期结束。该公司在马某产假期间以双方劳动合同期满为由终止劳动合同，于法有悖，属于违法终止劳动合同。依据《中华人民共和国劳动合同法》第四十七条、第八十七条之规定，用人单位违法终止劳动合同，劳动者可以要求用人单位依照经济补偿金标准的二倍支付赔偿金。

典型意义

女职工特殊保护是根据女职工身体结构、生理机能的特点以及抚育子女的特殊需要，给予劳动特殊权益的法律保障。用人单位在女职工孕期、产期、哺乳期内，不得随意解除终止劳动合同，女职工出现严重违反用人单位规章制度等符合依法解除劳动合同的情形的除外。现行劳动法律法规的立法精神是既要给予女职工特殊保护，又要维护用人单位依法依规开展的管理行为。本案对于在竞争激烈的职场之中，在男女平等前提下对女职工特殊时期给予特殊保护，维护女性平等地参与就业、参与国家生产建设的权利具有直接示范作用。

076. 劳动者的请求事项超出劳动仲裁申请时效的处理①

案情简介：2018年2月苏某在某煤矿工作，工作内容为操作夯车、维修机器，双方未签订书面劳动合同，但口头约定了苏某月工资11000元，工资通过现金或微信转账方式支付，并由苏某在财务部门签字确认。2022年3月，苏某酒后操作夯车卸车，煤矿认为苏某违反安全生产操作制度，解除了与苏某的劳动关系。当月苏某即向劳动人事争议仲裁委员会申请劳动仲裁，请求裁决煤矿向其支付未签订书面劳动合同的双倍工资差额121000元。煤矿在答辩意见中表示，苏某的请求事项已超出一年的仲裁申请时效。

处理结果：驳回苏某的仲裁请求。双方当事人均未向人民法院提起诉讼，裁决书依法发生法律效力。

案例评析：用人单位与劳动者自用工之日起建立劳动关系，建立劳动关系一个月内应当签订书面劳动合同。劳动人事争议仲裁的申请时效为知道或应当知道权益受侵害之日起一年。本案中，劳动者苏某与某煤矿建立劳动关系未签订书面劳动合同，但苏某在长达四年多的劳动关系存续期间未向劳动人事争议仲裁委员会提出请求支付未签订书面劳动合同的双倍工资差额的仲裁申请；且案件审理过程中，用人单位煤矿一方提出了时效抗辩。经庭审调查，苏某的仲裁申请超出申请时效的情况属实，且无仲裁时效中止中断的情形，故仲裁委员会依法对苏某的仲裁请求予以驳回。

---

① 《陕西省劳动人事争议典型案例（第一批）》（陕西省人力资源和社会保障厅、陕西省高级人民法院2022年11月9日公布），九、双倍工资时效问题劳动争议案，载陕西省人力资源和社会保障厅网站，https：//rst. shaanxi. gov. cn/newstyle/pub_ newsshow. asp？id=1018277&chid=100077，最后访问日期：2023年6月30日。

典型意义

本案的争议在实务中较具典型性。本案的劳动者因超出劳动仲裁的申请时效，且用人单位一方以超时效提出抗辩，故劳动者的仲裁请求最终未得到支持。劳动争议处理实务工作中，对双倍工资超时效问题存在整体概括性超时效和按月度超时效两种观点，因未签订书面劳动合同的双倍工资属于《中华人民共和国劳动合同法》规定的对用人单位不签订书面劳动合同的罚则，并非劳动报酬，故对双倍工资仲裁申请时效的认定不应参照劳动报酬支付周期计算，而应当将双倍工资的支付期间作为一个整体，概括性认定超时效问题；即双倍工资请求的仲裁申请时效不应适用《中华人民共和国劳动争议调解仲裁法》第二十七条第二款的特殊时效规定。此外，根据《劳动人事争议仲裁办案规则》第三十条、第三十一条之规定，劳动人事争议仲裁案件在立案阶段不审查时效，这一规定符合我国法律理论界关于时效问题的定义，即超时效属于仲裁被申请人（诉讼阶段被告）一方的抗辩权，而裁判机构不应主动审查。故本案中，仲裁委员会并未主动审查当事人仲裁请求的时效问题。该案是双倍工资超时效问题的典型案例，具有示范意义。

077. 用人单位单方调岗是否符合法律规定①

案情简介：张某于2005年1月入职某制造公司，双方于2010年5月签订无固定期限劳动合同，张某的工作岗位为机械维修工，月平均工资为6000元。2019年6月，制造公司因张某亲属从该公司退休后在外省具有同业竞争

① 《陕西省劳动人事争议典型案例（第一批）》（陕西省人力资源和社会保障厅、陕西省高级人民法院2022年11月9日公布），十、用人单位单方调岗争议案，载陕西省人力资源和社会保障厅网站，https：//rst.shaanxi.gov.cn/newstyle/pub_ newsshow.asp？id = 1018277&chid = 100077，最后访问日期：2023年6月30日。

关系的企业工作，决定将张某调离岗位，从事不涉及公司商业秘密的工作。2019年8月，制造公司下发通知，将张某调整到保洁岗位，并按新岗位核定薪酬。2019年9月张某到新岗位报到上班，制造公司向张某发放2019年8月工资1900元、9月工资2300元。后张某以制造公司调岗违法为由申请劳动仲裁，要求恢复原工作岗位及工资待遇。

处理结果：本案经过仲裁及人民法院两审判决，均裁判认定制造公司调岗违法，恢复张某的工作岗位以及相关工资待遇。

案例评析：《中华人民共和国劳动合同法》第三十五条第一款规定："用人单位与劳动者协商一致，可以变更劳动合同约定的内容。变更劳动合同，应当采用书面形式。"本案中，制造公司可以依据生产经营需要对劳动者岗位进行调整，但首先应与劳动者进行协商，并且保障调岗前后的工作环境及工资待遇等未发生明显变更，亦不应含有歧视、贬损等惩罚性目的。制造公司在出具的《调岗通知单》中虽载明系根据工作需要，依据双方劳动合同约定进行协商调整，但双方并未就变更岗位达成一致。张某的原工作岗位为机械修理工，其被调整到保洁岗位后，工作环境及技能要求发生变更，工资报酬明显减少，这一做法既不符合劳动合同约定，也不符合法律规定。张某主张恢复原劳动岗位于法有据，其每月薪资待遇亦应一并恢复。

典型意义

用人单位因劳动者原因进行调岗时，应当符合劳动合同的约定或者用人单位规章制度的规定，并且符合用人单位生产经营的客观需要。用人单位单方调岗应保障劳动者的工资及其他劳动条件未发生明显变更，并且不应存在歧视性、侮辱性等情形。只有符合上述条件，用人单位在单方调岗引发纠纷时，才能因具有合理合法性而获劳动者的认可及法律的支持。

（二）裁判依据

《中华人民共和国劳动法》

第十三条 妇女享有与男子平等的就业权利。在录用职工时，除国家规定的不适合妇女的工种或者岗位外，不得以性别为由拒绝录用妇女或者提高对妇女的录用标准。

第十七条第一款 订立和变更劳动合同，应当遵循平等自愿、协商一致的原则，不得违反法律、行政法规的规定。

《中华人民共和国劳动合同法》

第三十五条 用人单位与劳动者协商一致，可以变更劳动合同约定的内容。变更劳动合同，应当采用书面形式。

变更后的劳动合同文本由用人单位和劳动者各执一份。

第八十二条 用人单位自用工之日起超过一个月不满一年未与劳动者订立书面劳动合同的，应当向劳动者每月支付二倍的工资。

用人单位违反本法规定不与劳动者订立无固定期限劳动合同的，自应当订立无固定期限劳动合同之日起向劳动者每月支付二倍的工资。

《最高人民法院关于审理劳动争议案件适用法律问题的解释（一）》

第四十三条 用人单位与劳动者协商一致变更劳动合同，虽未采用书面形式，但已经实际履行了口头变更的劳动合同超过一个月，变更后的劳动合同内容不违反法律、行政法规且不违背公序良俗，当事人以未采用书面形式为由主张劳动合同变更无效的，人民法院不予支持。

第二编　社会保险纠纷

一、养老保险待遇纠纷

（一）地方法院典型案例

078. 用人单位未为劳动者办理社会保险手续，且社会保险机构不能补办的，用人单位应赔偿其养老保险待遇损失①

基本案情：叶某曾两次在某旅游用品公司工作，2013 年 7 月第二次入职后，先后与公司订立了三份劳动合同，其中 2016 年 7 月 29 日起为无固定期限劳动合同。2019 年 1 月 30 日，公司以叶某已达法定退休年龄为由终止双方劳动合同。叶某至今未能参加企业职工基本养老保险。叶某就养老保险待遇损失申请劳动仲裁。因其已超退休年龄，仲裁委不予受理，遂诉至法院。

诉讼请求：要求公司支付养老保险待遇损失。

裁判结果：法院判决公司赔偿叶某养老保险待遇损失。

案例分析：《最高人民法院关于审理劳动争议案件适用法律问题的解释（一）》第一条规定："劳动者与用人单位之间发生的下列纠纷，属于劳动争议，当事人不服劳动争议仲裁机构作出的裁决，依法提起诉讼的，人民法院应予受理：……（五）劳动者以用人单位未为其办理社会保险手续，且社会

① 《2020 年度扬州法院劳动争议十大典型案例》（2021 年 4 月 29 日发布），八、用人单位未为劳动者办理社会保险手续，且社会保险机构不能补办的，用人单位应赔偿其养老保险待遇损失，载扬州市中级人民法院网站，http：//fy. yangzhou. gov. cn//yzszjrmfy/bydt/202104/838bb2cda79845018bc2b84f498609db. shtml，最后访问日期：2023 年 7 月 3 日。

保险经办机构不能补办导致其无法享受社会保险待遇为由，要求用人单位赔偿损失发生的纠纷……”本案中，叶某因某旅游用品公司未为其办理社会保险待遇手续，致其退休后无法享受养老保险待遇，故其要求公司赔偿养老保险待遇损失，应予支持。

典型意义

国家建立基本养老保险、基本医疗保险、工伤保险、失业保险、生育保险等社会保险制度，保障公民在年老、疾病、工伤、失业、生育等情况下依法从国家和社会获得物质帮助的权利。《中华人民共和国社会保险法》第十条规定，职工应当参加基本养老保险，由用人单位和职工共同缴纳基本养老保险费。因此，用人单位为职工办理社会保险手续、缴纳社会保险费用系法律强制规定的责任，并不能因用人单位与职工个人的约定而变更或免除。用人单位未为劳动者办理社会保险手续，且社会保险机构不能补办的，用人单位应赔偿其养老保险待遇损失。

（二）裁判依据

《中华人民共和国社会保险法》

第十条 职工应当参加基本养老保险，由用人单位和职工共同缴纳基本养老保险费。

无雇工的个体工商户、未在用人单位参加基本养老保险的非全日制从业人员以及其他灵活就业人员可以参加基本养老保险，由个人缴纳基本养老保险费。

公务员和参照公务员法管理的工作人员养老保险的办法由国务院规定。

第十六条 参加基本养老保险的个人，达到法定退休年龄时累计缴费满十五年的，按月领取基本养老金。

参加基本养老保险的个人，达到法定退休年龄时累计缴费不足十五年的，可以缴费至满十五年，按月领取基本养老金；也可以转入新型农村社会养老保险或者城镇居民社会养老保险，按照国务院规定享受相应的养老保险待遇。

第十七条 参加基本养老保险的个人，因病或者非因工死亡的，其遗属可以领取丧葬补助金和抚恤金；在未达到法定退休年龄时因病或者非因工致残完全丧失劳动能力的，可以领取病残津贴。所需资金从基本养老保险基金中支付。

二、工伤保险待遇纠纷

（一）最高人民法院公报案例及典型案例

079. 用人单位可否以侵权人已向劳动者赔偿误工费为由，主张不支付停工留薪期间的工资[①]

江市佳帆纺织有限公司诉周付坤工伤保险待遇纠纷案

裁判摘要

劳动者因第三人侵权造成人身损害并构成工伤的，在停工留薪期间内，原工资福利待遇不变，由所在单位按月支付。用人单位以侵权人已向劳动者赔偿误工费为由，主张无需支付停工留薪期间工资的，人民法院不予支持。

原告：吴江市佳帆纺织有限公司，住所地：江苏省苏州市吴江区七都镇庙港工业东区。

法定代表人：钱传大，该公司董事。

被告：周付坤。

原告吴江市佳帆纺织有限公司（以下简称佳帆公司）因与被告周付坤发

① 参见《最高人民法院公报》2021年06期。

生工伤保险待遇纠纷，向苏州市吴江区人民法院提起诉讼。

原告佳帆公司诉称，苏州市吴江区劳动人事争议仲裁委员会作出的仲裁裁决严重与事实不符和与立法精神背道而驰，被告周付坤是在上班途中因交通事故受伤引起的工伤，无论是交通事故中的误工费还是工伤待遇中的停工留薪期工资，都是因被告本次交通事故受伤需要休息无法工作而造成的实际收入减少的款项，故不能因为两者名称不同，因同一受伤事实，误工费已在交通事故中得到赔偿，又在工伤中再次赔偿停工留薪期工资，显然与不再重复赔偿原则的立法精神背道而驰。故原告不服仲裁裁决而诉至法院，请求依法判令：1. 原告无须支付给被告停工留薪期工资 7028 元；2. 本案诉讼费由被告承担。

被告周付坤辩称：仲裁程序合法，仲裁裁决适用法律正确，请求依法判决。

苏州市吴江区人民法院一审查明：

2019 年 4 月 19 日，被告周付坤向苏州市吴江区劳动人事争议仲裁委员会（以下简称仲裁委）申请仲裁，请求原告佳帆公司支付其一次性伤残补助金 30571.8 元、一次性医疗补助金 30000 元、一次性就业补助金 15000 元、医药费 239.4 元、停工留薪期工资 7028 元。在 2019 年 5 月 14 日的仲裁庭审中，周付坤当庭增加诉讼请求，要求从申请仲裁之日起与佳帆公司解除劳动关系。2019 年 5 月 21 日，仲裁委裁决周付坤与佳帆公司的劳动关系于 2019 年 4 月 19 日解除，佳帆公司支付周付坤一次性伤残就业补助金 15000 元、停工留薪期工资 7028 元，共计 22028 元，驳回周付坤的其他仲裁请求。佳帆公司在法定期间内向一审法院起诉。

被告周付坤于 2015 年 10 月至原告佳帆公司工作，佳帆公司为周付坤缴纳了社会保险。2018 年 7 月 9 日，周付坤在下班途中驾驶普通二轮摩托车与张玲妹驾驶电动自行车发生碰撞，导致两车受损、周付坤与张玲妹受伤。2018 年 7 月 10 日，苏州市吴江区公安局交通警察大队就本起事故作出认定书，认定张玲妹负主要责任，周付坤负次要责任。周付坤的伤情经吴江区第四人民医院于2018年7月9日诊断为头面部外伤、多处挫伤。周付坤于2018年7月10日至7月16日在吴江区第四人民医院住院治疗。后周付坤又两次至该院接受门诊治疗，并支付医疗费239.4元。2018年7月16日、7月30日、8月14日，吴江区第四人民医院分别为周付坤开具了“休息二周”“休息二周”“休息一周”的病假证明。

2018年7月31日，经交警部门调解，被告周付坤与张玲妹达成协议：张玲妹的医药费600元、误工费1900元，由周付坤承担；周付坤的医药费8000元，由张玲妹承担4800元，周付坤承担3200元，另张玲妹赔偿周付坤误工费、营养费等合计3800元。

2018年10月30日，苏州市吴江区人力资源和社会保障局作出苏吴江人社工认字〔2018〕3041号认定工伤决定书，认定周付坤受到的伤害属于工伤。2019年2月20日，苏州市劳动能力鉴定委员会作出苏吴江工初〔2019〕92号劳动能力鉴定结论通知，核准周付坤的伤残等级符合十级。

一审庭审中，原告佳帆公司陈述称：被告周付坤受伤前一年的平均工资为5000元/月，由佳帆公司打卡发放。周付坤陈述称：周付坤受伤前一年的平均工资为8000元/月，由佳帆公司打卡发放。

苏州市吴江区人民法院一审认为：

《工伤保险条例》实施后，职工因工作遭受事故受伤，经认定为工伤，理应按照《工伤保险条例》的规定享受相应的工伤保险待遇。被告周付坤于2019年5月14日的仲裁庭审中，要求解除与原告佳帆公司的劳动关系，故双方的劳动关系于2019年5月14日解除。因佳帆公司已为周付坤缴纳了社会保险，故相关的工伤保险待遇项目分别由工伤保险基金和佳帆公司向周付坤赔偿，其中医疗费、一次性伤残补助金、一次性工伤医疗补助金应由工伤保险基金支付。

关于被告周付坤主张的一次性伤残就业补助金，一审法院认为，根据

《工伤保险条例》第三十七条的规定，周付坤被鉴定为十级伤残，周付坤提出与原告佳帆公司解除劳动关系，佳帆公司应支付周付坤一次性伤残就业补助金 15 000 元。另根据法律规定，职工因工作遭受事故伤害需要暂停工作接受工伤医疗的，在停工留薪期间内，原工资福利待遇不变，由所在单位按月支付，停工留薪期工资应当凭伤者就诊的签订服务协议的医疗机构出具的休假证明确定。停工留薪期工资与误工费系基于不同的法律关系而产生，伤者可以兼得，故对佳帆公司的相关主张，一审法院不予采信。在周付坤受伤后，医疗机构共计为周付坤开具了休息 35 天的休假证明，故一审法院认定停工留薪期为 35 天；关于停工留薪期的工资标准，因双方均未提交证据证明周付坤的工资标准，仲裁裁决认定佳帆公司应提交考勤、工资计算标准等材料予以核算，但佳帆公司未提交，应承担不利后果，并认为周付坤受伤前的工资每月为 8000 元，属于合理范围，据此认定停工留薪期工资为 7028 元在法定范围内，一审法院认为，仲裁裁决并无不当，一审法院予以支持。

综上，苏州市吴江区人民法院依照《工伤保险条例》第三十条、第三十三条、第三十七条、第六十四条，《中华人民共和国民事诉讼法》第六十四条之规定，于 2019 年 8 月 5 日作出判决：

一、吴江市佳帆纺织有限公司与周付坤之间的劳动关系于 2019 年 5 月 14 日解除。

二、吴江市佳帆纺织有限公司于判决生效之日起十日内支付周付坤停工留薪期工资 7028 元、一次性伤残就业补助金 15 000 元，共计 22 028 元。

三、吴江市佳帆纺织有限公司无需支付周付坤医疗费、一次性伤残补助金、一次性工伤医疗补助金。

一审宣判后，佳帆公司不服一审判决，向江苏省苏州市中级人民法院提起上诉。

佳帆公司上诉称：本案是被上诉人周付坤在上班途中因交通事故受伤而引起的工伤，无论是交通事故中的误工费还是工伤中的停工留薪期工资，都是因周付坤本次交通事故受伤需要休息无法工作而造成的实际收入减少的款项，现误工费已经在交通事故中得到赔偿，故不应再支持停工留薪期工资。请求撤销原判，依法改判。

被上诉人周付坤未作答辩。

江苏省苏州市中级人民法院经二审，确认了一审查明的事实。

江苏省苏州市中级人民法院二审认为：职工因工作遭受事故伤害进行治疗，享受工伤医疗待遇。本案中，被上诉人周付坤遭受工伤，应享受相应工伤待遇。因佳帆公司已为周付坤缴纳了社保，故周付坤可享有的一次性伤残补助金和一次性工伤医疗补助金应由工伤保险基金支付。

关于一次性伤残就业补助金。被上诉人周付坤构成十级伤残，上诉人佳帆公司应当支付周付坤一次性伤残就业补助金 15 000 元。关于停工留薪期工资。周付坤因工伤休息 35 天，应视同其正常提供劳动而享有工资，一审酌定佳帆公司支付周付坤停工留薪期工资为 7028 元并无不当。关于佳帆公司认为周付坤系因第三人侵权构成工伤，其已经获得误工费赔偿，故不能同时享有停工留薪期工资。法院认为，一方面，现行法律并未禁止工伤职工同时享受工伤保险待遇和人身损害赔偿；另一方面，工伤保险待遇与民事侵权赔偿二者性质不同，前者属公法领域，基于社保法律关系发生，后者属私法领域，基于民事法律关系发生，不宜径行替代。

综上，一审判决认定事实清楚，适用法律正确，应予维持。江苏省苏州市中级人民法院依照《中华人民共和国民事诉讼法》第一百七十条第一款第一项的规定，于 2019 年 12 月 13 日判决如下：

驳回上诉，维持原判。

本判决为终审判决。

080. 用人单位为职工购买商业性人身意外伤害保险的，不因此免除其为职工购买工伤保险的法定义务①

安民重、兰自姣诉深圳市水湾远洋渔业有限公司工伤保险待遇纠纷案

裁判摘要

用人单位为职工购买商业性人身意外伤害保险的，不因此免除其为职工购买工伤保险的法定义务。职工获得用人单位为其购买的人身意外伤害保险赔付后，仍然有权向用人单位主张工伤保险待遇。

原告：安民重。

原告：兰自姣。

被告：深圳市水湾远洋渔业有限公司，住所地：广东省深圳市宝安区沙井街道。

原告安民重、兰自姣因与被告深圳市水湾远洋渔业有限公司（以下简称水湾公司）发生工伤保险待遇纠纷，向广州海事法院提起诉讼。

原告安民重和兰自姣诉称：2012年7月，安民重和兰自姣之子安东卫在水湾公司处任职，担任大管轮职务。2013年8月5日，安东卫工作的船舶“中洋26”轮在法属波利尼西亚南方群岛拉帕岛附近海域遇险侧翻，包括安东卫在内的8名船员遇难。2015年3月16日，深圳市人力资源和社会保障局认定安东卫遭受事故伤害情形属于工伤，依法应当享受工伤保险待遇。安民重和兰自姣作为安东卫的法定继承人，请求判令水湾公司支付拖欠安东卫的工资及奖金，以及丧葬补助金、供养亲属抚恤金、一次性工亡补助金等工伤

① 参见《最高人民法院公报》2017年12期。

保险待遇。

被告水湾公司辩称：水湾公司没有为安东卫办理工伤保险的责任不在水湾公司，而且安东卫生前与水湾公司约定以商业保险替代工伤保险。原告安民重和兰自姣已经拿到商业保险金60万元，无权再主张工伤保险赔偿金。

广州海事法院一审查明：

2011年11月，被告水湾公司与浙江鑫隆远洋渔业有限公司（以下简称鑫隆公司）签订委托招聘合同，约定：鑫隆公司为水湾公司名下“中洋16”轮、“中洋18”轮、“中洋26”轮等6艘船舶招聘远洋船员，以鑫隆公司名义与应聘船员签订聘用合同，合同的权利义务由水湾公司享有和承担；鑫隆公司在与应聘船员签订聘用合同时应当口头向其披露委托方，经应聘船员无异议后方可签订聘用合同。

2012年7月8日，安东卫与鑫隆公司签订大管轮聘用合同，合同约定：鑫隆公司招聘安东卫为远洋大管轮职务船员，聘用期限为两年半，自安东卫出境日9月1日起至安东卫所在船只抵境日或合同到期日止；鑫隆公司负责为安东卫投保人身意外险，如在聘用期内发生因工伤亡，按有关意外保险条款执行。

2012年8月22日，被告水湾公司作为投保人，为包括安东卫在内的48名船员向中国人民财产保险股份有限公司深圳市分公司（以下简称人保公司）投保团体意外伤害保险，保障项目为额外身故、残疾、烧伤给付，每人保险金额为60万元，保险期间为2012年8月23日至2013年8月22日。水湾公司于投保当日缴纳了保费。

2012年9月，安东卫等14名船员被派遣至“中洋26”轮上进行远海捕鱼作业。2013年8月5日1730时，“中洋26”轮在法属波利尼西亚南方群岛拉帕岛附近海域遇险侧翻。2014年1月16日，安东卫被河南省栾川县人民法院宣告死亡。人保公司向原告安民重和兰自姣实际支付了安东卫身故赔偿金60万元。

2014年12月10日，浙江省绍兴市越城区人民法院作出（2014）绍越民初字第1799号民事判决，确认鑫隆公司与安东卫签订聘用合同的行为属于隐名代理，鑫隆公司与安东卫签订的聘用合同直接约束水湾公司和安东卫，水湾公司与安东卫存在劳动关系。水湾公司对该判决结论予以认可。2015年3月16日，深圳市人力资源和社会保障局认定安东卫于2013年8月5日因工外出在法属波利尼西亚南方群岛拉帕岛附近海域遇险，经法院判决宣告死亡属于工伤。

另查明：原告安民重是安东卫的父亲，原告兰自姣是安东卫的母亲。兰自姣持有栾川县残疾人联合会填发的残疾人证，记载残疾类别为肢体，残疾等级为3级。

广州海事法院一审认为：

2012年9月1日至2013年8月5日期间，安东卫受被告水湾公司聘用在“中洋26”轮上进行远海捕鱼作业，安东卫与水湾公司存在劳动合同关系。水湾公司没有为安东卫买工伤保险，根据《广东省工伤保险条例》第四十三条关于“职工所在用人单位未依法缴纳工伤保险费，发生工伤事故的，由用人单位支付工伤保险待遇”和第五十七条第一款关于“用人单位依照本条例规定应当参加工伤保险而未参加或者未按时缴纳工伤保险费，职工发生工伤的，由该用人单位按照本条例规定的工伤保险待遇项目和标准向职工支付费用”的规定，水湾公司应向原告安民重和兰自姣支付安东卫依法应享有的工伤保险待遇。水湾公司虽然为安东卫购买了意外伤害商业保险，并与安东卫在聘用合同中约定在聘用期内如因工伤亡，按有关意外保险条款执行，但依法缴纳工伤保险是用人单位的法定义务，该项义务不能通过当事人协商予以免除。安民重和兰自姣以意外伤害保险单受益人身份取得商业保险赔偿金后，仍有权主张工伤保险赔偿。水湾公司关于安民重和兰自姣已取得60万元商业保险金即无权再主张工伤保险赔偿金的抗辩不能成立。

综上，广州海事法院根据《中华人民共和国劳动合同法》第三十条和

《广东省工伤保险条例》第三十七条、第四十三条、第五十七条第一款的规定，于2015年10月8日作出判决：一、被告水湾公司向原告安民重、兰自姣支付安东卫的工资、奖金共计26 709.2元；二、水湾公司向安民重、兰自姣支付丧葬补助金、一次性工亡补助金共计520 808元；三、驳回安民重、兰自姣的其他诉讼请求。

水湾公司不服一审判决，向广东省高级人民法院提起上诉。

上诉人水湾公司上诉称：广州海事法院认为被上诉人安民重和兰自姣获得商业保险赔偿后仍有权向水湾公司主张工伤保险赔付错误。因船员流动性强，用人单位无法也不能为船员购买工伤保险，为保护船员利益，水湾公司和船员安东卫在劳动合同中约定由水湾公司为其购买商业保险，并约定船员获得商业保险赔偿后不得再向水湾公司主张工伤保险赔付。安民重和兰自姣已经获得了60万元的商业保险赔付，一审法院再支持其向水湾公司提出的工伤保险赔付，实质上支持了二者的不诚信行为，违反公平原则，应予改判。

被上诉人安民重、兰自姣在二审中未提交答辩意见。

广东省高级人民法院经二审，确认了一审查明的事实。

本案二审的争议焦点为：被上诉人安民重和兰自姣获得上诉人水湾公司为其子安东卫购买的商业保险的保险赔付后，能否再向水湾公司主张安东卫的工伤保险待遇。

广东省高级人民法院二审认为：

《工伤保险条例》第二条第一款规定："中华人民共和国境内的企业、事业单位、社会团体、民办非企业单位、基金会、律师事务所、会计师事务所等组织和有雇工的个体工商户（以下称用人单位）应当依照本条例规定参加工伤保险，为本单位全部职工或者雇工（以下称职工）缴纳工伤保险费"，根据该规定，为职工缴纳工伤保险费是水湾公司的法定义务，该法定义务不得通过任何形式予以免除或变相免除。《工伤保险条例》第六十二条第二款又进一步规定："依照本条例规定应当参加工伤保险而未参加工伤保险的用人单位职工发生工伤的，由该用人单位按照本条例规定的工伤保险待遇项目和标准支付费用”。在上诉人水湾公司未为安东卫缴纳工伤保险费的情况下，水湾公司应向安东卫的父母被上诉人安民重和兰自姣支付工伤保险待遇。水湾公司为安东卫购买的商业性意外伤害保险，性质上是水湾公司为安东卫提供的一种福利待遇，不能免除水湾公司作为用人单位负有的法定的缴纳工伤保险费的义务或支付工伤保险待遇的义务。

此外，法律及司法解释并不禁止受工伤的职工或其家属获得双重赔偿。《最高人民法院关于审理工伤保险行政案件若干问题的规定》第八条第一款规定：“职工因第三人的原因受到伤害，社会保险行政部门以职工或者其近亲属已经对第三人提起民事诉讼或者获得民事赔偿为由，作出不予受理工伤认定申请或者不予认定工伤决定的，人民法院不予支持”，第三款规定：“职工因第三人的原因导致工伤，社会保险经办机构以职工或者其近亲属已经对第三人提起民事诉讼为由，拒绝支付工伤保险待遇的，人民法院不予支持，但第三人已经支付的医疗费用除外”，由此可见，上述规定并不禁止受工伤的职工同时获得民事赔偿和工伤保险待遇赔偿。上诉人水湾公司称被上诉人安民重和兰自姣同时获得保险金和工伤保险待遇属一事二赔、违反公平原则，没有法律依据，不予支持。一审法院判决水湾公司向安民重和兰自姣支付工伤保险待遇正确，予以维持。

综上，一审法院认定事实清楚，适用法律正确，处理结果恰当，应予维持。水湾公司上诉理据不足，予以驳回。依照《中华人民共和国民事诉讼法》第一百七十条第一款第一项的规定，于2016年5月24日作出判决：

驳回上诉，维持原判。

本判决为终审判决。

081. 一次性伤残就业补助金的支付认定[①]

侯宏军诉上海隆茂建筑装潢有限公司劳动合同纠纷案

裁判摘要

一次性伤残就业补助金是在终止或解除劳动合同时，工伤职工应当享受的由用人单位支付的费用。在用人单位解除劳动合同的情形下，用人单位仍有义务向工伤职工支付一次性伤残就业补助金。

原告：侯宏军。

被告：上海隆茂建筑装潢有限公司，住所地：上海市长宁区华阳路。

法定代表人：张学武，该公司经理。

原告侯宏军因与被告上海隆茂建筑装潢有限公司（以下简称隆茂公司）发生劳动合同纠纷，向上海市闵行区人民法院提起诉讼。

原告侯宏军诉称：其与被告隆茂公司签订了期限自2011年3月1日起至2012年2月28日止的劳动合同，被告将其安排至原上海澳联有限公司（以下简称澳联公司）工作，后该公司改名为欧文斯（上海）玻璃容器有限公司（以下简称欧文斯公司）。其于2012年3月21日受了工伤，但被告未依法支付其工伤保险待遇。为此其申请劳动仲裁，现不服仲裁裁决，故诉至法院请求判令：1. 被告支付原告十级伤残一次性工伤医疗补助金14076元（人民币，币种下同）；2. 被告支付原告十级伤残一次性就业补助金14076元；3. 被告支付原告解除劳动合同经济补偿金4332元。

被告隆茂公司辩称：其与欧文斯公司签订过期限为2009年10月17日至

① 参见《最高人民法院公报》2015年11期。

2010年10月16日的劳务派遣协议，到期后未续签。原告侯宏军系其派遣至欧文斯公司工作，但其与原告签订的劳动合同至2012年2月底到期，原告于同年3月21日受伤，此时已超过劳动合同期限。原告伤愈后于同年7月16日恢复上班，同年7月27日即因严重违反劳动纪律而被欧文斯公司开除。同年8月15日其接到了欧文斯公司的开除通知，故于同年8月24日为原告办理了退工。其认为，因原告严重违反规章制度，欧文斯公司将之合法退回，被告据此解除与原告劳动关系的行为合法，第1、2项诉请也由于原告系被合法解除而不符合支付条件，故不同意原告全部诉请。另，按照其与欧文斯公司的约定，即使应支付原告费用，付款义务也应当由欧文斯公司承担。

上海市闵行区人民法院一审查明：

2011年3月1日，原、被告签订了期限自当日起至2012年2月28日止的劳务合同。合同约定，被告隆茂公司将原告侯宏军安排至澳联公司工作，月工资1140元，若原告因严重违反用工单位依法制定的各项规章制度而被用工单位退回的，被告可以解除本合同。2012年3月21日，原告在储运车间修理木托盘时被机器压伤左手食指，经医院诊治结论为左食指挫裂伤，左食指末端粉碎性骨折。同年4月17日，被告作为申请人向上海市长宁区人力资源和社会保障局申请工伤认定。同年4月27日，该局作出长宁人社认结字（2012）第0295号认定工伤决定书，确认原告上述所受伤害属于工伤。同年8月31日，上海市长宁区劳动能力鉴定委员会出具劳鉴（长）字1207-0051号鉴定结论书，结论为原告上述工伤构成因工致残程度十级。同年7月19日，澳联公司向原告出具员工违纪处罚单，主要内容为原告于当日擅自离岗回家睡觉，根据员工手册之规定，对该蓄意怠工之违纪行为予以三类违纪处罚，处罚内容为最后书面警告并罚款200元。原告拒绝签收此员工违纪处罚单。同年7月26日，澳联公司再次向原告出具员工违纪处罚单，主要内容为原告于当日拒绝服从上司工作安排，根据员工手册之规定，该违纪事实属于不服从公司管理人员调动及其他命令，作三类违纪处罚，因原告已于一个月内连续两次触犯三类违纪规则，故根据员工手册规定予以开除处分。原告拒绝签收此员工违纪处罚单。次日，澳联公司以电子邮件形式告知被告，因原告多次违反其处管理制度，故予以开除处分，并附其于2012年7月26日作出的员工违纪处罚单。同年8月15日，澳联公司以电子邮件形式通知被告，主要内容为原告于同年7月26日离职，原告的社会保险费缴纳至同年7月止。

被告隆茂公司为原告候宏军办理了2011年7月至2012年7月期间的上海市城镇社会保险费，并于2012年8月24日办理了原告的社会保险个人账户转出手续。

2013年2月，澳联公司经工商行政部门核准更名为欧文斯公司。

2012年4月11日，原告候宏军以被告隆茂公司及欧文斯公司（为行文统一，以下统一表述为欧文斯公司）为被申请人向上海市闵行区劳动人事争议仲裁委员会申请仲裁，要求两公司支付其加班工资及赔偿金、未签订劳动合同双倍工资差额等多项费用。后该会作出闵劳人仲（2012）办字第2373号仲裁裁决书，对原告的仲裁请求不予支持，并于裁决中确认原告于2011年3月1日与被告建立劳动关系，与欧文斯公司间为劳务用工关系。原、被告及欧文斯公司收到裁决书后均未起诉，该裁决已生效。

2012年10月8日，原告候宏军向上海市闵行区劳动人事争议仲裁委员会申请仲裁，要求恢复与被告隆茂公司的劳动关系，并要求被告支付其2012年7月27日至恢复劳动关系之日期间的工资、停工留薪期工资差额等各项费用。同年11月30日，该会作出闵劳人仲（2012）办字第7706号裁决，由被告支付原告2012年3月21日至同年7月15日期间的停工留薪期工资差额3148.40元、2012年3月21日至同年7月26日期间的就医交通费148元、2012年7月27日至同年11月30日期间的工资5933.30元，欧文斯公司对前述停工留薪期工资差额及就医交通费承担连带责任，对原告的其余仲裁请求不予支持（不包括不予处理的部分）。原、被告均不服该裁决而分别提起诉讼。原告要求判令欧文斯公司和被告恢复与其的劳动关系，并支付其工资、停工留薪期工资及差额、未签劳动合同双倍工资差额、未休年休假工资、交通费等各项费用，及为其缴纳社会保险，归还工作服等物品。被告则要求判令无须按照仲裁裁决支付原告停工留薪期工资差额、交通费及工资。法院以（2013）闵民一（民）初字第2363号案立案受理该案后，于2013年7月19日依法作出判决，在认定原告与被告间存在劳动关系，欧文斯公司则为实际用工单位，而原告停工留薪期结束后只打考勤卡未实际提供劳动的工作表现有违劳动纪律，被告据此解除与原告劳动关系的做法并无不当等事实的基础上，判决被告支付原告2012年7月27日至同年8月24日期间的工资1332.45元、被告无须支付原告停工留薪期工资差额3148.40元，欧文斯公司支付原告停工留薪期工资差额3148.40元，被告支付原告交通费124元，欧文斯公司对此124元交通费承担连带责任并另行支付原告交通费24元，驳回原告包括要求恢复劳动关系在内的其余诉讼请求。原告及欧文斯公司均不服该判决而提起上诉，上海市第一中级人民法院以（2013）沪一中民三（民）终字第1438号案立案受理。经审理，该院于2013年11月18日对该案依法作出判决，查明包括如下事实：欧文斯公司与被告签订的劳务派遣协议于2010年10月16日到期后未再续签，但此后双方仍在按照原协议履行，欧文斯公司定期将包括原告在内的劳务工工资及管理费付至被告处，被告亦在开具发票并为原告缴纳社会保险费，且被告在其与原告签订的劳动合同到期后的2012年4月17日作为用人单位申请为原告认定工伤，故确认自2012年3月起，原、被告之间存在劳动关系，欧文斯公司为实际用工单位，故对原告要求与不存在劳动关系的欧文斯公司恢复劳动关系的要求难予支持；原告对于其所称的欧文斯公司同意其停工留薪期满后只需上下班打卡无需实际提供劳动，及其因伤势情况而在上班时间内需回家休息的主张均未能举证予以证明，原告在停工留薪期结束后的表现明显违反劳动纪律，被告据此于2012年8月24日解除与原告劳动关系的做法并无不当，故对原告要求恢复与被告间劳动关系的上诉请求难予支持。在所查明事实的基础上，作出了欧文斯公司无需支付原告停工留薪期工资差额 3148.40 元，欧文斯公司无需对被告应付交通费 124 元承担连带责任，维持其余原审判决内容的终审判决。

2013 年 12 月 4 日，原告侯宏军就本案系争事项向上海市闵行区劳动人事争议仲裁委员会申请仲裁。同年 12 月 6 日，该会作出闵劳人仲（2013）通字第 289 号不予受理通知书，以原告的请求事项已超过仲裁申请时效为由决定不予受理。原告不服此决定而提起本案诉讼。

上海市闵行区人民法院一审认为：

被告隆茂公司因原告侯宏军违反劳动纪律而解除了双方的劳动关系，而被告解除与原告劳动关系之行为已经生效判决书确认属合法解除，且此不属劳动合同法规定的用人单位应当支付劳动者解除劳动合同经济补偿金的情形，故原告要求被告支付其解除劳动合同经济补偿金之诉请缺乏依据，不予支持。

关于原告侯宏军要求被告隆茂公司支付其十级伤残一次性工伤医疗补助金及一次性伤残就业补助金的诉请，按照《上海市工伤保险实施办法》第四十一条之规定，因工致残被鉴定为七级至十级伤残的工伤人员，在劳动合同期满终止或工伤人员本人提出解除劳动合同的情况下，可享受由工伤保险基金支付一次性工伤医疗补助金，用人单位支付一次性伤残就业补助金的工伤待遇。故原告要求被告作为用人单位支付一次性工伤医疗补助金无依据。至于一次性伤残就业补助金，与前述同理，原、被告的劳动关系由被告合法解除，不属于上述法规规定的用人单位应支付该一次性待遇的情形，原告该部分诉请无依据，不予支持。

综上，上海市闵行区人民法院依照《中华人民共和国劳动合同法》第二条第一款之规定，于 2014 年 3 月 17 日判决：

驳回原告侯宏军的诉讼请求。

侯宏军不服一审判决，向上海市第一中级人民法院提起上诉称：被上诉人隆茂公司违法解除与侯宏军的劳动关系，侯宏军有大华医院、上海市第六人民医院、盱眙县中医院疾病诊断书病情证明单，2012 年 7 月 19 日及 26 日均在病假期间。隆茂公司人事考虑到候宏军伤情，同意候宏军只需上下班打卡无需实际提供劳动。所以澳联公司开除决定中的两次违纪均不能成立。综上所述，候宏军请求二审法院撤销原审判决，改判隆茂公司支付：1. 十级伤残一次性工伤医疗补助金 14076 元；2. 十级伤残一次性就业补助金 14076 元；3. 违法解除劳动合同赔偿金 8664 元；4. 不能恢复劳动关系补偿金三个月 6498 元；5. 强行违纪罚款 200 元；6. 工伤医药费 500.4 元；7. 年休假 882 元；8. 确认隆茂公司的开除决定无效，并撤销该开除决定。

被上诉人隆茂公司答辩称，原审判决认定事实清楚，适用法律正确，请求二审法院予以维持。

上海市第一中级人民法院经二审，确认了一审查明的事实。

上海市第一中级人民法院二审认为：

本案的争议焦点是：当用人单位解除劳动合同时，用人单位是否应当向工伤职工支付一次性工伤医疗补助金与一次性伤残就业补助金。

关于上诉人候宏军主张的一次性工伤医疗补助金，根据《工伤保险条例》第三十七条第二款的规定，因工致残被鉴定为七级至十级伤残的工伤人员，在劳动合同期满终止或工伤人员本人提出解除劳动合同的情况下，可享受由工伤保险基金支付一次性工伤医疗补助金。本案中，被上诉人隆茂公司为候宏军办理了 2011 年 7 月至 2012 年 7 月期间的上海市城镇社会保险费，隆茂公司并非支付一次性工伤医疗补助金的责任主体，故候宏军要求隆茂公司支付一次性工伤医疗补助金的上诉请求缺乏法律依据，不予支持。

关于上诉人候宏军主张的一次性伤残就业补助金，一次性伤残就业补助金等工伤保险待遇是对职工因工作原因受到伤害而给予的补救和补偿，它不应受劳动关系解除原因等因素的影响。首先，《中华人民共和国社会保险法》第三十九条第三款明确规定，终止或者解除劳动合同时，工伤职工应当享受的一次性伤残就业补助金，按照国家规定由用人单位支付。该规定仅将终止或解除劳动合同作为工伤职工享受一次性伤残就业补助金的前提条件，并未将合同解除方式与原因作为支付一次性伤残就业补助金的前提条件。其次，根据《工伤保险条例》第四十二条的规定，工伤职工仅在丧失享受待遇条件、拒不接受劳动能力鉴定、拒绝治疗的情况下，停止享受工伤保险待遇，用人单位解除劳动合同并不属于工伤职工停止享受工伤保险待遇的情形。再次，举轻以明重，《工伤保险条例》第三十七条规定在工伤职工主动提出解除劳动合同及劳动合同期限终止时，用人单位尚需支付一次性伤残就业补助金，那么用人单位在主动解除劳动合同时支付一次性伤残就业补助金，更是理所当然的。故被上诉人隆茂公司应支付候宏军一次性伤残就业补助金，候宏军的相关上诉请求，予以支持。至于候宏军提出的其余上诉请求，因均未经仲裁前置程序，故在本案中均不予处理。

综上，上海市第一中级人民法院依照《中华人民共和国民事诉讼法》第一百七十条第一款第（二）项，于2014年7月15日判决：

一、撤销（2014）闵民一（民）初字第2198号民事判决；

二、上海隆茂建筑装潢有限公司应于本判决生效之日起十日内支付候宏军一次性伤残就业补助金14076元；

三、驳回候宏军的其余诉讼请求（不包含本院不予处理部分）。

本判决为终审判决。

082. 在劳动合同中双方约定有工伤免责条款，劳动者受伤的，用人单位是否承担责任[①]

刘明诉铁道部第二十工程局二处第八工程公司、罗友敏工伤赔偿案

原告：刘明。

① 参见《最高人民法院公报》1999年05期。

被告：铁道部第二十工程局第二工程处第八工程公司。

法定代表人：邵怀全，经理。

委托代理人：朱忠顶，铁道部第二十工程局第二工程处第八工程公司工程科科长。

被告：罗友敏，铁道部第二十工程局第二工程处第八工程公司职工。

委托代理人：詹崇良，四川省眉山县法律服务中心法律工作者。

原告刘明因与被告铁道部第二十工程局第二工程处第八工程公司（以下简称第八工程公司）、罗友敏发生工伤赔偿纠纷，向四川省眉山县人民法院提起诉讼。

原告诉称：我在两被告的工地上做工，因工伤事故致左手残废。请求判令两被告共同给我赔偿误工费6000元、住院生活补助费250元、鉴定费450元、交通费1500元、残疾人生活补助费1.2万元和再次医疗的费用；诉讼费由被告承担。

两被告辩称：原告违反安全操作规定造成工伤，不同意赔偿。

眉山县人民法院经审理查明：

1998年8月27日，被告第八工程公司的眉山106线项目部与本公司职工、被告罗友敏签订工程承包合同，约定由罗友敏承包眉山106线西来堰大桥行车道板的架设安装，工程总价款26万余元，费用包干。该合同还约定，施工中发生伤、亡、残事故，由罗友敏负责。合同签订后，罗友敏即组织民工进行安装。

同年9月2日，原告刘明经人介绍室被告罗友敏处打工。为防止工伤事故，罗友敏曾召集民工开会强调安全问题，要求民工在安放道板下的胶垫时必须使用铁钩，防止道板坠落伤人。10月6日下午6时许，刘明在安放道板下的胶垫时未使用铁钩，直接用手放置。由于支撑道板的千斤顶滑落，重达10多吨的道板坠下，将刘明的左手砸伤。罗友敏立即送刘明到医院住院治疗21天后出院。刘明住院期间的医疗费、护理费、交通费、伙食费，以及出院后的治疗费用总计5308.91元，已由罗友敏全部承担。

1999年3月5日，四川省乐山市中级人民法院法医技术室对刘明的伤情进行鉴定，结论是：刘明左手第三、四掌骨骨折，食指、中指近节指骨粉碎性骨折，食指掌指关节脱位，进行左手食指近侧指间关节截指术及左手二、三掌骨钢针内固定手术后，左手中指屈伸活动功能完全丧失，伤残等级为工伤七级。

四川省眉山地区1998年职工年平均工资为5014元。

另查明，眉山106线西来堰大桥行车道板的架设安装工程，无论从现场环境还是从施工单位的技术与设备看，都允许使用吊车直接起吊道板进行安装。采用人工安装，虽然开支费用能减少，但是安全隐患增多。

眉山县人民法院认为：

《中华人民共和国宪法》第四十二条第二款规定："国家通过各种途径，创造劳动就业条件，加强劳动保护，改善劳动条件，并在发展生产的基础上，提高劳动报酬和福利待遇。"《中华人民共和国劳动法》第三条规定，劳动者有获得劳动安全卫生保护的权利。第四条规定："用人单位应当依法建立和完善规章制度，保障劳动者享有劳动权利和履行劳动义务。"被告罗友敏是眉山106线西来堰大桥道板架设安装工程的承包人，招收原告刘明在该工程工作后，双方形成了劳动合同关系。罗友敏作为工程承包人和雇主，依法对民工的劳动保护承担责任。采用人工安装桥梁行车道板本身具有较高的危险性，对此，罗友敏应采取相应的安全措施，并临场加以监督和指导，而罗友敏仅在作业前口头予以强调，疏于注意，以致刘明发生安全事故。虽然刘明在施工中也有违反安全操作规则的过失，但其并非铁道建设专业人员、且违章情节较轻，故不能免除罗友敏应负的民事责任。

我国历来重视加强劳动保护工作。被告第八工程公司作为眉山106线西来堰大桥的施工企业，在有条件采用危险性较小的工作方法进行行车道板架设安装的情况下，为了降低费用而将该项工程发包给个人，采用人工安装，增加了劳动者的安全风险。该公司在与被告罗友敏签订的承包合同约定“施工中发生伤、亡、残事故，由罗友敏负责”，把只有企业才有能力承担的安全风险，推给能力有限的自然人承担，该条款损害了劳动者的合法权益，违反了我国宪法和劳动法前述有关规定，依照《中华人民共和国民法通则》第五十八条第一款（五）项的规定，该约定应当属于无效条款，不受法律保护。第八工程公司对原告刘明的工伤事故，依法应当承担连带责任。

《中华人民共和国民法通则》第九十八条规定：“公民享有生命健康权。”原告刘明因工伤事故致左手残废后，请求判令两被告共同赔偿误工费、住院生活补助费、残疾人生活补助费，符合民法通则第一百一十九条的规定，应予支持。刘明请求两被告给付再医费，因再医的事实尚未发生，该费用处于不确定状态，本案现不作处理；待再医事实发生后，原告另行提出。

综上，眉山县人民法院于 1999 年 3 月 18 日判决：

一、被告罗友敏在本判决生效后 5 日内付给原告刘明医疗、误工、住院生活补助、护理、交通、伤残补助金、伤残就业补助金，共计 18679. 56 元（已付 5308. 15 元，执行时予以扣除）。

二、被告铁道部第二十工程局第二工程处第八工程公司对上列费用承担连带责任。

案件受理费 757. 18 元，鉴定费 450 元，由罗友敏负担。

第一审宣判后，原告刘明不服，以原判没有解决再次医疗问题，其他赔偿项目也不足为由提起上诉，要求改判增加再医费、误工费等，并补发拖欠的工资。

四川省眉山地区中级人民法院二审期间，除认定一审关于工伤经过的事实外，还查明：刘明住院 21 天期间，被上诉人罗友敏为其支付医疗费、住院费、交通费及其他费用等共计 6457. 71 元。刘明因工伤受到的损失，除罗友敏已支付的外，尚有出院后的误工费 1500 元、再医费 2000 元（含住院医药费、误工费、营养费、护理费等）、伤残补助金 5014 元、伤残就业补助金

6254元以及其他损失2443元未付。此外，被上诉人第八工程公司尚欠刘明1998年9月份的工资1033元。

眉山地区中级人民法院认为，上诉人刘明因工伤致残，两被上诉人应当承担赔偿责任。据此，眉山地区中级人民法院依照《中华人民共和国民事诉讼法》第一百五十五条的规定主持调解，双方当事人于1999年5月17日自愿达成如下协议：

除被上诉人罗友敏已支付的6457.71元外，再由被上诉人第八工程公司于1999年5月30日前，一次性付给上诉人刘明出院后的误工费、伤残补助金、伤残就业补助金、再医费、其他损失费用和所欠工资等，共计18244元。

一审案件受理费757.18元、鉴定费450元，二审案件受理费757.18元，共计1964.36元，由第八工程公司负担。

083. 劳动者超时加班发生工伤，用工单位、劳务派遣单位是否承担连带赔偿责任①

基本案情：2017年8月，某服务公司（已依法取得劳务派遣行政许可）与某传媒公司签订劳务派遣协议，约定某服务公司为某传媒公司提供派遣人员，每天工作11小时，每人每月最低保底工时286小时。2017年9月，某服务公司招用李某并派遣至某传媒公司工作，未为李某缴纳工伤保险。2018年8月、9月、11月，李某月工时分别为319小时、293小时、322.5小时，每月休息日不超过3日。2018年11月30日，李某工作时间为当日晚8时30分至12月1日上午8时30分。李某于12月1日凌晨5时30分晕倒在单位卫生间，经抢救无效于当日死亡，死亡原因为心肌梗死等。2018年12月，某传媒

① 《劳动人事争议典型案例（第二批）》（人力资源社会保障部、最高人民法院2021年6月30日发布），七、劳动者超时加班发生工伤，用工单位、劳务派遣单位是否承担连带赔偿责任，载最高人民法院网站，https：//www.court.gov.cn/zixun/xiangqing/319151.html，最后访问日期：2023年7月4日。

公司与李某近亲属惠某等签订赔偿协议，约定某传媒公司支付惠某等工亡待遇42万元，惠某等不得再就李某工亡赔偿事宜或在派遣工作期间享有的权利，向某传媒公司提出任何形式的赔偿要求。上述协议签订后，某传媒公司实际支付惠某等各项费用计423497.80元。此后，李某所受伤害被社会保险行政部门认定为工伤。某服务公司、惠某等不服仲裁裁决，诉至人民法院。

原告诉讼请求：惠某等请求判决某服务公司与某传媒公司连带支付医疗费、一次性工亡补助金、丧葬补助金、供养亲属抚恤金，共计1193821元。

某服务公司请求判决不应支付供养亲属抚恤金；应支付的各项赔偿中应扣除某传媒公司已支付款项；某传媒公司承担连带责任。

裁判结果：一审法院判决：按照《工伤保险条例》，因用人单位未为李某参加工伤保险，其工亡待遇由用人单位全部赔偿。某服务公司和某传媒公司连带赔偿惠某等医疗费、一次性工亡补助金、丧葬补助金、供养亲属抚恤金合计766911.55元。某传媒公司不服，提起上诉。二审法院判决：驳回上诉，维持原判。

案例分析：本案的争议焦点是李某超时加班发生工伤，用工单位与劳务派遣单位是否应承担连带赔偿责任。

《中华人民共和国劳动法》第三十八条规定："用人单位应当保证劳动者每周至少休息一日。"第四十一条规定："用人单位由于生产经营需要，经与工会和劳动者协商后可以延长工作时间，一般每日不得超过一小时；因特殊原因需要延长工作时间的，在保障劳动者身体健康的条件下延长工作时间每日不得超过三小时，但是每月不得超过三十六小时。"《中华人民共和国劳动合同法》第九十二条规定："……用工单位给被派遣劳动者造成损害的，劳务派遣单位与用工单位承担连带赔偿责任。"《国务院关于职工工作时间的规定》（国务院令第174号）第三条规定："职工每日工作8小时、每周工作40小时。"休息权是劳动者的基本劳动权利，即使在支付劳动者加班费的情况下，劳动者的工作时间仍然受到法定延长工作时间上限的制约。劳务派遣用工中，劳动者超时加班发生工伤，用工单位和劳务派遣单位对劳动者的损失均负有责任，应承担连带赔偿责任。劳动者与用工单位、劳务派遣单位达成赔偿协议的，当赔偿协议存在违反法律、行政法规的强制性规定、欺诈、胁迫或者乘人之危情形时，不应认定赔偿协议有效；当赔偿协议存在重大误解或者显失公平情形时，应当支持劳动者依法行使撤销权。

本案中，某服务公司和某传媒公司协议约定的被派遣劳动者每天工作时间及每月工作保底工时，均严重超过法定标准。李某工亡前每月休息时间不超过3日，每日工作时间基本超过11小时，每月延长工作时间超过36小时数倍，其依法享有的休息权受到严重侵害。某传媒公司作为用工单位长期安排李某超时加班，存在过错，对李某在工作期间突发疾病死亡负有不可推卸的责任。惠某等主张某传媒公司与某服务公司就李某工伤的相关待遇承担连带赔偿责任，应予支持。惠某等虽与某传媒公司达成了赔偿协议，但赔偿协议是在劳动者未经社会保险行政部门认定工伤的情形下签订的，且赔偿协议约定的补偿数额明显低于法定工伤保险待遇标准，某服务公司和某传媒公司应对差额部分予以补足。

典型意义

面对激烈的市场竞争环境，个别用人单位为降低用工成本、追求利润最大化，长期安排劳动者超时加班，对劳动者的身心健康、家庭和睦、参与社会生活等造成了严重影响，极端情况下会威胁劳动者的生命安全。本案系劳动者超时加班发生工伤而引发的工伤保险待遇纠纷，是超时劳动严重损害劳动者健康权的缩影。本案裁判明确了此种情况下用工单位、劳务派遣单位承担连带赔偿责任，可以有效避免劳务派遣用工中出现责任真空的现象，实现对劳动者合法权益的充分保障。同时，用人单位应依法为职工参加工伤保险，保障职工的工伤权益，也能分散自身风险。如用人单位未为职工参加工伤保险，工伤职工工伤保险待遇全部由用人单位支付。

（二）地方法院典型案例

084. 可享受工伤保险待遇的劳动者因工死亡，其遗腹子可作为死者亲属获得因工死亡职工供养亲属抚恤金①

基本案情：何某甲与罗某系夫妻关系，均未满55岁，具有劳动能力，二人系死者何某的父母，何某乙出生于2020年12月4日，系死者何某的遗腹子，其母与何某为非婚同居关系。死者何某接受某建筑工程公司转包工程的实际施工人廖某聘用，从事驾驶员兼工地采购工作，但何某未参加工伤保险。2020年5月11日，何某在某建筑工程公司承建的工地上转运木板时被汽车撞击死亡。2021年7月22日，当地人力资源和社会保障局做出认定工伤决定书，认定死者何某为工伤（亡）。2021年11月1日，何某甲、罗某、何某乙就与建筑工程公司工伤保险待遇纠纷一案申请仲裁，仲裁裁决支持了何某甲、罗某、何某乙要求建筑工程公司支付供养亲属抚恤金332542.8元在内的一系列请求。建筑工程公司因此诉至法院，请求判决无需支付供养亲属抚恤金332542.8元。

裁判结果：法院认为，根据《最高人民法院关于审理工伤保险行政案件若干问题的规定》第三条第一款第四项“社会保险行政部门认定下列单位为承担工伤保险责任单位的，人民法院应予支持：（四）用工单位违反法律、法规规定将承包业务转包给不具备用工主体资格的组织或者自然人，该组织或者自然人聘用的职工从事承包业务时因工伤亡的，用工单位为承担工伤保

---

① 《四川省高级人民法院发布劳动争议典型案例》，六、可享受工伤保险待遇的劳动者因工死亡，其遗腹子可作为死者亲属获得因工死亡职工供养亲属抚恤金——某建筑工程公司与罗某等工伤保险待遇纠纷案，载四川省高级人民法院网站，http：//scfy. scssfw. gov. cn/article/detail/2023/05/id/7271548. shtml，最后访问日期：2023年6月30日。

险责任的单位”的规定，本案属于虽不构成劳动关系、但建筑工程公司应承担工伤保险责任的情形。《中华人民共和国民法典》第十六条规定：“涉及遗产继承、接受赠与等胎儿利益保护的，胎儿视为具有民事权利能力……”《因工死亡职工供养亲属范围规定》第二条第二款规定：“本规定所称子女，包括婚生子女、非婚生子女、养子女和有抚养关系的继子女，其中婚生子女、非婚生子女包括遗腹子女。”何某乙系死者遗腹子，建筑工程公司应该向其支付供养亲属抚恤金。故法院依法判决建筑工程公司向何某乙支付供养亲属抚恤金。

典型意义

本案系践行民法典、落实胎儿合法权益保护的生动案例。虽然通常情况下自然人的民事权利始于出生，但《中华人民共和国民法典》第十六条关于“涉及遗产继承、接受赠与等胎儿利益保护的，胎儿视为具有民事权利能力”的规定，强化和扩大了胎儿利益保护的内涵和外延。本案中遗腹子何某乙既已孕育并健康出生，应当视为具有民事权利能力，其父何某因工死亡，何某乙有权作为死者何某的亲属获得因工死亡职工供养亲属抚恤金。本案不仅维护了因工死亡职工的合法权益，也体现了对胎儿权益的有效保护，实现了法理和情理、法律效果和社会效果的融合统一。

085. 劳动者可请求撤销显失公平的工伤待遇和解协议[①]

裁判要旨

劳动者在与用人单位达成调解协议后被认定工伤及评定伤残等级，调解协议具有可撤销情形的，劳动者可在撤销调解协议后主张相关工伤保险待遇。

简要案情：陈某系江苏某建筑公司木工，建筑公司未给陈某缴纳工伤保险。2015年1月1日，陈某在工作中不慎被钢管砸伤脚部。2015年12月4日，经派出所调解，建筑公司支付陈某赔偿款28000元。2016年12月26日，陈某受到的伤害被认定为工伤。2017年3月14日，经苏州市劳动能力鉴定委员会鉴定，陈某的伤残等级为拾级。2017年10月27日，江苏省劳动能力鉴定委员会出具通知书，再次鉴定陈某的伤残程度为拾级。后陈某向建筑公司主张法定工伤保险待遇，建筑公司不予支付。陈某遂申请仲裁，请求裁令建筑公司支付法定工伤保险待遇。仲裁委支持陈某的仲裁申请。建筑公司不服，诉至法院。法院认为，虽然双方就工伤事宜签订了调解协议，但赔偿事宜的协商系在工伤认定及伤残等级鉴定作出之前，陈某的法定赔偿额为76134.9元，远超双方约定的28000元，故该调解协议对陈某而言是显失公平的，符合可撤销情形。陈某在法定期限内申请仲裁，要求建筑公司按法定标准支付工伤保险待遇，可视为陈某主张了撤销权，故建筑公司应重新按法定标准向陈某支付工伤保险待遇。

法官寄语：当事人就工伤保险待遇达成的调解协议，其内容并非对劳动

---

① 《江苏法院2016-2018年度劳动争议十大典型案例》，四、劳动者可请求撤销显失公平的工伤待遇和解协议，载江苏法院网，http：//www.jsfy.gov.cn/article/91674.html，最后访问日期：2023年7月2日。

关系存续期间劳动权利义务的约定，亦非继续性合同，而是就工伤待遇赔偿责任的承担达成的一次性或分期给付契约，其性质并非劳动合同，对其效力的判断应适用《中华人民共和国民法典》总则编的相关规定。如果该调解协议系在未经劳动行政部门认定工伤和评定伤残等级的情形下签订，说明工伤职工对自己的工伤待遇标准尚不十分清楚。当劳动者实际所获补偿明显低于法定标准，调解协议符合显失公平、重大误解等可撤销情形的，劳动者可申请撤销双方之前签订的调解协议，并在此基础上要求用人单位按法定标准支付工伤保险待遇。我们希望通过这则案例提醒劳动者，在发生工伤事故后应注意自身合法权益的保护，不能因不了解法律规定而轻易放弃了本应当属于自己的权利。

附：工伤相关行政案件

（一）最高人民法院指导案例

086. 职工见义勇为，为制止违法犯罪行为而受到伤害的，应当视同工伤①

重庆市涪陵志大物业管理有限公司诉重庆市涪陵区人力资源和社会保障局劳动和社会保障行政确认案

裁判要点

职工见义勇为，为制止违法犯罪行为而受到伤害的，属于《工伤保险条例》第十五条第一款第二项规定的为维护公共利益受到伤害的情形，应当视同工伤。

相关法条

《工伤保险条例》第十五条第一款第二项

基本案情：罗仁均系重庆市涪陵志大物业管理有限公司（以下简称涪陵志大物业公司）保安。2011年12月24日，罗仁均在涪陵志大物业公司服务的圆梦园小区上班（24小时值班）。8时30分左右，在兴华中路宏富大厦附

① 最高人民法院指导案例94号。

近有人对一过往行人实施抢劫，罗仁均听到呼喊声后立即拦住抢劫者的去路，要求其交出抢劫的物品，在与抢劫者搏斗的过程中，不慎从22步台阶上摔倒在巷道拐角的平台上受伤。罗仁均于2012年6月12日向被告重庆市涪陵区人力资源和社会保障局（以下简称涪陵区人社局）提出工伤认定申请。涪陵区人社局当日受理后，于2012年6月13日向罗仁均发出《认定工伤中止通知书》，要求罗仁均补充提交见义勇为的认定材料。2012年7月20日，罗仁均补充了见义勇为相关材料。涪陵区人社局核实后，根据《工伤保险条例》第十四条第七项之规定，于2012年8月9日作出涪人社伤险认决字〔2012〕676号《认定工伤决定书》，认定罗仁均所受之伤属于因工受伤。涪陵志大物业公司不服，向法院提起行政诉讼。在诉讼过程中，涪陵区人社局作出《撤销工伤认定决定书》，并于2013年6月25日根据《工伤保险条例》第十五条第一款第二项之规定，作出涪人社伤险认决字〔2013〕524号《认定工伤决定书》，认定罗仁均受伤属于视同因工受伤。涪陵志大物业公司仍然不服，于2013年7月15日向重庆市人力资源和社会保障局申请行政复议，重庆市人力资源和社会保障局于2013年8月21日作出渝人社复决字〔2013〕129号《行政复议决定书》，予以维持。涪陵志大物业公司认为涪陵区人社局的认定决定适用法律错误，罗仁均所受伤依法不应认定为工伤。遂诉至法院，请求判决撤销《认定工伤决定书》，并责令被告重新作出认定。

另查明，重庆市涪陵区社会管理综合治理委员会对罗仁均的行为进行了表彰，并作出了涪综治委发〔2012〕5号《关于表彰罗仁均同志见义勇为行为的通报》。

裁判结果：重庆市涪陵区人民法院于2013年9月23日作出（2013）涪法行初字第00077号行政判决，驳回重庆市涪陵志大物业管理有限公司要求撤销被告作出的涪人社伤险认决字〔2013〕524号《认定工伤决定书》的诉讼请求。一审宣判后，双方当事人均未上诉，裁判现已发生法律效力。

裁判理由：法院生效裁判认为：被告涪陵区人社局是县级劳动行政主管

部门，根据国务院《工伤保险条例》第五条第二款规定，具有受理本行政区域内的工伤认定申请，并根据事实和法律作出是否工伤认定的行政管理职权。被告根据第三人罗仁均提供的重庆市涪陵区社会管理综合治理委员会《关于表彰罗仁均同志见义勇为行为的通报》，认定罗仁均在见义勇为中受伤，事实清楚，证据充分。罗仁均不顾个人安危与违法犯罪行为作斗争，既保护了他人的个人财产和生命安全，也维护了社会治安秩序，弘扬了社会正气。法律对于见义勇为，应当予以大力提倡和鼓励。

《工伤保险条例》第十五条第一款第二项规定："职工在抢险救灾等维护国家利益、公共利益活动中受到伤害的，视同工伤。"据此，虽然职工不是在工作地点、因工作原因受到伤害，但其是在维护国家利益、公共利益活动中受到伤害的，也应当按照工伤处理。公民见义勇为，跟违法犯罪行为作斗争，与抢险救灾一样，同样属于维护社会公共利益的行为，应当予以大力提倡和鼓励。因见义勇为、制止违法犯罪行为而受到伤害的，应当适用《工伤保险条例》第十五条第一款第二项的规定，即视同工伤。

另外，《重庆市鼓励公民见义勇为条例》为重庆市地方性法规，其第十九条、第二十一条进一步明确规定，见义勇为受伤视同工伤，享受工伤待遇。该条例上述规定符合《工伤保险条例》的立法精神，有助于最大限度地保障劳动者的合法权益、最大限度地弘扬社会正气，在本案中应当予以适用。

综上，被告涪陵区人社局认定罗仁均受伤视同因工受伤，适用法律正确。

087. 工伤认定时限中止通知是否属于可诉行政行为[①]

王明德诉乐山市人力资源和社会保障局工伤认定案

关键词：行政诉讼/工伤认定/程序性行政行为/受理

① 最高人民法院指导案例69号。

裁判要点

当事人认为行政机关作出的程序性行政行为侵犯其人身权、财产权等合法权益，对其权利义务产生明显的实际影响，且无法通过提起针对相关的实体性行政行为的诉讼获得救济，而对该程序性行政行为提起行政诉讼的，人民法院应当依法受理。

相关法条

《中华人民共和国行政诉讼法》第十二条、第十三条

基本案情：原告王明德系王雷兵之父。王雷兵是四川嘉宝资产管理集团有限公司峨眉山分公司职工。2013年3月18日，王雷兵因交通事故死亡。由于王雷兵驾驶摩托车倒地翻覆的原因无法查实，四川省峨眉山市公安局交警大队于同年4月1日依据《道路交通事故处理程序规定》第五十条的规定，作出乐公交认定〔2013〕第00035号《道路交通事故证明》。该《道路交通事故证明》载明：2013年3月18日，王雷兵驾驶无牌“卡迪王”二轮摩托车由峨眉山市大转盘至小转盘方向行驶。1时20分许，当该车行至省道S306线29.3KM处驶入道路右侧与隔离带边缘相擦挂，翻覆于隔离带内，造成车辆受损、王雷兵当场死亡的交通事故。

2013年4月10日，第三人四川嘉宝资产管理集团有限公司峨眉山分公司就其职工王雷兵因交通事故死亡，向被告乐山市人力资源和社会保障局申请工伤认定，并同时提交了峨眉山市公安局交警大队所作的《道路交通事故证明》等证据。被告以公安机关交通管理部门尚未对本案事故作出交通事故认定书为由，于当日作出乐人社工时〔2013〕05号（峨眉山市）《工伤认定时限中止通知书》（以下简称《中止通知》），并向原告和第三人送达。

2013年6月24日，原告通过国内特快专递邮件方式，向被告提交了《恢复工伤认定申请书》，要求被告恢复对王雷兵的工伤认定。因被告未恢复对王雷兵工伤认定程序，原告遂于同年7月30日向法院提起行政诉讼，请求判决

撤销被告作出的《中止通知》。

裁判结果：四川省乐山市市中区人民法院于2013年9月25日作出（2013）乐中行初字第36号判决，撤销被告乐山市人力资源和社会保障局于2013年4月10日作出的乐人社工时〔2013〕05号《中止通知》。一审宣判后，乐山市人力资源和社会保障局提起了上诉。乐山市中级人民法院二审审理过程中，乐山市人力资源和社会保障局递交撤回上诉申请书。乐山市中级人民法院经审查认为，上诉人自愿申请撤回上诉，属其真实意思表示，符合法律规定，遂裁定准许乐山市人力资源和社会保障局撤回上诉。一审判决已发生法律效力。

裁判理由：法院生效裁判认为，本案争议的焦点有两个：一是《中止通知》是否属于可诉行政行为；二是《中止通知》是否应当予以撤销。

一、关于《中止通知》是否属于可诉行政行为问题

法院认为，被告作出《中止通知》，属于工伤认定程序中的程序性行政行为，如果该行为不涉及终局性问题，对相对人的权利义务没有实质影响的，属于不成熟的行政行为，不具有可诉性，相对人提起行政诉讼的，不属于人民法院受案范围。但如果该程序性行政行为具有终局性，对相对人权利义务产生实质影响，并且无法通过提起针对相关的实体性行政行为的诉讼获得救济的，则属于可诉行政行为，相对人提起行政诉讼的，属于人民法院行政诉讼受案范围。

虽然根据《中华人民共和国道路交通安全法》第七十三条的规定："公安机关交通管理部门应当根据交通事故现场勘验、检查、调查情况和有关的检验、鉴定结论，及时制作交通事故认定书，作为处理交通事故的证据。交通事故认定书应当载明交通事故的基本事实、成因和当事人的责任，并送达当事人。"但是，在现实道路交通事故中，也存在因道路交通事故成因确实无法查清，公安机关交通管理部门不能作出交通事故认定书的情况。对此，《道路交通事故处理程序规定》第五十条规定："道路交通事故成因无法查清的，

公安机关交通管理部门应当出具道路交通事故证明，载明道路交通事故发生的时间、地点、当事人情况及调查得到的事实，分别送达当事人。”就本案而言，峨眉山市公安局交警大队就王雷兵因交通事故死亡，依据所调查的事故情况，只能依法作出《道路交通事故证明》，而无法作出《交通事故认定书》。因此，本案中《道路交通事故证明》已经是公安机关交通管理部门依据《道路交通事故处理程序规定》就事故作出的结论，也就是《工伤保险条例》第二十条第三款中规定的工伤认定决定需要的“司法机关或者有关行政主管部门的结论”。除非出现新事实或者法定理由，否则公安机关交通管理部门不会就本案涉及的交通事故作出其他结论。而本案被告在第三人申请认定工伤时已经提交了相关《道路交通事故证明》的情况下，仍然作出《中止通知》，并且一直到原告起诉之日，被告仍以工伤认定处于中止中为由，拒绝恢复对王雷兵死亡是否属于工伤的认定程序。由此可见，虽然被告作出《中止通知》是工伤认定中的一种程序性行为，但该行为将导致原告的合法权益长期，乃至永久得不到依法救济，直接影响了原告的合法权益，对其权利义务产生实质影响，并且原告也无法通过对相关实体性行政行为提起诉讼以获得救济。因此，被告作出《中止通知》，属于可诉行政行为，人民法院应当依法受理。

二、关于《中止通知》应否予以撤销问题

法院认为，《工伤保险条例》第二十条第三款规定，“作出工伤认定决定需要以司法机关或者有关行政主管部门的结论为依据的，在司法机关或者有关行政主管部门尚未作出结论期间，作出工伤认定决定的时限中止”。如前所述，第三人在向被告就王雷兵死亡申请工伤认定时已经提交了《道路交通事故证明》。也就是说，第三人申请工伤认定时，并不存在《工伤保险条例》第二十条第三款所规定的依法可以作出中止决定的情形。因此，被告依据《工伤保险条例》第二十条规定，作出《中止通知》属于适用法律、法规错误，应当予以撤销。另外，需要指出的是，在人民法院撤销被告作出的《中止通知》判决生效后，被告对涉案职工认定工伤的程序即应予以恢复。

088. 如何把握工伤认定中的“工作原因”和“工作场所”[①]

孙立兴诉天津新技术产业园区劳动人事局工伤认定案

关键词：行政工伤认定　工作原因　工作场所　工作过失

裁判要点

1.《工伤保险条例》第十四条第一项规定的“因工作原因”，是指职工受伤与其从事本职工作之间存在关联关系。

2.《工伤保险条例》第十四条第一项规定的“工作场所”，是指与职工工作职责相关的场所，有多个工作场所的，还包括工作时间内职工来往于多个工作场所之间的合理区域。

3. 职工在从事本职工作中存在过失，不属于《工伤保险条例》第十六条规定的故意犯罪、醉酒或者吸毒、自残或者自杀情形，不影响工伤的认定。

相关法条

《工伤保险条例》第十四条第一项、第十六条

基本案情：原告孙立兴诉称：其在工作时间、工作地点、因工作原因摔倒致伤，符合《工伤保险条例》规定的情形。天津新技术产业园区劳动人事局（以下简称园区劳动局）不认定工伤的决定，认定事实错误，适用法律不当。请求撤销园区劳动局所作的《工伤认定决定书》，并判令园区劳动局重新作出工伤认定行为。

---

① 最高人民法院指导案例40号。本案也曾收录于《最高人民法院公报》2006年05期，孙立兴诉天津园区劳动局工伤认定行政纠纷案。

被告园区劳动局辩称：天津市中力防雷技术有限公司（以下简称中力公司）业务员孙立兴因公外出期间受伤，但受伤不是由于工作原因，而是由于本人注意力不集中，脚底踩空，才在下台阶时摔伤。其受伤结果与其所接受的工作任务没有明显的因果关系，故孙立兴不符合《工伤保险条例》规定的应当认定为工伤的情形。园区劳动局作出的不认定工伤的决定，事实清楚，证据充分，程序合法，应予维持。

第三人中力公司述称：因本公司实行末位淘汰制，孙立兴事发前已被淘汰。但因其原从事本公司的销售工作，还有收回剩余货款的义务，所以才偶尔回公司打电话。事发时，孙立兴已不属于本公司职工，也不是在本公司工作场所范围内摔伤，不符合认定工伤的条件。

法院经审理查明：孙立兴系中力公司员工，2003年6月10日上午受中力公司负责人指派去北京机场接人。其从中力公司所在地天津市南开区华苑产业园区国际商业中心（以下简称商业中心）八楼下楼，欲到商业中心院内停放的红旗轿车处去开车，当行至一楼门口台阶处时，孙立兴脚下一滑，从四层台阶处摔倒在地面上，造成四肢不能活动。经医院诊断为颈髓过伸位损伤合并颈部神经根牵拉伤、上唇挫裂伤、左手臂擦伤、左腿皮擦伤。孙立兴向园区劳动局提出工伤认定申请，园区劳动局于2004年3月5日作出（2004）0001号《工伤认定决定书》，认为根据受伤职工本人的工伤申请和医疗诊断证明书，结合有关调查材料，依据《工伤保险条例》第十四条第五项的工伤认定标准，没有证据表明孙立兴的摔伤事故系由工作原因造成，决定不认定孙立兴摔伤事故为工伤事故。孙立兴不服园区劳动局《工伤认定决定书》，向天津市第一中级人民法院提起行政诉讼。

裁判结果：天津市第一中级人民法院于2005年3月23日作出（2005）一中行初字第39号行政判决：一、撤销园区劳动局所作（2004）0001号《工伤认定决定书》；二、限园区劳动局在判决生效后60日内重新作出具体行政行为。园区劳动局提起上诉，天津市高级人民法院于2005年7月11日作出（2005）津高行终字第0034号行政判决：驳回上诉，维持原判。

裁判理由：法院生效裁判认为：各方当事人对园区劳动局依法具有本案行政执法主体资格和法定职权，其作出被诉工伤认定决定符合法定程序，以及孙立兴是在工作时间内摔伤，均无异议。本案争议焦点包括：一是孙立兴摔伤地点是否属于其“工作场所”？二是孙立兴是否“因工作原因”摔伤？三是孙立兴工作过程中不够谨慎的过失是否影响工伤认定？

一、关于孙立兴摔伤地点是否属于其“工作场所”问题

《工伤保险条例》第十四条第一项规定，职工在工作时间和工作场所内，因工作原因受到事故伤害，应当认定为工伤。该规定中的“工作场所”，是指与职工工作职责相关的场所，在有多个工作场所的情形下，还应包括职工来往于多个工作场所之间的合理区域。本案中，位于商业中心八楼的中力公司办公室，是孙立兴的工作场所，而其完成去机场接人的工作任务需驾驶的汽车停车处，是孙立兴的另一处工作场所。汽车停在商业中心一楼的门外，孙立兴要完成开车任务，必须从商业中心八楼下到一楼门外停车处，故从商业中心八楼到停车处是孙立兴来往于两个工作场所之间的合理区域，也应当认定为孙立兴的工作场所。园区劳动局认为孙立兴摔伤地点不属于其工作场所，系将完成工作任务的合理路线排除在工作场所之外，既不符合立法本意，也有悖于生活常识。

二、关于孙立兴是否“因工作原因”摔伤的问题

《工伤保险条例》第十四条第一项规定的“因工作原因”，指职工受伤与其从事本职工作之间存在关联关系，即职工受伤与其从事本职工作存在一定关联。孙立兴为完成开车接人的工作任务，必须从商业中心八楼的中力公司办公室下到一楼进入汽车驾驶室，该行为与其工作任务密切相关，是孙立兴为完成工作任务客观上必须进行的行为，不属于超出其工作职责范围的其他不相关的个人行为。因此，孙立兴在一楼门口台阶处摔伤，系为完成工作任务所致。园区劳动局主张孙立兴在下楼过程中摔伤，与其开车任务没有直接

的因果关系，不符合“因工作原因”致伤，缺乏事实根据。另外，孙立兴接受本单位领导指派的开车接人任务后，从中力公司所在商业中心八楼下到一楼，在前往院内汽车停放处的途中摔倒，孙立兴当时尚未离开公司所在院内，不属于“因公外出”的情形，而是属于在工作时间和工作场所内。

三、关于孙立兴工作中不够谨慎的过失是否影响工伤认定的问题

《工伤保险条例》第十六条规定了排除工伤认定的三种法定情形，即因故意犯罪、醉酒或者吸毒、自残或者自杀的，不得认定为工伤或者视同工伤。职工从事工作中存在过失，不属于上述排除工伤认定的法定情形，不能阻却职工受伤与其从事本职工作之间的关联关系。工伤事故中，受伤职工有时具有疏忽大意、精力不集中等过失行为，工伤保险正是分担事故风险、提供劳动保障的重要制度。如果将职工个人主观上的过失作为认定工伤的排除条件，违反工伤保险“无过失补偿”的基本原则，不符合《工伤保险条例》保障劳动者合法权益的立法目的。据此，即使孙立兴工作中在行走时确实有失谨慎，也不影响其摔伤系“因工作原因”的认定结论。园区劳动局以导致孙立兴摔伤的原因不是雨、雪天气使台阶地滑，而是因为孙立兴自己精力不集中导致为由，主张孙立兴不属于“因工作原因”摔伤而不予认定工伤，缺乏法律依据。

综上，园区劳动局作出的不予认定孙立兴为工伤的决定，缺乏事实根据，适用法律错误，依法应予撤销。

（二）最高人民法院公报案例及典型案例

089. 女职工未请假回家喂奶途中出车祸是否为工伤①

上海欧帛服饰有限公司诉南京市江宁区人力资源和社会保障局工伤认定决定案

裁判摘要

按照《女职工劳动保护特别规定》，用人单位应在每日工作时间内为哺乳期女职工安排哺乳时间。哺乳期内女职工上班期间返家哺乳、哺乳结束后返回单位工作，往返途中属于《工伤保险条例》第十四条第六项的“上下班途中”，在此过程中因发生非本人主要责任的交通事故受伤，应认定为工伤。

原告：上海欧帛服饰有限公司，住所地：上海市徐汇区田林路。

法定代表人：刘泽明，该公司总经理。

被告：南京市江宁区人力资源和社会保障局，住所地：江苏省南京市江宁区东山街道。

法定代表人：杨嘉清，该局局长。

第三人：周某，女，1995年3月8日出生，汉族，住江苏省南京市江宁区。

原告上海欧帛服饰有限公司（以下简称欧帛公司）因不服被告南京市江宁区人力资源和社会保障局（以下简称江宁区人社局）作出的工伤认定决

① 参见《最高人民法院公报》2022年12期。

定，向江苏省南京江北新区人民法院提起诉讼。

原告欧帛公司诉称：

第三人周某是原告职工，工作地点为南京市江宁区汤山街道汤泉东路99号汤山百联奥特莱斯广场BF1205号。2019年12月6日13时55分许，周某未经请假私自外出，于龙铜线（337省道）22公里100米汤山街道老宁峰路路口处遭遇交通事故，后南京市公安局江宁分局交通警察大队作出事故认定书，认定周某无责。后周某以其回家喂奶途中遭到交通事故为由向被告江宁区人社局申请工伤认定，被告于2020年8月20日作出涉案决定书，以周某受到的事故符合《工伤保险条例》第十四条第六项为由，认定为工伤。欧帛公司认为《工伤保险条例》第十四条第六项之规定，意为职工以上下班为目的，在合理时间内往返于工作单位和居住地之间的合理路线，才视为“上下班途中”。周某发生事故的时间为13时55分，并非上下班时间，亦未按照员工手册规定履行相应手续，其行为是上班期间私自外出进而受到交通事故伤害，已违反公司规章制度，故其受伤情形不符合上述规定的“上下班途中”情形。而江宁区人社局草率作出涉案决定书，损害欧帛公司的合法权益。故提起诉讼，请求法院判决：撤销江宁区人社局作出的涉案决定书，责令其重新作出工伤认定决定书。

被告江宁区人社局辩称：

一、被告认定事实清楚。第三人周某系原告欧帛公司员工，工作职责为店铺店长，工作时间为10时至19时，工作地点为江宁区汤山街道百联奥特莱斯，住南京市江宁区汤山街道。2019年12月6日13时55分，周某驾驶的车牌苏A9××××汽车在沿龙铜线（337省道）22公里100米汤山街道老宁峰路路口与张某某驾驶的苏AU××××的汽车发生交通事故，周某无责。周某于当日在南京市江宁区中医医院入院，经诊断周某创伤性脾破裂，左肾挫伤，低蛋白血症。2019年6月25日，周某育有一女，发生交通事故当日处于哺乳期内。二、工伤认定程序合法。周某于2020年7月15日向江宁区人社局申请工伤认定，被告于2020年7月27日作出受理决定并于同日向欧帛公司邮寄《工伤认定举证通知书》，于2020年8月14日对周某进行调查，于2020年8月20日作出涉案决定书，于2020年8月24日分别送达欧帛公司、周某。三、适用法律正确。首先，根据《女职工劳动保护特别规定》第九条规定，欧帛公司应当在周某工作时间内安排1小时哺乳时间，欧帛公司并未提交安排周某哺乳的具体时间相关证据。而周某在工作时间内，合理选择时间回家哺乳，且路线是工作地点到家庭的合理路线，周某因交通事故受伤符合《工伤保险条例》第十四条第六项情形。其次，根据《工伤保险条例》第十九条第二款的规定，欧帛公司虽向江宁区人社局提供了劳动合同、员工手册等证据，但并未提供欧帛公司对周某进行相关培训、签收员工手册的证据，周某亦不认可接收过员工手册。综上，江宁区人社局作出涉案决定书，事实清楚，程序合法，适用法律、法规准确，请求驳回欧帛公司的诉讼请求。

第三人周某述称：

一、女职工的哺乳时间是法律明确赋予女职工在哺乳期内的特殊权利，用人单位也不能通过约定来排除法律规定，《女职工劳动保护特别规定》第九条规定，用人单位应当在每天的劳动时间内为哺乳期女职工安排1小时的哺乳时间。《江苏省实施〈中华人民共和国母婴保健法〉办法》第二十八条规定，用人单位应当为有不满一周岁婴儿的女职工安排每天不少于一小时哺乳时间。该情况下，哺乳时间和哺乳往返途中的时间，也应当算作劳动时间。事发当天，第三人选择回家哺乳，时间合理，路线合理，完全符合工伤认定的情形。二、原告欧帛公司所举证的员工手册，第三人从未收到，其制定的内容和程序也不合法，不对第三人产生任何效力。首先，用人单位制定规章制度内容不得违反法律、法规的规定；其次，用人单位规章制度的制定程序应当符合民主性和科学性，应经职工代表大会或者全体职工讨论，平等协商确定；最后，用人单位的规章制度也应当进行公示，否则不应当对劳动者产生效力。综上，第三人认为，被告江宁区人社局作出的涉案认定书认定事实清楚，适用法律正确、程序合法，应当予以维持，请求法院依法驳回欧帛公司的诉请。

江苏省南京江北新区人民法院一审查明：

第三人周某系原告欧帛公司职工，工作地点为南京市江宁区汤山街道汤泉东路99号汤山百联奥特莱斯广场，工作时间为10时至19时。2019年6月25日，周某生育一女，休完产假后回单位工作。2019年12月6日13时30分左右，周某从工作地点开车回家。当日13时55分，案外人张某某驾驶苏AU××××重型特殊结构货车在沿龙铜线（337省道）22公里100米汤山街道老宁峰路路口与周某驾驶的汽车发生相撞，造成周某受伤。周某的伤情经诊断为：1. 创伤性脾破裂；2. 左肾挫伤；3. 低蛋白血症，周某受伤时处于哺乳期内。当日，南京市公安局江宁分局交通警察大队出具《道路交通事故认定书》，认定张某某负事故全部责任，周某无责任。2020年7月15日，周某的委托代理人向被告江宁区人社局提交工伤认定申请，提出周某于2019年12月6日13时30分左右驾车回家哺乳途中因交通事故受伤，并提交了企业信息、个人参加社会保险情况、回复函、微信聊天记录、交通事故认定书、汤山街道鹤龄社区居民委员会出具的证明、路线图、出生医学证明、病历、出院记录、疾病诊断书、授权委托书等申请材料。江宁区人社局于2020年7月27日受理该申请并向欧帛公司邮寄工伤认定举证通知书。2020年8月12日，欧帛公司作出《工伤认定举证答辩书》并提交劳动合同、员工手册等材料，提出周某并未向公司申请调增其休哺乳假的时间，其外出也未按照公司制度申请外出流程，不符合“上下班途中”的范围。2020年8月14日，江宁区人社局对周某进行调查询问。2020年8月20日，江宁区人社局作出涉案决定书，认定周某从单位回家给小孩哺乳途中，受到非本人主要责任的交通事故伤害而受伤，符合《工伤保险条例》第十四条第六项的规定，属于工伤认定范围，予以认定为工伤。后江宁区人社局将涉案决定书分别向周某及欧帛公司送达，欧帛公司于2020年8月27日签收。

江苏省南京江北新区人民法院一审认为：

《工伤保险条例》第五条第二款规定，县级以上地方各级人民政府社会保险行政部门负责本行政区域内的工伤保险工作。被告江宁区人社局作为县级以上社会保险行政部门，具有负责本行政区域内工伤保险工作的法定职责。《工伤保险条例》第十四条第六项规定，职工有下列情形之一的，应当认定为工伤：（六）在上下班途中，受到非本人主要责任的交通事故或者城市轨道交通、客运轮渡、火车事故伤害的。《最高人民法院关于审理工伤保险行政案件若干问题的规定》第六条规定，对社会保险行政部门认定下列情形为“上下班途中”的，人民法院应予支持：（一）在合理时间内往返于工作地与住所地、经常居住地、单位宿舍的合理路线的上下班途中；（二）在合理时间内往返于工作地与配偶、父母、子女居住地的合理路线的上下班途中；（三）从事属于日常工作生活所需要的活动，且在合理时间和合理路线的上下班途中；（四）在合理时间内其他合理路线的上下班途中。

本案中，第三人周某系原告欧帛公司的员工，被告江宁区人社局在受理周某的工伤认定申请后，经过调查并结合证据材料，认定周某从单位回家给小孩哺乳途中，受到非本人主要责任的交通事故伤害而受伤，属于因在上下班途中发生非本人主要责任的交通事故受伤的情形，江宁区人社局据此作出涉案决定书，符合上述规定。

《工伤保险条例》第十九条第二款规定，职工或者其近亲属认为是工伤，用人单位不认为是工伤的，由用人单位承担举证责任。《女职工劳动保护特别规定》第九条规定，对哺乳未满 1 周岁婴儿的女职工，用人单位不得延长劳动时间或者安排夜班劳动。用人单位应当在每天的劳动时间内为哺乳期女职工安排 1 小时哺乳时间；女职工生育多胞胎的，每多哺乳 1 个婴儿每天增加 1 小时哺乳时间。因此，女职工在哺乳期内，用人单位应当在每天的劳动时间内为其安排 1 小时的哺乳时间。本案中，周某于 2019 年 6 月 25 日生育一女，休完产假后回单位工作，周某工作时尚处在哺乳期内，欧帛公司应当为周某安排 1 小时的哺乳时间，并及时与周某沟通协商哺乳时间的安排。周某在欧帛公司未与其沟通明确哺乳时间的情形下，根据工作时间灵活安排其每日的哺乳时间，回家哺乳后再返回单位继续工作，往返途中发生的交通事故伤害应视为工伤认定的合理范畴。虽欧帛公司提交的员工手册中载明哺乳假的休假时间及请假流程，但欧帛公司不能证明其就员工手册向周某进行了告知，欧帛公司也未提交证据证明其就哺乳时间相关事宜与周某进行过沟通协商，故欧帛公司应承担不利的法律后果。因此，江宁区人社局作出的涉案决定书认定事实清楚、适用法律正确，保护了女职工的特殊权益。江宁区人社局在收到周某的工伤认定申请后，履行了受理、发送举证通知书等程序，在法定期限内作出涉案决定书并依法送达给相关当事人，江宁区人社局作出行政行为的程序合法。

综上，原告欧帛公司要求撤销涉案决定书缺乏事实和法律依据。江苏省南京江北新区人民法院依照《中华人民共和国行政诉讼法》第六条、第六十九条的规定，于 2021 年 4 月 19 日作出判决：

驳回原告上海欧帛服饰有限公司的诉讼请求。

欧帛公司不服一审判决，向江苏省南京市中级人民法院提起上诉。二审中，欧帛公司撤回上诉。南京市中级人民法院于 2021 年 8 月 9 日作出裁定：

准许上诉人上海欧帛服饰有限公司撤回上诉。

本裁定为终审裁定。

090. 个人挂靠其他单位经营，其聘用的人员因工伤亡，工伤保险责任如何认定[①]

项红敏诉六盘水市人民政府改变原行政行为行政复议决定案

裁判摘要

在车辆挂靠关系中，被挂靠人向挂靠人收取挂靠费，应与挂靠人共同承担经营运输风险，仅以协议约定不能免除其作为被挂靠人应承担的风险和责任。个人挂靠其他单位对外经营，其聘用的人员因工伤亡，被挂靠单位以不存在劳动关系为由，主张不承担工伤保险责任的，人民法院不予支持。

依照《最高人民法院关于适用〈中华人民共和国行政诉讼法〉的解释》第八十九条规定，人民法院经审理认为复议决定改变原行政行为错误的，在判决撤销复议决定时，可以一并判决恢复原行政行为的法律效力。

原告：项红敏。

被告：六盘水市人民政府，住所地：贵州省六盘水市钟山区钟山西路。

法定代表人：张定超，该市市长。

第三人：六盘水市人力资源和社会保障局，住所地：贵州省六盘水市钟山中路。

法定代表人：张锡钢，该局局长。

第三人：六盘水快易通运输有限公司，住所地：贵州省六盘水市钟山经济开发区金果建材城。

① 参见《最高人民法院公报》2022年11期。

法定代表人：姚斐，该公司总经理。

原告项红敏因与被告六盘水市人民政府（以下简称六盘水市政府）及第三人六盘水市人力资源和社会保障局（以下简称六盘水市人社局）、六盘水快易通运输有限公司（以下简称快易通公司）发生改变原行政行为行政复议决定纠纷，向贵州省六盘水市中级人民法院提起行政诉讼。

原告项红敏诉称：原告系死者周永鹏之妻，于2019年12月16日向第三人六盘水市人社局提交其丈夫周永鹏的工伤认定申请，该局于2020年1月7日作出《认定工伤决定书》（六盘水工认字〔2020〕0100036号），认定周永鹏所受伤害为工伤，后因第三人快易通公司不服该决定，向被告六盘水市政府提起行政复议，被告于2020年4月29日作出《行政复议决定书》（六盘水府行复决字〔2020〕4号），撤销《认定工伤决定书》，要求六盘水市人社局重新作出行政行为。六盘水市人社局又于2020年6月15日作出《认定工伤决定书》（六盘水工认字〔2020〕0100692号），认定周永鹏所受伤害为工伤，快易通公司再次就该决定书提起行政复议，被告于2020年10月16日作出《行政复议决定书》（六盘水府行复决字〔2020〕16号），撤销六盘水市人社局作出的《认定工伤决定书》，并要求六盘水市人社局重新作出行政行为。原告认为，原告丈夫周永鹏所受伤害，应予认定为工伤，六盘水市人社局作出的《认定工伤决定书》认定事实清楚，适用法律正确，应予维持。理由如下：1. 周永鹏与快易通公司之间形成了事实劳动关系；2. 周永鹏所受伤害符合认定工伤之情形，六盘水市政府作出的《行政复议决定书》认定事实错误，证据不足，依法应当撤销。请求：1. 撤销六盘水市政府作出的《行政复议决定书》（六盘水府行复决字〔2020〕16号）；2. 本案诉讼费用由六盘水市政府承担。

被告六盘水市政府辩称：1. 被告行政复议程序合法。第三人快易通公司不服第三人六盘水市人社局作出的100692号《认定工伤决定书》，提起行政复议申请，六盘水市政府受理后，向原告项红敏送达了《第三人参加行政复议通知书》《第三人权利义务告知书》。经审查，六盘水市政府作出16号行政复议决定，撤销六盘水市人社局作出的100692号认定工伤决定，向项红敏送达了16号复议决定，并告知不服行政复议决定可提起行政诉讼。2. 行政复议决定于法有据。根据《工伤保险条例》第十四条、第十五条、第十八条规定，确认劳动者与用人单位之间存在劳动关系是认定工伤的前提。《最高人民法院关于审理工伤保险行政案件若干问题的规定》第三条第一款第五项对单位依法承担的工伤保险条例责任的具体认定，这是对“责任”承担的规定，不适用对工伤的认定。本案中，在周永鹏与快易通公司之间是否存在劳动关系尚未查清的情况下，六盘水市人社局认定周永鹏受到的事故伤害符合《工伤保险条例》第十四条第一项之规定，属于认定事实不清。六盘水市政府根据《中华人民共和国行政复议法》第二十八条第一款第三项之规定，撤销100692号认定工伤决定并无不当。

第三人六盘水市人社局述称：1. 根据《最高人民法院行政审判庭关于车辆挂靠其他单位经营车辆实际所有人聘用的司机工作中伤亡能否认定为工伤问题的答复》，罗某私人车辆挂靠在第三人快易通公司运营，其聘用的驾驶员周永鹏与快易通公司形成事实劳动关系；2. 根据《工伤保险条例》第十四条第一项之规定，周永鹏是在工作时间工作场所内因工作原因受到事故伤害，所以应当认定为工伤。

第三人快易通公司述称：根据最高人民法院关于挂靠单位的相关规定，车辆挂靠在我公司，但是没有以公司名义经营，公司也没有参与任何经营，也没有收取周永鹏任何费用。周永鹏是罗某自己找的驾驶员，公司完全不参与任何一方，所以责任不能全部由公司承担。

六盘水市中级人民法院一审查明：

原告项红敏系涉案事故被害人周永鹏妻子。罗某聘请周永鹏为案涉车辆贵BB1619油罐车驾驶员，案涉车辆登记所有人为第三人快易通公司。2017年9月29日，以罗某母亲作为乙方与快易通公司作为甲方就案涉车辆签订货运车代管协议，约定：乙方每年向甲方交纳管理费 12000 元，由甲方办理车辆的所有权年审及其他事务。案涉车辆使用公司营运资质、以甲方公司名义对外运营，驾驶员的安全责任由乙方负责。2019 年 11 月 19 日 18 时 30 分，周永鹏驾驶案涉车辆行至人民路白鹤村独木冲砂场路段处时，因操作不当，致使车辆冲下路坎侧翻，造成燃油泄漏的交通事故，驾驶员周永鹏当场死亡。项红敏于 2019 年 12 月 16 日向第三人六盘水市人社局提交周永鹏工伤认定申请，该局于 2020 年 1 月 7 日作出 100036 号认定工伤决定，认定周永鹏所受伤害为工伤，快易通公司不服该决定，向被告六盘水市政府提起行政复议，六盘水市政府于 2020 年 4 月 29 日作出 4 号复议决定，撤销 100036 号认定工伤决定，要求六盘水市人社局重新作出行政行为。六盘水市人社局又于 2020 年 6 月 15 日作出 100692 号认定工伤决定，认定周永鹏所受伤害为工伤，快易通公司再次就该决定书提起行政复议，六盘水市政府于 2020 年 10 月 16 日作出 16 号复议决定，撤销六盘水市人社局作出的 100692 号认定工伤决定，并要求六盘水市人社局重新作出行政行为。项红敏不服该行政复议决定，遂提起本案行政诉讼。

六盘水市中级人民法院一审认为：

本案一审的争议焦点为：被告六盘水市政府作出的 16 号复议决定是否有事实及法律依据。

《最高人民法院关于审理工伤保险行政案件若干问题的规定》第三条第一款第五项规定，个人挂靠其他单位对外经营，其聘用的人员因工伤亡的，被挂靠单位为承担工伤保险责任的单位。本案中，原告项红敏提交的《货运车辆代管协议》《危险货物运输车辆承包经营合同》及《道路交通事故责任认定书》等证据能够证实，周永鹏在驾驶贵 BB1619 油罐车过程中受到伤害以及该车辆系挂靠第三人快易通公司且以快易通公司名义进行经营的事实。快易通公司主张该车辆未以其公司名义经营，无事实依据，不能成立。虽周永鹏系罗某个人聘用的贵 BB1619 油罐车的驾驶员，但因该车登记的所有人为快易通公司，快易通公司应为周永鹏法律上的雇主，快易通公司与周永鹏之间形成事实劳动关系。第三人六盘水市人社局根据本案事实，依据《最高人民法院关于审理工伤保险行政案件若干问题的规定》第三条第一款第五项及《工伤保险条例》第十四条第一项的规定，认定周永鹏所受伤害为工伤，认定事实清楚，适用法律、法规正确，程序合法。被告六盘水市政府作出的16号复议决定，认定事实不清，适用法律错误，应予撤销并恢复100692号认定工伤决定的法律效力。

据此，六盘水市中级人民法院依照《中华人民共和国行政诉讼法》第七十条第一、二项及《最高人民法院关于适用〈中华人民共和国行政诉讼法〉的解释》第八十九条之规定，于2020年12月15日作出判决：

一、撤销六盘水市人民政府作出的六盘水府行复决字〔2020〕16号《行政复议决定书》；

二、恢复六盘水市人力资源和社会保障局作出的六盘水工认字〔2020〕0100692号《认定工伤决定书》的法律效力。

案件受理费50元，由六盘水市人民政府负担。

快易通公司不服一审判决，向贵州省高级人民法院提起上诉称：1. 一审判决对被上诉人项红敏提交的证据予以采信，违反了证据原则，导致事实认定错误。在周永鹏与快易通公司不存在劳动关系的情形下，一审第三人六盘水市人社局直接认定周永鹏受到的事故伤害符合《工伤保险条例》第十四条第一项之规定，认定为工伤，认定事实不清、无事实依据；2. 该决定书中未对周永鹏受到的何种事故伤害及情形进行法律事实认定；3. 代管协议中明确约定快易通公司不干预一方的经营活动，不参加利润分配，且不承担经营风险。至于项红敏称车辆是以公司名义对外经营，快易通公司不予承认，项红敏并未提供有效证据证明。请求撤销原判，改判支持上诉人的诉讼请求。

贵州省高级人民法院经二审，确认了一审查明的事实。

贵州省高级人民法院二审认为：

本案二审的争议焦点为：1. 罗某与上诉人快易通公司之间是否形成挂靠关系；2. 一审第三人六盘水市人社局认定工伤是否需以周永鹏与快易通公司具有劳动关系为前提；3. 本案举证责任分配是否正确。

一、关于罗某与上诉人快易通公司之间是否形成挂靠关系的问题。依照《中华人民共和国道路运输条例》第二十三条之规定，申请从事危险货物运输经营，应当具备有5辆以上经检测合格的危险货物运输专用车辆、设备等条件。本案中，罗某因不具备从事危险货物运输经营的资质，以其母亲的名义与快易通公司签订《货物车辆代管协议》《危险货物运输车辆承包经营合同》等协议，将其实际使用的车辆落户到快易通公司名下，委托快易通公司代管经营，快易通公司再以承包的形式，将涉案车辆交由罗某使用。上述协议中亦明确约定，罗某需向快易通公司支付一定的费用，遵守并执行快易通公司的规章制度，服从快易通公司的管理；快易通公司亦需向罗某提供运输市场信息，利用公司优势积极为其联系货源、协调运输物资等。由此可见，罗某和快易通公司之间实际形成了挂靠关系。

二、关于一审第三人六盘水市人社局认定工伤是否需以周永鹏与上诉人快易通公司之间具有劳动关系为前提的问题。《工伤保险条例》第十八条第一款第二项规定，申请工伤认定应当提交与用人单位存在劳动关系（包括事实劳动关系）的证明材料。因此，一般而言，社会保险行政部门认定工伤，应当以劳动者和用人单位之间存在劳动关系为前提，除非法律、法规及司法解释另有规定。《最高人民法院关于审理工伤保险行政案件若干问题的规定》第三条第一款第五项明确规定，个人挂靠其他单位对外经营，其聘用的人员因工伤亡的，被挂靠单位为承担工伤保险责任的单位。该条规定遵照劳动者倾斜保护原则，对将劳动关系作为工伤认定前提的一般规定作了相应补充。只要存在个人挂靠其他单位对外经营的情形时，被挂靠单位承担工伤保险责任不以存在劳动关系为前提。工伤保险本质上是一种社会保障，国家建立工伤保险制度，是维护劳动者合法权益的重要手段，强调对工伤劳动者及其家人基本生活需求的保障。相较于用人单位而言，劳动者往往处于弱势地位。在车辆挂靠关系中，被挂靠人向挂靠人收取挂靠费，应与挂靠人共同承担经营运输的风险，仅以协议约定不能免除其同意挂靠后应承担的风险和责任。被挂靠人承担工伤保险责任，符合《中华人民共和国宪法》《中华人民共和国劳动法》《工伤保险条例》中“保护劳动者合法权益”的立法宗旨。本案中，六盘水市人社局依照该条规定认定由快易通公司承担工伤保险责任并无不当。

三、关于本案举证责任分配是否正确的问题。依照《最高人民法院关于行政诉讼证据若干问题的规定》第四条第一款“公民、法人或者其他组织向人民法院起诉时，应当提供其符合起诉条件的相应的证据材料”、《工伤保险条例》第十八条第一款“提出工伤认定申请表应当提交下列材料：（一）工伤认定申请表；（二）与用人单位存在劳动关系（包括事实劳动关系）的证明材料；（三）医疗诊断证明或者职业病诊断证明书（或者职业病诊断鉴定书）”以及第十九条第二款“职工或者其近亲属认为是工伤，用人单位不认为是工伤的，由用人单位承担举证责任”之规定，劳动者对劳动关系和工伤事实负有初步举证责任，而用人单位认为不是工伤的，应当由用人单位承担举证责任。本案中，被上诉人项红敏已经提供了《货运车辆代管协议》《危险货物运输车辆承包经营合同》《证明》等证据，完成了初步举证责任。上诉人快易通公司主张案涉车辆不是以公司的名义进行经营，依照前述规定，应由快易通公司举证证明其主张，而快易通公司未能举证，其应承担举证不能的法律后果。快易通公司的该项上诉理由不能成立。

综上，贵州省高级人民法院依照《中华人民共和国行政诉讼法》第八十九条第一款第一项之规定，于 2021 年 8 月 9 日作出判决：

驳回上诉，维持原判。

本判决为终审判决。

091. 工伤认定中有关“上下班途中”的裁判规则①

王志国诉重庆市万州区人力资源和社会保障局工伤认定及重庆市人力资源和社会保障局行政复议案

裁判摘要

职工的家庭住所地与工作地相隔两城，法定节假日或约定休息日期间，职工为上下班在合理时间内跨越城际往返于两地的合理路线，应当认定为《工伤保险条例》第十四条规定的“上下班途中”。

原告：王志国。

被告：重庆市万州区人力资源和社会保障局，住所地：重庆市万州区江南大道。

法定代表人：冉崇富，该局局长。

被告：重庆市人力资源和社会保障局，住所地：重庆市渝北区春华大道。

法定代表人：陈元春，该局局长。

第三人：重庆长安跨越车辆有限公司，住所地：重庆市万州区申明北路。

法定代表人：韩鸣，该公司总经理。

原告王志国因与被告重庆市万州区人力资源和社会保障局（以下简称万州区人社局）、重庆市人力资源和社会保障局（以下简称市人社局）、第三人重庆长安跨越车辆有限公司（以下简称长安跨越公司）发生工伤认定及行政复议纠纷，向重庆市渝北区人民法院提起诉讼。

原告王志国诉称：1. 其从重庆主城返回万州是以上班为目的，符合《工

① 参见《最高人民法院公报》2022 年 05 期。

伤保险条例》关于“上下班途中”的目的要素。原告家庭居住地与工作地距离200余公里，需要提前一天前往工作地，且原告与公司其他同事均提前一天从重庆主城返回万州宿舍，原告此行目的是上班，具有合理时间上班的正当性。2. 原告从重庆主城到万州的上班路线属于合理路线，第三人公司是由重庆主城搬迁至万州，包括原告在内的大部分员工都居住在重庆主城，原告发生交通事故的地点位于沪渝高速出城方向1672千米处，属于重庆主城前往万州的合理路线。3. 原告发生交通事故的时间属于上班途中的合理时间，原告从重庆主城居住地到万州公司上班约需3.5小时车程，原告于2018年4月7日18时30分左右从重庆主城居住地出发返回万州工作地，发生交通事故时间为当天19时55分，属于上班途中的合理时间。4. 原告申请工伤认定符合《工伤保险条例》等劳动法律法规的规定及保护职工合法权益的立法精神。5. 二被告作出被诉行政行为程序不合法，被告万州区人社局没有如《不予认定工伤决定书》所记载依法向原告出具补正材料通知书，被告市人社局没有提供证据证明作出《行政复议决定书》的工作人员已通过国家统一法律职业资格考试。因此，二被告作出的被诉行政行为认定事实不清，适用法律法规错误，程序不合法，请求法院撤销万州区人社局作出的万州人社伤险不认字［2018］8号《不予认定工伤决定书》及市人社局作出的渝人社复决字［2018］109号《行政复议决定书》，并责令万州区人社局重新作出工伤认定决定。

被告万州区人社局辩称：1. 2018年4月7日为休息日，原告王志国当天从重庆主城家中前往万州工作地，不属于《工伤保险条例》第十四条第（六）项及人力资源和社会保障部［2016］29号文件规定的上下班途中的“合理时间”。2. 原告当天前往万州的目的是休息，而不是上班，不属于《工伤保险条例》第十四条第（六）项及人力资源和社会保障部［2016］29号文件规定的上下班途中的“上班目的”。至于第三人长安跨越公司发布的《关于对渝万往返乘车安排的通知》，主要是规范渝万往返员工的乘车安排及费用报销问题，其关于“返万时间原则上为假期最后一日”的表述，并不是要求员工于假期最后一日上班，而是提醒员工第二天按时上班。3. 原告于2018年4月7日发生的交通事故伤害，不符合《工伤保险条例》第十四条第（六）项认定工伤的情形，本局作出的被诉不予认定工伤决定适用法律正确。4. 本局作出的不予认定工伤决定符合工伤认定程序。综上，请求驳回原告的诉讼请求。

被告市人社局辩称：1. 本局于2018年9月20日收到原告王志国的行政复议申请书，经初审后于次日受理，并分别向原告和被告万州区人社局制发了《行政复议受理通知书》和《行政复议答复通知书》。万州区人社局答复后，本局于2018年11月6日作出《行政复议决定书》，并于同月22日邮寄送达原告和第三人长安跨越公司。故本局行政复议程序合法。2. 原告系第三人公司员工，任该公司副总经理职务，原告于2018年4月7日下午乘车从重庆返回万州途中发生交通事故致受伤，但根据第三人发布的《关于2018年“清明节”放假有关安排的通知》载明，事发当天该公司处于放假状态，且没有证据证明原告当天返回万州是为了参加当天的公司级会议，故原告受到的此次事故伤害不符合《工伤保险条例》第十四条第（六）项规定的情形，经复议，决定维持万州区人社局作出的不予认定工伤决定。综上，请驳回原告的诉讼请求。

第三人长安跨越公司未陈述意见。

重庆市渝北区人民法院一审查明：

第三人长安跨越公司是依法成立的有限责任公司，经营地位于重庆万州区。原告王志国系该公司员工，任副总经理职务，分管质量部，其家庭住址位于重庆江北区，工作日期间其居住于第三人提供的位于万州区的单位宿舍。第三人为其配备了渝A2××××号小型客车。2018年4月5日至7日为清明节法定节假日，第三人下发连续放假三天的通知，告知2018年4月8日正常打卡上下班，并安排冉某某、唐某某、程某分别为假期值班领导。2018年4月

7日18时许，由第三人员工陈某某驾驶渝A2××××号小型客车搭乘原告及第三人员工刘某从重庆市江北区原告家中出发，共同返回第三人所在的万州区。19时55分许，当车辆行驶至沪渝高速公路出城方向1672千米处时追尾撞击前方由驾驶人刘某某驾驶的渝GF××××号小型客车，致使原告受伤及两车不同程度受损。后经重庆三峡中心医院、重庆医科大学附属第一医院治疗，原告被诊断为颈椎间盘突出症（C5/6、C6/7）、颈椎间盘突出（C3/4、C4/5）。2018年4月10日，重庆市交通行政执法总队高速公路第四支队一大队作出［2018］第2073000095005号《道路交通事故认定书》，认定此次道路交通事故由驾驶人陈某某承担全部责任。

2018年4月28日，第三人长安跨越公司就原告王志国此次受伤事宜向被告万州区人社局申请工伤认定，并提交了工伤认定申请表、事故伤害报告表、王志国身份材料、营业执照、劳动合同书、病历材料、证人证言、道路交通事故认定书、照片等材料，后又补充《关于对渝万往返乘车安排的通知》《关于2018年“清明节”放假有关安排的通知》两份材料。在第三人《关于对渝万往返乘车安排的通知》第三条乘车规定的第（八）项载明：返万时间原则上为假期最后一日，但因工作需要需提前返回的必须提前告知行政管理部和人力资源部，登记时间、原因等信息，如未进行登记的，除按《考勤管理办法》相关规定给予考核外，往返的交通费用不予报销。万州区人社局于2018年5月16日受理该工伤认定申请，并于同月18日送达第三人。万州区人社局审查认为，2018年4月7日是清明节假期，不是工作日，而第三人《关于对渝万往返乘车安排的通知》主要是规范渝万往返员工的乘车安排及费用报销问题，对“返万时间原则上为假期最后一日”的表述，并不是要求员工于假期最后一日上班，而是提醒员工第二天按时上班，故原告于2018年4月7日前往万州的目的是休息，而不是上班，不属于《工伤保险条例》第十四条第（六）项规定的上班途中。2018年7月4日，万州区人社局作出万州人社伤险不认字［2018］8号《不予认定工伤决定书》，认为原告此次受伤情形不符合《工伤保险条例》第十四条第（六）项认定工伤的规定，决定不予认定为工伤。同月 26 日，万州区人社局将上述文书送达原告和第三人。原告不服，向被告市人社局申请行政复议。市人社局于 2018 年 9 月 21 日受理，并告知万州区人社局答辩。后该局向市人社局提交了《行政复议答复书》和证据材料。市人社局经审查于 2018 年 11 月 6 日作出渝人社复决字［2018］109 号《行政复议决定书》，认为 2018 年 4 月 7 日为国家法定节假日，第三人单位处于放假状态，并未上班，且无证据证明王志国返回万州是为了参加当天的公司级会议，王志国的受伤情形不符合《工伤保险条例》第十四条第（六）项认定工伤的规定，故决定维持万州区人社局作出的万州人社伤险不认字［2018］8 号《不予认定工伤决定书》。同月 16 日，市人社局向原告和第三人寄送了行政复议决定书。

原告王志国收到后不服，认为原告家住重庆江北区，距离第三人长安跨越公司经营地和职工宿舍约 280 公里，原告惯常往返居住地和工作地的方式是乘坐第三人配备的渝 A2××××号小型客车，并在假期最后一日返回工作地，结合原告家庭与公司的距离、惯常往返两地的方式和时间、公司上下班时间安排等情况，原告于假期最后一日返回万州是为及时、正常开展工作，符合公司要求和常理，且原告分管的质量部在 2018 年 4 月 7 日正常开工，原告具有对当日工作开展情况进行检查监督的职责，故原告返回万州的目的是上班，符合《工伤保险条例》第十四条第（六）项认定工伤的规定。综上，原告提起本诉，请求撤销被告万州区人社局作出的万州人社伤险不认字［2018］8 号《不予认定工伤决定书》和被告市人社局作出的渝人社复决字［2018］109 号《行政复议决定书》。

重庆市渝北区人民法院一审认为：

《工伤保险条例》第五条第二款规定，县级以上地方各级人民政府社会保险行政部门负责本行政区域内的工伤保险工作。故被告万州区人社局具有作出本案工伤认定决定的法定职责。被告市人社局作为被告万州区人社局的上一级主管部门，具有作出本案行政复议决定的法定职责。

《工伤保险条例》第十四条第（六）项规定，职工在上下班途中，受到非本人主要责任的交通事故或者城市轨道交通、客运轮渡、火车事故伤害的，应当认定为工伤；《最高人民法院关于审理工伤保险行政案件若干问题的规定》第六条第（一）项、第（三）项规定，在合理时间内往返于工作地与住所地、经常居住地、单位宿舍的合理路线的上下班途中或者从事属于日常工作生活所需要的活动，且在合理时间和合理路线的上下班途中，社会保险行政部门认定为“上下班途中”的，人民法院应予支持。

根据本案查明的事实，各方对原告王志国与第三人长安跨越公司存在劳动关系、原告在从家中出发前往万州的路途上发生交通事故受伤，且本人无责任等事实无异议。本案的争议问题是：原告于2018年4月7日18时左右返回万州是否属于上班途中。

首先，原告王志国主张其分管的质量部于2018年4月7日已开工，其须对当日工作开展情况进行检查监督，故其返回万州是为当日履行岗位职责，但其提供的证据不足以证明该主张，且在工伤认定阶段其亦未提出该主张，故法院不予采纳。

那么，对于原告王志国主张其于2018年4月7日18时左右返回万州是为第二天上班作准备，应属于“上下班途中”的问题。法院认为，对“上下班途中”的判断标准，需考量职工行程的意图是否为“上下班”及其在“上下班”意图之下实施了出行行为，同时兼顾考虑职工的出行时间是否属于“合理时间”，出行路线是否属于“合理路线”。

具体到本案，第三人长安跨越公司关于清明节的放假通知中载明了2018年4月8日职工应正常打卡上下班，第三人亦要求职工返万时间原则上为假期最后一日，结合原告王志国家庭住址距离万州工作地约280公里及原告惯常节假日最后一日返回万州上班等因素，表明原告2018年4月7日返回万州的目的是次日上班，其出行意图明确。囿于出行路途较远、驾车亦需花费三至四小时左右时间这一情况，为避免迟到和为次日正常开展工作做好充分准备，原告于前一日 18 时左右返回工作地符合常理常情，也符合公司要求。如认为职工必须在工作日出行才属于“上下班途中”，而不考虑职工出行的意图和合理因素，则可能不利于保护如原告这类职工在《工伤保险条例》之下的合法权利。《工伤保险条例》本属于社会法范畴，其立法宗旨是为分担用工主体的用工风险和保障职工合法权利，在运用该条例考量具体案情时，普遍倾向作有利于职工权利的理解。故结合本案实际情况，考虑原告出行意图、路程、所需时间及原告公司考勤要求和原告在该要求下惯常通勤模式等因素，认定原告在 2018 年 4 月 7 日 18 时左右从家中出发返回工作地万州，其行程和时间符合上班途中“合理时间”和“合理路线”的要求为宜。因此，原告在该行程中受到非本人主要责任的交通事故伤害，应属于工伤。被告万州区人社局未考虑原告行程的合理性因素，认定原告受伤情形不符合《工伤保险条例》第十四条第（六）项的规定，而作出万州人社伤险不认字［2018］8 号《不予认定工伤决定书》，不予认定原告受伤属于工伤，系适用法律错误，依法应予撤销。被告市人社局作出渝人社复决字［2018］109 号《行政复议决定书》，维持被告万州区人社局的《不予认定工伤决定书》，亦属适用法律错误，应一并予以撤销。

据此，重庆市渝北区人民法院依照《中华人民共和国行政诉讼法》第七十条第（二）项、第七十九条；《最高人民法院关于适用〈中华人民共和国行政诉讼法〉的解释》第一百三十六条第一款、第三款之规定，于 2019 年 4 月 30 日作出判决：

一、撤销被告重庆市万州区人力资源和社会保障局于 2018 年 7 月 4 日作出的万州人社伤险不认字［2018］8 号《不予认定工伤决定书》；

二、撤销被告重庆市人力资源和社会保障局于 2018 年 11 月 6 日作出的渝人社复决字［2018］109 号《行政复议决定书》；

三、责令被告重庆市万州区人力资源和社会保障局于本判决生效之日起

60日内重新作出行政行为。

万州区人社局不服一审判决，向重庆市第一中级人民法院提起上诉称：被上诉人王志国于2018年4月7日16时55分，在沪渝高速出城方向1672千米处发生交通事故，4月7日是“清明节”假期的最后一天，当天是休息日不是工作日，离第二天上班间隔15小时左右，不符合《工伤保险条例》规定的“上下班途中”的情形。王志国于4月7日从重庆主城家中返回万州的目的是休息，并非上班，故不属于上班途中。因此，一审认定事实不清，请求撤销一审判决，改判维持上诉人作出的万州人社伤险不认字［2018］8号《不予认定工伤决定书》。

被上诉人王志国与一审第三人长安跨越公司以及一审被告市人社局均未向法院提交书面答辩意见。

重庆市第一中级人民法院经二审，确认了一审查明的事实。

重庆市第一中级人民法院二审认为：

上诉人万州区人社局作为该辖区的社会保险行政主管部门，具有作出万州人社伤险不认字［2018］8号《不予认定工伤决定书》的法定职责，其受理一审第三人长安跨越公司提出的工伤认定申请符合《工伤保险条例》的规定；一审被告市人社局作为万州区人社局的上级主管部门，受理被上诉人王志国提出的行政复议申请并作出渝人社复决字［2018］109号《行政复议决定书》，符合行政复议法的规定。

本案争议焦点是：被上诉人王志国遭遇交通事故时是否属于上班的合理时间即是否符合“上下班途中”。《工伤保险条例》第十四条规定：“职工有下列情形之一的，应当认定为工伤：（六）在上下班途中，受到非本人主要责任的交通事故或者城市轨道交通、客运轮渡、火车事故伤害的；……”同时，《最高人民法院关于审理工伤保险行政案件若干问题的规定》第六条第（一）项、第（三）项规定，在合理时间内往返于工作地与住所地、经常居住地、单位宿舍的合理路线的上下班途中或者从事属于日常工作生活所需要的活动，且在合理时间和合理路线的上下班途中，社会保险行政部门认定为“上下班途中”的，法院应予支持。本案中，根据上诉人万州区人社局举示的《劳动合同》、工伤认定调查笔录、《道路交通事故认定书》等证据，结合庭审笔录中各方当事人的陈述，能够认定被上诉人王志国在一审第三人长安跨越公司工作，2018 年 4 月 7 日 18 时许，乘坐公司为其配备的渝 A2××××号小型客车，从居住地重庆市江北区出发前往公司所在地万州区，19 时 55 分许车辆行驶至沪渝高速公路出城方向 1672 千米处与前车发生追尾交通事故致其受伤，王志国在此次交通事故中不承担事故责任的事实。上述证据相互印证，可以证明王志国是为了 4 月 8 日能准时上班而提前于 4 月 7 日 16 时许从距离万州 280 余公里的家中出发前往公司。虽然事发当日不是上班时间（“清明”小长假的最后一天），但因王志国属于异地工作，居家与工作地相距较远，放假回家后提前一天返回职工宿舍，既符合其平时的惯常往返方式也符合常理，同时亦符合公司《关于对渝万往返乘车安排的通知》第三条“乘车规定：（8）返万时间原则上为假期最后一日，……”的规定。王志国发生事故时是 4 月 7 日 19 时 50 分，已经是晚上，故其提前返回公司的时间处于合理范围内，并未过分提前超出必要限度。如果苛求王志国必须于 4 月 8 日当天工作日上班出行，才构成《工伤保险条例》“上下班途中”的要求，那么王志国须于当日凌晨 3 时左右就要出发前往万州才能按时到达工作岗位，显然既不符合人体生理条件也不符合常理，更不利于对异地工作劳动者的保护。因此，王志国事发当日提前返回公司宿舍休息，也是为了第二天能够正常上班不耽误，符合以“上下班为目的”基本条件，具有正当性和合理性，应当认定其发生交通事故时处于上班的合理时间。因此，王志国受伤符合《工伤保险条例》第十四条第（六）项及《最高人民法院关于审理工伤保险行政案件若干问题的规定》第六条第（一）项、第（三）项之规定，应当认定为工伤。上诉人作出的万州人社伤险不认字［2018］8 号《不予认定工伤决定书》认定事实清楚，但适用法律错误，依法应予撤销。同理，一审被告市人社局作出的渝人社复决字［2018］109号《行政复议决定书》亦属适用法律错误，同样应予撤销。上诉人认为王志国不是正常上班时间而受伤不应认定工伤的理由不能成立，法院不予支持。万州区人社局作出的万州人社伤险不认字［2018］8号《不予认定工伤决定书》以及市人社局作出的渝人社复决字［2018］109号《行政复议决定书》适用法律错误，一审予以撤销并无不当。上诉人的上诉理由及上诉请求均不能成立，依法不予支持。

据此，重庆市第一中级人民法院依照《中华人民共和国行政诉讼法》第八十九条第一款第（一）项之规定，于2019年7月1日作出判决：

驳回上诉，维持原判。

本判决为终审判决。

092. 工伤认定是否因职工工作单位的变动而改变[①]

中核深圳凯利集团有限公司诉深圳市人力资源和社会保障局工伤认定案

裁判摘要

工伤认定作为行政确认行为，是社会保险行政部门依职权对职工是否因工作受伤或患病的事实进行确认，该事实不因职工工作单位的变动而改变。职工患职业病的，应当认定为工伤。

原告：中核深圳凯利集团有限公司，住所地：广东省深圳市福田区滨河路。

法定代表人：刘录，该公司执行董事。

被告：深圳市人力资源和社会保障局，住所地：广东省深圳市福田区福

① 参见《最高人民法院公报》2020年第12期。

中三路。

法定代表人：王敏，该局局长。

第三人：张华丽，女，汉族，1940 年 6 月 24 日出生，住广东省深圳市。

原告中核深圳凯利集团有限公司（以下简称凯利公司）因与被告深圳市人力资源和社会保障局（以下简称深圳市人社局）发生工伤认定纠纷，向广东省深圳市福田区人民法院提起行政诉讼。

原告凯利公司诉称：第三人张华丽系原告退休职工，1991 年入职原告公司，1996 年 6 月退休，在原告公司工作期间没有从事有职业危害的工作。张华丽 1970 年 2 月至 1986 年 6 月在核工业国营 743 矿工作期间，有 19 年放射性粉尘氡气、放射性外照射职业危害接触史，2014 年 10 月 27 日，广东省职业病防治院诊断其为职业性放射性肿瘤。根据《广东省工伤保险条例》第九条第（四）项的规定，张华丽所患职业病应该认定为工伤。2014 年 11 月 21 日，原告依据职业病诊断证明书向深圳市人社局申请工伤认定，2015 年 1 月 20 日，深圳市人社局作出深人社认字（直）〔2014〕第 1411201 号《深圳市工伤认定书》，认定张华丽不属于或不视同工伤，该认定没有法律依据，请求撤销该工伤认定书，深圳市人社局重新作出张华丽所患职业病为工伤的认定。

被告深圳市人社局答辩称：本案系原告凯利公司作为申报主体提出其单位员工发生工伤的情形，然而张华丽所患职业病与在原告处的工作并不构成任何因果关系，其系患病后到深圳工作，不属于在深参保期间工伤保险基金的保障范畴。因此，本案依据原告的申报，认定张华丽不属工伤，符合事实和法律规定。张华丽患职业病的情形，由于其在职业病接触史期间的用人单位未参加工伤保险，导致其未能享受社会保险待遇，可依据《中华人民共和国职业病防治法》第五十条、第六十条及《人力资源和社会保障部关于执行〈工伤保险条例〉若干问题的意见》（人社部发〔2013〕34 号）第九条的规定，由原用人单位承担工伤待遇支付的责任。深圳市人社局作出不予认定工作的行政行为符合《广东省工伤保险条例》的规定，原告的请求没有依据。

第三人张华丽未有陈述意见。

广东省深圳市福田区人民法院一审查明：

2014年11月21日，凯利公司向深圳市人社局提出工伤认定申请，请求认定公司员工张华丽患职业病为工伤，并提交了工伤认定申请表、职业病诊断证明书、中核凯利函、企业法人注册登记资料、员工身份证、退休证明资料等材料。其中，广东省职业病防治院2014年10月27日出具的粤职诊〔2014〕310号《职业病诊断证明书》载明："诊断结论：职业性放射性肿瘤，依据：职业接触史明确，工作中接触放射性粉尘、氡气、放射性外照射；职业病危害接触史：张华丽于1964年8月至1964年12月、1965年12月至1968年11月、1970年2月至1986年7月在核工业国营743矿工作，接触放射性粉尘、氡气、放射性外照射；1986年8月至1987年7月在核工业韶关技工学校工作，1987年8月至1991年9月在核工业广东矿冶局工作，1991年10月至1996年6月在凯利公司处工作，接触职业危害因素情况：无。"凯利公司出具的中核凯利函〔2014〕2号《关于张华丽患职业病的工伤认定的申请》称："张华丽于1964年8月至1986年7月曾在原单位从事接触放射性粉尘、氡气、放射性外照射工作达22年，自1986年8月起直至退休后再无从事放射性等任何相关工作。张华丽原工作单位核工业国营743矿早年已行政关闭，原工作单位所在地韶关市社保局认为张华丽在国营743矿工作期间，韶关市社保局尚未成立，没有缴交过任何社会保险，该局不予受理工伤认定。由于张华丽1991年10月调入凯利公司处工作，一直按照有关要求缴交工伤保险，请求予以认定工伤。"深圳市人社局经审核后，于2015年1月20日作出深人社认字（直）〔2014〕第1411201号《深圳市工伤认定书》，认定张华丽于1991年1月至1996年6月在凯利公司处工作直至退休，在此期间无从事放射性的任何工作（即：无职业病危害接触史）。2014年10月27日经广东省职业病防治院诊断为职业放射性肿瘤，其情形不符合《广东省工伤保险条例》第九条第（四）项的规定，认定张华丽不属于或不视同工伤。凯利公司不服，遂提起行政诉讼。

深圳市福田区人民法院一审认为：

第三人张华丽经广东省职业病防治院诊断为职业性放射性肿瘤，诊断依据为张华丽于1964年8月至1964年12月、1965年12月至1968年11月、1970年2月至1986年7月在核工业国营743矿工作，接触放射性粉尘、氡气、放射性外照射，其1991年10月至1996年6月在凯利公司处工作，并无职业病危害接触史。故张华丽所患职业病系其在核工业国营743矿工作造成，并非在凯利公司处工作所造成，深圳市人社局据此作出深人社认字（直）〔2014〕第1411201号《深圳市工伤认定书》，认定张华丽的情形不属于或不视同工伤，事实清楚，依据充分。《中华人民共和国职业病防治法》第六十条规定，劳动者被诊断患有职业病，但用人单位没有依法参加工伤保险的，其医疗和生活保障由该用人单位承担。第六十二条规定，用人单位已经不存在或者无法确认劳动关系的职业病病人，可以向地方人民政府民政部门申请医疗救助和生活等方面的救助。本案中，广东省职业病防治院出具的《职业病诊断证明书》确认张华丽患职业病的用人单位是核工业国营743矿，故张华丽患职业病的情形应另循法律途径解决。凯利公司诉请撤销工伤认定书，理由不成立，不予支持。

深圳市福田区人民法院依据《中华人民共和国行政诉讼法》第六十九条的规定，于2015年6月17日作出判决：

驳回原告凯利公司的诉讼请求。

凯利公司不服一审判决，向广东省深圳市中级人民法院提起上诉称：一审判决错误，请求撤销一审判决。一、原审判决适用法律错误。根据《广东省工伤保险条例》第九条第四项“职业病应该认定为工伤”的规定，职业病应该属于工伤。同时，根据《工伤认定办法》第四条第一款规定：“职工发生事故伤害或者按照职业病防治法规定被诊断、鉴定为职业病，所在单位应当自事故伤害发生之日或者被诊断、鉴定为职业病之日起30日内，向统筹地区社会保险行政部门提出工伤认定申请。”以及《广东省工伤保险条例》第十三条的规定“未参加工伤保险的职工发生伤害事故或者被诊断、鉴定为职业病的，由单位所在地劳动保障行政部门负责工伤认定”，上诉人属于张华丽的用人单位，是符合职工工伤认定申请的合法单位。二、被上诉人对张华丽的工伤认定没有法律依据。张华丽系上诉人公司退休职工，1991 年入职上诉人公司。由于在 1970 年 2 月至 1986 年 6 月在位于韶关的核工业国营 743 矿工作期间，有职业危害接触史，于 2014 年 10 月 27 日经广东省职业病防治院诊断为职业性放射性肿瘤。根据《广东省工伤保险条例》第九条第四项中“职业病应该认定为工伤”的规定，可以确定张华丽因长期从事放射性工作致使其患职业性放射性肿瘤，应认定为工伤。

被上诉人深圳市人社局答辩称：张华丽被广东省职业病防治院诊断为职业性放射性肿瘤，是其 1964 年 8 月至 1986 年 7 月期间在位于韶关的核工业国营 743 矿工作造成，而并非在上诉人处工作所造成。根据《中华人民共和国职业病防治法》第六十条规定，应当由核工业国营 743 厂承担工伤保险及待遇支付责任，鉴于核工业国营 743 厂已行政关闭，根据《中华人民共和国职业病防治法》第六十二条规定，可以向韶关当地人民政府民政部门申请医疗救助和生活救助。原审判决正确，请求二审法院驳回上诉，维持原判。

原审第三人张华丽未有陈述意见。

广东省深圳市中级人民法院经二审，确认了一审查明的事实。

广东省深圳市中级人民法院二审认为：

本案争议焦点是被上诉人深圳市人社局以张华丽在上诉人凯利公司处工作期间无职业病危害接触史为由认定张华丽不属于或不视同工伤是否合法有据。

工伤的核心在于因工作受伤或患病，工伤认定作为行政确认行为，是社会保险行政部门行使职权对职工是否因工作受伤或患病的事实进行确认，该事实不因职工工作单位的变动而改变。《工伤保险条例》第十四条第（四）

项及《广东省工伤保险条例》第九条第（四）项均明确规定，职工患职业病的，应当认定为工伤。《工伤保险条例》第十九条第一款及《广东省工伤保险条例》第十五条第二款还进一步规定："职业诊断和诊断争议的鉴定，依照职业病防治法的有关规定执行。对依法取得的职业病诊断证明书或者职业病诊断鉴定书，社会保险行政部门不再进行调查核实"。由此，上述立法中对于职工患职业病认定为工伤，并无附加其他条件，即并未明文设定职工须在用人单位工作期间患职业病的限制条件。

同时，对于职业病工伤认定的申请主体，《工伤保险条例》第十七条第一款规定，职工被诊断、鉴定为职业病，所在单位应当自被诊断、鉴定为职业病之日起30日内，向统筹地区社会保险行政部门提出工伤认定申请。再结合该条例第二条有关用人单位的表述及第十七条第二、三、四款有关用人单位未在法定时限内提交工伤认定申请之法律责任的规定，可以得出结论：《工伤保险条例》并未将职业病职工的用人单位限定于具有职业病危害因素、导致职工患职业病的工作单位；相反，职工被诊断为职业病时的所在单位即负有作为用人单位申请工伤认定等法定义务，亦即《工伤保险条例》认同其为职业病职工用人单位。

在职业病防治中，国家为职业病病人设定了多层级保障，从享受工伤保险待遇到向用人单位民事索赔，到最后由人民政府救助，体现了国家对职业病病人的特别保护，表明国家旨在对职业病病人设置无漏洞的保障体系。《中华人民共和国职业病防治法》第六十条规定，职业病病人的诊疗、康复费用，伤残以及丧失劳动能力的职业病病人的社会保障，按照国家有关工伤保险的规定执行。第六十一条进一步明确规定，职业病病人变动工作单位，其依法享有的待遇不变。此处所规定的待遇当然包括职业病病人的工伤保险待遇。

具体到本案中，原审第三人张华丽于2014年10月被诊断为职业性放射性肿瘤，上诉人凯利公司为张华丽获得诊断时的所在单位，有法律效力的《职业病诊断证明书》上载明的用人单位亦为凯利公司。事实上，张华丽已自1991年10月调入凯利公司单位起一直在凯利公司处工作，直至1996年6月退休，凯利公司也一直为张华丽缴纳工伤保险。因此，当张华丽被诊断为职业病时，凯利公司作为其所在单位有义务为张华丽提出工伤认定申请，而被上诉人深圳市人社局应依法进行认定。在《工伤保险条例》及《广东省工伤保险条例》均未对职工患职业病认定工伤设置其他限制条件的情况下，深圳市人社局认定张华丽不属于或不视同工伤属于适用法律错误，依法应予撤销。

被上诉人深圳市人社局以原审第三人张华丽的职业病并非在上诉人凯利公司处工作所造成为由，主张张华丽不属于工伤。然而《工伤保险条例》并未将职业病职工的用人单位限定于具有职业病危害因素、导致职工患职业病的工作单位。如果《工伤保险条例》一方面在第十七条要求职工被诊断为职业病时所在单位申请工伤认定，另一方面又如深圳市人社局所理解，职业病病人只能以导致其患病的工作单位为用人单位方能认定工伤，那《工伤保险条例》第十七条规定就丧失了意义和价值，因为申请只是程序上启动了工伤认定程序，对职业病病人真正有意义的是工伤认定结论。深圳市人社局上述主张没有法律依据，且与工伤保险立法宗旨及相关规定相违，不予采纳。深圳市人社局亦主张根据《中华人民共和国职业病防治法》第六十条规定张华丽应由原工作单位核工业国营743厂承担工伤保险待遇，或根据该法第六十二条向韶关当地人民政府民政部门寻求救助。首先，本案审查对象为工伤认定行为，工伤保险待遇承担与工伤认定属两个不同阶段的行政行为，不能以后续工伤保险待遇的承担来否定张华丽的工伤事实。其次，张华丽在核工业国营743矿工作，职业病危害接触的最后时间为1986年7月，此时并未建立工伤保险社会统筹制度；从凯利公司出具的工伤认定申请函来看，张华丽已向韶关市社保局申请过工伤认定，而韶关市社保局正是以没有缴交过任何社会保险为由不予受理工伤认定。相反，凯利公司一直为张华丽缴纳工伤保险，即张华丽不属于《中华人民共和国职业病防治法》第六十条规定之“劳动者被诊断患有职业病，但用人单位没有依法参加工伤保险的”情形。第三，《中华人民共和国职业病防治法》第六十一条明确规定，职业病病人变动工作单位，其依法享有的待遇不变。此处所规定的待遇当然包括职工的工伤保险待遇。而《中华人民共和国职业病防治法》第六十二条有关“用人单位已经不存在或者无法确认劳动关系的职业病病人，可以向地方人民政府民政部门申请医疗救助和生活等方面的救助”之规定，是在工伤保险、用人单位确实缺位时，国家对职业病病人的特别兜底保护。不能因存在人民政府救助这一救济途径，而否定张华丽的工伤事实，进而排除其享受工伤保险待遇的权利。因此，深圳市人社局上述主张，不予支持。

综上，上诉人凯利公司有关撤销被诉工伤认定书的上诉请求成立。被上诉人深圳市人社局作出的被诉《深圳市工伤认定书》适用法律错误，予以撤销。原审判决适用法律错误，亦予撤销。是否认定工伤为深圳市人社局的行政职权，凯利公司原审有关重新作出认定张华丽所患职业病为工伤的决定之诉讼请求，超越司法权限，不予支持。深圳市中级人民法院依照《中华人民共和国行政诉讼法》第七十条第（二）项、第八十九条第一款第（二）项，《最高人民法院关于执行〈中华人民共和国行政诉讼法〉若干问题的解释》第六十条第一款及《工伤保险条例》第二十条第一款的规定，于2016年5月20日作出判决：

一、撤销广东省深圳市福田区人民法院（2015）深福法行初字第475号行政判决；

二、撤销深圳市人力资源和社会保障局于2015年1月20日作出的深人社认字（直）〔2014〕第1411201号《深圳市工伤认定书》；

三、深圳市人力资源和社会保障局于本判决生效之日起60日内对原审第三人张华丽患职业病情形是否属于工伤重新作出具体行政行为。

四、驳回上诉人中核深圳凯利集团有限公司的其他诉讼请求。

本判决为终审判决。

093. 认定工伤并不以用人单位是否缴纳工伤保险费为前提[①]

北京奥德清洁服务有限公司上海分公司诉上海市长宁区人力资源和社会保障局工伤认定案

裁判摘要

职工应当参加工伤保险，缴纳工伤保险费是用人单位的法定义务，不能由职工和用人单位协商排除用人单位的法定缴纳义务。认定工伤并不以用人单位是否缴纳工伤保险费为前提。用人单位未依法缴纳工伤保险费的，职工在被认定为工伤后可以依法请求用人单位承担相应的工伤保险待遇。

原告：北京奥德清洁服务有限公司上海分公司，住所地：上海市长宁区金钟路。

法定代表人：王新龙，该分公司总经理。

被告：上海市长宁区人力资源和社会保障局，住所地：上海市长宁区长宁路。

法定代表人：陈新华，该局局长。

第三人：贾正元，男，51岁，汉族，户籍所在地：安徽省舒城县。

北京奥德清洁服务有限公司上海分公司（以下简称奥德公司）因与上海市长宁区人力资源和社会保障局（以下简称长宁区人社局）发生工伤认定纠纷，向上海铁路运输法院提起诉讼。

原告奥德公司诉称：汪朝云于2017年3月8日入职原告处担任保洁员一职，入职后同年4月1日汪朝云向公司提出“自动放弃缴纳社保声明”，并需

① 参见《最高人民法院公报》2020年01期。

要公司200元社保补助，由此产生的一切后果本人自负与公司无关。汪朝云发生交通事故死亡后，被告长宁区人社局应依据汪朝云的声明，查明事实不予认定工伤。请求撤销长宁人社认（2018）字第411号认定工伤决定。

被告长宁区人社局辩称：其作出的认定工伤决定事实清楚，证据确凿，程序合法，原告奥德公司提出的不应认定工伤的理由不成立，请求驳回奥德公司的诉讼请求。

第三人贾正元述称：长宁区人社局作出的认定工伤决定合法，不同意奥德公司的诉讼请求。

上海铁路运输法院一审查明：

贾正元的妻子汪朝云在原告奥德公司担任保洁员一职，工作时间为7时至19时。2017年6月16日6时13分许，汪朝云驾驶悬挂牌号为（上海）3384279的电动自行车，沿北翟路由西向东行驶至申虹路路口，遇吴某驾驶牌号为沪DF9423的重型特殊结构货车向南右转弯，大货车车头右前角与电动自行车左后侧相撞，汪朝云倒地当场死亡。经道路交通事故认定，汪朝云与吴某承担事故的同等责任。2018年5月31日，汪朝云的丈夫贾正元向被告长宁区人社局提出工伤认定申请，同年6月5日，长宁区人社局受理申请并向奥德公司及贾正元送达受理决定书。长宁区人社局在对汪朝云事故情况进行调查后，于2018年8月1日作出长宁人社认（2018）字第411号认定工伤决定书，认定：2017年6月16日6时13分许，汪朝云骑电瓶车上班途中，经闵行区北翟路申虹路路口处，遭遇非本人主要责任交通事故死亡。汪朝云受到的事故伤害，符合《工伤保险条例》第十四条第（六）项、《上海市工伤保险实施办法》第十四条第（六）项之规定，属于工伤认定范围，现予以认定为工伤。并分别送达奥德公司及贾正元。

上海铁路运输法院一审认为：

被告长宁区人社局具有作出被诉工伤认定的职权，长宁区人社局作出的工伤认定事实清楚、程序合法、适用法律正确。案件的争议在于，汪朝云向原告奥德公司提交的“自动放弃缴纳社保声明”能否构成奥德公司主张应不予认定工伤的理由。缴纳社会保险费是法律明确规定的用人单位的义务，不可由员工或者用人单位自由处分，且是否缴纳社保与被诉工伤认定并无关联，故对奥德公司的主张不予采信。

据此，上海铁路运输法院依据《中华人民共和国行政诉讼法》第六十九条之规定，于2018年12月21日判决：

驳回原告奥德公司的诉讼请求。

一审判决后，奥德公司不服，向上海市第三中级人民法院提起上诉称： 汪朝云向奥德公司提出“自动放弃缴纳社保声明”，并需要公司200元社保补助，由此产生的一切后果本人自负与公司无关。一审认为缴纳社会保险费是法律明确规定的用人单位的义务，不可由员工或者用人单位自由处分，这一说法是错误的，于法无据。另被上诉人长宁区人社局没能查明事实，汪朝云发生交通事故死亡是因闯红灯应负主要事故责任，故一审判决认定事实错误。请求撤销一审判决，依法改判支持奥德公司的一审诉讼请求。

被上诉人长宁区人社局辩称： 经调查核实，汪朝云系上诉人奥德公司单位保洁员，其在上班途中发生非本人主要责任的交通事故事实清楚。长宁区人社局所作的工伤认定正确合法。另奥德公司提出汪朝云书面放弃缴纳社保不应申请工伤认定的理由不成立。社会保险费的缴纳是用人单位和职工应当履行的法定义务，不因放弃而免除缴纳义务。长宁区人社局受理工伤认定申请以及作出是否认定工伤的行政行为不受伤（亡）者是否缴纳社会保险费的影响。一审判决认定事实清楚，适用法律正确，请求驳回上诉，维持原判。

原审第三人贾正元述称： 被上诉人长宁区人社局作出的工伤认定合法，不同意上诉人奥德公司的诉讼请求。

上海市第三中级人民法院经二审，确认了一审查明的事实。

上海市第三中级人民法院二审认为：

上诉人奥德公司及原审第三人贾正元对被上诉人长宁区人社局的职权依

据、执法程序没有异议，被上诉人及原审第三人对汪朝云与上诉人的劳动关系亦无争议。本案的争议焦点是汪朝云在入职后向上诉人提交的“自动放弃缴纳社保声明”能否构成不予认定工伤的理由。根据《中华人民共和国社会保险法》的相关规定，职工应当参加工伤保险，由用人单位缴纳工伤保险费。这是保障公民在工伤情况下，依法从国家和社会获得物质帮助的权利，也是法律明确规定的用人单位的义务，并不是由职工和用人单位自由协商处分的权利。而且是否缴纳社会保险费与认定工伤并无直接关联，社会保险行政部门受理工伤申请以及认定工伤并不以伤（亡）者是否缴纳社会保险费为依据。故对上诉人主张的汪朝云放弃缴纳社保不予认定工伤的理由不予采信。另上诉人认为汪朝云发生交通事故应负主要事故责任，也无证据证实。故被上诉人认定汪朝云符合《工伤保险条例》第十四条第（六）项、《上海市工伤保险实施办法》第十四条第（六）项之规定，属于工伤认定范围，所作工伤认定事实清楚、适用法律正确，并无不当。

综上，上诉人奥德公司的上诉请求及理由缺乏事实证据和法律依据，依法不予支持。一审判决驳回奥德公司的诉讼请求正确，应予维持。据此，上海市第三中级人民法院依据《中华人民共和国行政诉讼法》第八十六条、第八十九条第一款第（一）项之规定，于 2019 年 3 月 22 日判决：

驳回上诉，维持原判。

本判决为终审判决。

094. 停工留薪期最长期限的计算方式①

邓金龙诉深圳市社会保险基金管理局工伤保险待遇决定案

裁判摘要

国务院《工伤保险条例》第三十三条第二款和《广东省工伤保险条例》第二十六条第一款规定的停工留薪期最长期限不能超过24个月，应是指工伤职工治疗时单次享受的停工留薪期最长不能超过24个月，而非指累计最长不能超过24个月。职工工伤复发，经确认需治疗的，可重新享受《工伤保险条例》规定的停工留薪期待遇。

原告：邓金龙（邓昆鹏之父），男，63岁，住河南省太康县。

被告：深圳市社会保险基金管理局，住所地：广东省深圳市福田区。

法定代表人：曾思克，该局局长。

原告邓金龙因与被告深圳市社会保险基金管理局（以下简称深圳社保局）发生工伤保险待遇纠纷，向广东省深圳市盐田区人民法院提起行政诉讼。

原告邓金龙诉称：邓昆鹏于2010年12月12日被诊断为职工病（急性淋巴白细胞白血病），随后深圳市人力资源和社会保障局对邓昆鹏认定为工伤。2013年2月7日，深圳市劳动能力鉴定委员会出具《劳动能力鉴定结论》，认定邓昆鹏受伤时间为2010年12月12日，受伤部位为全身多处，邓昆鹏构成五级伤残，医疗终结期为2012年12月12日。2016年2月4日，邓昆鹏白血病复发入院治疗，深圳市劳动能力鉴定委员会于2016年3月2日出具《工伤复发确认意见》，确认邓昆鹏属于工伤复发，医疗期为2016年2月4日至

① 参见《最高人民法院公报》2019年11期。

2016年8月4日，邓昆鹏在住院治疗期间，于2016年4月13日去世。原告作为家属依法向被告深圳社保局申请工伤待遇，要求被告支付医疗费、鉴定费、住院伙食费、丧葬补助金、供养亲属抚恤金和一次性工亡补助金，但被告作出的深工保决字［2016］第4445044号《深圳市工伤保险待遇决定书》，仅同意支付旧伤复发医疗费、鉴定费、住院伙食补贴，不支持丧葬补助金、供养亲属抚恤金和一次性工亡补助金。原告认为，邓昆鹏属于伤残职工在停工留薪期内因工伤导致死亡，其家属依法应当获得丧葬补助金、供养亲属抚恤金和一次性工亡补助金。理由如下：1.《工伤保险条例》第三十九条和《广东省工伤保险条例》第三十七条均作出了如下规定：职工因工死亡，其近亲属按照下列规定从工伤保险基金领取丧葬补助金、供养亲属抚恤金和一次性工亡补助金。2.《工伤保险条例》第三十三条规定：职工因工作遭受事故伤害或者患职业病需要暂停工作接受工伤医疗的，在停工留薪期内，原工资福利待遇不变，由所在单位按月支付。停工留薪期一般不超过12个月。工伤职工评定伤残等级后，停发原待遇，按照本章的有关规定享受伤残待遇。工伤职工在停工留薪期满后仍需治疗的，继续享受工伤医疗待遇。《工伤保险条例》第三十八条规定：工伤职工工伤复发，确认需要治疗的，享受本条例第三十条、第三十二条和第三十三条规定的工伤待遇。结合《工伤保险条例》第三十三条、《工伤保险条例》第三十八条的规定，以及《广东省工伤保险条例》第二十六条、第三十六条规定，工伤职工复发，确认需要治疗的，可以再次享受《工伤保险条例》第三十三条规定的工伤待遇，再次享受停工留薪期。深圳市劳动能力鉴定委员会于2016年3月2日出具《工伤复发确认意见》，确认邓昆鹏属于工伤复发后，医疗期为2016年2月4日至2016年8月4日。因此，邓昆鹏工伤复发后，可以重新获得停工留薪期。

被告深圳社保局答辩称：根据《广东省工伤保险条例》第三十六条的规定，工伤职工工伤复发，确认需要治疗的，享受本条例第二十五条、第二十六条和第二十八条规定的工伤待遇。其中第二十六条规定，停工留薪期最长不超过二十四个月，工伤职工在鉴定伤残等级后仍需治疗的，五级至十级伤残，可以享受停工留薪期待遇，但享受停工留薪期待遇并非等同可以重新享受停工留薪期。邓昆鹏已经享有过二十四个月的停工留薪期，且停工留薪期已满，其旧伤复发，不能重新享受停工留薪期，邓昆鹏的情形不符合《广东省工伤保险条例》第三十七条第一款、第二款的相关规定，其在旧伤复发期间死亡，因其伤残等级为五级，亦不符合《广东省工伤保险条例》第三十七条第三款的相关规定，即其近亲属不能享受丧葬补助金、供养亲属抚恤金和一次性工亡补助金的待遇。被告依《广东省工伤保险条例》第三十六条的规定作出的各项待遇符合对旧伤复发的特别规定，证据充分，适用法律正确，原告邓金龙的请求没有依据，请求法院依法驳回原告的诉讼请求。

深圳市盐田区人民法院一审查明：

邓昆鹏于2010年12月12日被诊断为职工病（急性淋巴白细胞白血病），随后深圳市人力资源和社会保障局对邓昆鹏认定为工伤。2013年2月7日，深圳市劳动能力鉴定委员会出具《劳动能力鉴定结论》，认定邓昆鹏受伤时间为2010年12月12日，受伤部位为全身多处，邓昆鹏构成五级伤残，医疗终结期为2012年12月12日。2016年2月4日，邓昆鹏白血病复发入院治疗，深圳市劳动能力鉴定委员会于2016年3月2日出具《工伤复发确认意见》，确认邓昆鹏属于工伤复发，医疗期为2016年2月4日至2016年8月4日，邓昆鹏于2016年4月13日去世。2016年5月9日，被告深圳社保局受理了原告邓金龙作为家属向深圳社保局提出的工伤待遇申请，邓金龙要求深圳社保局支付医疗费、鉴定费、住院伙食费、丧葬补助金、供养亲属抚恤金和一次性工亡补助金，深圳社保局于2016年6月23日作出深工保决字［2016）第4445044号《深圳市工伤保险待遇决定书》，同意支付旧伤复发医疗费、鉴定费、住院伙食补贴共计8195.15元，不同意支付丧葬补助金、供养亲属抚恤金和一次性工亡补助金。邓金龙不服，遂提起本案行政诉讼。

本案一审的争议焦点为：1. 邓昆鹏因工伤已享有过二十四个月停工留薪

期，其旧伤复发后，能否重新享受停工留薪期；2. 邓昆鹏已作出伤残鉴定，停工留薪期满后，工伤复发期间死亡，能否直接适用因工死亡的相关规定。

深圳市盐田区人民法院一审认为：

首先，根据《广东省工伤保险条例》第三十六条的规定，工伤职工工伤复发，确认需要治疗的，享受本条例第二十五条、第二十六条和第二十八条规定的工伤待遇。上述三条规定，均是针对治疗工伤方面内容，其中第二十六条第一款明确规定，停工留薪期最长不超过二十四个月；工伤职工在鉴定伤残等级后仍需治疗的，五级至十级伤残，可以享受停工留薪期待遇。即工伤职工的停工留薪期最多为二十四个月，同时，享受停工留薪期待遇并非等同享受停工留薪期，即不能据此得出享受停工留薪期待遇便是享受停工留薪期的结论。本案中，邓昆鹏受伤时间为 2010 年 12 月 12 日，医疗终结期为 2012 年 12 月 12 日，即其在二十四个月的停工留薪期已满后，旧伤复发，可以享受停工留薪期待遇，但不能再享受停工留薪期。被告深圳社保局根据上述规定认定邓昆鹏不再重复享有停工留薪期，并无不当。其次，根据《广东省工伤保险条例》第三十七条的规定，职工因工死亡，其近亲属可以享有相关补助金等待遇的情形有三种，其中，第一款针对的是非伤残职工，第二款及第三款针对的是伤残职工。本案中，邓昆鹏系伤残职工，其应当适用伤残职工的规定。第三款明确规定：一级至四级伤残职工在停工留薪期满后死亡的，其近亲属可以享受丧葬补助金、供养亲属抚恤金。据此可以推断，该种情况下，其他等级伤残职工的近亲属不享受丧葬补助金、供养亲属抚恤金。邓昆鹏系在停工留薪期满后死亡，其伤残等级为五级，不符合《广东省工伤保险条例》第三十七条第三款的相关规定。被告根据上述规定认定邓昆鹏的近亲属不享有相关补助金等待遇，并无不当。综上所述，被告作出的深工保决字［2016］第 4445044 号《深圳市工伤保险待遇决定书》证据确凿，适用法律、法规正确，符合法定程序，原告邓金龙诉请撤销该决定书，理由不成立，法院不予支持。

深圳市盐田区人民法院依照《中华人民共和国行政诉讼法》第六十九条之规定，于2016年8月30日作出判决：

驳回原告邓金龙的诉讼请求。

邓金龙不服一审判决，向广东省深圳市中级人民法院提起上诉称：一审法院理解适用法律错误，请求撤销一审法院判决并依法改判。理由如下：一、邓昆鹏属于因工死亡，应当获得工亡待遇。（一）一审法院对《工伤保险条例》第三十九条第一款和《广东省工伤保险条例》第三十七条第一款理解错误。《工伤保险条例》第三十九条第一款和《广东省工伤保险条例》第三十七条第一款的内容均为："职工因工伤死亡，其近亲属按照下列规定从工伤保险基金领取丧葬补助金、供养亲属抚恤金和一次性工亡补助金……"一审法院对此的理解为，该款仅针对非伤残职工，邓昆鹏是伤残职工，不适用该条规定。上诉人认为，一审法院的理解有误。第一，法律条款的解释应当以文义解释为优先，根据该条款的字面意思，并没有适用范围限定于非伤残职工，只要死亡原因系因工造成即符合该条规定。第二，《工伤保险条例》第二十八条规定，自劳动能力鉴定结论作出之日起1年后，工伤职工或者其近亲属、所在单位或者经办机构认为伤残情况发生变化的，可以申请劳动能力复查鉴定。邓昆鹏本次工伤复发，有权利申请复查鉴定但未进行鉴定即去世，从某种意义上解释也可列入非伤残职工范畴。第三，《深圳市中级人民法院关于审理工伤保险待遇案件的裁判指引（2015）》第十六条第三款规定，用人单位为劳动者缴纳了工伤保险费，双方劳动关系解除或终止后，工伤职工旧伤复发，导致伤残等级加重的，劳动者要求用人单位按照加重后的伤残等级标准支付应由用人单位负担的工伤保险待遇差额的，应予支持。根据该条款的规定，职工工伤复发导致工伤伤残等级增加的，员工可以要求按加重后的伤残等级要求赔偿。邓昆鹏因工伤复发死亡，其何止是伤残等级加重，其情节比伤残等级增加更为严重。根据"举轻以明重"的法律原则，工伤复发伤残等级增加可以获得新的赔偿，则工伤复发死亡也应当获得工亡待遇赔偿，否则有违法律精神也违背了广大人民群众所能理解的公平和正义，违背了人民法院审判需要坚持法律效果和社会效果统一的审判原则。因此，上诉人认为，能否适用《工伤保险条例》第三十九条第一款和《广东省工伤保险条例》第三十七条第一款在于职工的死亡原因是否为因工死亡，而非其他因素。（二）邓昆鹏的死亡原因确属因工造成，符合《工伤保险条例》第三十九条第一款和《广东省工伤保险条例》第三十七条第一款规定。2010 年 12 月 12 日，邓昆鹏被诊断为职业病（急性淋巴细胞白血病），2011 年 1 月 25 日，深圳市人力资源和社会保障局对邓昆鹏认定为工伤，工伤原因为职业性肿瘤（苯所致白血病），受伤部位为全身多处。2016 年 2 月 4 日，邓昆鹏因白血病复发入院治疗，医院的诊断为：急性淋巴细胞白血病、异基因造血干细胞移植术后复发。2016 年 3 月 2 日，深圳市劳动能力鉴定委员会出具《工伤复发确认书》，确认邓昆鹏属于工伤复发，医疗期为 2016 年 2 月 4 日至 2016 年 8 月 4 日。2016 年 4 月 13 日，邓昆鹏在住院治疗期间不幸死亡，医生出具的死亡诊断为：急性淋巴细胞白血病、异基因造血干细胞移植术后复发。因此，邓昆鹏属于因工死亡，应当获得工亡赔偿。二、邓昆鹏属于伤残职工在停工留薪期内因工伤导致死亡，应当获得工亡待遇。（一）一审法院对于工伤复发职工的停工留薪期理解错误。对于停工留薪期，一审法院认为，邓昆鹏在工伤复发前已经享受了 24 个月的停工留薪期，工伤复发后，不能再享受停工留薪期，但可以继续享受停工留薪待遇。上诉人认为，一审法院的理解存在明显错误，第一，根据《工伤保险条例》第三十八条规定，工伤职工工伤复发，确认需要治疗的，可享受第三十三条规定的工伤待遇。根据《广东省工伤保险条例》第三十六条规定，工伤职工工伤复发，确认需要治疗的，可享受第二十六条规定的工伤待遇。邓昆鹏在工伤复发前已经享受了 24 个月停工留薪期，根据一审法院关于停工留薪期无论何种原因都不可超过 24 个月的逻辑，可以直接推论，邓昆鹏不能享受《工伤保险条例》第三十三条规定的工伤待遇和《广东省工伤保险条例》第二十六条规定的工伤待遇。这明显是错误的。第二，《广东省工伤保险条例》第二十六条第二款的规定，工伤职工在鉴定伤残等级后仍需治疗的，经劳动能力鉴定委员会批准，五级至十级伤残，享受工伤医疗和停工留薪期待遇。该条款对于停工留薪期待遇没有约定期限，仅要求经劳动能力鉴定委员会批准即可。第三，一审法院认为邓昆鹏可以享受停工留薪期待遇，但不可享受停工留薪期。这是极为荒谬的结论，该解释违背了法律解释需要优先遵循的文义解释原则，停工留薪期待遇当然包括了享受停工留薪期的内涵，不享受停工留薪期，则不可能享受停工留薪待遇。《广东省工伤保险条例》第二十六条第三款规定："工伤职工在停工留薪期间生活不能自理需要护理的，由所在单位负责。所在单位未派人护理的，应当参照当地护工从事同等级别护理的劳务报酬标准向工伤职工支付护理费。"从该条款中，可以更直观地看出，停工留薪期和停工留薪期待遇的关系，即停工留薪待遇是在停工留薪期基础上产生的，两者是互为依存的关系。（二）对于停工留薪期的正确理解为：工伤复发员工的停工留薪期，应当从工伤复发之日开始重新计算。1. 工伤复发是指工伤员工的伤情恢复到工伤受伤时的伤情或者比工伤受伤时更为严重的状态。因此，工伤复发的停工留薪期应当要重新起算。《工伤保险条例》第三十八条规定，工伤职工工伤复发，确认需要治疗的，可享受第三十三条规定的工伤待遇，该享受应当是重新享受的意思，工伤复发后的停工留薪期不超过 24 个月即符合法律规定，而非任何情况下，累计的停工留薪期不超过 24 个月。2.《工伤保险条例》第一条规定的，工伤保险条例立法原则是为了保障因工作遭受事故伤害或者患职业病的职工获得医疗救治和经济补偿。工伤职工在工伤复发后获得停工留薪期和停工留薪工资、护理费等待遇这是受伤员工的基本生存和人权保障。如果以受伤时已经享受了 24 个月的停工留薪期，认为工伤复发后不能再享受停工留薪期，该解释违背了保障人权的精神，也违背了法律解释应当符合立法目的的原则。3.《深圳市中级人民法院关于审理工伤保险待遇案件的裁判指引（2015）》第十六条第二款规定，用人单位为劳动者缴纳了工伤保险费，双方劳动关系解除或终止后，工伤职工旧伤复发，用人单位应当依照《广东省工伤保险条例》第二十六条的规定支付停工留薪期工资和护理费。根据该司法裁判指引的精神，工伤职工旧伤复发后是可以重新计算停工留薪期限的。（三）邓昆鹏属于在停工留薪期内因工伤原因死亡。2016 年 2 月 4 日，邓昆鹏因白血病复发入院治疗。2016 年 3 月 2 日深圳市劳动能力鉴定委员会出具《工伤复发确认意见》，确认邓昆鹏属于工伤复发，医疗期从 2016 年 2 月 4 日至 2016 年 8 月 4 日，2016 年 4 月 13 日邓昆鹏在住院治疗期间不幸去世。《广东省工伤保险条例》第二十六条规定，停工留薪期根据医疗终结期确定。邓昆鹏在深圳市劳动能力鉴定委员会批准的医疗期内死亡，属于在停工留薪期内死亡，应当享受工亡待遇。综上所述，一审法院事实认定和法律适用错误，应当予以纠正，恳请二审法院予以改判。

被上诉人深圳社保局答辩称：一审法院认定事实清楚，适用法律正确，请求二审法院驳回上诉人邓金龙的上诉。

广东省深圳市中级人民法院经二审，确认了一审查明的事实。

广东省深圳市中级人民法院二审认为：

本案二审的争议焦点为：一、已经享有过 24 个月停工留薪期的伤残职工，工伤复发后能否重新享受停工留薪期；二、伤残职工在工伤复发治疗期间死亡，其近亲属应否享受丧葬补助金、供养亲属抚恤金和一次性工亡补助金。

对上述问题，国务院《工伤保险条例》第三十三条规定：“职工因工作遭受事故伤害或者患职业病需要暂停工作接受工伤医疗的，在停工留薪期内，原工资福利待遇不变，由所在单位按月支付。停工留薪期一般不超过 12 个月。伤情严重或者情况特殊，经设区的市级劳动能力鉴定委员会确认，可以适当延长，但延长不得超过 12 个月。工伤职工评定伤残等级后，停发原待遇，按照本章的有关规定享受伤残待遇。工伤职工在停工留薪期满后仍需治疗的，继续享受工伤医疗待遇。生活不能自理的工伤职工在停工留薪期需要护理的，由所在单位负责。”据此，工伤职工的停工留薪期一般不超过 12 个月，伤情严重或者情况特殊，经设区的市级劳动能力鉴定委员会确认，可以适当延长至 24 个月。国务院《工伤保险条例》第三十八条同时规定：“工伤职工工伤复发，确认需要治疗的，享受本条例第三十条、第三十二条和第三十三条规定的工伤待遇。”据此，工伤职工工伤复发的，在其已经享受的停工留薪期的基础上，另外仍可根据《工伤保险条例》第三十三条的规定享受停工留薪期待遇。此外，《广东省工伤保险条例》第二十六条第一、二款规定：“职工因工伤需要暂停工作接受工伤医疗的，在停工留薪期内，原工资福利待遇不变，由所在单位按月支付。停工留薪期根据医疗终结期确定，由劳动能力鉴定委员会确认，最长不超过二十四个月。工伤职工鉴定伤残等级后，停发原待遇，按照本章的有关规定享受伤残待遇。工伤职工在鉴定伤残等级后仍需治疗的，经劳动能力鉴定委员会批准，一级至四级伤残，享受伤残津贴和工伤医疗待遇；五级至十级伤残，享受工伤医疗和停工留薪期待遇。”由此，在广东省行政辖区内，工伤职工的停工留薪期应根据劳动能力鉴定委员会确认的医疗终结期确定，最长不超过二十四个月。《广东省工伤保险条例》第三十六条还规定“工伤职工工伤复发，确认需要治疗的，享受本条例第二十五条、第二十六条和第二十八条规定的工伤待遇。”故，根据以上行政法规和地方性法规的相关规定，2016 年 2 月邓昆鹏工伤复发，最长可享受 24 个月的停工留薪期待遇。深圳市劳动能力鉴定委员会已于 2016 年 3 月 2 日出具了《工伤复发确认意见》，确认邓昆鹏属于工伤复发，医疗期为 2016 年 2 月 4 日至 2016 年 8 月 4 日，深圳市劳动能力鉴定委员会确定的上述邓昆鹏工伤复发医疗期 6 个月，即属于停工留薪期。邓昆鹏在深圳市劳动能力鉴定委员会确定的工伤复发医疗期期间死亡，属于在停工留薪期内因工伤导致死亡。被上诉人深圳社保局认为职工遭受工伤后（包括旧伤复发）可以享受的停工留薪期前后累计最长不能超过 24 个月，邓昆鹏于 2010 年 12 月受工伤后已经享受过 24 个月停工留薪期，故其 2016 年 2 月工伤复发后不能再享受停工留薪期，以上主张不仅有悖国务院《工伤保险条例》第三十八条、《广东省工伤保险条例》第三十六条之规定，而且会造成损害伤情严重、职业病病情严重的工伤职工权益的后果，不予支持。根据国务院《工伤保险条例》第三十九条第一款："职工因工死亡，其近亲属按照下列规定从工伤保险基金领取丧葬补助金、供养亲属抚恤金和一次性工亡补助金：（一）丧葬补助金为6个月的统筹地区上年度职工月平均工资；（二）供养亲属抚恤金按照职工本人工资的一定比例发给由因工死亡职工生前提供主要生活来源、无劳动能力的亲属。标准为：配偶每月40%，其他亲属每人每月30%，孤寡老人或者孤儿每人每月在上述标准的基础上增加10%。核定的各供养亲属的抚恤金之和不应高于因工死亡职工生前的工资。供养亲属的具体范围由国务院社会保险行政部门规定；（三）一次性工亡补助金标准为上一年度全国城镇居民人均可支配收入的20倍。"和第二款："伤残职工在停工留薪期内因工伤导致死亡的，其近亲属享受本条第一款规定的待遇。"以及《广东省工伤保险条例》第三十七条第一、二款之规定，邓昆鹏在工伤复发治疗期间死亡后，其近亲属应享受丧葬补助金、供养亲属抚恤金和一次性工亡补助金。被上诉人深圳社保局应向邓昆鹏的近亲属核发丧葬补助金、供养亲属抚恤金和一次性工亡补助金。深圳社保局作出的被诉深工保决字［2016］第4445044号工伤保险待遇决定因对上述相关法规的规定理解错误，导致错误适用法律和处理不当，依法予以撤销；深圳社保局应针对上诉人邓金龙的工伤保险待遇申请重新作出处理决定。一审判决认定事实清楚，但错误理解和适用法律，应予以纠正。

综上，深圳市中级人民法院依照《工伤保险条例》第三十三条、第三十八条、第三十九第一、二款和《广东省工伤保险条例》第二十六条、第三十六条、第三十七条第一、二款及《中华人民共和国行政诉讼法》第八十九条第一款第（二）项、第三款之规定，于2017年5月24日作出判决：

一、撤销深圳市盐田区人民法院（2016）粤0308行初1190号行政判决；

二、撤销深圳市社会保险基金管理局作出深工保决字［2016］第4445044

号《深圳市工伤保险待遇决定书》的具体行政行为；

三、责令深圳市社会保险基金管理局自本判决生效之日起30日内对邓金龙的工伤保险待遇申请重新作出处理决定。

本判决为终审判决。

095. 如何理解“48小时之内经抢救无效死亡”的工伤认定[1]

上海温和足部保健服务部诉上海市普陀区人力资源和社会保障局工伤认定案

裁判摘要

职工在工作时间和工作岗位上突发疾病，经抢救后医生虽然明确告知家属无法挽救生命，在救护车运送回家途中职工死亡的，仍应认定其未脱离治疗抢救状态。若职工自发病至死亡期间未超过48小时，应视为“48小时之内经抢救无效死亡”，视同工伤。

原告：上海温和足部保健服务部，住所地：上海市普陀区宜川路。

投资人：吴建煌，该部负责人。

被告：上海市普陀区人力资源和社会保障局，住所地：上海市普陀区大渡河。

法定代表人：蔡建勇，该局局长。

第三人：吴海波，男，26岁，汉族，住江苏省射阳县。

第三人：何从美，女，47岁，汉族，住江苏省射阳县。

原告上海温和足部保健服务部（以下简称温和足保部）因与被告上海市普陀区人力资源和社会保障局（以下简称普陀区人保局）发生工伤认定纠

[1] 参见《最高人民法院公报》2017年04期。

纷，向上海市普陀区人民法院提起诉讼。

原告温和足保部诉称：被告普陀区人保局作出工伤认定未查清死者吴亚海的工作时间、工作岗位及死亡原因，事实认定不清，法律适用错误，请求法院撤销被诉行政行为。

被告普陀区人保局查明，第三人何从美、吴海波于2014年10月13日提出申请，称吴亚海于2013年12月23日在工作中突发疾病，于2013年12月24日因抢救无效死亡，要求认定工伤。普陀区人保局认为，吴亚海于2013年12月23日工作时突发疾病，当日送同济医院救治，次日死亡。吴亚海受到的伤害，符合《工伤保险条例》第十五条第（一）项、《上海市工伤保险实施办法》第十五条第（一）项之规定，属于视同工伤范围，现予以视同为工伤。

被告普陀区人保局辩称：被诉行政行为认定事实清楚、适用法律正确、程序合法，请求驳回原告温和足保部诉请。

两第三人共同述称：不同意原告温和足保部的诉讼请求，被告普陀区人保局所作行政行为符合法律规定。

上海市普陀区人民法院一审查明：

上海市普陀区劳动人事争议仲裁委员会于2014年8月19日作出普劳人仲（2014）办字第2570号裁决书，认定吴亚海与原告温和足保部自2012年12月20日至2013年12月24日存在劳动关系。何从美、吴海波系死者吴亚海的妻子和儿子，两人于2014年10月13日向被告普陀区人保局提出申请，要求对吴亚海于2013年12月23日在工作中突发疾病于次日抢救无效死亡进行工伤认定。普陀区人保局于2014年10月22日受理后，进行了工伤认定调查，同年12月19日作出普陀人社认（2014）字第1194号认定工伤决定，认为吴亚海受到的伤害，符合《工伤保险条例》第十五条第（一）项、《上海市工伤保险实施办法》第十五条第（一）项之规定，属于视同工伤范围，现予以视同为工伤。

上海市普陀区人民法院一审认为：

根据《工伤保险条例》第五条第二款、《上海市工伤保险实施办法》第五条第二款的规定，被告普陀区人保局作为劳动保障行政部门，依法具有作出工伤认定的执法主体资格。本案中，普陀区人保局提供的证据具有真实性、关联性和合法性，可以作为定案证据，上海市普陀区人民法院予以确认。普陀区人保局收到第三人申请后在10个工作日内予以受理，并在受理后60日内作出了工伤认定，符合法定程序。根据《工伤保险条例》第十五条第（一）项的规定，"职工有下列情形之一的，视同工伤：在工作时间和工作岗位，突发疾病死亡或者在48小时之内经抢救无效死亡的"。本案中，依据普劳人仲（2014）办字第2570号上海市普陀区劳动人事争议仲裁委员会裁决书、普陀区人保局对原告温和足保部投资人吴建煌等的调查笔录、上海市同济医院门急诊病历、居民死亡医学证明书等，可认定吴亚海系原告单位的职工，其于2014年12月23日在工作时间和工作岗位上突发疾病，并经送医抢救后于次日死亡。根据《工伤保险条例》第十九条第二款的规定，职工或者其直系亲属认为是工伤，用人单位不认为是工伤的，由用人单位承担举证责任。即原告不认为吴亚海是工伤的，应承担相应的举证责任。原告于工伤认定调查程序中未提供相应证据推翻上述结论，并且本案中原告的证据也不足以推翻被告认定的事实。需要指出，普陀区人保局在认定工伤决定书上"吴亚海受到的伤害"的表述虽有瑕疵，但该瑕疵不足以撤销被诉行政行为。综上所述，普陀区人保局作出被诉行政行为，主要事实认定清楚、适用法律正确。原告要求撤销被诉行政行为的诉讼请求，缺乏事实证据和法律依据，依法不能成立，难以支持。

据此，上海市普陀区人民法院依照《中华人民共和国行政诉讼法》第六十九条之规定，于2015年6月24日作出判决：

驳回原告上海温和足部保健服务部的诉讼请求。

一审宣判后，温和足保部不服，向上海市第二中级人民法院提起上诉称：

吴亚海发病时非工作时间，死亡地点不明，吴亚海患肝硬化，并非突发疾病，也不是经抢救无效死亡，而是慢性病发作并主动放弃治疗所导致。吴亚海家属租用非正规救护车运送吴亚海回乡，上海化学工业区医疗中心出具的居民死亡医学证明书日期有不当涂改，上述证据真实性存疑。被上诉人普陀区人保局认定事实不清，证据不足，请求二审法院撤销一审判决及普陀区人保局所作工伤认定决定。

被上诉人普陀区人保局辩称：被诉工伤认定决定事实清楚、证据充分、程序合法、适用法律正确。根据居民死亡医学证明书、吴亚海病史材料等证据可以证明吴亚海是在工作时间、工作岗位上突发疾病送医救治，在48小时之内经抢救无效死亡的。故不同意上诉人温和足保部的上诉请求，一审判决正确，请求二审法院予以维持。

两原审第三人述称：吴亚海系在工作岗位上发病，应属工伤。经抢救，医生明确告知吴亚海没救了，并让家属准备后事，两原审第三人才拨打120电话叫救护车送吴亚海返乡的。一审判决正确，请求二审法院驳回上诉，维持原判。

上海市第二中级人民法院经二审，确认了一审查明的事实。

上海市第二中级人民法院二审认为：

被上诉人普陀区人保局具有作出被诉工伤认定的法定职权。被上诉人受理两原审第三人的工伤认定申请后，依法进行了调查，于法定期限内作出被诉工伤认定决定并送达双方当事人，行政程序合法。被上诉人依据温和足保部员工的调查笔录及吴亚海的病历材料、居民死亡医学证明书等证据，认定吴亚海于2013年12月23日工作时突发疾病，当日送同济医院救治，次日死亡的事实，证据充分、事实清楚。被上诉人依据《工伤保险条例》第十五条第一款第（一）项、《上海市工伤保险实施办法》第十五条第一款第（一）项之规定，认定吴亚海因病死亡的情形属于视同工伤，适用法律正确。被上诉人所作的工伤认定决定书在使用法律条文时，将上述规定均表述为“第十五条第（一）项”，未写明第一款，显然不符合规范，应予纠正。

关于上诉人温和足保部对吴亚海死亡医学证明真实性存疑的意见，上海市第二中级人民法院认为，死亡医学证明系有资质的医疗机构出具，该证明形式完整、要件齐备，虽然在“死亡日期”的月份处有涂改，但该涂改不影响对吴亚海死亡时间的认定，也未与其他证据相矛盾，故该证明的真实性予以认可。

上诉人温和足保部关于运送吴亚海回乡的救护车为非正规救护车的意见，被上诉人普陀区人保局认定吴亚海死亡的依据是死亡医学证明书，该证明书载明吴亚海死亡医院为急诊救护车，即已经对该救护车予以了确认。而且，两原审第三人是通过拨打120电话的正规途径呼叫的救护车，即使该救护车不属于上海市医疗急救中心所有，也不能推断上海化学工业区医疗中心的救护车为非正规救护车。上诉人提供的证据无法证明其该项主张，法院不予支持。

关于上诉人温和足保部认为吴亚海死亡系家属主动放弃治疗运送其回乡而导致，不属于《工伤保险条例》第十五条第一款第（一）项规定的“突发疾病死亡或者在48小时之内经抢救无效死亡”的情形的意见，法院认为，从吴亚海发病后被送至同济医院治疗直至在救护车上死亡，其始终未脱离医疗机构的治疗抢救状态，其家属始终未有拒绝接受救治的意思表示，故上诉人的上述主张不能成立。

综上，一审法院判决驳回上诉人温和足保部的诉讼请求并无不当。上诉人的上诉请求和理由缺乏事实证据和法律依据，法院不予支持。据此，上海市第二中级人民法院依照《中华人民共和国行政诉讼法》第八十九条第一款第（一）项的规定，于2015年10月26日判决：

驳回上诉，维持原判。

本判决为终审判决。

096. “收尾性工作”的认定[①]

陈善菊不服上海市松江区人力资源和社会保障局社会保障行政确认案

裁判摘要

食宿在单位的职工在单位宿舍楼浴室洗澡时遇害，其工作状态和生活状态的界限相对模糊。在此情形下，对于工伤认定的时间、空间和因果关系三个要件的判断主要应考虑因果关系要件，即伤害是否因工作原因。

“因履行工作职责受到暴力伤害”应理解为职工因履行工作职责的行为而遭受暴力伤害，如职工系因个人恩怨而受到暴力伤害，即使发生于工作时间或工作地点，亦不属于此种情形。

“与工作有关的预备性或者收尾性工作”是指根据法律法规、单位规章制度的规定或者约定俗成的做法，职工为完成工作所作的准备或后续事务。职工工作若无洗澡这一必要环节，亦无相关规定将洗澡作为其工作完成后的后续性事务，则洗澡不属于“收尾性工作”。

原告：陈善菊，女，33岁，汉族，住安徽省巢湖市含山县环峰镇城北行政村小团村。

被告：上海市松江区人力资源和社会保障局，住所地：上海市松江区荣乐东路。

法定代表人：许春，局长。

第三人：上海申劳工贸有限公司，住所地：上海市松江区松蒸路。

法定代表人：劳丽敏，总经理。

① 参见《最高人民法院公报》2013年09期。

原告陈善菊因不服上海市松江区人力资源和社会保障局（以下简称松江区人保局）社会保障行政确认行为，向上海市松江区人民法院提起诉讼。

原告陈善菊诉称：2009年7月15日，原告之夫、本案被害人陈童林在第三人上海申劳工贸有限公司（以下简称申劳公司）值班时被同事张浩承杀害，原因是张浩承不服陈童林的管理。由于事故发生在工作区域且陈童林在值班，因此，陈童林之死亡应当认定为工伤。同时，陈童林作为用人单位的厂长，平时住在厂里就是负责看护厂区和夜间接待客户提货，厂区钥匙全在陈童林处。事发之前，陈童林刚为客户办理了提货，所以陈童林遇害之时是在工作时间，其死亡符合《工伤保险条例》第十四条的情形。陈童林的妻子即原告陈善菊向被告松江区人保局提出工伤认定申请，但用人单位逃避法律责任，向松江区人保局隐瞒情节，松江区人保局也未能查明，作出了松江人社认（2010）字第2979号工伤认定的具体行为。陈善菊向上海市人力资源和社会保障局（以下简称上海市人保局）提出行政复议，2011年1月6日，上海市人保局向陈善菊送达了沪人社复决字正［2010］第157号行政复议决定书，维持原决定。故陈善菊向法院起诉，要求撤销松江区人保局作出的工伤认定书。

被告松江区人保局辩称：1. 其作出松江人社认（2010）字第2979号工伤认定书的具体行政行为程序合法。2010年7月12日，原告陈善菊向其提出，2009年7月15日21时许，第三人申劳公司员工张浩承因不服陈童林管理，在陈童林夜间值班时将陈童林杀害，要求对陈童林的死亡进行工伤认定。其根据《工伤保险条例》第十八条的规定，审核了陈善菊提交的材料，并于2010年7月5日出具了松江人社认（2010）字第2979号《受理通知书》，且送达了申劳公司和陈善菊。其经审查，认定陈童林之死不属于工伤认定范围，于2010年9月2日出具了工伤认定书，对陈童林死亡不认定且不视同为工伤，并依法送达了当事人；2. 其作出具体行政行为的事实清楚、适用法律正确。经调查，陈童林是申劳公司的管理人员，食宿在单位，陈童林于2009年

7月15日21时许，在单位浴室内被职工张浩承杀害，起因系个人恩怨，属于刑事案件，陈童林的死亡不符合《工伤保险条例》第十四条、第十五条的规定，其对陈童林作出不认定且不视同为工伤的结论并无不当，请求法庭维持被告所作的具体行政行为。

第三人申劳公司述称：不同意原告陈善菊的诉请，同意被告松江区人保局的意见，请求依法予以维持。

上海市松江区人民法院一审查明：

原告陈善菊与陈童林是夫妻关系。陈童林系第三人申劳公司的管理人员，食宿于申劳公司处。2009年6月，陈童林与申劳公司员工张浩承因琐事发生矛盾，6月底一晚上，陈童林叫了申劳公司另两名员工到张浩承宿舍，打了张浩承两记耳光。张浩承为此怀恨在心，伺机报复。同年7月15日21时许，张浩承趁陈童林在厂浴室洗澡之际，用尖刀捅刺陈童林的左腹部、左胸部等处，致陈童林死亡。

2010年7月12日，原告陈善菊向被告松江区人保局提出工伤认定申请。被告于7月15日受理后，经调查，于同年9月2日作出松江人社认（2010）字第2979号《工伤认定书》，认为陈善菊没有证据证明陈童林于2009年7月15日的被害与其履行工作职责有关，该情形不符合《工伤保险条例》第十四条、第十五条的规定，故认定陈童林的死亡不属于且不视同工伤。陈善菊不服，申请复议。同年12月31日，上海市人保局作出沪人社复决字［2010］第157号《行政复议决定书》，维持了松江区人保局认定工伤的行政行为。陈善菊不服，诉至法院。

本案一审的争议焦点是：食宿在单位的用人单位管理人员，因个人恩怨，下班后在单位浴室洗澡时被杀害，是否应认定为工伤。

上海市松江区人民法院一审认为：

根据国务院《工伤保险条例》第五条第二款之规定，被告松江区人保局具有作出工伤认定的职权。原告陈善菊认为，陈童林于遇害之前在单位值班，刚为客户办理了提货，第三人申劳公司员工张浩承因不服陈童林管理，将其杀害，陈童林遇害系在工作场所、工作时间，因履行工作职责而被杀害，应当属于工伤。根据《工伤保险条例》第十四条第（三）项规定“在工作时间和工作场所，因履行工作职责受到暴力等意外伤害的，应当认定为工伤”。本案中，陈童林系于21时许在厂浴室洗澡时被人杀害，并非在工作时间因履行工作职责而遇害，故不符合《工伤保险条例》第十四条第（三）项规定的情形。陈善菊关于陈童林被杀害前在单位值班，为客户办理提货的主张，并没有提供相应的证据予以证实，依法不予采信。综观本案，松江区人保局根据其职权作出的工伤认定所依据的事实清楚，适用法律正确，程序合法，依法应予维持。

综上所述，上海市松江区人民法院依照《中华人民共和国行政诉讼法》第五十四条第（一）项的规定，于2011年3月16日判决如下：

维持被告松江区人保局作出松江人社认（2010）字第2979号工伤认定的具体行政行为。

案件受理费50元，由原告陈善菊负担（已交）。

陈善菊不服一审判决，向上海市第一中级人民法院提起上诉，请求二审法院撤销原判，支持其原审中的诉讼请求。

上诉人陈善菊的上诉理由是：被上诉人松江区人保局作出被诉工伤认定行为的主要证据是第三人申劳公司有关人员所作的陈述，但该公司与本案结果有很大利害关系，其为了逃避责任所作的陈述并不具有真实性和客观性；被害人陈童林系申劳公司的管理人员，并没有具体上下班时间，陈童林居住于厂区并不单单是解决食宿，晚间工厂的看护，交货，开门锁门都由陈童林负责，工厂的钥匙都在陈童林处。陈童林被害时在厂区同时也属工作收尾时段，因此符合《工伤保险条例》第十四条的相关情形。原判决认定事实错误。

被上诉人松江区人保局答辩称：其调查的情况与刑事判决书认定的事实

一致。陈童林被杀害并不属于履行工作职责引起的，陈童林死亡不符合《工伤保险条例》第十四条、第十五条的规定，其作出不认定且不视同为工伤的结论并无不当。一审判决认定事实清楚、适用法律正确，请求二审法院维持原判。

第三人申劳公司答辩称：其同意被上诉人松江区人保局意见。一审判决认定事实清楚、适用法律正确，请求二审法院维持原判。

上海市第一中级人民法院经二审，确认了一审查明的事实。

本案二审的争议焦点仍然是：食宿在单位的用人单位管理人员，因个人恩怨，下班后在单位浴室洗澡时被杀害，是否应认定为工伤。

上海市第一中级人民法院二审认为：

被上诉人松江区人保局依法具有作出被诉工伤认定行政行为的职权。松江区人保局向一审法院提交的江玉平、陈方坤的调查笔录、（2010）沪一中刑初字第15号刑事判决书等证据能够互相印证，足以证明被诉工伤认定行政行为所认定的事实。松江区人保局依照《工伤保险条例》第十四条及第十五条之规定，作出认定陈童林的死亡不属于且不视同工伤的被诉工伤认定行政行为的主要证据充分、适用法律并无不当。对松江区人保局的辩称意见法院予以采信。根据（2010）沪一中刑初字第15号刑事判决书查明的事实，“2009年6月，陈童林因琐事与该厂员工张浩承发生矛盾。同年6月底的一天晚上，陈童林叫上员工夏伦俊、王连营到张浩承宿舍，当着夏、王两人的面打了张浩承两记耳光。张浩承为此怀恨在心，伺机报复。同年7月15日21时许，张浩承趁被害人陈童林在申劳公司玻璃制品厂浴室洗澡之际，用尖刀捅刺陈童林，造成陈童林因右心室及主动脉破裂致失血性休克而死亡。”上述事实清楚地表明，陈童林的死亡非工作时间前后在工作场所内，从事与工作有关的预备性或者收尾性工作受到事故伤害。“与工作有关的预备性或者收尾性工作”是指虽然并非职工工作本身，但根据法律法规、单位规章制度或者约定俗成的做法，职工为完成工作所作的准备或后续事务。职工工作若无洗澡这一必要环节，亦无相关规定将洗澡作为其工作完成后的后续性事务，则洗澡不符合“收尾性工作”的情形。

陈童林亦非在工作时间和工作场所内，因履行工作职责受到暴力等意外伤害。“因履行工作职责受到暴力伤害”应理解为职工履行工作职责的行为引起了暴力伤害结果的发生，而非简单理解为受到暴力伤害是发生在职工履行工作职责的过程中。陈童林作为申劳公司玻璃制品厂的厂长，其工作职责是管理，若张浩承确因不服从陈童林的管理而杀害陈童林，则应属于工作上的原因。但根据查明的事实，陈童林系因琐事与张浩承发生矛盾，并打了张浩承两记耳光，张浩承对此怀恨在心，才伺机将陈童林杀害，上述（2010）沪一中刑初字第15号刑事判决书亦确认了陈童林遇害是因其与张浩承之间的个人恩怨。可见，陈童林遇害虽有暴力伤害的结果，但与履行工作职责之间并无因果关系。

职工在单位浴室被杀害并非用人单位所能预见，或者用人单位履行相应的安全注意义务即可避免，因此，若将此情形认定为工伤则无端提高了用人单位安全注意义务的标准。据此，陈童林在浴室洗澡被杀害不符合《工伤保险条例》第十四条应当认定为工伤或第十五条视同工伤中规定的情形。上诉人陈善菊就其诉称的事实在本案被诉工伤认定程序及本案一、二审审理中未提供任何充分有效的证据予以证实，故陈善菊的请求，缺乏事实根据和法律依据，法院不予支持。一审法院判决维持被诉工伤认定行为并无不当，依法应予维持。

综上所述，上海市第一中级人民法院依照《中华人民共和国行政诉讼法》第六十一条第（一）项之规定，于2011年6月15日判决如下：

驳回上诉，维持原判。

上诉案件受理费人民币50元，由上诉人陈善菊负担（已付）。

本判决为终审判决。

097. 职工上班时“串岗”，是否影响工伤认定①

王长淮诉江苏省盱眙县劳动和社会保障局工伤行政确认案

裁判摘要

根据《工伤保险条例》第十四条的规定，职工在工作时间和工作场所内，因工作原因受到事故伤害的，应当认定为工伤。这里的“工作场所”，是指职工从事工作的场所，例如职工所在的车间，而不是指职工本人具体的工作岗位。职工“串岗”发生安全事故导致伤害的，只要是在工作时间和工作场所内、因工作原因而发生的，即符合上述工伤认定条件，“串岗”与否不影响其工伤认定。

原告：王长淮，男，46岁，江苏思达医药科技有限公司工人，住江苏省盱眙县盱城镇桃园巷。

被告：江苏省盱眙县劳动和社会保障局，住所地：江苏省盱眙县盱城镇金鹏大道。

第三人：江苏思达医药科技有限公司，住所地：江苏省盱眙县工业园区洪武大道。

原告王长淮因不服被告江苏省盱眙县劳动和社会保障局（以下简称盱眙县劳保局）工伤认定结论，向江苏省盱眙县人民法院提起诉讼。因本案被诉具体行政行为与江苏思达医药科技有限公司（以下简称思达公司）有利害关系，依照《中华人民共和国行政诉讼法》第二十七条的规定，法院通知其作为本案的第三人参加诉讼。

① 参见《最高人民法院公报》2011年09期。

原告王长淮诉称：2007 年起原告进入思达公司工作。2008 年 5 月 22 日，公司的车间主任徐建华安排原告打扫卫生时告知原告次日跟随张海军师傅后面工作。休息时，原告看见张海军备料至工作台，想提前熟悉情况，即跟随张海军到工作台旁观看张海军操作。由于设备故障，回收酒精岗位发生酒精溢料事故，随时有爆炸可能，工人均从工作现场窗户跳出。原告在跳落地面时双足摔伤，经盱眙县中医院诊断为双侧跟骨骨折。2009 年 2 月 21 日原告向被告盱眙县劳保局申请工伤认定。被告于 2009 年 4 月 16 日认定原告受伤事故因串岗而不属于工伤。原告遂请求法院依法判令被告重新作出认定原告为工伤的具体行政行为。

原告王长淮提供了以下证据：

1. 被告盱眙县劳保局于2009 年4 月16 日作出的盱劳社工伤认字（2009）第 011 号《盱眙县工伤认定决定书》，盱政行复决字（2009）第 4 号《盱眙县人民政府行政复议决定书》，证明被诉具体行政行为存在；

2. 盱眙县中医院出院记录，证明原告王长淮受伤住院诊断为双侧跟骨骨折的事实；

3. 原告王长淮的陈述，证明其在打扫卫生过程中，车间徐建华主任告知原告次日跟张海军师傅后边做。原告等几人打扫完卫生后在休息时，看张海军拖料来到回收酒精车间，原告跟张海军师傅到回收酒精工作台后发生事故过程的事实；

4. 原告王长淮同班组同事何建东的证词，证明何建东听到徐建华对王长淮说过次日跟张海军后边做，随后王长淮跟张海军去到回收酒精车间，再后发生事故及公司安排其去医院护理王长淮的事实。

被告盱眙县劳保局辩称：2008 年 5 月 22 日上午，公司车间主任徐建华安排原告王长淮打扫卫生，张海军等人在回收酒精岗位操作设备；原告打扫卫生过程中擅自串岗至回收酒精岗位。当日 10 时左右，由于设备故障，回收酒精岗位发生溢料事故，原告不了解该岗位情况，慌乱中从窗户跳下去，造成其双侧跟骨骨折后果，不属于工伤。请求法院依法驳回原告的诉讼请求。

被告盱眙县劳保局提供了以下证据：

1. 盱眙县工伤认定决定书及送达回执，盱眙县人民政府复议决定书，证明原告王长淮申请、被告盱眙县劳保局依法作出的具体行政行为及复议结果；

2. 盱眙县中医院出院记录，证明原告王长淮受伤住院救治事实；

3. 车间主任徐建华及车间员工张海军的证词，证明事发当日原告王长淮串岗至回收酒精岗位，因发生溢料事故而受伤的事实；

4. 原告王长淮的陈述，证明徐建华主任在事发当日上午，安排王长淮打扫卫生过程中，同时安排原告次日跟张海军后面学习回收酒精岗位操作，随后王长淮看到张海军备料，跟其上了对面的操作间，之后发生事故的事实。

第三人思达公司委托代理人认为：被告盱眙县劳保局作出的工伤认定符合事实和法律依据，原告王长淮的工作场所是一车间，应从事打扫卫生工作，而事故发生时，原告在另一车间看报纸，不是基本的工作场所，也不是因工作原因，请求驳回原告的诉讼请求。

第三人思达公司提供了以下证据：

1. 盱眙县工伤认定决定书，证明被告盱眙县劳保局作出的具体行政行为。

2. 公司车间主任徐建华、员工张海军的证词，证明事故发生当日原告王长淮串岗至回收酒精岗位，发生酒精溢料事故后受伤的事实经过。

3. 企业法人营业执照，以证明第三人思达公司依法设立。

盱眙县人民法院依法组织了质证：

关于被告盱眙县劳保局提交的证据。被告提供的证据1–2，证明原告王长淮受伤救治经过、工伤认定事实，申请复议经过，诉辩双方及第三人对证据的真实性均不表异议，法院予以确认。被告提供的证据3–4以证明原告擅自到其他岗位从事与其本人职务无关的行为，原告质证认为，徐建华安排打扫卫生是事实，但徐建华还口头安排原告第二天跟随张海军干回收酒精车间的工作。原告对张海军证词认为不属实。法院对原告当日受徐建华主任安排打扫卫生事实予以确认。

关于原告王长淮举证的部分。原告举证的证据 1-2，与被告盱眙县劳保局举证的证据 1-2 相吻合，予以确认。原告举证的证据 3，被告认为，被告提交法庭的证据材料中也有证人何建东的证言，证明当日原告过去是串岗。第三人思达公司认为，何建东不可能听到徐建华安排王长淮工作，事发当日，原告应该打扫卫生，原告到张海军岗位属于串岗。法院认为，原告举证的何建东证词，其证实听到徐建华安排王长淮第二天跟张海军后边干即指回收酒精工作。原告在被告调查时也曾陈述相同内容。综合上述证据分析，原告在打扫卫生过程中，徐建华主任安排原告第二天去跟张海军后边干这一事实，能够予以确认。

第三人思达公司举证的证据 1-2，同被告盱眙县劳保局举证的证据 1、3，其关联性、合法性、真实性在被告举证时已认证。第三人举证的证据 3，法院予以确认。

盱眙县人民法院一审查明：

原告王长淮自 2007 年进入第三人思达公司工作，与第三人之间形成劳动关系。2008 年 5 月 22 日上午，公司车间主任徐建华安排原告打扫卫生。原告在打扫卫生过程中，徐建华亦安排原告王长淮次日跟张海军后边工作，当张海军备料到回收酒精车间时，原告跟其到回收酒精车间观看学习便于次日跟岗。恰遇回收酒精岗位发生酒精溢料事故，原告为避险，慌乱中从窗户跳出，摔伤双足，公司车间主任等人迅速将原告送往盱眙县中医院救治。经医院诊断为双侧跟骨骨折。公司支付了医药费。2009 年 2 月 21 日，原告向被告盱眙县劳保局提出工伤认定申请，被告受理后进行立案调查，于 2009 年 4 月 16 日作出盱劳社工伤认字（2009）第 011 号工伤认定决定，认定原告不属于工伤。原告不服，于 2009 年 5 月 10 日向盱眙县人民政府申请复议，2009 年 6 月 8 日盱眙县人民政府作出复议决定，维持被告作出的具体行政行为。

本案的争议焦点是：原告王长淮在换岗时因事故受伤能否认定为工伤。

盱眙县人民法院一审认为：

《工伤保险条例》第五条规定，县级以上地方各级人民政府劳动保障行政部门负责本行政区域内的工伤保险工作，被告盱眙县劳保局具有负责工伤认定的法定职责。该《条例》第十四条规定："职工有下列情形之一的，应当认定为工伤：（一）在工作时间和工作场所内，因工作原因受到事故伤害的……"这里的"工作场所"，是指职工从事工作的场所，例如职工所在的车间，而不是指职工本人具体的工作岗位。被告盱眙县劳保局认为原告因"串岗"受伤不能认定为工伤，对此法院认为，首先，原告王长淮临时更换岗位是按照管理人员即车间主任的安排进行的，并不是擅自离岗换岗，不属于"串岗"，应为正常工作变动；其次，即使认定原告上班期间"串岗"行为成立，原告仅是违反了相关企业管理制度，其只导致具体工作岗位及相关工作内容有所变动，并不能改变原告仍在工作场所内工作的事实，因此"串岗"行为应由企业内部管理规章制度调整，不能因此影响工伤认定。原告是在第三人思达公司上班期间处于工作场所并因该公司设备故障安全事故导致伤害，符合工伤认定条件，被告作出原告不属于工伤的具体行政行为与法律相悖。

综上，被告盱眙县劳保局作出的认定原告王长淮不属于工伤的具体行政行为证据不足，适用法律法规错误，依法应予撤销。对原告的诉讼请求，应予支持。盱眙县人民法院依照《中华人民共和国行政诉讼法》第五十四条第（二）项第1、2目的规定，于2009年7月29日判决：

一、撤销被告盱眙县劳保局作出的盱劳社工伤认字（2009）第011号工伤认定决定书。

二、责令被告盱眙县劳保局在六十日内重新作出认定原告王长淮为工伤的具体行政行为。

本案诉讼费用100元，由被告盱眙县劳保局负担。

一审宣判后，法定期间内双方当事人均未上诉，一审判决已发生法律效力。

098. 如何理解《工伤保险条例》中“上下班途中”的规定[①]

北京国玉大酒店有限公司诉北京市朝阳区劳动和社会保障局工伤认定行政纠纷案

裁判摘要

一、劳动和社会保障部《关于实施〈工伤保险条例〉若干问题的意见》第一条规定：“职工在两个或两个以上用人单位同时就业的，各用人单位应当分别为职工缴纳工伤保险费。职工发生工伤，由职工受到伤害时其工作的单位依法承担工伤保险责任。”根据该规定，下岗、待岗职工又到其他单位工作的，该单位也应当为职工缴纳工伤保险费；职工在该单位工作时发生工伤的，该单位应依法承担工伤保险责任。

二、根据《工伤保险条例》第十四条第（六）项的规定，职工在上下班途中，受到机动车事故伤害的应当认定为工伤。对这里的“上下班途中”应当从有利于保障工伤事故受害者的立场出发，作出全面、正确的理解。“上下班途中”，原则上是指职工为了上下班而往返于住处和工作单位之间的合理路径之中。根据日常生活的实际情况，职工上下班的路径并非固定的、一成不变的、唯一的，而是存在多种选择，用人单位无权对此加以限制。只要在职工为上下班而往返于住处和工作单位之间的合理路径之中，都属于“上下班途中”。至于该路径是否最近，不影响对“上下班途中”的认定。职工在上下班的合理路途中发生机动车事故，被行政机关依

① 参见《最高人民法院公报》2008年09期。

法认定为工伤，用人单位以事故发生的地点不在其确定的职工上下班的路线上为由，请求撤销行政机关作出的工伤认定的，人民法院不予支持。

原告：北京国玉大酒店有限公司，住所地：北京市朝阳区安外慧忠里。

法定代表人：韩国全，该公司董事长。

被告：北京市朝阳区劳动和社会保障局，住所地：北京市朝阳区霄云路。

法定代表人：吕明杰，该局局长。

第三人：余秀兰，女，43 岁，奥士凯连锁公司退休职工，住北京市朝阳区大屯路南沙滩小区。

原告北京国玉大酒店有限公司（以下简称国玉酒店公司）因与被告北京市朝阳区劳动和社会保障局（以下简称朝阳区劳动局）发生工伤认定行政纠纷，向北京市朝阳区人民法院提起行政诉讼。朝阳区人民法院认为余秀兰与本案有法律上的利害关系，依法通知余秀兰作为第三人参加诉讼。

原告国玉酒店公司诉称：陈卫东原系北京馄饨侯餐饮有限责任公司（以下简称馄饨侯公司）员工，下岗后到原告单位任临时工，从事停车场管理员工作，但其劳资、社保关系仍由馄饨侯公司继续管理并负责缴纳相关费用。2006 年 9 月 20 日早晨，陈卫东在朝阳区北辰西路安翔北路东口因交通事故受伤，经抢救无效死亡。陈卫东之妻即第三人余秀兰向被告朝阳区劳动局提出工伤认定申请。被告朝阳区劳动局受理后，无视涉案交通事故发生日是陈卫东的休息日而非工作日、事故发生地不在陈卫东上下班途中等客观事实，作出了京朝劳社工伤认（1050T0085586）号《工伤认定结论通知书》（以下简称工伤认定书），认定陈卫东于 2006 年 9 月 20 日死亡符合工伤认定范围，认定为工伤。该工伤认定书认定事实不清，证据不足，适用法律不准确，请求法院依法予以撤销。

原告国玉酒店公司提交以下证据：

1. 原告制作的从陈卫东住处到国玉酒店公司的交通路线图一份，用以证明陈卫东并非在上班途中发生交通事故；

2. 馄饨侯公司人力资源部于2006年3月30日出具的证明一份，用以证明陈卫东系馄饨侯公司职工，现已待岗，其养老保险、工伤保险金由该公司负责缴纳。

被告朝阳区劳动局辩称：陈卫东系原告国玉酒店公司员工，但国玉酒店公司未给其缴纳工伤保险。2006年9月20日晨，陈卫东上班途中发生机动车交通事故，受伤后经抢救无效死亡。事故发生后，国玉酒店公司没有就此向我局进行工伤认定申请。陈卫东之妻即本案第三人余秀兰于2006年11月24日依法向我局申请工伤认定。我局受理后，按照法定程序通知原告并展开调查。调查中，国玉酒店公司不但不予以认真配合，反而向我局提供伪造的考勤簿、排班表、员工考勤记录表，另有三名国玉酒店公司员工向我局作虚假陈述，意图作伪证证明陈卫东死亡当日不是其工作日，涉案交通事故并非发生在陈卫东上班途中。我局经仔细勘察、全面了解情况并认真分析，认定陈卫东当日应上早班，上班时间为早7时而非早8时30分，涉案交通事故发生在陈卫东的工作日而非休息日，陈卫东是在上班途中因机动车交通事故受伤经抢救无效死亡。为此，我局依据《工伤保险条例》第十四条第（六）项的规定，于2007年1月16日作出涉案工伤认定书，认定陈卫东于2006年9月20日死亡，符合工伤认定范围，认定为工伤。原告不服，向北京市劳动和社会保障局（以下简称北京市劳动局）申请行政复议。北京市劳动局于2007年4月26日作出京劳社复决字［2007］12号《行政复议决定书》，维持了我局作出的工伤认定。综上，我局作出的涉案工伤认定结论事实清楚、证据充分、程序合法、适用法律正确，请求人民法院依法判决维持我局作出的涉案工伤认定书。

被告朝阳区劳动局提交以下证据：

1. 第三人余秀兰于2006年11月24日向被告朝阳区劳动局申请工伤认定时提交的材料一组，包括《工伤认定申请表》、北京市公安局公安交通管理局交通事故鉴定中心出具的陈卫东死亡证明、北京市公安局公安交通管理局朝阳交通支队（以下简称公交朝阳支队）出具的京公交朝认字［2006］第204号《交通事故认定书》、陈卫东与余秀兰的结婚证及余秀兰的身份证件、原告国玉酒店公司企业信息查询结果等，用以证明陈卫东与余秀兰系夫妻关系，余秀兰提出工伤认定申请，陈卫东发生涉案交通事故的基本事实及事故责任认定等情况；

2. 第三人余秀兰于2007年1月15日向被告朝阳区劳动局补充提交的陈卫东门诊费用清单及医院收费票据共12张，上述票据均显示陈卫东于周一到医院看病，用以证明周一系陈卫东工休时间；

3. 原告国玉酒店公司在被告朝阳区劳动局调查过程中提交的材料一组，包括国玉酒店公司企业法人营业执照（副本）复印件、国玉酒店公司与陈卫东签订的劳动协议书及聘用协议书、2006年9月PA组考勤表、公共区域9月份排班表、《关于陈卫东同志遇交通事故死亡我单位认为此事故不属于工伤情况的说明》、《情况说明》、《国玉大酒店考勤管理制度》、客房部员工2006年6月27日至2006年9月26日的考勤记录表、食堂饭卡记录、客房部签到本、指纹手工记录表，用以证明国玉酒店公司在工伤认定行政程序中向朝阳区劳动局主张陈卫东每周周三工休，其死亡当日并非其工作日，陈卫东因涉案交通事故死亡不应属于工伤等情况；

4. 被告朝阳区劳动局对相关人员进行调查形成的调查笔录一组。根据上述笔录，被调查人均证明陈卫东是原告国玉酒店公司员工，与该公司签有劳动合同，但几名被调查人关于陈卫东上班时间及工休时间的陈述不一致，杨莉、郑全称陈卫东早晨上班时间为8时30分，工休时间为每周周三，发生涉案交通事故当日系陈卫东休息日；余秀兰、苗连平称陈卫东早上7时上班，周一休息；于海龙、薛进平称陈卫东早上7时上班。此外，杨莉还陈述了国玉酒店公司未给陈卫东缴纳工伤保险，该费用由陈卫东原单位馄饨侯公司缴纳的情况；

5. 被告朝阳区劳动局工作人员制作的勘察笔录，用以证明经勘察，认定原告国玉酒店公司客房部员工于每日早7时前到酒店保安室进行考勤；

6. 被告朝阳区劳动局作出涉案工伤认定书所依据的法规《工伤保险条例》和涉案《工伤认定申请受理通知书》及送达回证、《工伤认定调查通知书》及送达回证、《工伤认定结论通知书》及送达回证，用以证明被告具有受理工伤认定申请并作出结论的法定职责，其作出的涉案工伤认定程序合法，认定结论符合法律规定。

第三人余秀兰述称：本人在行政机关调查中以及法庭上的陈述句句属实。同意被告朝阳区劳动局作出的工伤认定结论，请求法院予以维持。

第三人余秀兰向法院提交以下证据：

1. 张振英于2007年5月30日作出的书面证言，内容主要是陈卫东2006年9月20日早晨在住房楼下取车（小三轮）准备上班的情况，用以证明第三人余秀兰向被告朝阳区劳动局作出的陈述属实；

2. 穆近芝于2007年6月13日作出的书面证明，主要内容是苗连平与陈卫东不是亲属关系，余秀兰与陈卫东均不认识苗连平。用以证明苗连平的证言属实。

朝阳区人民法院依法组织双方当事人进行质证。

对于被告朝阳区劳动局提供的证据，原告国玉酒店公司的质证意见为：1. 第三人余秀兰关于陈卫东上班时间、上班路线及休息时间的陈述不属实；2. 苗连平因违纪被国玉酒店公司开除，其所作陈述对国玉酒店公司不利，缺乏可信度；3. 于海龙及薛进平均与陈卫东工种不同，工作时间亦不同，他们关于陈卫东上早班时间为早7时的陈述不属实；4. 陈卫东医疗就诊情况不能证明每周一为陈卫东的公休日；5. 朝阳区劳动局工作人员制作的勘察笔录不能证明陈卫东的上班时间。国玉酒店公司对余秀兰提供的证据1、2的真实性均不予认可。

对原告国玉酒店公司提供的证据，被告朝阳区劳动局认为：1. 国玉酒店公司自行制作的路线图不准确，不能证明陈卫东发生涉案交通事故时不是在上班途中；2. 关于馄饨侯公司出具的证明，国玉酒店公司未在工伤认定行政程序中提交，故不影响我局作出的工伤认定。朝阳区劳动局对第三人余秀兰提供的证据没有异议。

朝阳区人民法院对被告朝阳区劳动局提供的证据材料认证如下：1. 证据1、2能够证明陈卫东于2006年9月20日因涉案机动车交通事故受伤，经抢救无效死亡，以及陈卫东之妻、第三人余秀兰于2006年11月24日申请工伤认定的事实；2. 证据3、4、5能够证明朝阳区劳动局履行职责就涉案工伤认定申请进行调查的情况，证据4所涉调查笔录，能够证明陈卫东与原告国玉酒店公司存在劳动关系，对余秀兰、苗连平、于海龙、薛进平等人的调查笔录与朝阳区劳动局制作的勘察笔录互相印证，能够证明陈卫东的工作内容及其上早班时间为早7时的事实；3. 证据3、4、5中，关于陈卫东工休时间的表述存在明显差异，朝阳区劳动局在涉案工伤认定行政程序中依职权对上述证据材料进行分析，认为国玉酒店公司自行提供的相关证据与证人陈述存在矛盾，余秀兰及苗连平关于陈卫东休息日是周一的证言证明效力高于与国玉酒店公司有利害关系的杨莉、郑全等人所作的陈述，且余秀兰、苗连平的陈述能够与陈卫东就医证明材料相互印证，故而认定陈卫东休息日为周一而非周三。在国玉酒店公司与陈卫东签订的劳动协议书未对工休时间进行明确约定的情况下，国玉酒店公司所提交的相关证据及其所认可的证人陈述均不足以推翻朝阳区劳动局关于陈卫东休息日的认定。国玉酒店公司虽然对苗连平的证言及陈卫东就医证明材料的真实性不予认可，但没有提供充分证据予以推翻，对其主张不予采信。朝阳区劳动局在涉案工伤认定行政程序中对于相关事实的认定证据充分，予以确认；4. 证据6能够证明朝阳区劳动局处理涉案工伤认定的情况，予以采信。对国玉酒店公司提交的证据，朝阳区人民法院认为：证据1系国玉酒店公司自行制作的交通路线图，该路线图不能证明陈卫东发生涉案交通事故时不是在上班途中，故不予采信；证据2系馄饨侯公司出具的书面证明，该证据能够证明陈卫东系该单位待岗职工，但不能否定国玉酒店公司与陈卫东之间的劳动关系，不能作为免除国玉酒店公司依法应当承担的工伤赔偿责任的依据，与本案关联性不足，不予采信。对于余秀兰提交的证据，朝阳区人民法院认为：证据1、2均与本案被诉具体行政行为没有关联性，不予采纳。

朝阳区人民法院一审查明：

陈卫东系原告国玉酒店公司职工，双方签订有书面劳动协议，但该协议书未明确约定每日工作时间及工休时间，国玉酒店公司亦未给陈卫东缴纳工伤保险费，该费用一直由陈卫东下岗时所在的馄饨侯公司负责缴纳。2006年9月20日晨，陈卫东自其住处骑一辆三轮车前往国玉酒店公司上班。当日6时5分，陈卫东行至朝阳区北辰西路安翔北路东口时，发生机动车交通事故受伤，经抢救无效死亡。公交朝阳支队对此次交通事故作出责任认定，结论为陈卫东无责任。2006年11月24日，陈卫东之妻、本案第三人余秀兰向被告朝阳区劳动局提出工伤认定申请。朝阳区劳动局于同年12月6日正式受理，同时依据《工伤保险条例》的规定，向国玉酒店公司下发了《工伤认定调查通知书》，并对相关人员进行了调查核实。2007年1月16日，被告作出涉案工伤认定书，认定陈卫东于2006年9月20日死亡，符合工伤认定范围，认定为工伤，并于2007年1月22日将涉案工伤认定书送达原告。国玉酒店公司不服该工伤认定，向北京市劳动局申请行政复议。北京市劳动局于2007年4月26日作出京劳社复决字［2007］12号《行政复议决定书》，维持了涉案工伤认定书。

本案的争议焦点是：被告朝阳区劳动局作出的涉案工伤认定书是否合法。

朝阳区人民法院一审认为：

一、关于被告朝阳区劳动局作出涉案工伤认定的程序是否合法的问题。

《工伤保险条例》第五条规定：“……县级以上地方各级人民政府劳动保障行政部门负责本行政区域内的工伤保险工作……”根据该规定，被告朝阳区劳动局作为工伤保险主管部门，对其主管的行政区域内企业职工的工伤认定申请具有审查并作出工伤认定的职责。《工伤保险条例》第十七条规定："职工发生事故伤害或者按照职业病防治法规定被诊断、鉴定为职业病，所在单位应当自事故伤害发生之日或者被诊断、鉴定为职业病之日起30日内，向统筹地区劳动保障行政部门提出工伤认定申请。遇有特殊情况，经报劳动保障行政部门同意，申请时限可以适当延长。用人单位未按前款规定提出工伤认定申请的，工伤职工或者其直系亲属、工会组织在事故伤害发生之日或者被诊断、鉴定为职业病之日起1年内，可以直接向用人单位所在地统筹地区劳动保障行政部门提出工伤认定申请……"根据该规定，用人单位未按时提出工伤认定申请的，工伤职工或者其直系亲属、工会组织可以直接向用人单位所在地统筹地区劳动保障行政部门提出工伤认定申请。根据本案事实，在原告国玉酒店公司不按规定提出工伤认定申请的情况下，朝阳区劳动局受理陈卫东之妻、本案第三人余秀兰提出的工伤认定申请，符合法律规定。《工伤保险条例》第十九条规定："劳动保障行政部门受理工伤认定申请后，根据审核需要可以对事故伤害进行调查核实，用人单位、职工、工会组织、医疗机构以及有关部门应当予以协助……"朝阳区劳动局受理涉案工伤认定申请后，审核了余秀兰提交的工伤认定申请表、死亡证明等材料，又向国玉酒店公司下发了《工伤认定调查通知书》，依法向用人单位、有关人员进行调查并制作调查笔录，处理程序符合法律规定。朝阳区劳动局作出涉案工伤认定书后，依法分别送达申请人余秀兰及用人单位国玉酒店公司，亦符合法律规定。综上，可以认定朝阳区劳动局作出涉案工伤认定的程序合法。

二、关于被告朝阳区劳动局作出的涉案工伤认定书的内容是否合法的问题。

《工伤保险条例》第十四条第（六）项规定，职工在上下班途中，受到机动车事故伤害的，应当认定为工伤。因此，判断涉案工伤认定书合法与否的关键，就在于陈卫东的死亡是否构成工伤，亦即陈卫东是否在其上班途中因机动车事故伤害致死。

判断陈卫东是否在上班途中因机动车事故伤害致死，首先要确定涉案交通事故发生的时间是否在陈卫东前往上班的时间段内。被告朝阳区劳动局就此依法进行了调查。调查中，原告国玉酒店公司提供了考勤簿、排班表、员工考勤记录表，意图证明涉案交通事故发生当日正值陈卫东的休息日；同时，接受调查的国玉酒店公司的员工就该公司上班时间是早晨7时还是8时30分的问题作出的陈述亦不一致。《最高人民法院关于行政诉讼证据若干问题的规定》第六十三条第（二）项规定："鉴定结论、现场笔录、勘验笔录、档案材料以及经过公证或者登记的书证优于其他书证、视听资料和证人证言。"该条第（七）项规定："其他证人证言优于与当事人有亲属关系或者其他密切关系的证人提供的对该当事人有利的证言。"该条第（九）项规定："数个种类不同、内容一致的证据优于一个孤立的证据。"朝阳区劳动局经实际勘查，结合第三人余秀兰提供的陈卫东就医证明材料以及其他证人证言，在对所有证据进行全面分析的基础上，根据能够互相印证并形成完整证据链条的证据材料，得出了陈卫东的工休日是周一而非周三，其上班时间为早晨7时而非8时30分的结论，进而认定涉案交通事故发生的时间在陈卫东前往上班的时间段内。根据本案现有证据，可以认定涉案交通事故发生之日是陈卫东的工作日，陈卫东当日上早班，上班时间为7时，而涉案交通事故发生于当日6时20分。据此可以认定涉案交通事故发生于陈卫东前往上班的合理时间段内。

判断陈卫东是否在上班途中因机动车事故伤害致死，还必须判断前述涉案交通事故发生的地点是否位于陈卫东的上班途中。原告国玉酒店公司制作了一份从陈卫东住处到国玉酒店公司的交通路线图，并以涉案交通事故发生的地点不在该图所示路线上为由，认为被告朝阳区劳动局认定陈卫东在上班途中因机动车事故伤害致死不当。对此法院认为，《工伤保险条例》关于"在上下班途中受到机动车事故伤害"的规定，没有对"上下班途中"作出具体的解释。正确理解该规定，应当从有利于保障工伤事故受害者的立场出发，对“上下班途中”作出全面、正确的理解。所谓“上下班途中”，原则上是指职工为上下班而往返于住处和工作单位之间的路途之中。但根据社会生活的实际情况，职工不一定只有一处住处，因工作性质的不同，其工作场所也不一定仅有一处。即使住处和工作场所仅有一处，职工往返于两地之间也不一定只有一条路径可供选择。因此，只要是在职工为上下班而往返于住处和工作单位之间的合理路途之中，即应认定为“上下班途中”。对“上下班途中”不能作过于机械的理解，不能理解为最近的路径，也不能理解为职工平常较多选择的路径，更不能以用人单位提供的路径作为职工上下班必须选择的唯一路径。因此，根据本案事实，可以认定涉案交通事故发生于陈卫东上班途中，国玉酒店公司以涉案交通事故发生的地点不在其自行制作的交通路线图上为由，主张涉案交通事故不是发生在陈卫东上班途中的理由不成立，不予支持。

综上，被告朝阳区劳动局认定陈卫东与原告国玉酒店公司存在劳动关系，陈卫东于2006年9月20日在上班途中因机动车事故受伤，经抢救无效后死亡，符合《工伤保险条例》第十四条第（六）项的规定，据此作出的涉案工伤认定书，认定事实清楚、适用法规正确、程序合法，依法应予维持。朝阳区人民法院依据《中华人民共和国行政诉讼法》第五十四条第（一）项的规定，于2007年10月18日判决：

维持被告朝阳区劳动局于2007年1月16日作出的涉案工伤认定书。

国玉酒店公司不服一审判决，向北京市第二中级人民法院提出上诉，请求撤销原判，依法改判撤销涉案工伤认定书。主要理由是：1. 陈卫东是馄饨侯公司的下岗职工，到上诉人国玉酒店公司任临时工，其工伤保险金仍由馄饨侯公司缴纳，故被上诉人朝阳区劳动局作出的涉案工伤认定与上诉人无关；2. 根据上诉人制作的从陈卫东住处到国玉酒店公司的交通路线图，涉案交通事故发生的地点不在陈卫东上班途中，因此陈卫东因涉案交通事故死亡不构成工伤，朝阳区劳动局作出的涉案工伤认定书不合法。

上诉人国玉酒店公司没有提交新的证据。

被上诉人朝阳区劳动局答辩称：一审判决认定事实清楚，审判程序合法，适用法律正确，应予维持。上诉人国玉酒店公司的上诉应予驳回。

被上诉人朝阳区劳动局没有提交新的证据。

原审第三人余秀兰述称：一审判决正确，请求依法驳回上诉，维持原判。

原审第三人余秀兰没有提交新的证据。

北京市第二中级人民法院经二审，确认了一审查明的事实。

本案的争议焦点是：一、陈卫东身为馄饨侯公司的下岗职工，到上诉人国玉酒店公司担任停车场管理员，在国玉酒店公司未给其交纳工伤保险费的情况下，如果发生工伤事故，应由谁承担工伤保险责任；二、陈卫东是否在上班途中因机动车事故伤害死亡。

北京市第二中级人民法院二审认为：

一、关于第一个争议焦点。

劳动和社会保障部《关于实施〈工伤保险条例〉若干问题的意见》（劳社部函［2004］256号）第一条规定："职工在两个或两个以上用人单位同时就业的，各用人单位应当分别为职工缴纳工伤保险费。职工发生工伤，由职工受到伤害时其工作的单位依法承担工伤保险责任。"根据该规定，下岗、待岗职工又到其他单位工作的，该单位也应当为该职工缴纳工伤保险费；下岗、待岗职工在其他单位工作时发生工伤的，该单位应依法承担工伤保险责任。本案中，陈卫东从馄饨侯公司下岗后，到上诉人国玉酒店公司担任停车场管理员，并与该公司签订了劳动协议。陈卫东作为劳动者，国玉酒店公司作为用人单位，双方的劳动关系清楚。因此，国玉酒店公司也应当为陈卫东缴纳工伤保险费。如果陈卫东在国玉酒店公司工作期间发生工伤事故，国玉酒店公司应依法承担工伤保险责任。据此，被上诉人朝阳区劳动局作出的涉案工伤认定当然与国玉酒店公司有关。国玉酒店公司未给陈卫东缴纳工伤保险费已违反了相关规定，又以陈卫东系馄饨侯公司下岗职工，其工伤保险费由原单位馄饨侯公司缴纳为由，主张涉案工伤认定与其无关，意图逃避应负的工伤保险责任，其该项上诉理由没有法律依据，不能成立。

二、关于第二个争议焦点。

根据《工伤保险条例》第十四条第（六）项的规定，职工在上下班途中受到机动车事故伤害的，应当认定为工伤。对该规定所指的“上下班途中”应作全面、正确的理解。“上下班途中”应当理解为职工在合理时间内，为上下班而往返于住处和工作单位之间的合理路径之中。该路径可能有多种选择，不一定是固定的、一成不变的、唯一的路径。该路径既不能机械地理解为从工作单位到职工住处之间的最近路径，也不能理解为职工平时经常选择的路径，更不能以用人单位提供的路径作为职工上下班必须选择的唯一路径。根据日常社会生活的实际情况，职工为上下班而往返于住处和工作单位之间的合理路径可能有多种选择。只要职工在为了上班或者下班，在合理时间内往返于住处和工作单位之间的合理路径之中，都属于“上下班途中”。至于职工选择什么样的路线，该路线是否为最近的路线，均不影响对“上下班途中”的认定。本案中，根据行政机关的调查以及现有证据，2006 年 9 月 20 日早晨，陈卫东从自己的住处出发，前往上诉人国玉酒店公司上班。陈卫东的住处位于北京市朝阳区大屯路南沙滩小区，国玉酒店公司位于北京市朝阳区安外慧忠里。从北京的实际地形看，陈卫东的住处在国玉酒店公司的西北方向，涉案事故发生于朝阳区北辰西路安翔北路东口，在国玉酒店公司的西方，该地点虽然不在国玉酒店公司自制的从陈卫东住处到国玉酒店公司的交通路线图上，但亦位于陈卫东上班的合理路线之内。因此，可以认定陈卫东系在上班途中因机动车事故伤害死亡，被上诉人朝阳区劳动局作出的工伤认定合法，应予维持。

综上，上诉人国玉酒店公司的上诉理由均不成立，一审判决认定事实清楚，适用法律正确，审判程序合法，应予维持。据此，北京市第二中级人民法院依据《中华人民共和国行政诉讼法》第六十一条第（一）项的规定，于

2007 年 12 月 18 日判决：

驳回上诉，维持原判。

本判决为终审判决。

099. 工伤认定申请时效如何计算[①]

杨庆峰诉无锡市劳动和社会保障局工伤认定行政纠纷案

裁判摘要

根据《工伤保险条例》第十七条第二款的规定，工伤认定申请时效应当从事故伤害发生之日起算。这里的“事故伤害发生之日”应当包括工伤事故导致的伤害结果实际发生之日。工伤事故发生时伤害结果尚未实际发生，工伤职工在伤害结果实际发生后一年内提出工伤认定申请的，不属于超过工伤认定申请时效的情形。

原告：杨庆峰，男，19 岁，无锡市机关汽车修理有限责任公司职工，住无锡市机关汽车修理有限责任公司职工宿舍。

被告：无锡市劳动和社会保障局。住所地：无锡市南苑新村。

法定代表人：钱宗建，该局局长。

第三人：无锡市机关汽车修理有限责任公司。住所地：无锡市清扬路。

法定代表人：王国强，该公司董事长。

原告杨庆峰因与被告无锡市劳动和社会保障局（以下简称无锡市劳动局）发生工伤认定纠纷，向江苏省无锡市南长区人民法院提起行政诉讼。

原告杨庆峰诉称：原告于 2004 年 3 月进入无锡市市级机关汽车修理所

① 参见《最高人民法院公报》2008 年 01 期。

（以下简称汽车修理所）从事汽车修理工作。后汽车修理所改制为第三人无锡市机关汽车修理有限责任公司（以下简称汽车修理公司）。2004 年 6 月某日，原告与师傅王继聪拆一辆汽车的拉杆球头，用榔头敲打球头时铁屑溅入原告左眼中。当时原告只是感到左眼疼痛，视物有点模糊不清，随即停下手中的工作，但并没有特别在意，汽车修理所也没有及时送原告就医诊治。2006 年 10 月 3 日，原告左眼突然剧烈疼痛，感到视觉模糊，10 月 4 日左眼即看不到任何东西。原告由父亲陪同到医院诊治，确诊为陈旧性铁锈症，经过手术治疗，虽然病情趋于稳定，但造成左眼永久性失明。而且，根据医生的陈述，从医学的角度看，此类陈旧性铁锈症如果造成一眼失明，则很有可能会进一步感染发展，导致另一眼的失明。原告于 2006 年 12 月 21 日向无锡市南长区人民法院提起民事诉讼，请求判令第三人汽车修理公司及其上级主管部门赔偿原告因涉案事故受到的损失，并承担后续治疗费用。法院经审理认为原告系因工伤事故受到人身损害，应请求工伤保险赔偿，裁定驳回了原告的起诉。原告遂于 2007 年 4 月 9 日向被告无锡市劳动局提交工伤认定申请。被告于 2007 年 4 月 11 日以原告的工伤认定申请已超过法定的申请时效为由，作出了《不予受理通知书》。原告认为，根据《工伤保险条例》第十七条的规定，工伤认定申请时效的起算时间应为事故伤害发生之日，而不是被告所称的事故发生之日。涉案事故虽然发生在 2004 年 6 月，但当时伤害结果并没有实际发生，至 2006 年 10 月 3 日原告眼疾发作时，才是涉案事故伤害发生的时间，2006 年 10 月 13 日原告在医院手术后取出铁屑之时，才是最终确诊涉案事故伤害的时间，也是原告得知自己所受伤害系由涉案事故所致的时间。因此，原告提出工伤认定申请的时效，应从 2006 年 10 月 13 日医院确诊开始计算。综上，被告作出的《不予受理通知书》违反了《工伤保险条例》关于工伤认定申请时效的规定。请求依法撤销被告作出的［2007］第 0003 号《不予受理通知书》。

原告杨庆峰提交以下证据：

1. 被告无锡市劳动局作出的［2007］第0003号《不予受理通知书》一份，用以证明无锡市劳动局作出的、被诉具体行政行为的内容；

2. 杨庆峰的身份证复印件，用以证明杨庆峰的身份及其诉讼主体资格；

无锡市南长区人民法院根据原告杨庆峰的申请，调取了该院（2007）南民一初字第2号案件卷宗内的以下证据：

1. 两次庭审笔录以及证人王继聪、傅生龙、周仁良的当庭证言，用以证明涉案事故发生的情况；

2. 杨庆峰的医疗费凭证、出院记录，用以证明杨庆峰因涉案事故受到的伤害后果、该伤害后果与涉案事故之间的因果关系，以及杨庆峰为此所支出的医疗费用；

3. 无锡市南长区人民法院最初对杨庆峰主治医生王祥群所作的调查笔录，用以证明杨庆峰眼睛所受伤害在病理上的特殊性，以及铁屑溅入眼睛后因受伤部位的不同和病人感觉情况的个体差异，可能导致伤害潜伏期，并证明涉案事故与杨庆峰所受伤害之间存在必然联系；

4. 杨庆峰的工资表，用以证明杨庆峰与第三人汽车修理公司存在劳动关系；

5. 企业转制材料，用以证明汽车修理公司应对涉案事故负责；

6. 无锡市南长区人民法院（2007）南民一初字第2号民事裁定书，用以证明原告就涉案事故提起民事诉讼，被法院依法裁定驳回。

被告无锡市劳动局辩称：2007年4月9日，原告杨庆峰以第三人汽车修理公司职工的名义，申请被告对其在2004年6月从事汽车修理工作时发生的事故进行工伤认定。被告受理后，经调查取证，查明原告确于2004年6月在工作中发生事故，但原告直至2007年4月9日才提出工伤认定申请，已经超过法定的工伤认定申请时效。故被告根据《工伤保险条例》第十七条和《江苏省实施〈工伤保险条例〉办法》第十二条的规定，于2007年4月11日作出涉案《不予受理通知书》，决定不予受理杨庆峰提出的工伤认定申请。理由如下：1. 根据《工伤保险条例》第十七条的规定，工伤职工或者其直系亲属、工会组织在事故伤害发生之日或者被诊断、鉴定为职业病之日起1年内，可以直接向用人单位所在地统筹地区劳动保障行政部门提出工伤认定申请。涉案事故发生于2004年6月份，原告于2007年4月9日才向被告提出工伤认定申请，早已超过了工伤认定申请时效。根据《江苏省实施〈工伤保险条例〉办法》第十二条的规定，申请人不具备申请资格的或者提出的工伤认定申请超过规定时效的，劳动保障行政部门不予受理。因此，被告作出的涉案《不予受理通知书》完全正确。2. 原告关于《工伤保险条例》第十七条规定的“事故伤害发生之日”的理解是不正确的。这里的“事故伤害发生之日”是针对工伤认定申请时效起算时间的规定，强调的是“日”这一固定的时间点，即事故与伤害有直接因果关系的那一日。原告认为应认定2006年10月13日最终确诊之日为涉案事故伤害发生之日，并认为其工伤认定申请时效应从该日起开始计算。其诉讼主张并无法律依据。没有事故就没有伤害，事故与伤害密切相关，事故发生之日也就是伤害发生之日，这一时间点应当是固定的，不是随意可以变动的。《工伤保险条例》之所以规定工伤认定申请时效，就是要在最大限度保护劳动者合法权益的同时，对工伤职工怠于申请工伤认定作出一定的限制，以节约行政管理资源，提高办事效率，便于劳动保障部门及时、准确地查明案件事实。综上，被告作出的不予受理杨庆峰工伤认定申请的具体行政行为，事实清楚，证据确凿，适用法律、法规正确，程序合法。请求法院依法维持被告的具体行政行为，驳回原告的诉讼请求。

被告无锡市劳动局提交以下证据：

1. 被告作出的［2007］第0003号《不予受理通知书》，用以证明被告作出的涉案具体行政行为的内容；

2.《工伤认定申请表》、原告杨庆峰的工资表、身份证、医疗证明复印件，用以证明被告审核杨庆峰提出的工伤认定申请所依据的材料；

3. 被告对原告的调查笔录，用以证明被告在涉案工伤认定程序中进行了调查并形成相关材料；

4.《无锡市职工工伤认定申请材料接收单》、涉案《不予受理通知书》交寄邮件清单、送达回执，用以证明被告作出涉案具体行政行为的程序合法。

第三人汽车修理公司述称：同意被告无锡市劳动局的答辩意见。

第三人汽车修理公司提交以下证据：

1. 企业法人营业执照、单位组织机构代码证，用以证明第三人的法人资格；

2. 单位转制批复，用以证明汽车修理所改制为第三人的情况。

无锡市南长区人民法院一审查明：

原告杨庆峰于2004年3月进入汽车修理所（该单位于2005年6月因改制变更为第三人汽车修理公司）从事汽车修理工作。2004年6月，原告与其师傅王继聪共同拆卸一辆汽车的拉杆球头，王继聪用榔头敲打球头时导致铁屑溅入原告的左眼中。原告当时感觉左眼疼痛，滴了眼药水后疼痛缓解，故未去医院检查。2006年10月3日，原告感觉左眼剧烈疼痛，视觉模糊，于同年10月5日到无锡市第二人民医院诊疗，同年10月11日至13日经医院手术治疗，诊断为：1. 左眼外伤性白内障；2. 左眼铁锈沉着综合症；3. 左眼球内附异物。虽经治疗，原告的左眼视力明显减弱。医生诊断认为杨庆峰左眼所受伤害与涉案事故存在因果关系，从医学角度看此类事故伤害可以存在较长的潜伏期。2007年4月9日，原告向被告无锡市劳动局提出工伤认定申请，被告根据《工伤保险条例》第十七条和《江苏省实施〈工伤保险条例〉办法》第十二条的规定，于同年4月11日以原告提出的工伤认定申请已超过规定的申请时效为由，作出了［2007］第0003号《不予受理通知书》，并于同年4月17日邮寄送达给原告和汽车修理公司。原告不服，于2007年4月25日提起行政诉讼，请求撤销被告作出的涉案《不予受理通知书》。

另查明：2006年12月21日，原告杨庆峰以人身损害赔偿纠纷为由起诉无锡市市级机关事务管理局（系第三人汽车修理公司的上级主管部门）、汽车修理公司，要求两被告赔偿原告因涉案事故伤害就医诊疗所支出的医疗费人民币 10 718.29 元并承担后续治疗费用。案经无锡市南长区人民法院审理，认为根据《最高人民法院关于审理人身损害赔偿案件适用法律若干问题的解释》第十二条第一款、《中华人民共和国民事诉讼法》第一百四十条第一款第（三）项之规定，劳动者因工伤事故遭受人身损害的，应当请求工伤保险赔偿，不能直接对用人单位提起民事诉讼，故于 2007 年 4 月 26 日作出（2007）南民一初字第 2 号民事裁定书，驳回了原告的起诉。

本案一审的争议焦点是：工伤事故发生时伤害后果尚未发生，伤害后果发生后经医生诊断证明确系工伤事故导致的，应当如何确定工伤认定申请时效的起算时间。

无锡市南长区人民法院一审认为：

《工伤保险条例》第十七条第一款规定："工伤职工或者其直系亲属、工会组织在事故伤害发生之日或者被诊断、鉴定为职业病之日起 1 年内，可以直接向用人单位所在地统筹地区劳动保障行政部门提出工伤认定申请。"《江苏省实施〈工伤保险条例〉办法》第十二条规定："申请人不具备申请资格的或者提出的工伤认定申请超过规定时效的，劳动保障行政部门不予受理。"根据本案事实，原告杨庆峰于 2004 年 6 月在工作中发生事故，至 2006 年 10 月事故伤害结果实际发生，经医生诊治认为杨庆峰所受伤害确系涉案工伤事故导致。被告无锡市劳动局认为《工伤保险条例》第十七条规定的"事故伤害发生之日"就是指"事故发生之日"，据此将 2004 年 6 月发生涉案工伤事故的时间作为杨庆峰工伤认定申请时效的起算时间，没有考虑涉案工伤事故的特殊性，是错误的。根据医生的诊断证明，杨庆峰所受伤害在临床上称之为铁锈沉着综合症，该症具有一定的特殊性，即受伤后可能暂时不发生伤害后果，伤害后果的发生可以存在较长的潜伏期。本案中，涉案工伤事故发生两年多以后，伤害结果才实际发生，在此之前杨庆峰并不知道自己在涉案工伤事故中受到了伤害，当然也就不可能在涉案工伤事故发生后及时提出工伤认定申请。因此，被告以2004年6月涉案工伤事故发生的时间作为工伤认定申请时效的起算时间是错误的，不利于保护工伤职工的合法权益。本案应以伤害结果实际发生的时间作为工伤认定申请时效的起算时间，杨庆峰提出的工伤认定申请并未超过规定的申请时效，被告作出的涉案《不予受理通知书》适用法律、法规错误，原告的诉讼请求应予以支持。

综上，无锡市南长区人民法院于2007年7月19日判决：一、撤销被告无锡市劳动局于2007年4月11日作出的［2007］第0003号《不予受理通知书》；二、被告无锡市劳动局在本判决发生法律效力后60日内对原告杨庆峰的工伤认定申请重新作出具体行政行为。案件受理费人民币50元，由被告无锡市劳动局负担。

无锡市劳动局不服一审判决，向无锡市中级人民法院提起上诉，主要理由是：1.《工伤保险条例》第十七条规定的“事故伤害发生之日”是针对工伤认定申请时效起算时间的规定，强调的是“日”这一固定的时间点，即事故与伤害有直接因果关系的那一日。没有事故就没有伤害，事故与伤害是密切相关的，“事故伤害发生之日”就是指“事故发生之日”，这一时间点应当是固定的，不是随意可以变动的。2. 上诉人作出的不予受理被上诉人杨庆峰工伤认定申请的具体行政行为，事实清楚，证据确凿，适用法律、法规正确，程序合法。3. 一审判决对于《工伤保险条例》第十七条规定的“事故伤害发生之日”的解释没有法律依据。综上，请求依法撤销一审判决，维持上诉人于2007年4月11日作出的［2007］第0003号《不予受理通知书》。

被上诉人杨庆峰辩称：上诉人无锡市劳动局认为《工伤保险条例》第十七条规定的“事故伤害发生之日”就是指“事故发生之日”，是对该规定的误解。《工伤保险条例》第十七条明确规定“事故伤害发生之日”为工伤认定申请时效的起算时间，而不是上诉人所称的“事故发生之日。”“事故伤害发生”和“事故发生”为两个明显不同的概念，事故发生时并不一定同时发生事故伤害，事故对人的伤害也不一定在事故发生当时就明显表现出来。本案中，被上诉人因涉案工伤事故所受的伤害具有一定的潜伏期和隐蔽性，涉案工伤事故发生当时并未马上出现伤害后果，直至2006年10月3日被上诉人的眼疾才开始发作，2006年10月13日在医院手术后取出铁屑，此时被上诉人才知道自己在涉案工伤事故中受到伤害，才可能提出工伤认定申请。故应当认定该时日为“事故伤害发生之日”，并以之作为工伤认定申请时效的起算时间。请求二审法院驳回上诉人的上诉请求，维持一审判决。

一审第三人汽车修理公司述称：同意上诉人无锡市劳动局的上诉意见。

各方当事人在二审中均未提交新的证据。

无锡市中级人民法院经二审，确认了一审查明的事实。另查明：

2006年10月11日至13日，被上诉人杨庆峰在无锡市第二人民医院接受治疗，该院医生经手术从被上诉人的左眼底部取出一铁屑。2006年10月26日被上诉人出院，医生作出的诊断结论为：1. 左眼外伤性白内障；2. 左眼铁锈沉着综合症；3. 左眼球内附异物。出院时检查被上诉人的左眼视力为手动30CM，矫正无提高。

本案二审的争议焦点仍然是：工伤事故发生时伤害后果尚未发生，伤害后果发生后经医生诊断证明确系工伤事故导致的，应当如何确定工伤认定申请时效的起算时间。

无锡市中级人民法院二审认为：

工伤认定是工伤职工享受工伤保险待遇的基础，而提出工伤认定申请是启动工伤认定程序的前提。《工伤保险条例》第十七条第二款规定：“……工伤职工或者其直系亲属、工会组织在事故伤害发生之日或者被诊断、鉴定为职业病之日起1年内，可以直接向用人单位所在地统筹地区劳动保障行政部门提出工伤认定申请。”该规定明确了提出工伤认定申请的主体、申请时效及其起算时间，以及受理申请的行政部门。其中的“事故伤害发生之日”，即是关于工伤认定申请时效起算时间的规定。在通常情况下，工伤事故发生后，伤害结果也随即发生，伤害结果发生之日也就是事故发生之日，故对于“事故伤害发生之日”的理解不会产生歧义。但在工伤事故发生后，伤害结果并未马上发生，而是潜伏一段时间后才实际发生，即伤害结果发生之日与事故发生之日不一致的特殊情况下，“事故伤害发生之日”应当理解为伤害结果发生之日，并以之作为工伤认定申请时效的起算时间。

首先，文义解释是正确理解法律条文的首选方法。《工伤保险条例》第十七条第二款规定的“事故伤害发生之日”，从字面含义上看，“事故”是对于“伤害”的修饰和限制，即这里的“伤害”是基于工伤事故而发生的，伤害结果与工伤事故之间存在因果关系。据此理解，“事故伤害发生之日”就是指伤害结果发生之日，而不是事故发生之日。

其次，工伤职工或者其直系亲属、工会组织提出工伤认定申请的前提，是工伤事故伤害结果已经实际发生。工伤事故发生后，如果伤害后果尚未发生，上述工伤认定申请主体无法预知是否会产生伤害后果、会产生什么样的伤害后果，也无法预知伤害后果会引发什么样的损失，当然也就无从提出工伤认定申请。因此，正确理解《工伤保险条例》第十七条第二款规定的“事故伤害发生之日”，应当认定“事故伤害发生之日”即为工伤事故伤害结果实际发生之日，而不是工伤事故发生之日。

第三，根据《中华人民共和国民法通则》第一百三十七条的规定，诉讼时效期间从知道或者应当知道权利被侵害时起计算。最高人民法院《关于贯彻执行〈中华人民共和国民法通则〉若干问题的意见（试行）》第一百六十八条规定：“人身损害赔偿的诉讼时效期间，伤害明显的，从受伤害之日起算；伤害当时未曾发现，后经检查确诊并能证明是由侵害引起的，从伤势确诊之日起算。”工伤认定申请时效虽然与民事诉讼时效不同，但在判断时效起算时间时，应当参照上述关于民事诉讼时效起算时间的规定。劳动保障部门在确定工伤认定申请时效的起算时间时，应当以工伤事故伤害结果实际发生的时间为标准。

根据本案事实，被上诉人杨庆峰于2004年6月在工作时发生铁屑溅入左眼的事故，但当时并未实际发生伤害后果，而是直至2006年10月才病情发作，经医生确诊为左眼铁锈沉着综合征。根据医生诊断证明，该病具有潜伏性和隐蔽性，与2004年6月被上诉人在工作时发生的事故具有因果关系。鉴于涉案工伤事故发生时伤害后果尚未实际发生，伤害结果发生后经医生确诊证明确系因涉案工伤事故所致，故本案工伤认定申请时效应当从伤害后果实际发生之日起算，被上诉人提出涉案工伤认定申请时，尚未超过申请时效。

上诉人无锡市劳动局认为《工伤保险条例》第十七条第二款关于工伤认定申请时效的规定是为了防止工伤认定申请的提出没有时间上的限制，并因此导致浪费国家行政管理资源，影响办事效率，妨碍劳动保障部门及时、准确地查明事实。上诉人还认为上述规定中的“事故伤害发生之日”应当理解为事故发生之日。其上诉理由不能成立。如果不对提出工伤认定申请作出时效限制，确实可能造成行政管理资源的浪费，影响劳动保障部门的工作效率，也不利于劳动保障部门及时、准确地查明事实。但是，规定工伤认定申请时效，更为重要的是充分保障工伤职工的合法权益。另一方面，如果将事故发生之日作为工伤认定申请时效的起算时间，则劳动保障部门在工伤事故发生后，伤害后果没有马上出现的情况下，也无法及时、准确地查明事实，无法作出正确的处理，反而必将造成行政管理资源的浪费，影响劳动保障部门的工作效率，也不利于工伤职工合法权益的保护。

综上，正确理解《工伤保险条例》第十七条第二款的规定，应当认定“事故伤害发生之日”就是指伤害结果实际发生之日。被上诉人杨庆峰提出的工伤认定申请没有超过申请时效。一审判决认定事实清楚，适用法律正确，审判程序合法，应予维持。

据此，无锡市中级人民法院依照《中华人民共和国行政诉讼法》第六十一条第（一）项的规定，于2007年10月12日判决：驳回上诉，维持原判。二审案件受理费人民币50元，由上诉人无锡市劳动局负担。

本判决为终审判决。

100. 调查核实是否为每个工伤认定程序中必经的程序[①]

铃王公司诉无锡市劳动局工伤认定决定行政纠纷案

裁判摘要

一、在《工伤保险条例》施行前作出的工伤认定被人民法院判决撤销后，又在《工伤保险条例》施行后重新启动的工伤认定程序，应当执行《工伤保险条例》的规定。

二、《工伤认定办法》第八条规定，工伤认定程序中的调查核实，可以由劳动保障行政部门根据需要进行。故调查核实不是每个工伤认定程序中必经的程序。在已经终结的工伤认定程序中，劳动保障行政部门如果已经掌握了有关职工受事故伤害的证据，在重新启动的工伤认定程序中可以不再进行调查核实。

三、人民法院在行政诉讼中的任务，是审查被诉具体行政行为的合法性。人民法院只有了解被诉具体行政行为据以作出的事实和证据，才可能对被诉具体行政行为是否具有合法性作出正确评价。

原告：铃王（无锡）电器有限公司，住所地：江苏省无锡国家高新技术产业开发区灵江路。

法定代表人：铃木信雄，该公司董事长。

被告：无锡市劳动和社会保障局，住所地：江苏省无锡市南苑新村。

法定代表人：钱宗建，该局局长。

第三人：郭维军，男，36岁，吉林省吉林市人，住址：江苏省无锡市风

① 参见《最高人民法院公报》2007年01期。

雷新村。

原告铃王（无锡）电器有限公司（以下简称铃王公司）因不服被告无锡市劳动和社会保障局（以下简称无锡市劳动局）于2005年4月30日作出的锡劳工伤认［2005］第0491号《工伤认定决定书》（以下简称0491号工伤认定书），向江苏省无锡市南长区人民法院提起行政诉讼。无锡市南长区人民法院认为郭维军与本案被诉具体行政行为有法律上的利害关系，通知其为本案第三人参加诉讼。

原告铃王公司诉称：2000年2月14日上午，本公司原职工郭维军在上班期间，一个人擅自走到公司大门口内公告栏前，突然体力不支，后退几步摔倒在地，造成脑部损伤。对郭维军所受伤害，被告曾两次认定不构成工伤，无锡市人民政府经复议也维持不认定工伤的决定。但是这两次不认定工伤的决定，均被无锡市南长区人民法院以事实不清、证据不足、适用法律错误为由撤销，判决被告重新作出工伤认定。无锡市中级人民法院还以（2005）锡行终字第2号行政判决书（以下简称2号终审判决书）维持了南长区人民法院的一审判决。2005年4月30日，被告作出0491号工伤认定书。该认定书引2号终审判决书中“没有证据证明在单位日常的工作时间和工作的区域内，郭维军因从事与日常生产、工作无关的事务而跌倒致伤”一语作为依据，认定郭维军受到的伤害为工伤。本公司申请行政复议后，无锡市人民政府也复议维持了0491号工伤认定书。郭维军是在没有任何人指派其离开工作岗位从事其他事情时，擅自走到公司公告栏前突然摔倒致伤，其受伤不存在任何外力或者不安全因素的影响。根据《江苏省城镇企业职工工伤保险规定》（以下简称省工伤保险规定）第七条第（一）项，郭维军的受伤根本不构成工伤。在前两次工伤认定程序中，被告能依法调查取证，所取证据也都证明了郭维军的受伤与其工作无关，因此作出不认定工伤的决定。郭维军受伤一事发生在《工伤保险条例》施行前，本次工伤认定程序只是前两次认定程序的延续，《工伤保险条例》不能对本案适用。在本次工伤认定程序中，被告不进行调查，只是依据法院判决就作出认定工伤的决定，是适用法律错误。作为复议机关，无锡市人民政府先是复议维持一个不认定工伤的决定，后又复议维持一个认定工伤的决定，而前后两个决定指向的都是同一个法律事实。这样出尔反尔的行政复议，根本不能发挥纠正不正确行政行为的作用。被告作出的0491号工伤认定书明显错误，请求判令撤销。

原告铃王公司提交以下证据：

1. 0491号工伤认定书、行政复议决定书，用以证明被诉具体行政行为客观存在；

2. 铃王公司整理的无锡市劳动局医保处处长王进与铃王公司管理部负责人朱洁的《电话录音》，2002年12月25日至2003年1月22日期间无锡市劳动局调查吴宏、朱小洁、沈振宇、姚志刚、陆毅、魏伯伦、戴英、韦菁等人后所作的调查笔录，以及吴宏书写的《事故发生经过》，用以证明郭维军是在没有任何人指派其离开工作岗位从事其他事情的情况下，擅自走到公司公告栏前，在无任何外力影响和不安全因素的情况下突然摔倒致伤；

3. 铃王公司向《中国社会保障》杂志的咨询稿、该杂志主持人的两份答复及2001年第3期该杂志刊登的《他的摔伤不能算因工》一文，用以证明不认定工伤的观点受到舆论界支持。

被告无锡市劳动局辩称：一、第三人郭维军受伤一事发生于2000年2月14日。其后在郭维军与原告铃王公司发生的劳动争议中，本局受无锡市新区劳动争议仲裁委员会（以下简称新区仲裁委）的委托，对郭维军受伤一事进行工伤认定。当时的省工伤保险规定第七条第一项规定，职工只有从事本单位日常生产、工作或者本单位负责人临时指定的工作，在紧急情况下，虽未经本单位负责人指定但从事直接关系本单位重大利益的工作负伤、致残或者死亡的，才能认定工伤。经调查，无法认定郭维军是在从事本单位日常生产、工作时受伤，因此本局先后于2002年4月5日和2003年1月22日，两次作出不认定工伤的决定，但是这两次决定均已被法院判决撤销。二、在此期间，

《工伤保险条例》施行。与以往的工伤保险文件比，该条例在工伤认定方面有很大变动，其中第十九条第二款规定："职工或者其直系亲属认为是工伤，用人单位不认为是工伤的，由用人单位承担举证责任。"为落实《工伤保险条例》，江苏省劳动和社会保障厅于2005年3月10日发出《关于实施〈工伤保险条例〉若干问题的处理意见》，其中第十九条规定："《条例》实施前已受到事故伤害或者患职业病的职工，自2005年4月1日起申请工伤认定的，适用法律时坚持实体从旧、程序从新的原则。"三、本局2005年4月30日作出0491号工伤认定书时，本着实体从旧、程序从新的原则，重新对过去两次调查形成的材料进行审查后发现，尽管不改变工伤认定的实体标准，但过去的调查材料只反映了郭维军是在日常工作时间、工作区域内受伤，不能证明郭维军是因何事受伤。如果按照《工伤保险条例》第十九条第二款规定的程序，作为用人单位的原告就有责任举证证明郭维军所受伤害不是工伤。但原告所举的一切证据，只能证明郭维军不知何故跌倒致伤，不能证明其是因从事了与日常生产、工作无关的事务而受伤。据此，根据《中华人民共和国行政诉讼法》（以下简称行政诉讼法）第五十五条关于"人民法院判决被告重新作出具体行政行为的，被告不得以同一的事实和理由作出与原具体行政行为基本相同的具体行政行为"的规定，本局作出0491号工伤认定书，认定郭维军所受伤害是工伤。四、本局接到2号终审判决书，在重新开始认定工伤的程序后，按照《工伤保险条例》的规定，曾向原告发出过举证通知。原告接到举证通知，只在举证期限过后向本局递交了其对郭维军受伤原因提出的异议，以及一些与过去证明材料内容基本相同的材料。据此，本局根据以往的调查材料，依法作出0491号工伤认定书。0491号工伤认定书是事实清楚、证据确凿、适用法律正确、程序合法的具体行政行为，法院应当维持。

被告无锡市劳动局提交以下证据：

1. 2002年12月23日至2003年1月22日期间，无锡市劳动局对郭维军、吴宏、朱小洁、沈振宇、姚志刚、陆毅、魏伯伦、戴英、韦菁、李兵、唐荣湖、孙刚、陈康群、李瑞春、查贰国等人进行调查形成的调查笔录，事故现场照片，铃王公司对吴宏的授权委托书，吴宏书写的《事故发生经过》，用以证明在以往的调查中，已经查明郭维军是在日常工作时间、工作区域内受伤，但不知何故受伤；

2. 以往涉及复议、诉讼的相关材料，2003年1月19日无锡市劳动局制作的《关于郭维军负伤情况的调查报告》及同年1月21日的《会议纪要》，2号终审判决书和0491号工伤认定书，用以证明无锡市劳动局重新作出具体行政行为的事实根据；

3. No289《工伤认定举证通知书》及《送达回执》，用以证明无锡市劳动局作出0491号工伤认定书前，履行了让当事人举证的程序；

4. 铃王公司接到举证通知后于2005年4月11日递交的材料（包括铃王公司自行对姚志刚、沈振宇、徐讯、徐锋等人调查形成的笔录，李瑞春书写的《护送经过》，郭维军于1999年10月28日、11月8日递交给铃王公司的《请假申请单》），用以证明铃王公司在举证期限过后所举的证据，仍然不能证明郭维军是因从事了与日常生产、工作无关的事务而受伤；

5.《工伤保险条例》、《工伤认定办法》、《江苏省实施〈工伤保险条例〉办法》、省工伤保险规定、江苏省劳动厅《关于印发〈江苏省城镇企业职工工伤保险规定实施办法〉的通知》，用以证明作出被诉具体行政行为的法律依据；

6.《中国劳动保障》2001年第3期中关于郭维军是否属因工负伤的评析文章，用以证明舆论界对郭维军受伤一事的观点。

第三人郭维军述称：现有证据证明，本人是在工作场所和工作时间内受伤，受伤致残的原因是为公司装门铃线，确实是在为公司工作时受伤，依法应认定为工伤。原告铃王公司虽然否认本人是为公司的工作而受伤，但从未提供过本人是从事了与工作无关的事务而受伤的证据。根据《工伤保险条例》第十九条第二款规定，被告作出的0491号工伤认定书合法，法院应当维持。

第三人郭维军未提交证据。

经质证、认证，无锡市南长区人民法院查明：

第三人郭维军原系原告铃王公司的技术科副科长。2000年2月14日（春节休假后的第一个工作日）上午，郭维军于工作时间内在厂区跌倒致伤，经医院诊断为急性闭合性颅脑外伤。2000年6月7日，铃王公司工会主席吴宏去无锡市总工会法律援助中心咨询时，曾陈述："上午上班后，他（郭维军）帮助维修班的员工排线时，不慎把左手手指划了一道口子，他见伤口流血就到办公室向别人要了创口贴，走出办公室不多远，在无任何人碰撞他的情况下，不知什么原因，突然自己跌倒。"2001年10月30日，郭维军向新区仲裁委提出劳动争议仲裁申请。同年11月9日，新区仲裁委以锡新劳仲勘鉴字（2001）第1号文，委托被告无锡市劳动局认定郭维军的伤情是否构成工伤。2002年4月5日，无锡市劳动局以锡劳社医［2002］17号《关于郭维军工伤认定的复函》（以下简称［2002］17号工伤认定复函）答复新区仲裁委，认为郭维军所受伤害不能认定为工伤。郭维军不服［2002］17号工伤认定复函，向无锡市人民政府申请复议。同年9月17日，无锡市人民政府以锡府复决字（2002）27号《行政复议决定书》，决定维持［2002］17号工伤认定复函。郭维军仍不服，于同年10月14日提起行政诉讼。同年11月13日，无锡市南长区人民法院作出（2002）南行初字第13号行政判决，以［2002］17号工伤认定复函事实不清、证据不足、适用法律错误为由，撤销了该复函，并判决无锡市劳动局重新作出工伤认定。2003年1月22日，无锡市劳动局在重新调查后，根据省工伤保险规定第七条、第八条作出锡劳社医［2003］1号《企业职工工伤认定书》（以下简称［2003］1号工伤认定书），决定不认定郭维军所受伤害为工伤。郭维军对［2003］1号工伤认定书仍不服，再次提起行政诉讼。2004年12月2日，无锡市南长区人民法院作出（2003）南行初字第8号行政判决，以事实不清、主要证据不足为由，判决撤销了

[2003] 1号工伤认定书，并判决无锡市劳动局在判决生效后60日内重新作出工伤认定。无锡市劳动局不服该一审判决，提起上诉。2005年2月22日，无锡市中级人民法院经审理后，以2号终审判决书作出驳回上诉，维持原判的判决。新的工伤认定程序开始后，无锡市劳动局于2005年3月8日通过邮局向铃王公司发出No289《工伤认定举证通知书》，主要内容为："根据无锡市中级人民法院2号终审判决书和《工伤保险条例》第十九条的规定，你单位需对郭维军的工伤申请承担举证责任。请你单位在收到本通知书之日起15日内将不认为是工伤的理由及证据材料递交我局医疗保险处（书面材料需加盖单位公章）。逾期，我局将依据有关规定，依法作出工伤认定结论。"铃王公司收到举证通知书后，于4月11日向无锡市劳动局递交了不认为郭维军是工伤的陈述及一些证据。2005年4月30日，无锡市劳动局作出0491号工伤认定书，认定郭维军受伤为工伤。铃王公司不服，申请行政复议。2005年8月3日，无锡市人民政府复议维持了0491号工伤认定书。铃王公司仍不服，遂提起本案行政诉讼。

本案争议焦点是：1.《工伤保险条例》施行后重新启动的工伤认定行政程序，能否适用《工伤保险条例》？2. 无锡市劳动局未经调查作出0491号工伤认定书，并将2号终审判决的裁判理由写入该工伤认定书中，是否合法？

无锡市南长区人民法院认为：

一、2003年4月27日，国务院以第375号令公布了《工伤保险条例》，其中第六十四条规定："本条例自2004年1月1日起施行。本条例施行前已受到事故伤害或者患职业病的职工尚未完成工伤认定的，按照本条例的规定执行。"第三人郭维军虽于2000年2月14日受伤，受伤后虽经被告无锡市劳动局的两次工伤认定，但至《工伤保险条例》施行之日，没有取得过发生法律效力的工伤认定决定，因此对郭维军所受事故伤害的工伤认定尚未完成。依照《工伤保险条例》第六十四条规定，在对郭维军所受事故伤害重新启动的工伤认定程序中，应当按照《工伤保险条例》的规定执行。原告铃王公司关于本次工伤认定程序是前两次工伤认定程序的延续，《工伤保险条例》对本案不能适用的意见，与法相悖，不予采纳。

二、为规范工伤认定程序，依法进行工伤认定，维护当事人的合法权益，2003年9月23日，劳动和社会保障部颁布了《工伤认定办法》。该办法系根据《工伤保险条例》的有关规定制定，亦于2004年1月1日起施行。该办法第五条规定，进行工伤认定所需的劳动关系、诊断证明等材料，由申请人提交。第八条规定："劳动保障行政部门受理工伤认定申请后，根据需要可以对提供的证据进行调查核实，有关单位和个人应当予以协助。用人单位、医疗机构、有关部门及工会组织应当负责安排相关人员配合工作，据实提供情况和证明材料。"第十四条规定："职工或者其直系亲属认为是工伤，用人单位不认为是工伤的，由该用人单位承担举证责任。用人单位拒不举证的，劳动保障行政部门可以根据受伤害职工提供的证据依法作出工伤认定结论。"

《工伤保险条例》第十四条第（一）项规定，职工在工作时间和工作场所内，因工作原因受到事故伤害的，应当认定为工伤。2号终审判决书在阐述维持一审判决的理由时，其中"没有证据证明在单位日常的工作时间和工作的区域内，郭维军因从事与日常生产、工作无关的事务而跌倒致伤"一语，完全符合《工伤保险条例》的规定。

被告无锡市劳动局接到2号终审判决书后，依法重新启动了工伤认定程序。由于在以前的工伤认定程序中，对第三人郭维军所受事故伤害的经过，无锡市劳动局通过调查已经取得大量证据，故在重新启动的工伤认定程序中，该局未再进行调查。鉴于原告铃王公司一直不认为郭维军所受事故伤害是工伤，依照《工伤保险条例》第十九条和《工伤认定办法》第十四条的规定，铃王公司应当承担不是工伤的举证责任，于是无锡市劳动局向铃王公司发出《工伤认定举证通知书》，通知其举证，并且明确告知了不承担举证责任的法律后果。铃王公司接到举证通知书后，未在通知书指定的期限内举证，延期10多天后提交的证据，仍没有证明郭维军因从事与日常生产、工作无关的事务而跌倒致伤。无锡市劳动局在对铃王公司延期提交的证据进行审查后，以0491号工伤认定书作出认定工伤的决定。

根据《工伤认定办法》第五条、第八条，劳动保障行政部门受理工伤认定申请后，只是对申请人提交的材料进行审查，然后根据需要对提供的证据进行调查核实，所以调查核实不是每个工伤认定程序中必经的程序。由于对第三人郭维军所受事故伤害的经过已经掌握了大量证据，被告无锡市劳动局在重新启动的工伤认定程序中，根据需要未再进行调查，而是径行通知原告铃王公司举证的做法，不违背法律规定。0491号工伤认定书将2号终审判决书根据《工伤保险条例》规定阐述的裁判理由写入其中，只是要交代其重新认定的理由，并非以法院判决为依据。铃王公司关于无锡市劳动局不进行调查，将法院判决作为依据，是适用法律错误的起诉理由，不能成立。

综上，被告无锡市劳动局作出的0491号工伤认定书，事实清楚，程序合法。据此，无锡市南长区人民法院依照行政诉讼法第五十四条第（一）项规定，于2005年10月30日判决：

维持被告无锡市劳动局2005年4月30日作出的0491号工伤认定决定书。

本案诉讼费100元，由原告铃王公司负担。

一审宣判后，铃王公司不服，向无锡市中级人民法院提出上诉，理由是：吴宏虽然是上诉人的工会主席，但其是受第三人郭维军的妹妹郭维新委托，并且根据郭维新的猜测，才到无锡市总工会咨询处理意见的。吴宏并非以工会主席身份或者个人名义到无锡市总工会咨询，无锡市总工会对此次咨询的记录是虚假的，记录内容不符合当时咨询的实际情况。郭维军在上班期间，擅自走到公告栏前，在无任何外力影响和不安全因素，也不存在可能工作紧张的情况下突然摔倒，其所受损伤不构成工伤。上诉人已经提供了郭维军受伤不是工伤的证据，被上诉人无锡市劳动局仍然给郭维军认定工伤，是适用法律错误。对郭维军受伤一事，一审法院前后审理过三次，事实都是郭维军突然摔倒受伤这同一个事实，证据也都是同样一些证人出具的同样证据，但本次审理却作出了与以前完全不同的判决，属于判决错误。请求二审撤销一审判决，撤销被上诉人作出的0491号工伤认定书。

被上诉人无锡市劳动局答辩称：被上诉人对第三人郭维军所受伤害作出的0491号工伤认定书，事实清楚，证据确凿，适用法律正确、程序合法，一审判决予以维持是正确的。上诉人的上诉理由不能成立，二审应当驳回上诉，维持原判。

原审第三人郭维军未作陈述。

无锡市中级人民法院经全面审查各方当事人提交的证据以及历次诉讼材料，确认了一审查明的案件事实。

二审应解决的问题有：1. 无锡市总工会对吴宏咨询的记录能否作为本案的证据使用？2. 一审是否存在根据同样事实、同样证据作出前后不一致判决的问题？

无锡市中级人民法院认为：

一、2000年6月7日，吴宏到无锡市总工会陈述了第三人郭维军所受伤害的事实，咨询对此事的处理意见，无锡市总工会留下记录。无锡市总工会记录吴宏陈述的事实内容，与郭维军在被上诉人无锡市劳动局向其调查时陈述的事实基本一致。无锡市劳动局对郭维军提供的主要证人都进行过调查，各证人对郭维军受伤害经过所作证言虽然存在矛盾，但仍有部分证人的证言与吴宏、郭维军陈述的事实相符。吴宏是上诉人铃王公司的工会主席，没有证据证明吴宏是代表郭维新前往无锡市总工会陈述事实、咨询意见，也没有证据证明吴宏在无锡市总工会陈述的事实受到了郭维军或者郭维新事前陈述的影响。综合考虑吴宏的工会主席身份、受咨询机关的性质和吴宏的陈述内容，应当认定：吴宏是为维护职工利益，才以铃王公司工会主席身份，前往无锡市总工会咨询对郭维军所受伤害的处理意见。故无锡市总工会对吴宏陈述事实所作的咨询记录具有真实性，应当确认为证据。

二、第三人郭维军受伤后，对郭维军的伤情是否构成工伤，被上诉人无锡市劳动局曾先后作出过三个工伤认定，这三个工伤认定，都经过一审法院的行政诉讼程序。人民法院在行政诉讼中的任务，是审查被诉具体行政行为的合法性。在本案中，即是审查0491号工伤认定书的合法性。一审法院只有通过了解郭维军受伤的事实以及确认此事实的证据，才能对0491号工伤认定书是否合法作出评价。郭维军受伤的事实以及确认此事实的证据虽然在前后三个行政诉讼中没有变化，但是最后一个被诉具体行政行为（即工伤认定行为）的内容发生了变化，因此，一审相应地对被诉具体行政行为的合法性作出不同评价。上诉人铃王公司以一审对同样事实、同样证据作出不同判决为由，认为一审判决错误，该上诉理由不能成立。

综上所述，鉴于上诉人铃王公司没有证据证明在工作时间、工作场所内，第三人郭维军因从事了与日常生产、工作无关的事务而受到伤害，被上诉人无锡市劳动局以0491号工伤认定书作出认定工伤的决定。0491号工伤认定书认定事实清楚，证据确凿，适用法律、法规正确，符合法定程序，是合法的具体行政行为。一审判决维持0491号工伤认定书，是正确的。铃王公司的上诉理由不能成立，应当驳回。据此，无锡市中级人民法院依照行政诉讼法第六十一条第（一）项规定，于2006年2月20日判决：

驳回上诉，维持原判。

二审案件受理费100元，由上诉人铃王公司负担。

101. 工伤认定中，用人单位无正当理由拒不向行政机关提供证据，事后在行政诉讼程序中向人民法院提供的，人民法院可不予采纳①

松业石料厂诉荥阳市劳保局工伤认定案

裁判摘要

根据《最高人民法院关于行政诉讼证据若干问题的规定》第五十九条，劳动保障行政部门受理工伤认定申请后，依照法定程序要求用人单位在规定时间内提供相关证据，用人单位无正当理由拒不向行政机关提供证据，事后在行政诉讼程序中向人民法院提供的，人民法院可不予采纳。

原告：河南省荥阳市崔庙镇王泉村松业石料厂。住所地：荥阳市崔庙镇王泉村。

负责人：王松业，该厂厂长。

被告：河南省荥阳市人事劳动和社会保障局。

法定代表人：王海林，该局局长。

第三人：李喜波（又名李波），男，45岁，农民，住荥阳市崔庙镇白赵村。

河南省荥阳市人事劳动和社会保障局（以下简称荥阳市劳保局）根据《工伤保险条例》第十四条第一项的规定，以豫（劳）工伤认字［2004］03号《工伤认定通知书》（以下简称《03号工伤认定书》）认定：2003年5月21日，河南省荥阳市崔庙镇王泉村松业石料厂（以下简称松业石料厂）职工

① 参见《最高人民法院公报》2005年08期。

李喜波上班工作期间，因石片崩着右眼致伤，所受伤害为工伤。松业石料厂不服该工伤认定，向河南省荥阳市人民法院提起行政诉讼。

原告诉称：第三人李喜波称他是2003年5月21日上班工作期间被石片崩着右眼，然而在原告处干活的其他人，谁也没有看到这一情节。第三人在事隔9个月以后才去申请工伤认定，申请时只提供了一个李学亮的证明。从记工本上可以看出，2003年5月21日，李学亮根本没上班，怎么能在当天看到第三人受伤？再说2004年4月1日李学亮也给原告出具了证明，说他根本不知道第三人崩眼一事。崔庙卫生院证实，第三人在所谓的工伤日2003年5月21日之前的5月14日，已经在该院看过眼病。这一切说明，所谓“上班工作期间被石片崩着右眼”是假的。被告根据第三人的这一假话，将第三人的眼病认定为工伤，是事实不清、证据不足。请求判令撤销被告作出的《03号工伤认定书》。

原告提交以下证据：

1. 2004年5月13日以崔庙卫生院眼科医师陈玉转名义出具的诊断证明书，主要内容是：患者姓名李喜波，就诊时间2003年5月14日，诊断结果为角膜溃疡，医师处理意见是注意休息、药物治疗。用以证明李喜波早有眼疾；

2. 松业石料厂2003年5月份记工表一份，主要内容是：2003年5月15日、16日、17日和24日以后，李喜波未上班，李学亮于5月21日以后未上班。用以证明李学亮关于李喜波在5月21日上班时间受伤的证言不真实；

3. 2004年9月3日原告的委托代理人对李学亮的调查笔录一份，主要内容是：平时在松业石料厂有7—8个人干活，相距都不太远，如果有人出事，别人就会看到；2003年5月21日我（李学亮）未上班，不知道李喜波崩着眼的事，也没有听说李喜波去医院看眼睛；是李喜波拿来他事先写好的证明，说只要我证明我俩都在松业石料厂干活，他干活时把眼崩了就行。我不知道李喜波崩着眼这件事，也不识字，光在他写好的证明上签名摁了指印。后来李学亮又让我跟他去荥阳市劳保局作证，也是在人家写好的笔录上签名捺指印；

4. 2004年9月3日原告的委托代理人对李海木的调查笔录一份，主要内容是：我（李海木）在石料厂干活，基本没有停过工；我看到李喜波的眼睛红，但从来不知道什么时间、什么原因使他的眼睛红，也不知道他去过医院，听他说是崩着眼了；我们在一起干活时的距离很近，如果有人崩着眼，别人应该知道，就是当场没看见，也会听他说一声；

5. 2004年3月24日荥阳市劳保局作出的《03号工伤认定书》；

6. 2004年7月21日荥阳市人民政府（以下简称市政府）作出的荥政（复决）字［2004］17号《行政复议决定书》（以下简称《17号复议决定书》），主要内容是：经审理查明，2003年5月21日16时许，松业石料厂职工李喜波在砸石片时，被石片崩伤右眼。被申请人荥阳市劳保局依据《工伤保险条例》第十四条第一项的规定，认定李喜波为工伤，事实清楚，证据充分，程序合法。根据《中华人民共和国行政复议法》第二十八条第一款第（一）项的规定，决定维持该工伤认定通知书。申请人松业石料厂若不服本复议决定，可于接到本决定书之日起15日内向荥阳市人民法院起诉。

经原告申请，法庭允许证人李学亮出庭作证。李学亮出庭作证时证明：2003年5月21日，其本人没有到厂里上班，不知道李喜波右眼受伤的事。

被告辩称：第三人在原告处工作期间受伤害后，由于原告不给出钱医治，故向被告下属的仲裁科申请工伤赔偿争议仲裁。经仲裁科调查，第三人工作期间受伤害，有一起工作的李学亮证明，还有当地诊所、崔庙卫生院以及河南中医学院第一附属医院等单位于2003年5月21日以后出具的诊断证明，均证明第三人的右眼有外伤，事实清楚，证据充分。由于原告不承认第三人所受伤害是工伤，仲裁科无法继续仲裁，第三人才于2004年2月向被告申请工伤认定。被告受理后，于2004年3月4日向原告的厂长王松业进行调查，当天还向其送达了《工伤认定协助调查通知书》，要求其在10天内将掌握的事实真相与证据向被告提供，以便被告作出是否为工伤的认定。3月9日，原告给被告送来一纸答辩书，只是说与第三人一起干活的其他人没有一人知道，因此认为第三人的眼伤不是在干活时被石片崩伤。由于原告没有随答辩书附来任何证据，所述理由也无法否定被告此前已经掌握的证据，故被告以《03号工伤认定书》认定第三人所受伤害为工伤。这个认定事实清楚、证据确凿、程序合法、适用法律正确，应当维持。

被告提交以下证据：

1. 李喜波授权李连波代为申请工伤认定的委托书、李喜波的身份证明、松业石料厂的营业执照各一份；

2. 2004年2月20日李喜波填写的《工伤认定申请表》一份，其上有2004年2月23日荥阳市劳保局签署的“材料齐全，同意受理”意见；

3. 李学亮证明一份，主要内容是：2003年5月21日，李喜波在松业石料厂打石块时，被石块崩伤了眼睛。因我干活时与李喜波只有一米远，故知道此事。

4. 2003年7月14日，荥阳市劳保局仲裁科对松业石料厂负责人王松业的调查笔录一份，主要内容是：李喜波从2002年11月就在松业石料厂干破片石的活。李喜波的眼睛大概在5月6日、7日受伤，当时他没说。5月9日，我（王松业）爱人看到他眼很红，就问他是不是害眼了？他说是被石片崩着眼，已经两三天了。我爱人让他去看，他说没事，以后他看没看我不知道。大概5月14日早上，李喜波向我爱人借10元钱，说去看病。因当时没有零钱，说好下午给他，但他下午没有再要，此后也再没有提治眼、借钱的事。

5. 2003年7月21日，荥阳市劳保局仲裁科对李学亮的调查笔录一份，主要内容是：2003年5月二十几日，我（李学亮）和李喜波等人在松业石料厂里破石头，飞起的石渣子碰伤李喜波右眼，当时我给他看了看，眼有些红。李喜波后来又干了一两天。再以后的情况我就不知道了。

6. 2003年7月21日，荥阳市劳保局仲裁科对李喜波的调查笔录一份，主要内容是：2003 年 5 月 21 日下午 4 点左右，我（李喜波）正在砸石片，飞起的石块碰伤我右眼。当时在场的李学亮为我吹了吹眼，说他不会拨，第二天我就到矿山机械厂的诊所去看。5 月 23 日，老板娘（王松业的爱人）问我眼为什么红，我告诉她是石片碰伤的。后来又到崔庙镇卫生院检查，医生给开了眼药水、眼药膏等三天的药，还到郑州市中医学院医院治疗过，费用都是我借钱支付的。

7. 2003 年 5 月 22 日矿山机械厂诊所李芬梅出具的证明一份，证明当日李喜波因眼外伤、角膜溃疡、玻璃体混浊充血、视力模糊在该所进行治疗。

8. 矿山机械厂诊所 2003 年 5 月 22 日、23 日、24 日出具的门诊收费票据各一份。

9. 2003 年 5 月 26 日崔庙卫生院出具的《诊断证明书》一份，主要内容是：患者李喜波主诉右眼被石子碰伤一天余伴视物不清；检查见右眼睑及球结膜充血明显，右眼角膜有约 2mm×2mm 白色浸润，边界不清，虹膜纹理清晰，眼底不能窥及；诊断为右眼外伤、右眼角膜溃疡；处理意见为注意休息，药物治疗，建议住院。落款为眼科医师陈玉转。

10. 2003 年 6 月 18 日河南中医学院第一附属医院出具的《诊断说明书》一份，主要内容是：检查患者李喜波右眼结膜充血，角膜后内皮皱折，角膜有 4×4 圆形白色浸润，中心凹陷，边界不清，虹膜纹理不清，晶体呈楔状混浊，玻璃体积血，眼底不能窥及；诊断为右眼外伤、角膜溃疡、玻璃体积血；处理意见是建议住院治疗；落款为眼科医师邓海先。

11. 2004 年 3 月 4 日荥阳市劳保局对松业石料厂负责人王松业进行的《工伤认定调查笔录》一份，主要内容是：我（王松业）是在三天后得知李喜波受伤，受伤后到崔庙镇卫生院治疗过，但对李喜波受伤的经过不清楚。

12. 2004 年 3 月 9 日王松业书写的答辩状一份，主要内容是：李喜波说他的眼睛是在打石头时被石渣所伤不是事实。理由是：与他一起干活的人没有一人知道此事；自 2 月份上班到 6 月份放假，李喜波一直没有误工。如果眼睛被石渣所伤，他怎能干活？李喜波的眼睛究竟是被石渣所伤还是他自己误伤，应当由他举证。

13. 2004 年 2 月 23 日荥阳市劳保局出具的豫（劳）工伤受字［2004］03 号《工伤认定申请受理通知书》，主要内容是：当日决定受理李喜波提出的工伤认定申请。2004 年 3 月 4 日荥阳市劳保局出具的豫（劳）工伤调字［2004］03 号《工伤认定协助调查通知书》，主要内容是：要求松业石料厂 10 日内将与李喜波申请认定工伤有关的材料函告，或者派人来当面陈述。该通知书由王松业于 2004 年 3 月 4 日 10 时签收。

14. 《03 号工伤认定书》及送达回证，证明该工伤认定通知书于 2004 年 3 月 30 日向李喜波的委托代理人李连波、3 月 31 日向王松业的妻子史爱菊送达。

15. 2004 年 7 月 21 日市政府作出的《17 号复议决定书》。

第三人称：第三人在原告松业石料厂干活时被石子崩伤眼，不仅有一起干活的李学亮看到，还有矿山机械厂诊所、崔庙卫生院以及河南中医学院第一附属医院的医师都看到过，他们都知道我的眼是外伤，因外伤才引起角膜溃疡。我受伤后，松业石料厂厂长王松业不给我治疗，甚至连我向他借钱去看病，他都不借。为治疗，我通过卖粮和向邻居、亲戚借钱，到现在用去医药费加往返路费、生活费有 1500 多元，仍然还要继续治疗。为此事，被告的仲裁科做了大量工作，无奈王松业一毛不拔。经第三人多次上访省、市领导，被告开始受理第三人的工伤认定申请，并出具《03 号工伤认定书》。王松业不死心，篡改他手中掌握的记工表，威胁李学亮不给第三人作证，还通过他在崔庙卫生院工作的侄子搞出假诊断证明，非要制造一个第三人在 5 月 21 日前就到医院看过角膜溃疡的假象来混淆视听。被告不怕王松业的诬告陷害，作出《03 号工伤认定书》，是伸张正义、主持公道、为民做主。该认定事实清楚，证据充分，应当维持。

法庭主持了庭审质证。经质证，原告认为：被告的证据 1 没有委托人签名，证据3、6的内容不实，对其他证据没有异议。被告认为：原告的证据1、2、3、4，都是超过被告向其下达的工伤认定协助调查通知书要求的举证期限后才举的证据，属于无效证据，对其他证据无异议。第三人认为：原告的证据1、3与被告的证据9、3矛盾，是王松业利用关系和金钱搞出的假证据；证据2是原告自己形成的，不具有真实性，没有效力；证据4是原告代理人对生活在企业主淫威下、不敢说真话的工人所作的调查，内容不真实；除此以外，对原、被告双方的其他证据无异议。

经质证、认证，荥阳市人民法院查明：

第三人李喜波是原告松业石料厂的职工。2003年5月21日16时许，李喜波在该厂砸石头时，被飞起的石片崩伤右眼，经诊断为右眼外伤、角膜溃疡。受伤后，李喜波向被告荥阳市劳保局申请工伤赔偿争议仲裁，荥阳市劳保局仲裁科进行了调查。由于松业石料厂坚持认为李喜波不构成工伤，仲裁无果，李喜波只得于2004年2月20日向荥阳市劳保局申请工伤认定。荥阳市劳保局于2月23日受理，并于3月4日向松业石料厂下达了《工伤认定协助调查通知书》，要求松业石料厂在10日内将与李喜波申请工伤认定的有关材料函告或当面陈述。在指定期限内，松业石料厂只向荥阳市劳保局提交了一份认为不构成工伤的答辩状，未附任何证据。荥阳市劳保局根据调查结果，依照《工伤保险条例》第十四条第一项的规定，于3月24日作出《03号工伤认定书》，认定李喜波所受伤害为工伤。松业石料厂不服，在法定期限内向市政府申请行政复议。7月21日，市政府以《17号复议决定书》，作出维持《03号工伤认定书》的决定。松业石料厂遂提起本案行政诉讼。

荥阳市人民法院认为：

《最高人民法院关于行政诉讼证据若干问题的规定》（以下简称《行政诉讼证据规定》）第五十九条规定："被告在行政程序中依照法定程序要求原告提供证据，原告依法应当提供而拒不提供，在诉讼程序中提供的证据，人民法院一般不予采纳。"被告荥阳市劳保局受理第三人李喜波的工伤认定申请后，依照《工伤保险条例》第十九条第一款的规定，向原告松业石料厂下达了《工伤认定协助调查通知书》，通知该厂在10日内举证。松业石料厂接到通知书后，在法定期限内除提交一份答辩状外，并未提供任何相关的证据。在质证时，荥阳市劳保局以松业石料厂在行政诉讼程序中提交的证据1、2、3、4违反了法定程序、李喜波以这些证据内容不真实为由，提出异议。依照上述司法解释的规定，对松业石料厂超过法定举证期限提交的这些证据，不予采纳。对松业石料厂提交的其他证据，荥阳市劳保局和李喜波未提出异议，予以采纳。证人李学亮的当庭证言，因缺乏真实性，不予采纳。荥阳市劳保局提交的证据符合证据的真实性、合法性、关联性要求，属有效证据，应当作为认定本案事实的根据。

《工伤保险条例》第十四条规定："职工有下列情形之一的，应当认定为工伤：（一）在工作时间和工作场所内，因工作原因受到事故伤害的……"2003年5月21日16时许，第三人李喜波在原告松业石料厂进行砸石头的工作时，被飞起的石片崩伤右眼。这一基本事实，不仅有在一起劳动的松业石料厂职工李学亮证实，更有5月21日以后李喜波就医期间形成的诊断证明、医疗收费票据等证据证实。各医疗单位出具的诊断证明均证实，李喜波为右眼外伤、角膜溃疡。被告荥阳市劳保局根据查明的这一基本事实，依照《工伤保险条例》第十四条第（一）项规定，以《03号工伤认定书》认定李喜波所受伤害为工伤。这一认定事实清楚，证据确凿，适用法律法规正确，符合法定程序，应当维持。

据此，荥阳市人民法院依照《中华人民共和国行政诉讼法》第五十四条第（一）项的规定，于2004年10月11日判决：

维持被告荥阳市劳保局作出的《03号工伤认定书》。

案件受理费100元，由原告松业石料厂负担。

一审宣判后，松业石料厂不服，向河南省郑州市中级人民法院提出上诉，理由是：1. 在是否为工伤这个关键问题上，上诉人持有与被上诉人截然相反的证据。对行政相对人没有在行政程序中提供而在诉讼程序中提供的证据，司法解释的规定是“一般不予采纳”，不是一律不予采纳。一审不采纳上诉人提交的证据，不符合实事求是原则，是错误的；2. 第三人不是在上班期间因工作原因受伤，一审引用《工伤保险条例》第十四条的规定判决维持被上诉人的工伤认定决定，是适用法律错误。请求撤销原判，依法改判。

郑州市中级人民法院经审理，确认一审查明的事实属实。

本案争议焦点是：对松业石料厂在行政程序中未提交而在诉讼程序中提交的证据，人民法院应否采纳？

河南省郑州市中级人民法院认为：

上诉人松业石料厂未在行政程序中提交而在诉讼程序中提交的四个证据，被上诉人荥阳市劳保局和第三人李喜波在一审质证时均持异议。在决定取舍这样的证据时，司法解释既然规定“一般不予采纳”而不是“一律不予采纳”，就不能只从形式上看该证据是何时提交的，还应当从内容上看采纳该证据是否有利于人民法院查明案情。这四个证据是：1. 2004 年 5 月 13 日以崔庙卫生院眼科医师陈玉转名义出具的诊断证明书，所证内容是 2003 年 5 月 14 日一名普通患者在该院的就诊情况。2003 年 5 月 26 日，崔庙卫生院曾以同一个医师的名义，为李喜波出具过一份《诊断证明书》，其上记载的患者主诉是右眼被石子碰伤一天余伴视物不清；医师诊断结果是右眼外伤、右眼角膜溃疡。2004 年 5 月 13 日又出具的这份诊断证明书，把李喜波的就诊时间从 2003 年 5 月 26 日提前到 2003 年 5 月 14 日，把对李喜波的诊断结果从右眼外伤、右眼角膜溃疡改变为角膜溃疡。由于这份诊断证明书上既没有患者主诉也没有医师检查所见，从字面上无法得知患者是哪只眼角膜溃疡，因何溃疡。崔庙卫生院何以在一年后出具这样一份残缺不全的诊断证明书？该诊断证明书既然能对一年前的患者姓名、准确就医时间以及诊断结果记录得如此清晰，却为什么说不出患者是哪只眼有病？如果崔庙卫生院是靠该院病案记载内容出具这份诊断证明书的，为什么不能将病案记载内容直接作为证据提供？如果2004年5月13日的这份诊断证明书反映的是事实真相，那么崔庙卫生院对2003年5月26日出具的那份《诊断证明书》，又该作何解释？这些疑点，出具该证据的崔庙卫生院和提供该证据的松业石料厂有义务说明。2. 松业石料厂2003年5月份的记工表。该证据出自松业石料厂，是记工员一人在笔记本上书写的，极易伪造，如无其他证据印证，则不具有证明力。3. 2004年9月3日原告的委托代理人对李学亮的调查笔录一份。在这份笔录中，李学亮说：他不识字，只是在人家写好的内容上签名捺了指印；2003年5月21日他不上班，不知道李喜波崩着眼的事，也没有听说李喜波去医院看眼睛。对与工伤认定有利害关系的李喜波来说，李学亮的这一理由，足以推翻李学亮在先给其出具的证言。然而，荥阳市劳保局工作人员与工伤认定无任何利害关系；在荥阳市劳保局工作人员向李学亮调查时，李学亮所述内容仍与其给李喜波出具证言的内容一致，已经被荥阳市劳保局工作人员记录在案。李学亮翻证后的证言，不足采信。4. 2004年9月3日原告的委托代理人对李海木的调查笔录一份。在这份笔录中，李海木说道：他们在一起干活时的距离很近，如果有人崩着眼，别人应该知道，就是当场没看见，也会听他说一声；而李海木说他既看到李喜波眼睛红，也听到李喜波说过是崩着眼了。该证言不能否定李喜波在工作时眼睛受伤的事实。再者，从四个证据的内容分析，这四个证据完全能在行政机关调查工伤情况时形成，松业石料厂当时如果持有这四个证据，完全有条件向行政机关提供。松业石料厂不在《工伤认定协助调查通知书》指定的期间内向行政机关提交这些证据，确实违背了《行政诉讼证据规定》第五十九条的规定。一审在这些证据受到对方当事人质疑的情况下，根据《行政诉讼证据规定》第五十九条的规定，决定不采纳松业石料厂提供的有疑问证据，是正确的。

综上所述，被上诉人荥阳市劳保局在收到第三人李喜波的工伤认定申请后，经调查核实，认定李喜波所受伤害为工伤，认定事实清楚，证据充分，适用法规正确，程序合法。一审判决维持荥阳市劳保局作出的该工伤认定决定，认定事实清楚，适用法律正确，程序合法，应予维持。上诉人松业石料厂的上诉理由不能成立，应当驳回。据此，郑州市中级人民法院依照《中华人民共和国行政诉讼法》第六十一条第（一）项的规定，于2005年1月14日判决：

驳回上诉，维持原判。

诉讼费100元，由上诉人松业石料厂负担。

102. 工作时间内，劳动者在工作场所的卫生设施内发生伤亡，是否属于工伤[①]

何文良诉成都市武侯区劳动局工伤认定行政行为案

裁判摘要

根据《中华人民共和国劳动法》第三条的规定，认定劳动者工作时间在工作场所的卫生设施内发生伤亡与工作无关，属适用法律错误。

原告：何文良，男，70岁，农民，住四川省盐亭县五龙乡。

被告：四川省成都市武侯区劳动和社会保障局。

法定代表人：陈昌华，该局局长。

第三人：成都四通印制电路板厂。住所地：四川省成都市武侯区簇桥乡。

成都市武侯区劳动和社会保障局（以下简称武侯区劳动局）。于2002年10月23日以成武劳函［2002］23号《企业职工伤亡性质认定书》认定何文良之子何龙章的伤亡性质不是工伤。何文良不服，向成都市劳动局申请复议，成都市劳动局于2002年12月11日作出成劳社行复决［2002］12号《行政

① 参见《最高人民法院公报》2004年09期。

复议决定书》，维持武侯区劳动局对何龙章伤亡性质认定。何文良仍不服武侯区劳动局的行政复议决定，于2003年1月9日向四川省成都市武侯区人民法院提起行政诉讼。

原告诉称：何龙章生前系成都四通印制电路板厂工人。2002年9月24日下午的上班期间，何龙章被发现摔倒在车间旁的厕所内不省人事，经送往医院急救无效死亡。死亡原因为重型颅脑损伤，呼吸循环衰竭。因厂方未及时足额支付治疗费及其他相关费用，也未提起伤亡性质认定，我于2002年10月8日向武侯区劳动局申请对何龙章伤亡性质认定，武侯区劳动局认定何龙章不是工伤所依据的事实不清，回避了厂方的厕所潮湿，有重大安全隐患的事实。死者明显是被厕所内的积水滑倒而致颅脑损伤，且应与工作有关，请求撤销被告对何龙章作出的伤亡性质认定。

原告提供的主要证据有：

1. 何文良与何龙章的关系证明，用以证明提起行政诉讼的主体资格。

2. 成都四通印制电路板厂厕所的照片，用以证明该厕所有积水、湿滑，具有不安全因素。

3. 何龙章摔倒时被积水浸湿的衣服，用以证明何龙章的摔倒为厕所湿滑所致。

被告辩称：我局受理原告申请后，即派人到成都四通印制电路板厂进行了调查，因为何龙章是上班铃声响后未进车间而先到厕所小便，在厕所里不慎摔伤，经送往医院抢救无效后死亡。故认定何龙章上厕所与从事的本职工作无关，不属于工伤。原告称厕所存在不安全隐患，没有证据证实。

被告提供的主要证据有：

1.《工伤认定申请书》，用以证明成都市武侯区劳动局是根据何文良的申请对何龙章伤亡性质予以认定的。

2. 成武劳函［2002］23号《企业职工伤亡性质认定书》，用以证明成都市武侯区劳动局对何龙章伤亡性质的认定结论和理由。

3. 成劳社行复决［2002］12号《行政复议决定书》，用以证明成都市劳动局对何龙章伤亡性质认定的复议结论和理由。

4.《居民死亡医学证明书》，用以证明何龙章的死亡时间为2002年9月28日，原因为“重型颅脑损伤致呼吸循环衰竭致死”。

5.《何龙章事故调查报告》，用以证明成都市武侯区劳动局在对何龙章伤亡性质认定前，派人到簇桥乡高碑村村委会和四通印制电路板厂调查何龙章伤亡致死的原因及有关情况。

6. 张策、黄泽刚、骆志强的证人证言，用以证明事发当天四通印制电路板厂的厕所地面无湿滑现象。

被告提供的法规依据有：

1. 劳动部1996年8月发布的《企业职工工伤保险试行办法》。

2. 四川省劳动厅于1989年印发的《关于划分因工与非因工伤亡界限的暂行规定》。

3. 四川省劳动和社会保障厅2002年10月9日《关于职工伤残性质认定问题的复函》。

第三人辩称：我厂的厕所从未发生过有人滑倒的情况，被告对何龙章伤亡性质的认定是正确的。

在法庭质证中，原告何文良对被告提供的证据1—4无异议，但认为证据5的内容不真实，证据6中的被调查人均为四通厂职工，与被告存在利害关系。同时认为被告在认定何龙章是否属于工伤时对于有关法规和规章的理解有误，因为《企业职工工伤保险试行办法》第八条没有规定必须是在工作岗位上发生的伤亡才是工伤，被告把上班时间“上厕所”理解为与工作无关，没有法律依据，而且《企业职工工伤保险试行办法》第九条中规定的不认定为工伤的情形没有将“上厕所”排除在外。被告认为原告的证据2不能证明现场湿滑，从照片上看地面无明显积水，原告的证据3既不能证明是何龙章发生意外时所穿的衣服，也不能证明厕所湿滑；同时认为认定何龙章是否属于工伤时适用的法规、规章无误，职工“上厕所”与工作无直接关系，应属于私事。第三人对原、被告提供的证据无异议。

成都市武侯区人民法院经审理查明：

何文良系何龙章之父。何龙章生前系第三人成都四通印制电路板厂工人，该厂系个人独资企业，投资人为楼建力。何龙章2000年2月进厂工作时，未与厂方签订书面劳动合同。2002年9月24日下午上班铃过后，何龙章在进入车间工作前，到该厂厂区内的厕所（该厂只有该厕所）小便，几分钟后即被一起上班的工人张策、骆志强等发现仰面倒在厕所的地上不省人事，厂方立即将何龙章送往武侯区人民医院抢救，经救治无效，何龙章于28日死亡。武侯区人民医院出具的《死亡医学证明书》证明何龙章死于“呼吸循环衰竭，重型颅脑损伤”。原、被告双方对以上事实认可无异议。

2002年10月8日，原告何文良向被告成都市武侯区劳动局申请对何龙章给予工伤（亡）认定。武侯区劳动局认为，何龙章在工厂区域内、上班时间“上厕所”摔伤致死，不符合劳动部《企业职工工伤保险试行办法》第八条、四川省劳动厅《关于划分因工与非因工伤亡界限的暂行规定》第一条第一项及四川省劳动和社会保障厅《关于职工伤残性质认定问题的复函》关于工伤必须是“在工作时间、工作区域内（含因公外出），在完成本职工作任务中发生的意外摔伤”等规定，何龙章“上厕所”是与其本职工作无直接关系的私事，因而何龙章受伤死亡不属于应当认定为工伤的情形，并于2002年10月23日在《企业职工伤亡性质认定书》中认定何龙章不是因工负伤（死亡）。何文良申请行政复议后，成都市劳动局于2002年12月11日在《行政复议决定书》中认为：“何龙章在厂区内、上班时间在厕所里摔伤致死，是一次意外事故。申请人提出的请求理由事实证据和依据不足”，维持了武侯区劳动局对何龙章不构成工伤的行政认定。

成都市武侯区人民法院认为：

何龙章作为第三人四通印制电路板厂的职工，已与四通印制电路板厂建立了事实上的劳动关系。何文良是何龙章之父，在认为被告的具体行政行为侵犯其子依法获得工伤保险赔偿待遇的合法权益时，有权提起行政诉讼。被告武侯区劳动局是主管劳动与社会保障的行政机关，具有对辖区内的职工伤亡性质认定的行政职权。武侯区劳动局在举证期限内没有提供向何文良送达成劳社行复决［2002］12号《行政复议决定书》的证据，亦未就何文良的起诉期限提出异议，根据行政诉讼举证责任的相关规定，武侯区劳动局对此负有举证义务，应承担举证不能的不利后果，故视为何文良是在收到《行政复议决定书》的十五日内提起行政诉讼，符合起诉条件。

本案中原、被告双方争议的主要焦点是：武侯区劳动局认定何龙章在“上厕所”中因摔伤致死与其本职工作无关有无法律依据。

《中华人民共和国劳动法》第三条规定，劳动者享有“获得劳动安全卫生保护”的权利，“上厕所”是人的自然生理现象，任何用工单位或个人都应当为劳动者提供必要的劳动卫生条件，维护劳动者的基本权利。“上厕所”虽然是个人的生理现象，与劳动者的工作内容无关，但这是人的必要的、合理的生理需要，与劳动者的正常工作密不可分，被告片面地认为“上厕所”是个人生理需要的私事，与劳动者的本职工作无关，故作出认定何龙章不是工伤的具体行政行为，与劳动法保护劳动者合法权利的基本原则相悖，也有悖于社会常理；根据《企业职工工伤保险试行办法》第九条规定，“职工由于下列情形之一造成负伤、致残、死亡的不应认定为工伤：（一）犯罪或违法；（二）自杀或自残；（三）斗殴；（四）酗酒；（五）蓄意违章；（六）法律、法规规定的其他情形”，其中列举的不应当认定为工伤的情形均是职工因自己的过错致伤、致残、死亡的，由于本案中没有证据证明何龙章受伤是因自己的过错所致，因而不属于不应认定为工伤的情形。根据武侯区劳动局提供的四川省劳动厅《关于划分因工与非因工伤亡界限的暂行规定》第二条“确定比照因工伤亡的原则为职工发生与生产、工作有一定关系的意外伤亡”的规定，即使是“在上下班时间、在上下班必经路线途中，发生属于非本人主要责任的交通事故或其他无法抗拒的意外事故致残，完全丧失劳动能力或死亡的”，都应当确定为比照因工伤亡，而何龙章则是在上班时间在工作区域内发生的非本人过错的伤亡，不认定为工伤与上述法规、规定的本意不符，也没有相应的法律、法规依据。因此，武侯区劳动局根据何文良的申请对何龙章受伤死亡作出不予认定为因工负伤的行政行为没有法律、法规依据。关于原、被告对何龙章是否是因用工单位的厕所存在不安全因素摔伤致死的争议，因对本案不产生实际影响，故对此不作认定。

综上，被告武侯区劳动局在《企业职工伤亡性质认定书》中对何龙章的伤亡性质认定为不是因工负伤不符合法律规定，所适用法规、规章不当，应予撤销。因武侯区劳动局为主管劳动与社会保障的行政机关，负有对其所辖区域内职工伤亡性质予以认定的行政管理职权，故被诉行政行为被撤销以后，应当根据当事人的申请，依法行使职权重新作出行政行为。原告何文良的诉讼请求，符合《中华人民共和国行政诉讼法》的规定，应予以支持。

据此，成都市武侯区人民法院依照《中华人民共和国劳动法》第三条、《中华人民共和国行政诉讼法》第五十四条第（二）项之规定，于2003年5月16日判决：

一、撤销成都市武侯区劳动与社会保障局成武劳函［2002］23号《企业职工伤亡性质认定书》；

二、成都市武侯区劳动和社会保障局根据何龙章近亲属的申请对何龙章死亡是否属于工伤重新认定。

一审宣判后，四通印制电路板厂不服，向四川省成都市中级人民法院提出上诉。

四通印制电路板厂的主要理由是：何龙章上厕所发生意外摔伤致死是与工作无直接关系的私事，事发时何龙章虽然是在工作时间和工作区域内，但并不是在完成本职工作任务中发生的意外摔伤，不应认定为因工负伤。劳动部关于“在上下班的规定时间和必经路线上，发生无本人责任或本人主要责任的道路交通机动车事故的”规定，属法规专项规定的特例，不应任意扩大解释。一审法院据此推论认为“上厕所”摔伤属工伤，没有法律依据。

何文良对原审判决无异议。

武侯区劳动局二审辩称：何龙章在事发地摔伤，并非在厂方安排的本职工作岗位上，也不属于完成本职工作任务中发生的因公所致的伤亡，且事发地并不存在安全隐患，应是偶然发生的意外事故，该情形不符合劳动部和四川省劳动厅关于认定工伤的规定。原审判决中以“上厕所”是个人必要的、合理的生理需要，与劳动者的正常工作密不可分这一自然现象来认定工伤，缺乏法律依据。

成都市中级人民法院经审理，确认一审查明的事实。

成都市中级人民法院认为：

劳动者享有获得劳动安全卫生保护的权利，是劳动法规定的基本原则，任何用工单位或个人都应当为劳动者提供必要的劳动卫生条件，维护劳动者的基本权利。劳动者在日常工作中“上厕所”是其必要的、合理的生理需求，与劳动者的正常工作密不可分，应当受到法律的保护。被告作出的行政认定未体现劳动法中保护劳动者合法权益的基本原则，属适用法律、法规错误。上诉人的上诉理由不能成立，一审判决撤销成武劳函［2002］23号伤亡性质认定，责令成都市武侯区劳动局对何龙章死亡性质重新认定正确。

据此，成都市中级人民法院依照《中华人民共和国行政诉讼法》第六十一条第（一）项规定，于2003年9月17日判决：

驳回上诉，维持原判。

本判决为终审判决。

（三）地方法院典型案例

103. 因某平台企业与闪送员之间不存在劳动关系，闪送员配送任务结束后途中意外死亡的，不构成工伤（亡）[①]

基本案情：某平台企业主营网络信息服务，开发了“闪送”APP。张某于2020年1月下载APP、阅读平台发布的《合作协议》后注册成为闪送员从事配送工作。平台《合作协议》明确，闪送员的劳动报酬取决于本人完成配送业务的数量和质量，闪送员在专兼职选择、工作时间、交通路线等方面均不受平台企业的管理和支配，平台企业亦不提供劳动工具，但平台企业为其购买了人身意外伤害保险。2020年5月14日，张某登录“闪送”APP后于上午8时完成一单派送业务。当日11时9分左右，张某在步行横穿街道时被杜某驾驶的小轿车撞伤，经抢救无效死亡。交警部门对此次事故作出责任认定，认定杜某承担主要责任，张某承担次要责任。杜某及保险公司向张某家属支付了六十余万元赔偿款。张某之母刘某随后以平台企业为用人单位向某人力资源和社会保障局申请工伤认定。人力资源和社会保障局受理后作出《认定工伤决定书》，在未对劳动关系予以认定的情况下认定张某之死为工伤。平台企业不服，向法院提起行政诉讼，要求撤销人力资源和社会保障局作出的《认定工伤决定书》。

裁判结果：法院认为，根据《最高人民法院关于审理工伤保险行政案件若干问题的规定》第三条第一款的规定，对于非劳动关系而应承担工伤保险

---

① 《四川省高级人民法院发布劳动争议典型案例》，五、因某平台企业与闪送员之间不存在劳动关系，闪送员配送任务结束后途中意外死亡的，不构成工伤（亡）——某公司诉某人力资源和社会保障局工伤认定纠纷案，载四川省高级人民法院网站，http：//scfy. scssfw. gov. cn/article/detail/2023/05/id/7271548. shtml，最后访问日期：2023年6月30日。

责任的情形仅限于“用工单位违反法律、法规规定将承包业务转包给不具备用工主体资格的组织或者自然人，该组织或者自然人聘用的职工从事承包业务时因工伤亡”以及“个人挂靠其他单位对外经营，其聘用的人员因工伤亡”两种，所以本案工伤认定的前提仍然是劳动关系的成立。张某通过手机APP注册成为闪送员，其劳动报酬取决于本人完成配送业务的数量和质量，而且张某在专兼职选择、工作时间、交通路线等方面均不受平台企业的管理和支配，平台企业对张某工作的管理措施是对张某完成闪送业务的工作标准、质量、时限等要求的具体化，不具有相当强度的人格从属性和经济从属性。因此平台企业与张某之间不成立劳动关系，张某之死不应认定为工伤，故判决撤销人力资源和社会保障局作出的《认定工伤决定书》。

典型意义

本案为一起互联网平台用工引发的工伤认定典型案件，其中的核心仍是劳动关系的认定问题。在灵活用工模式下界定企业和个人之间是否存在劳动关系，应坚持“强从属性”的核心原则，即以从业人员在从业期间的人格从属性、经济从属性、是否存在管理与被管理关系作为把握劳动关系认定的核心要素。不具备核心要素的，不应认定为劳动关系。本案裁判合理确定了平台企业承担责任的边界，给劳动者合法维护自身权益指明正确途径，理性衡平保护劳动者合法权益，以司法裁判助力行业良性发展。

（四）裁判依据

《中华人民共和国社会保险法》

第四章　工伤保险

第三十三条　职工应当参加工伤保险，由用人单位缴纳工伤保险费，职工不缴纳工伤保险费。

第三十四条 国家根据不同行业的工伤风险程度确定行业的差别费率，并根据使用工伤保险基金、工伤发生率等情况在每个行业内确定费率档次。行业差别费率和行业内费率档次由国务院社会保险行政部门制定，报国务院批准后公布施行。

社会保险经办机构根据用人单位使用工伤保险基金、工伤发生率和所属行业费率档次等情况，确定用人单位缴费费率。

第三十五条 用人单位应当按照本单位职工工资总额，根据社会保险经办机构确定的费率缴纳工伤保险费。

第三十六条 职工因工作原因受到事故伤害或者患职业病，且经工伤认定的，享受工伤保险待遇；其中，经劳动能力鉴定丧失劳动能力的，享受伤残待遇。

工伤认定和劳动能力鉴定应当简捷、方便。

第三十七条 职工因下列情形之一导致本人在工作中伤亡的，不认定为工伤：

（一）故意犯罪；

（二）醉酒或者吸毒；

（三）自残或者自杀；

（四）法律、行政法规规定的其他情形。

第三十八条 因工伤发生的下列费用，按照国家规定从工伤保险基金中支付：

（一）治疗工伤的医疗费用和康复费用；

（二）住院伙食补助费；

（三）到统筹地区以外就医的交通食宿费；

（四）安装配置伤残辅助器具所需费用；

（五）生活不能自理的，经劳动能力鉴定委员会确认的生活护理费；

（六）一次性伤残补助金和一至四级伤残职工按月领取的伤残津贴；

（七）终止或者解除劳动合同时，应当享受的一次性医疗补助金；

（八）因工死亡的，其遗属领取的丧葬补助金、供养亲属抚恤金和因工死亡补助金；

（九）劳动能力鉴定费。

第三十九条 因工伤发生的下列费用，按照国家规定由用人单位支付：

（一）治疗工伤期间的工资福利；

（二）五级、六级伤残职工按月领取的伤残津贴；

（三）终止或者解除劳动合同时，应当享受的一次性伤残就业补助金。

第四十条 工伤职工符合领取基本养老金条件的，停发伤残津贴，享受基本养老保险待遇。基本养老保险待遇低于伤残津贴的，从工伤保险基金中补足差额。

第四十一条 职工所在用人单位未依法缴纳工伤保险费，发生工伤事故的，由用人单位支付工伤保险待遇。用人单位不支付的，从工伤保险基金中先行支付。

从工伤保险基金中先行支付的工伤保险待遇应当由用人单位偿还。用人单位不偿还的，社会保险经办机构可以依照本法第六十三条的规定追偿。

第四十二条 由于第三人的原因造成工伤，第三人不支付工伤医疗费用或者无法确定第三人的，由工伤保险基金先行支付。工伤保险基金先行支付后，有权向第三人追偿。

第四十三条 工伤职工有下列情形之一的，停止享受工伤保险待遇：

（一）丧失享受待遇条件的；

（二）拒不接受劳动能力鉴定的；

（三）拒绝治疗的。

《工伤保险条例》

第二条 中华人民共和国境内的企业、事业单位、社会团体、民办非企业单位、基金会、律师事务所、会计师事务所等组织和有雇工的个体工商户（以下称用人单位）应当依照本条例规定参加工伤保险，为本单位全部职工或者雇工（以下称职工）缴纳工伤保险费。

中华人民共和国境内的企业、事业单位、社会团体、民办非企业单位、基金会、律师事务所、会计师事务所等组织的职工和个体工商户的雇工，均有依照本条例的规定享受工伤保险待遇的权利。

第十四条 职工有下列情形之一的，应当认定为工伤：

（一）在工作时间和工作场所内，因工作原因受到事故伤害的；

（二）工作时间前后在工作场所内，从事与工作有关的预备性或者收尾性工作受到事故伤害的；

（三）在工作时间和工作场所内，因履行工作职责受到暴力等意外伤害的；

（四）患职业病的；

（五）因工外出期间，由于工作原因受到伤害或者发生事故下落不明的；

（六）在上下班途中，受到非本人主要责任的交通事故或者城市轨道交通、客运轮渡、火车事故伤害的；

（七）法律、行政法规规定应当认定为工伤的其他情形。

第十五条 职工有下列情形之一的，视同工伤：

（一）在工作时间和工作岗位，突发疾病死亡或者在48小时之内经抢救无效死亡的；

（二）在抢险救灾等维护国家利益、公共利益活动中受到伤害的；

（三）职工原在军队服役，因战、因公负伤致残，已取得革命伤残军人证，到用人单位后旧伤复发的。

职工有前款第（一）项、第（二）项情形的，按照本条例的有关规定享受工伤保险待遇；职工有前款第（三）项情形的，按照本条例的有关规定享受除一次性伤残补助金以外的工伤保险待遇。

第十六条 职工符合本条例第十四条、第十五条的规定，但是有下列情形之一的，不得认定为工伤或者视同工伤：

（一）故意犯罪的；

（二）醉酒或者吸毒的；

（三）自残或者自杀的。

《工伤认定办法》

第一条 为规范工伤认定程序，依法进行工伤认定，维护当事人的合法权益，根据《工伤保险条例》的有关规定，制定本办法。

第二条 社会保险行政部门进行工伤认定按照本办法执行。

第三条 工伤认定应当客观公正、简捷方便，认定程序应当向社会公开。

第四条 职工发生事故伤害或者按照职业病防治法规定被诊断、鉴定为职业病，所在单位应当自事故伤害发生之日或者被诊断、鉴定为职业病之日起30日内，向统筹地区社会保险行政部门提出工伤认定申请。遇有特殊情况，经报社会保险行政部门同意，申请时限可以适当延长。

按照前款规定应当向省级社会保险行政部门提出工伤认定申请的，根据属地原则应当向用人单位所在地设区的市级社会保险行政部门提出。

第五条 用人单位未在规定的时限内提出工伤认定申请的，受伤害职工或者其近亲属、工会组织在事故伤害发生之日或者被诊断、鉴定为职业病之日起1年内，可以直接按照本办法第四条规定提出工伤认定申请。

第六条 提出工伤认定申请应当填写《工伤认定申请表》，并提交下列材料：

（一）劳动、聘用合同文本复印件或者与用人单位存在劳动关系（包括事实劳动关系）、人事关系的其他证明材料；

（二）医疗机构出具的受伤后诊断证明书或者职业病诊断证明书（或者职业病诊断鉴定书）。

第七条 工伤认定申请人提交的申请材料符合要求，属于社会保险行政部门管辖范围且在受理时限内的，社会保险行政部门应当受理。

第八条 社会保险行政部门收到工伤认定申请后，应当在15日内对申请人提交的材料进行审核，材料完整的，作出受理或者不予受理的决定；材料不完整的，应当以书面形式一次性告知申请人需要补正的全部材料。社会保险行政部门收到申请人提交的全部补正材料后，应当在15日内作出受理或者不予受理的决定。

社会保险行政部门决定受理的，应当出具《工伤认定申请受理决定书》；

决定不予受理的，应当出具《工伤认定申请不予受理决定书》。

第九条 社会保险行政部门受理工伤认定申请后，可以根据需要对申请人提供的证据进行调查核实。

第十条 社会保险行政部门进行调查核实，应当由两名以上工作人员共同进行，并出示执行公务的证件。

第十一条 社会保险行政部门工作人员在工伤认定中，可以进行以下调查核实工作：

（一）根据工作需要，进入有关单位和事故现场；

（二）依法查阅与工伤认定有关的资料，询问有关人员并作出调查笔录；

（三）记录、录音、录像和复制与工伤认定有关的资料。

调查核实工作的证据收集参照行政诉讼证据收集的有关规定执行。

第十二条 社会保险行政部门工作人员进行调查核实时，有关单位和个人应当予以协助。用人单位、工会组织、医疗机构以及有关部门应当负责安排相关人员配合工作，据实提供情况和证明材料。

第十三条 社会保险行政部门在进行工伤认定时，对申请人提供的符合国家有关规定的职业病诊断证明书或者职业病诊断鉴定书，不再进行调查核实。职业病诊断证明书或者职业病诊断鉴定书不符合国家规定的要求和格式的，社会保险行政部门可以要求出具证据部门重新提供。

第十四条 社会保险行政部门受理工伤认定申请后，可以根据工作需要，委托其他统筹地区的社会保险行政部门或者相关部门进行调查核实。

第十五条 社会保险行政部门工作人员进行调查核实时，应当履行下列义务：

（一）保守有关单位商业秘密以及个人隐私；

（二）为提供情况的有关人员保密。

第十六条 社会保险行政部门工作人员与工伤认定申请人有利害关系的，应当回避。

第十七条 职工或者其近亲属认为是工伤，用人单位不认为是工伤的，由该用人单位承担举证责任。用人单位拒不举证的，社会保险行政部门可以根据受伤害职工提供的证据或者调查取得的证据，依法作出工伤认定决定。

第十八条 社会保险行政部门应当自受理工伤认定申请之日起60日内作出工伤认定决定，出具《认定工伤决定书》或者《不予认定工伤决定书》。

第十九条 《认定工伤决定书》应当载明下列事项：

（一）用人单位全称；

（二）职工的姓名、性别、年龄、职业、身份证号码；

（三）受伤害部位、事故时间和诊断时间或职业病名称、受伤害经过和核实情况、医疗救治的基本情况和诊断结论；

（四）认定工伤或者视同工伤的依据；

（五）不服认定决定申请行政复议或者提起行政诉讼的部门和时限；

（六）作出认定工伤或者视同工伤决定的时间。

《不予认定工伤决定书》应当载明下列事项：

（一）用人单位全称；

（二）职工的姓名、性别、年龄、职业、身份证号码；

（三）不予认定工伤或者不视同工伤的依据；

（四）不服认定决定申请行政复议或者提起行政诉讼的部门和时限；

（五）作出不予认定工伤或者不视同工伤决定的时间。

《认定工伤决定书》和《不予认定工伤决定书》应当加盖社会保险行政部门工伤认定专用印章。

第二十条 社会保险行政部门受理工伤认定申请后，作出工伤认定决定需要以司法机关或者有关行政主管部门的结论为依据的，在司法机关或者有关行政主管部门尚未作出结论期间，作出工伤认定决定的时限中止，并书面通知申请人。

第二十一条 社会保险行政部门对于事实清楚、权利义务明确的工伤认定申请，应当自受理工伤认定申请之日起15日内作出工伤认定决定。

第二十二条 社会保险行政部门应当自工伤认定决定作出之日起20日内，将《认定工伤决定书》或者《不予认定工伤决定书》送达受伤害职工（或者其近亲属）和用人单位，并抄送社会保险经办机构。

《认定工伤决定书》和《不予认定工伤决定书》的送达参照民事法律有关送达的规定执行。

第二十三条 职工或者其近亲属、用人单位对不予受理决定不服或者对工伤认定决定不服的，可以依法申请行政复议或者提起行政诉讼。

第二十四条 工伤认定结束后，社会保险行政部门应当将工伤认定的有关资料保存50年。

《最高人民法院关于审理工伤保险行政案件若干问题的规定》

第一条 人民法院审理工伤认定行政案件，在认定是否存在《工伤保险条例》第十四条第（六）项“本人主要责任”、第十六条第（二）项“醉酒或者吸毒”和第十六条第（三）项“自残或者自杀”等情形时，应当以有权机构出具的事故责任认定书、结论性意见和人民法院生效裁判等法律文书为依据，但有相反证据足以推翻事故责任认定书和结论性意见的除外。

前述法律文书不存在或者内容不明确，社会保险行政部门就前款事实作出认定的，人民法院应当结合其提供的相关证据依法进行审查。

《工伤保险条例》第十六条第（一）项“故意犯罪”的认定，应当以刑事侦查机关、检察机关和审判机关的生效法律文书或者结论性意见为依据。

第二条 人民法院受理工伤认定行政案件后，发现原告或者第三人在提起行政诉讼前已经就是否存在劳动关系申请劳动仲裁或者提起民事诉讼的，应当中止行政案件的审理。

第三条 社会保险行政部门认定下列单位为承担工伤保险责任单位的，人民法院应予支持：

（一）职工与两个或两个以上单位建立劳动关系，工伤事故发生时，职工为之工作的单位为承担工伤保险责任的单位；

（二）劳务派遣单位派遣的职工在用工单位工作期间因工伤亡的，派遣单位为承担工伤保险责任的单位；

（三）单位指派到其他单位工作的职工因工伤亡的，指派单位为承担工伤保险责任的单位；

（四）用工单位违反法律、法规规定将承包业务转包给不具备用工主体资格的组织或者自然人，该组织或者自然人聘用的职工从事承包业务时因工伤亡的，用工单位为承担工伤保险责任的单位；

（五）个人挂靠其他单位对外经营，其聘用的人员因工伤亡的，被挂靠单位为承担工伤保险责任的单位。

前款第（四）、（五）项明确的承担工伤保险责任的单位承担赔偿责任或者社会保险经办机构从工伤保险基金支付工伤保险待遇后，有权向相关组织、单位和个人追偿。

第四条 社会保险行政部门认定下列情形为工伤的，人民法院应予支持：

（一）职工在工作时间和工作场所内受到伤害，用人单位或者社会保险行政部门没有证据证明是非工作原因导致的；

（二）职工参加用人单位组织或者受用人单位指派参加其他单位组织的活动受到伤害的；

（三）在工作时间内，职工来往于多个与其工作职责相关的工作场所之间的合理区域因工受到伤害的；

（四）其他与履行工作职责相关，在工作时间及合理区域内受到伤害的。

第五条 社会保险行政部门认定下列情形为“因工外出期间”的，人民法院应予支持：

（一）职工受用人单位指派或者因工作需要在工作场所以外从事与工作职责有关的活动期间；

（二）职工受用人单位指派外出学习或者开会期间；

（三）职工因工作需要的其他外出活动期间。

职工因工外出期间从事与工作或者受用人单位指派外出学习、开会无关的个人活动受到伤害，社会保险行政部门不认定为工伤的，人民法院应予支持。

第六条 对社会保险行政部门认定下列情形为“上下班途中”的，人民法院应予支持：

（一）在合理时间内往返于工作地与住所地、经常居住地、单位宿舍的合理路线的上下班途中；

（二）在合理时间内往返于工作地与配偶、父母、子女居住地的合理路线的上下班途中；

（三）从事属于日常工作生活所需要的活动，且在合理时间和合理路线的上下班途中；

（四）在合理时间内其他合理路线的上下班途中。

第七条 由于不属于职工或者其近亲属自身原因超过工伤认定申请期限的，被耽误的时间不计算在工伤认定申请期限内。

有下列情形之一耽误申请时间的，应当认定为不属于职工或者其近亲属自身原因：

（一）不可抗力；

（二）人身自由受到限制；

（三）属于用人单位原因；

（四）社会保险行政部门登记制度不完善；

（五）当事人对是否存在劳动关系申请仲裁、提起民事诉讼。

第八条 职工因第三人的原因受到伤害，社会保险行政部门以职工或者其近亲属已经对第三人提起民事诉讼或者获得民事赔偿为由，作出不予受理工伤认定申请或者不予认定工伤决定的，人民法院不予支持。

职工因第三人的原因受到伤害，社会保险行政部门已经作出工伤认定，职工或者其近亲属未对第三人提起民事诉讼或者尚未获得民事赔偿，起诉要求社会保险经办机构支付工伤保险待遇的，人民法院应予支持。

职工因第三人的原因导致工伤，社会保险经办机构以职工或者其近亲属已经对第三人提起民事诉讼为由，拒绝支付工伤保险待遇的，人民法院不予支持，但第三人已经支付的医疗费用除外。

第九条 因工伤认定申请人或者用人单位隐瞒有关情况或者提供虚假材料，导致工伤认定错误的，社会保险行政部门可以在诉讼中依法予以更正。

工伤认定依法更正后，原告不申请撤诉，社会保险行政部门在作出原工伤认定时有过错的，人民法院应当判决确认违法；社会保险行政部门无过错的，人民法院可以驳回原告诉讼请求。

《实施〈中华人民共和国社会保险法〉若干规定》

第九条 职工（包括非全日制从业人员）在两个或者两个以上用人单位同时就业的，各用人单位应当分别为职工缴纳工伤保险费。职工发生工伤，由职工受到伤害时工作的单位依法承担工伤保险责任。

第十条 社会保险法第三十七条第二项中的醉酒标准，按照《车辆驾驶人员血液、呼气酒精含量阈值与检验》（GB19522—2004）执行。公安机关交通管理部门、医疗机构等有关单位依法出具的检测结论、诊断证明等材料，可以作为认定醉酒的依据。

第十一条 社会保险法第三十八条第八项中的因工死亡补助金是指《工伤保险条例》第三十九条的一次性工亡补助金，标准为工伤发生时上一年度全国城镇居民人均可支配收入的20倍。

上一年度全国城镇居民人均可支配收入以国家统计局公布的数据为准。

第十二条 社会保险法第三十九条第一项治疗工伤期间的工资福利，按照《工伤保险条例》第三十三条有关职工在停工留薪期内应当享受的工资福利和护理等待遇的规定执行。

《人力资源社会保障部关于执行〈工伤保险条例〉若干问题的意见（二）》

一、一级至四级工伤职工死亡，其近亲属同时符合领取工伤保险丧葬补助金、供养亲属抚恤金待遇和职工基本养老保险丧葬补助金、抚恤金待遇条件的，由其近亲属选择领取工伤保险或职工基本养老保险其中一种。

二、达到或超过法定退休年龄，但未办理退休手续或者未依法享受城镇职工基本养老保险待遇，继续在原用人单位工作期间受到事故伤害或患职业病的，用人单位依法承担工伤保险责任。

用人单位招用已经达到、超过法定退休年龄或已经领取城镇职工基本养老保险待遇的人员，在用工期间因工作原因受到事故伤害或患职业病的，如招用单位已按项目参保等方式为其缴纳工伤保险费的，应适用《工伤保险条例》。

三、《工伤保险条例》第六十二条规定的“新发生的费用”，是指用人单位参加工伤保险前发生工伤的职工，在参加工伤保险后新发生的费用。其中由工伤保险基金支付的费用，按不同情况予以处理：

(一）因工受伤的，支付参保后新发生的工伤医疗费、工伤康复费、住院伙食补助费、统筹地区以外就医交通食宿费、辅助器具配置费、生活护理费、一级至四级伤残职工伤残津贴，以及参保后解除劳动合同时的一次性工伤医疗补助金；

(二）因工死亡的，支付参保后新发生的符合条件的供养亲属抚恤金。

四、职工在参加用人单位组织或者受用人单位指派参加其他单位组织的活动中受到事故伤害的，应当视为工作原因，但参加与工作无关的活动除外。

五、职工因工作原因驻外，有固定的住所、有明确的作息时间，工伤认定时按照在驻在地当地正常工作的情形处理。

六、职工以上下班为目的、在合理时间内往返于工作单位和居住地之间的合理路线，视为上下班途中。

七、用人单位注册地与生产经营地不在同一统筹地区的，原则上应在注册地为职工参加工伤保险；未在注册地参加工伤保险的职工，可由用人单位在生产经营地为其参加工伤保险。

劳务派遣单位跨地区派遣劳动者，应根据《劳务派遣暂行规定》参加工伤保险。建筑施工企业按项目参保的，应在施工项目所在地参加工伤保险。

职工受到事故伤害或者患职业病后，在参保地进行工伤认定、劳动能力鉴定，并按照参保地的规定依法享受工伤保险待遇；未参加工伤保险的职工，应当在生产经营地进行工伤认定、劳动能力鉴定，并按照生产经营地的规定依法由用人单位支付工伤保险待遇。

三、医疗保险待遇纠纷

（一）地方法院典型案例

104. 未给职工缴社保导致医疗待遇受损，由用人单位承担相应责任[①]

案情：胡某入职某电器公司工作，但该公司没有为胡某缴纳社保。胡某向某电器公司提交离职申请表后离职，某电器公司同意其离职申请。离职后胡某发生交通事故，并因本次交通事故产生了门诊医疗费和住院医疗费。另查明，胡某在户籍所在地参加了城乡居民医疗保险，若本次医疗费用参照职工基本医疗保险待遇标准可报销大部分门诊费和住院费。胡某因医疗费问题与公司协商不成，遂申请劳动仲裁，要求某电器公司补偿因其未缴纳社保导致住院及门诊医疗费报销的差额，此案经江海区劳动人事争议仲裁委员会和江海区法院审理后，法院一审判决某电器公司支付部分医疗费给胡某。

点评：为胡某参加社会保险，是某电器公司作为用人单位的法定义务。胡某因交通事故而受伤，属于非因工受伤，符合基本医疗保险报销范围。由于某电器公司没有依法为胡某参加职工基本医疗保险或者缴纳医保费，而胡

① 《江门市中院发布2018年度劳动人事争议十大典型案例》，三、未给职工缴社保？医疗待遇受损，公司赔，载江门法院网，https：//fy.jiangmen.gov.cn/web/content？gid=2495，最后访问日期：2023年7月3日。

某符合享受职工医保待遇的条件，因此，某电器公司应承担没有为胡某参加职工基本医疗保险导致医疗待遇损失的赔偿责任。

105. 劳动者参加新型农村合作医疗，不免除用人单位缴纳职工基本医疗保险的法定义务[①]

裁判要旨

用人单位未依法为劳动者缴纳职工基本医疗保险导致劳动者无法享受相关医疗保险待遇，劳动者主张用人单位赔偿相应医疗保险待遇损失的，人民法院应予支持。

简要案情：朱某、薛某、何某均系何某某（已故）亲属。何某某与某保安公司存在劳动关系，该公司未为何某某缴纳社会保险。何某某于2019年5月27日摔伤，因医治无效于同年9月4日去世。治疗期间，何某某共产生医疗费用420834元，其中符合医保报销范围的为288152.73元。朱某、薛某、何某已通过新型农村合作医疗（以下简称新农合）报销医疗费用27612.21元。2019年10月22日，朱某、薛某、何某申请劳动仲裁，请求裁令某保安公司支付医疗费420834元。仲裁裁决后，某保安公司不服，诉至法院。

法院认为，何某某共产生医疗费用420834元，其中符合医保报销范围的为288152.73元。某保安公司未为何某某参加职工基本医疗保险，故该医保可报销的费用288152.73元为某保安公司应向何某某赔偿的医疗保险待遇损失。鉴于朱某、薛某、何某已经通过新农合报销了27612.21元，该部分应予扣除，故判决某保安公司支付医疗费260540.52元。

① 《江苏法院2020年度劳动人事争议十大典型案例》，六、劳动者参加新型农村合作医疗，不免除用人单位缴纳职工基本医疗保险的法定义务，载江苏法院网，http：//www.jsfy.gov.cn/article/91653.html，最后访问日期：2023年7月3日。

专家点评：本案折射的是我国社会保险法确立的城乡二元、三三制基本医疗保险制度体系内在关系问题。城镇职工基本医疗保险和新农合在参保对象、资金统筹、保障范围、主管机构等方面均有所不同，尤其在保障范围方面，职工基本医疗保险所保障的范围和标准远高于新农合。用人单位为劳动者参加社会保险，是其法定义务。

本案中，用人单位未为劳动者参保职工基本医疗保险，导致劳动者无法享受职工基本医疗保险待遇。法院判决用人单位赔偿当事人基本医疗保险待遇相应损失，不仅符合《中华人民共和国社会保险法》的立法目的，维护职工参加社会保险和享受社会保险待遇的合法权益，更可以使职工共享发展成果，促进社会和谐稳定，实现社会法的社会安全目标。同时，该裁判有利于促进我国社会保险制度的城乡一体化进程，彰显制度的公平性，保证农村居民群体的基本医疗水平；还可以均衡企业负担，创造公平竞争的社会环境，建立统一的劳动力市场，促进劳动者的合理流动。

106. 员工与他人打架，公司不赔偿医疗费[①]

基本案情：吴某于2015年7月13日进入东莞市某机械设备有限公司处任铣床学徒。2015年7月27日零时，吴某在公司宿舍被舍友陶某打伤，后吴某被送到医院进行住院治疗至2015年8月7日出院。吴某主张其本次受到伤害有通过报警处理，经过新和派出所法医鉴定，吴某本次受伤为轻微伤，吴某本次受伤的所有医疗费、误工费均由陶某负责。

吴某主张在本次事故中支付了医疗费15300元，东莞市某机械设备有限公司为吴某购买社会保险的时间是2015年7月30日，东莞市某机械设备有

① 《东莞中院公布2016年度劳动争议十大典型案例》，五、员工与他人打架，公司不赔偿医疗费，载东莞市中级人民法院网站，http：//www.dgcourt.gov.cn/News/Show.asp？id＝633，最后访问日期：2023年7月3日。

限公司是在吴某受伤后购买的医疗保险，因此医疗费15300元应由东莞市某机械设备有限公司负担。

裁判结果：根据《中华人民共和国社会保险法》第三十条第一款、《社会保险基金先行支付暂行办法》第二条第一款的规定，参加基本医疗保险的劳动者因第三人的侵权行为造成伤病的，其医疗费用应由第三人按照确定的责任大小依法承担。超过第三人责任部分的医疗费，由基本医疗保险基金按照国家规定支付。本案中，吴某本次受伤的所有医疗费均由陶某负责，因此吴某的医疗费不纳入基本医疗保险支付范围。

根据《中华人民共和国社会保险法》第三十条第二款、《社会保险基金先行支付暂行办法》第二条第二款的规定，医疗费用依法应当由第三人负担，但第三人不负担或无法确定第三人的，由基本医疗保险基金先行支付。根据《东莞市基本医疗保险规定》第十九条的规定，参保人连续参保并足额缴费满2个月的，从参保缴费第3个月起可按规定享受社区门诊、住院及特定门诊基本医疗保险待遇。吴某于2015年7月13日入职，如果吴某入职即参加了基本医疗保险，该公司为吴某按时足额购买了基本医疗保险，吴某也不可以享受基本医疗保险待遇。因此吴某要求东莞市某机械设备有限公司赔偿基本医疗保险待遇损失即医疗费，法院不予支持。

法官说法：劳动者要享受基本医疗保险待遇，需要具备以下三个条件：一是劳动者参加了基本医疗保险；二是劳动者的医疗费属于基本医疗保险支付范围；三是达到基本医疗保险可享受待遇时间（储备期）。如果用人单位没有按时足额为劳动者参加基本医疗保险，导致劳动者未能享受基本医疗保险待遇，劳动者可要求用人单位赔偿基本医疗保险待遇损失。

（二）裁判依据

《中华人民共和国社会保险法》

第二十三条 职工应当参加职工基本医疗保险，由用人单位和职工按照国家规定共同缴纳基本医疗保险费。

无雇工的个体工商户、未在用人单位参加职工基本医疗保险的非全日制从业人员以及其他灵活就业人员可以参加职工基本医疗保险，由个人按照国家规定缴纳基本医疗保险费。

第三十条 下列医疗费用不纳入基本医疗保险基金支付范围：

（一）应当从工伤保险基金中支付的；

（二）应当由第三人负担的；

（三）应当由公共卫生负担的；

（四）在境外就医的。

医疗费用依法应当由第三人负担，第三人不支付或者无法确定第三人的，由基本医疗保险基金先行支付。基本医疗保险基金先行支付后，有权向第三人追偿。

《实施〈中华人民共和国社会保险法〉若干规定》

第七条 社会保险法第二十七条规定的退休人员享受基本医疗保险待遇的缴费年限按照各地规定执行。

参加职工基本医疗保险的个人，基本医疗保险关系转移接续时，基本医疗保险缴费年限累计计算。

第八条 参保人员在协议医疗机构发生的医疗费用，符合基本医疗保险药品目录、诊疗项目、医疗服务设施标准的，按照国家规定从基本医疗保险基金中支付。

参保人员确需急诊、抢救的，可以在非协议医疗机构就医；因抢救必须使用的药品可以适当放宽范围。参保人员急诊、抢救的医疗服务具体管理办法由统筹地区根据当地实际情况制定。

四、生育保险待遇纠纷

（一）地方法院典型案例

107. 用人单位不得截留职工的生育津贴[①]

基本案情：2018 年 3 月，孙某入职扬州某医院工作。2019 年 4 月 10 日至 8 月 31 日期间，孙某因生育休产假，医院未向其发放产假期间工资。2019 年 10 月 8 日，社会保险经办机构向孙某发出生育保险待遇核定表，核定孙某应享受生育保险待遇共计 20753 元，医院实际向孙某支付生育保险待遇 13316 元。孙某遂向劳动仲裁委申请仲裁。

诉讼请求：要求医院补发生育保险待遇差额部分。

裁判结果：劳动仲裁委裁决支持了孙某的仲裁请求，医院不服，诉至法院，法院判决医院补发孙某生育保险待遇 5353 元。

案例分析：社会保险经办机构已经核定孙某应享受的生育保险待遇为 20753 元，而医院截留后实际仅向孙某支付生育保险待遇 13316 元。对孙某要求医院补发生育保险待遇差额部分的诉求，在扣除孙某个人应承担的相关社保费用后，予以支持。

---

① 《2020 年度扬州法院劳动争议十大典型案例》（2021 年 4 月 29 日发布），九、用人单位不得截留职工的生育津贴，载扬州市中级人民法院网站，http：//fy. yangzhou. gov. cn//yzszjrmfy/bydt/202104/838bb2cda79845018bc2b84f498609db. shtml，最后访问日期：2023 年 7 月 3 日。

典型意义

生育保险体现了国家和社会对妇女的保障和爱护。生育保险待遇包括生育医疗费用、生育津贴和一次性营养补助。本案主要涉及女职工产假期间的生育保险待遇问题。《江苏省职工生育保险规定》第十八条规定，职工产假或者休假期间，享受的生育津贴低于其产假或者休假前工资标准的，由用人单位予以补足；高于其产假或者休假前工资标准的，用人单位不得截留。本案提醒用人单位，单位应为保障妇女儿童的基本权利提供物质条件。女职工与用人单位因生育保险待遇发生劳动争议的，可以拿起法律武器维护自身合法权益。

108. 用人单位不得在职工休产假期间降低工资待遇①

裁判要旨

职工产假期间，享受的生育津贴低于其产假前工资标准的，由用人单位予以补足；高于其产假前工资标准的，用人单位不得截留。

简要案情：李某于2009年10月进入某摄影部工作。2017年11月24日，李某生育一女。2018年2月12日，无锡市社会保险基金管理部门向摄影部支付了李某的生育津贴共计14103.04元。同年3月20日，摄影部向李某支付产假工资11804元。李某产假前的月平均工资高于5000元。摄影部于2018年9月5日作出《旷工离职通知书》，并通知了李某。李某申请劳动仲裁，请求裁令摄影部支付少发的生育津贴8000元。仲裁委终结审理后，李某诉至法

① 《江苏法院2019年度劳动争议十大典型案例》，一、用人单位不得在职工休产假期间降低工资待遇，载江苏法院网，http：//www. jsfy. gov. cn/article/91655. html，最后访问日期：2023年7月2日。

院。法院认为，李某可依法享受128天的产假，产假前的月平均工资高于5000元，现李某主张其产假前月平均工资为5000元，系其对自身权利的合法处分，不违反法律规定。无锡市社会保险基金管理部门已向摄影部支付了李某的生育津贴14103.04元，而摄影部截留部分后仅向李某支付11804元。另经核算，李某享受的生育津贴低于其产假前的工资标准，故摄影部不仅不应截留还应予以补足。李某主张的8000元并未超过应补发的金额，法院予以支持。

法官寄语：生育保险是国家通过社会保险立法，对生育职工给予经济、物质等方面帮助的一项社会政策，体现了国家和社会对妇女的支持和爱护。生育保险待遇包括生育医疗费用、生育津贴和一次性营养补助。本案主要涉及女职工产假期间的生育津贴问题。《江苏省职工生育保险规定》第十八条第四款明确规定，职工产假或者休假期间，享受的生育津贴低于其产假或者休假前工资标准的，由用人单位予以补足；高于其产假或者休假前工资标准的，用人单位不得截留。按照该规定，用人单位不得在女职工休产假期间降低工资待遇。本案中，李某参加了生育保险，但其享受的生育津贴低于产假前工资标准，李某主张摄影部支付其8000元并未超过应补发的金额，法院予以支持。本案提醒用人单位，生育保险对于大部分女职工而言一生可能只用到一两次，单位应切实担负起责任，为保障妇女儿童的基本权利提供物质条件。女职工如果对享受的生育保险待遇有异议，有权到用人单位或者社会保险经办机构查询，职工与用人单位因生育保险待遇发生劳动争议的，可以拿起法律武器维护自身合法权益。

（二）裁判依据

《中华人民共和国社会保险法》

第五十三条 职工应当参加生育保险，由用人单位按照国家规定缴纳生育保险费，职工不缴纳生育保险费。

第五十四条 用人单位已经缴纳生育保险费的，其职工享受生育保险待遇；职工未就业配偶按照国家规定享受生育医疗费用待遇。所需资金从生育保险基金中支付。

生育保险待遇包括生育医疗费用和生育津贴。

第五十五条 生育医疗费用包括下列各项：

（一）生育的医疗费用；

（二）计划生育的医疗费用；

（三）法律、法规规定的其他项目费用。

第五十六条 职工有下列情形之一的，可以按照国家规定享受生育津贴：

（一）女职工生育享受产假；

（二）享受计划生育手术休假；

（三）法律、法规规定的其他情形。

生育津贴按照职工所在用人单位上年度职工月平均工资计发。

五、失业保险待遇纠纷

（一）地方法院典型案例

109. 用人单位未及时办理社会保险转移手续应承担失业保险损失[①]

案情简介： 梁某于2005年4月20日与某公司建立劳动关系，2010年11月11日某公司违法解除与梁某之间的劳动关系。但在双方解除劳动关系后，某公司直到2012年7月18日方为梁某办理失业保险缴费情况的审核手续。2012年7月25日，梁某从劳动监察部门收到《参加职业指导通知单》及《失业登记通知单》，通知单上注明其不享受失业保险待遇，原因是单位逾期办理解聘。此后，梁某申请劳动仲裁，要求某公司赔偿其未领取的失业金损失。

裁判结果： 本案经过审理认为，用人单位与劳动者解除或终止劳动关系，应在十五日内为劳动者办理社会保险转移手续。某公司在2010年11月11日与梁某解除劳动关系，却未及时给梁某办理社会保险转移手续，导致梁某无法享受法定的失业保险待遇，作为用人单位的某公司应赔偿梁某不能享受失

---

① 《青岛市劳动争议十大典型案例》（2016年1月26日发布），用人单位未及时办理社会保险转移手续，应承担失业保险金损失，载青岛12333微信公众号，https：//mp. weixin. qq. com/s? _ _ biz = MzAxMDA1OTM5NA = = &mid = 2652006047&idx = 1&sn = 8e627b08b7c53a970f4c045980651370&chksm = 80b0ed72b7c764647904a357503c9b60763aa7f8a47fcfab6239398e039398f81cb062c5f66d&scene = 27，最后访问日期：2023年7月3日。

业保险待遇的损失。根据《失业保险条例》第十七条规定，累计缴费时间满5年不足10年的，领取失业保险金的期限最长为18个月，2011年7月1日之前，失业保险金为每月536元，某公司应赔偿梁涛不能享受失业保险待遇的损失为18个月的失业保险金9648元。

案件评析：随着社会经济的发展，劳动力市场的流动越来越频繁，许多劳动者时常会面临失业的风险。失业保险金就是针对劳动者失业期间失去工资收入的一种临时性补偿，目的是保障失业人员的基本生活需要。劳动合同法及失业保险条例等相关法律法规规定，用人单位应当将失业人员的名单自终止或解除之日起7日内报社会保险经办机构备案，并在15日内为劳动者办理档案和社会保险关系转移手续。如果用人单位未在规定期限内履行报备手续及社会保险转移手续，造成劳动者不能领取失业金的，用人单位应当向劳动者承担赔偿责任。从上述案例，我们应当认识到，虽然相关法律法规不断加大对劳动者权益的保护力度，但劳动者通过诉讼的方式来维护自身的权益毕竟一种事后的救济方式。因此，身为劳动者在就业时就应更加注重对自身权益的保护，在选择用人单位时，应对社会保险的保障功能多做了解，更好地规避就业风险。反观用人单位也应规范用工，为劳动者及时投缴保险，不要因贪前之小利而不顾后害，最终承担更大的赔偿责任。

（二）裁判依据

《中华人民共和国社会保险法》

第四十四条 职工应当参加失业保险，由用人单位和职工按照国家规定共同缴纳失业保险费。

第四十五条 失业人员符合下列条件的，从失业保险基金中领取失业保险金：

（一）失业前用人单位和本人已经缴纳失业保险费满一年的；

（二）非因本人意愿中断就业的；

（三）已经进行失业登记，并有求职要求的。

第五十条 用人单位应当及时为失业人员出具终止或者解除劳动关系的证明，并将失业人员的名单自终止或者解除劳动关系之日起十五日内告知社会保险经办机构。

失业人员应当持本单位为其出具的终止或者解除劳动关系的证明，及时到指定的公共就业服务机构办理失业登记。

失业人员凭失业登记证明和个人身份证明，到社会保险经办机构办理领取失业保险金的手续。失业保险金领取期限自办理失业登记之日起计算。

《实施〈中华人民共和国社会保险法〉若干规定》

第十三条 失业人员符合社会保险法第四十五条规定条件的，可以申请领取失业保险金并享受其他失业保险待遇。其中，非因本人意愿中断就业包括下列情形：

（一）依照劳动合同法第四十四条第一项、第四项、第五项规定终止劳动合同的；

（二）由用人单位依照劳动合同法第三十九条、第四十条、第四十一条规定解除劳动合同的；

（三）用人单位依照劳动合同法第三十六条规定向劳动者提出解除劳动合同并与劳动者协商一致解除劳动合同的；

（四）由用人单位提出解除聘用合同或者被用人单位辞退、除名、开除的；

（五）劳动者本人依照劳动合同法第三十八条规定解除劳动合同的；

（六）法律、法规、规章规定的其他情形。

第十四条 失业人员领取失业保险金后重新就业的，再次失业时，缴费时间重新计算。失业人员因当期不符合失业保险金领取条件的，原有缴费时间予以保留，重新就业并参保的，缴费时间累计计算。

六、福利待遇纠纷

（一）地方法院典型案例

110. 患有特殊疾病劳动者医疗期受法律特别保护[①]

裁判要旨

患有特殊疾病（如癌症、精神病、瘫痪等）的职工，在规定医疗期内不能痊愈的，用人单位应适当延长其医疗期。

简要案情：2013年5月，李某入职淮安某快递公司从事操作工。2015年12月1日，双方续签劳动合同，约定合同期限为一年，月基本工资为1270元，其他津贴、加班工资、绩效奖金等根据公司制度以及李某的岗位、实际加班时间、业绩考核进行计算。劳动合同第十三条还约定，劳动者因工负伤、职业病，或非因工负伤、患病，其病假工资、疾病救济费和医疗待遇等按照国家和当地政府以及用人单位的有关规定执行。2016年5月1日，李某因被诊断为食道癌住院治疗，同月23日出院。出院医嘱载明，出院后转当地医院康复治疗，出院后一个月来复查，建议放化疗。出院后，李某未到快递公司继续上班。快递公司发放了李某5、6月份的工资每月650元。淮安市淮安区

① 《江苏法院2016-2018年度劳动争议十大典型案例》，十、患有特殊疾病劳动者医疗期受法律特别保护，载江苏法院网，http：//www.jsfy.gov.cn/article/91674.html，最后访问日期：2023年7月2日。

2016年度的最低月工资为1400元。李某要求快递公司补足2016年5至6月份病假期间的工资及2016年7月至2017年5月病假期间的工资，因与快递公司协商未果，遂于2016年8月29日申请仲裁。仲裁委因送达未果决定终结审理后，李某诉至法院。法院认为，李某患有食道癌，其所患该疾病属于特殊疾病，按照李某工作年限计算的医疗期为三个月，但根据李某举证的治疗情况，三个月内其无法痊愈，需做长期治疗。李某根据自身治疗情况，向快递公司主张十三个月的医疗期，不超过法律规定的期限。法院遂判决支持了李某关于医疗期的主张。

法官寄语：原劳动部《关于贯彻〈企业职工患病或非因工负伤医疗期规定〉的通知》中提出，对某些患特殊疾病（如癌症、精神病、瘫痪等）的职工，在24个月内尚不能痊愈的，经企业和劳动主管部门批准，可以适当延长医疗期。对该通知精神的理解，实践中有一定争议。我们认为，员工是企业最大的财富，没有员工的辛勤耕耘，就没有企业的发展壮大。在员工面临困难时，企业应给予更多的人性化关怀。特别是身患癌症等特殊疾病的员工，本身治疗周期比较长，即便治愈，身体健康状况也大幅下降，还有复发的可能，重新就业难度极大。而对于企业来说，员工身患重病不可能会是群体性现象，24个月当地最低工资标准80%的病假工资也不会过于增加企业的负担。故对于患特殊疾病的员工，企业应给予其24个月的医疗期，必要时还可以考虑延长。

本案中，李某被诊断为食道癌，在按照其工作年限所确定的3个月医疗期内明显无法痊愈，快递公司在此情形下不支付李某病假工资，本身已违反劳动法律的规定。李某根据自身治疗情况，向快递公司主张13个月的医疗期，符合法律规定，应予支持。通过本案，我们也想提醒患病职工，病假期间须根据企业的规章制度提交相关医疗证明，虽然法律给予劳动者医疗期的保护，但劳动者也应当守纪、诚信和依法维权。

111. 年休假天数应按累计工作年限确定[①]

基本案情：1996年9月，沈某参加工作，先后入职若干单位，2006年4月在离开前一用人单位之后随即入职某设备公司。2019年7月，沈某以其入职后未享受过年休假待遇为由，与设备公司解除劳动合同，并申请劳动仲裁后起诉，诉请设备公司支付未休带薪年休假工资等。

裁判结果：广东省高级人民法院再审认为：人社部《企业职工带薪年休假实施办法》第四条规定，年休假天数根据职工累计工作时间确定。职工在同一或者不同用人单位工作期间，以及依照法律、行政法规或者国务院规定视同工作期间，应当认定为累计工作时间。再审将沈某在入职设备公司之前的工作时间进行累计，确定其享有年休假天数，并据此认定其应得的未休带薪年休假工资。

典型意义

带薪年休假是劳动者的一项重要权利。劳动者参加工作先后入职不同用人单位，其可休年休假天数应根据累计工作年限确定。本案对推动用人单位依法保障劳动者享受年休假待遇具有积极意义。

① 《广东法院劳动争议十大典型案例》，三、沈某诉某设备制造公司劳动争议案，载广东法院网，https：//www.gdcourts.gov.cn/gsxx/quanweifabu/anlihuicui/content/post_1047081.html，最后访问日期：2023年7月2日。

（二）裁判依据

《中华人民共和国劳动法》

第二十六条第一项 有下列情形之一的，用人单位可以解除劳动合同，但是应当提前三十日以书面形式通知劳动者本人：

（一）劳动者患病或者非因工负伤，医疗期满后，不能从事原工作也不能从事由用人单位另行安排的工作的；

第二十九条第二项 劳动者有下列情形之一的，用人单位不得依据本法第二十六条、第二十七条的规定解除劳动合同：

（二）患病或者负伤，在规定的医疗期内的；

《职工带薪年休假条例》

第二条 机关、团体、企业、事业单位、民办非企业单位、有雇工的个体工商户等单位的职工连续工作1年以上的，享受带薪年休假（以下简称年休假）。单位应当保证职工享受年休假。职工在年休假期间享受与正常工作期间相同的工资收入。

第三条 职工累计工作已满1年不满10年的，年休假5天；已满10年不满20年的，年休假10天；已满20年的，年休假15天。

国家法定休假日、休息日不计入年休假的假期。

第四条 职工有下列情形之一的，不享受当年的年休假：

（一）职工依法享受寒暑假，其休假天数多于年休假天数的；

（二）职工请事假累计20天以上且单位按照规定不扣工资的；

（三）累计工作满1年不满10年的职工，请病假累计2个月以上的；

（四）累计工作满10年不满20年的职工，请病假累计3个月以上的；

（五）累计工作满20年以上的职工，请病假累计4个月以上的。

第五条 单位根据生产、工作的具体情况，并考虑职工本人意愿，统筹安排职工年休假。

年休假在1个年度内可以集中安排，也可以分段安排，一般不跨年度安排。单位因生产、工作特点确有必要跨年度安排职工年休假的，可以跨1个年度安排。

单位确因工作需要不能安排职工休年休假的，经职工本人同意，可以不安排职工休年休假。对职工应休未休的年休假天数，单位应当按照该职工日工资收入的300%支付年休假工资报酬。

《企业职工带薪年休假实施办法》

第三条 职工连续工作满12个月以上的，享受带薪年休假（以下简称年休假）。

第四条 年休假天数根据职工累计工作时间确定。职工在同一或者不同用人单位工作期间，以及依照法律、行政法规或者国务院规定视同工作期间，应当计为累计工作时间。

第五条 职工新进用人单位且符合本办法第三条规定的，当年度年休假天数，按照在本单位剩余日历天数折算确定，折算后不足1整天的部分不享受年休假。

前款规定的折算方法为：（当年度在本单位剩余日历天数÷365天）×职工本人全年应当享受的年休假天数。

第六条 职工依法享受的探亲假、婚丧假、产假等国家规定的假期以及因工伤停工留薪期间不计入年休假假期。

第七条 职工享受寒暑假天数多于其年休假天数的，不享受当年的年休假。确因工作需要，职工享受的寒暑假天数少于其年休假天数的，用人单位应当安排补足年休假天数。

第八条 职工已享受当年的年休假，年度内又出现条例第四条第（二）、（三）、（四）、（五）项规定情形之一的，不享受下一年度的年休假。

第九条 用人单位根据生产、工作的具体情况，并考虑职工本人意愿，统筹安排年休假。用人单位确因工作需要不能安排职工年休假或者跨1个年度安排年休假的，应征得职工本人同意。

第十条 用人单位经职工同意不安排年休假或者安排职工年休假天数少

于应休年休假天数，应当在本年度内对职工应休未休年休假天数，按照其日工资收入的300%支付未休年休假工资报酬，其中包含用人单位支付职工正常工作期间的工资收入。

用人单位安排职工休年休假，但是职工因本人原因且书面提出不休年休假的，用人单位可以只支付其正常工作期间的工资收入。

第十一条 计算未休年休假工资报酬的日工资收入按照职工本人的月工资除以月计薪天数（21.75天）进行折算。

前款所称月工资是指职工在用人单位支付其未休年休假工资报酬前12个月剔除加班工资后的月平均工资。在本用人单位工作时间不满12个月的，按实际月份计算月平均工资。

职工在年休假期间享受与正常工作期间相同的工资收入。实行计件工资、提成工资或者其他绩效工资制的职工，日工资收入的计发办法按照本条第一款、第二款的规定执行。

第十二条 用人单位与职工解除或者终止劳动合同时，当年度未安排职工休满应休年休假的，应当按照职工当年已工作时间折算应休未休年休假天数并支付未休年休假工资报酬，但折算后不足1整天的部分不支付未休年休假工资报酬。

前款规定的折算方法为：（当年度在本单位已过日历天数÷365天）×职工本人全年应当享受的年休假天数－当年度已安排年休假天数。

用人单位当年已安排职工年休假的，多于折算应休年休假的天数不再扣回。

第十三条 劳动合同、集体合同约定的或者用人单位规章制度规定的年休假天数、未休年休假工资报酬高于法定标准的，用人单位应当按照有关约定或者规定执行。

第十四条 劳务派遣单位的职工符合本办法第三条规定条件的，享受年休假。

被派遣职工在劳动合同期限内无工作期间由劳务派遣单位依法支付劳动报酬的天数多于其全年应当享受的年休假天数的，不享受当年的年休假；少于其全年应当享受的年休假天数的，劳务派遣单位、用工单位应当协商安排补足被派遣职工年休假天数。

《企业职工患病或非因工负伤医疗期规定》

第二条 医疗期是指企业职工因患病或非因工负伤停止工作治病休息不得解除劳动合同的时限。

第三条 企业职工因患病或非因工负伤，需要停止工作医疗时，根据本人实际参加工作年限和在本单位工作年限，给予三个月到二十四个月的医疗期：

（一）实际工作年限十年以下的，在本单位工作年限五年以下的为三个月；五年以上的为六个月。

（二）实际工作年限十年以上的，在本单位工作年限五年以下的为六个月；五年以上十年以下的为九个月；十年以上十五年以下的为十二个月；十五年以上二十年以下的为十八个月；二十年以上的为二十四个月。

第四条 医疗期三个月的按六个月内累计病休时间计算；六个月的按十二个月内累计病休时间计算；九个月的按十五个月内累计病休时间计算；十二个月的按十八个月内累计病休时间计算；十八个月的按二十四个月内累计病休时间计算；二十四个月的按三十个月内累计病休时间计算。

第五条 企业职工在医疗期内，其病假工资、疾病救济费和医疗待遇按照有关规定执行。

第六条 企业职工非因工致残和经医生或医疗机构认定患有难以治疗的疾病，在医疗期内医疗终结，不能从事原工作，也不能从事用人单位另行安排的工作的，应当由劳动鉴定委员会参照工伤与职业病致残程度鉴定标准进行劳动能力的鉴定。被鉴定为一至四级的，应当退出劳动岗位，终止劳动关系，办理退休、退职手续，享受退休、退职待遇；被鉴定为五至十级的，医疗期内不得解除劳动合同。

第七条 企业职工非因工致残和经医生或医疗机构认定患有难以治疗的疾病，医疗期满，应当由劳动鉴定委员会参照工伤与职业病致残程度鉴定标准进行劳动能力的鉴定。被鉴定为一至四级的，应当退出劳动岗位，解除劳动关系，并办理退休、退职手续，享受退休、退职待遇。